42位著名学者纵论全面深化改革与依法治国

中国社会科学院马克思主义研究学部 编

中国社会科学出版社

图书在版编目(CIP)数据

42位著名学者纵论全面深化改革与依法治国／中国社会科学院马克思主义研究学部编. —北京：中国社会科学出版社，2015.7

ISBN 978－7－5161－6375－7

Ⅰ.①4… Ⅱ.①中… Ⅲ.①体制改革—研究—中国②社会主义法制—建设—研究—中国 Ⅳ.①D61②D920.0

中国版本图书馆CIP数据核字(2015)第146999号

出 版 人 赵剑英
责任编辑 田 文 王艳春
责任校对 张爱华
责任印制 王 超

出　　版 中国社会科学出版社
社　　址 北京鼓楼西大街甲158号
邮　　编 100720
网　　址 http://www.csspw.cn
发 行 部 010－84083685
门 市 部 010－84029450
经　　销 新华书店及其他书店

印刷装订 三河市君旺印务有限公司
版　　次 2015年7月第1版
印　　次 2015年7月第1次印刷

开　　本 787×1092 1/16
印　　张 28
插　　页 2
字　　数 518千字
定　　价 108.00元

目　　录

全面深化改革篇

全面依法治国篇

综合篇

全面深化改革篇

努力推进国家治理体系和治理能力现代化

王伟光

【**作者简介**】王伟光，教授，哲学博士。中共十八届中央委员，中国社会科学院院长、党组书记、学部主席团主席，中国地方志指导小组组长，马克思主义理论研究和建设工程咨询委员会委员、首席专家，中国辩证唯物主义研究会会长。主要研究领域为马克思主义哲学和马克思主义基础理论、马克思主义中国化和中国特色社会主义重大理论与实践等。曾任中共中央党校副校长。出版学术著作40余部，在国家级报刊上发表论文500余篇。代表作有《利益论》、《社会矛盾论》、《王伟光讲习录》、《王伟光自选集》、《哲林漫步》、《社会主义通史》等。荣获国务院颁发的“做出突出贡献的中国博士学位获得者”荣誉称号，享受政府特殊津贴。

完善和发展中国特色社会主义制度，推进国家治理体系和治理能力现代化，是党的十八届三中全会提出的全面深化改革总目标。在省部级主要领导干部学习贯彻十八届三中全会精神全面深化改革专题研讨班开班式上，习近平总书记以广阔的世界历史眼光，纵观近代以来我国社会变革的历史过程，对全面深化改革的总目标作了精辟论述。深刻领会和贯彻落实习近平总书记重要论述精神，努力推进国家治理体系和治理能力现代化，是当前党和国家面临的一项重要任务，也是哲学社会科学界必须深入研究的一个重大课题。

一　充分认识推进国家治理体系和治理能力现代化的重要性和紧迫性

明确提出完善和发展中国特色社会主义制度、推进国家治理体系和治理能力现代化，集中反映了我们党对领导中国人民建设中国特色社会主义所面临的形势和任务作出的新的判断，是对我们党治国理政思想的重大创新，是对中国特色社会主义理论宝库的重要贡献，是对马克思主义国家学说的丰富和发展，标志着我们党对人类社会发展规律、社会主义建设规律和共产党执政规律的认识达到了一个新的高度。这是我们党总结近代以来特别是20世纪80年代末90年代初以来国际国内在国家治理问题上的经验教训得到的深刻启示，也是我们党领导中国人民历经革命、建设、改革进程得出的必然结论。

一百多年来，中华民族在寻找适合中国国情的国家治理体系方面走过了艰难曲折的历史过程。辛亥革命后，各种社会力量在建立什么样的国家治理体系问题上进行了激烈的斗争和较量。一些人企图复辟帝制，一些人尝试建立君主立宪制、议会制、多党制、总统制，但最终都以失败而告终。在中国社会各阶级、各政党迷茫、困惑和彷徨之际，俄国爆发了十月革命。这场革命不仅开辟了人类历史的新纪元，而且给中国送来了马克思列宁主义，同时也向中国人民展现了一种全新的国家治理理念。选择以马克思列宁主义为指导思想的中国共产党，肩负历史赋予的实现中华民族伟大复兴的重任，深刻分析中国社会状况，深入思考中国前途命运，认为只有社会主义才能解决中国的问题，才是真正实现民族独立和人民解放、国家富强和人民幸福的正确道路。以毛泽东同志为代表的中国共产党人在领导中国革命的进程中，一直在不断思考未来建立什么样的国家治理体系的问题。特别是在新中国成立前夕，这一问题已经现实而紧迫地摆在了中国共产党人面前。新中国成立后，我们党在建设社会主义的实践中继续坚持不懈地探索这一问题并取得重要成果。但是，后来由于对全面建设社会主义的思想准备不足，在对国际国内形势的认识上和指导思想上出现偏差，导致发生十年“文革”这样全局性的长时间的严重错误，使新中国成立初期开始的这一实践探索没有坚持下去。因此，直到改革开放前，我们并没有真正找到完全符合我国实际的治理国家的制度模式和制度体系。

实行改革开放后，党和国家进入一个新的历史时期，以邓小平同志为代表的中国共产党人开始以全新的角度思考国家治理体系问题。邓小平同志曾经明确指出，我们进行社会主义现代化建设，是要在经济上赶上发达资本主义国家，在政治上创造比资本主义国家的民主更高更切实的民主，并且造就比这些国家更多更优秀的人才。他一再强调，领导制度、组织制度问题更带有根本性、全局性、稳定性和长期性，关系到党和国家是否改变颜色，必须引起全党的高度重视。1992 年在南方讲话中，邓小平同志曾经预计，再有 30 年的时间，中国将在各方面形成一整套更加成熟、更加定型的制度，在这个制度下的方针、政策也将更加定型化。邓小平同志之所以反复强调制度问题，反复强调要使我们的制度更加成熟、更加定型，不仅是要解决好制约党和国家事业发展的体制机制弊端问题，而且更重要的是要解决好事关党和国家长治久安的制度现代化问题。

国家治理体系的完善程度及治理能力的强弱，是一个国家综合国力和竞争力的重要标志。从世界上看，不同国家的治理体系各不相同，治理能力也存在差异。但是，对任何一个国家来说，如果没有比较完善的国家治理体系和比较强大的国家治理能力，就不可能有效地解决各种社会矛盾和问题，就不可能形成国家建设和发展所必需的向心力、凝聚力，就会导致社会动荡、政权更迭等严重政治后果。在这方面，一些国家和政党给我们留下了非常惨痛的经验教训。

今天，我们党已经从领导人民为夺取全国政权而奋斗的党，成为领导人民掌握全国政权并长期执政的党；已经从受到外部封锁和实行计划经济条件下领导国家建设的党，成为对外开放和发展社会主义市场经济条件下领导国家建设的党。我们党所面临的一项重大历史任务，就是坚持和完善中国特色社会主义制度，为党和国家事业发展、为人民幸福安康、为社会和谐稳定、为国家长治久安提供一整套更完备、更稳定、更管用的制度体系。在继承邓小平同志战略思想及对新的历史方位和历史任务作出正确判断的基础上，党的十八大从经济、政治、文化、社会、生态文明五个方面提出了全面深化改革开放的制度目标，并强调全面建成小康社会，必须构建系统完备的、科学规范、运行有效的制度体系。党的十八届三中全会进而把完善和发展中国特色社会主义制度、推进国家治理体系和治理能力现代化确定为全面深化改革的总目标。正如习近平总书记指出的，这是坚持和发展中国特色社会主义的必然要求，也是实现社会主义现代化的应有之义。

二　准确把握国家治理体系和治理能力现代化的科学内涵

以习近平同志为总书记的党中央继承和发展我们党关于社会主义现代化建设的理论，明确提出推进国家治理体系和治理能力现代化，实现从工业、农业、国防和科学技术现代化向全面现代化目标的历史跨越。需要指出的是，这不是简单的概念或范畴的变化，不是在工业、农业、国防和科技现代化之后附加的第五“化”，而是蕴含着全新内容的政治理念。它不仅反映了我们党对国家现代化认识的深化和系统化，而且体现了我们党对改革认识的深化和系统化。

习近平总书记明确指出："国家治理体系和治理能力是一个国家制度和制度执行能力的集中体现。国家治理体系是在党领导下管理国家的制度体系，包括经济、政治、文化、社会、生态文明和党的建设等各领域体制机制、法律法规安排，也就是一整套紧密相连、相互协调的国家制度；国家治理能力则是运用国家制度管理社会各方面事务的能力，包括改革发展稳定、内政外交国防、治党治国治军等各个方面。"这一重要论述，对国家治理体系和治理能力的内涵作出了科学的界定。正确理解和准确把握这两个概念的科学内涵，是在实践中推进治理体系和治理能力现代化的思想认识基础。

国家治理体系和治理能力是一个相辅相成的有机整体，有了好的国家治理体系才能真正提高治理能力，提高国家治理能力才能充分发挥国家治理体系的效能。作为治理体系核心内容的制度，其作用具有根本性、全局性、长远性，但是没有有效的治理能力，再好的制度和制度体系也难以发挥作用。经过36年的改革开放，我们已经走出了一条不同于其他国家特别是西方发达资本主义国家的成功发展道路，取得了举世瞩目的经济社会发展成就，而且形成了一套不同于西方国家的成功制度体系。事实雄辩地证明，治理一个国家，推动一个国家实现现代化，并不是只有一种模式、一条道路，各国完全可以走出适合自己国情的道路来。中国特色社会主义的成功实践，为人类社会开辟了一种新的发展前景，也向其他国家和民族提供了一种新的制度模式和道路选择，同时也宣告了"历史终结论"、"中国崩溃论"等的破产。

从总体上讲，我们的国家治理体系和治理能力是好的，是有独特优势的，是适合我国国情和发展要求的，得到国际上越来越多人的肯定和赞扬。但是，也必须清醒认识到，与我国经济社会发展的要求相比，与人民群众的期待相比，与当今世界日趋激烈的国际竞争相比，与实现国家长治久安的历史任务相比，我们在国家治理体系和治理能力方面还有许多不足，还有许多亟待改进的地方；我们的制度还没有达到当年邓小平同志提出的更加成熟、更加定型的要求，有些方面甚至已经成为影响和制约发展稳定的重要因素；我们已经有了比较完善的制度体系，但制度的效能和作用还没有得到充分发挥。因此，必须适应时代的变化和国家现代化的总进程，从各个领域推进国家治理体系和治理能力现代化，保持国家治理体系的有效运转，在着力提高国家治理能力上下功夫。既要改革不适应实践发展要求的体制机制、法律法规，又要不断构建新的体制机制、法律法规，使各方面制度更加科学、更加完善，实现党、国家、社会各项事务治理制度化、规范化、程序化。要不断提高党科学执政、民主执政、依法执政水平，提高国家机构履职能力，提高人民群众依法管理国家事务、经济社会文化事务和自身事务的能力；把各方面的制度优势转化为国家治理的实际效能，不断提高运用中国特色社会主义制度有效治理国家的水平。

三　始终坚持推进国家治理体系和治理能力现代化的正确方向

习近平总书记指出，推进国家治理体系和治理能力现代化，必须完整理解和准确把握全面深化改革的总目标。这个总目标是由两句话组成的一个整体，即完善和发展中国特色社会主义制度、推进国家治理体系和治理能力现代化。前一句话是根本前提、根本性质和根本方向，就是国家治理体系和治理能力现代化必须在中国特色社会主义制度的框架内进行，必须坚持走中国特色社会主义道路，而不是其他什么道路，既不能走封闭僵化的老路，也不能走改旗易帜的邪路。后一句话讲的是实现形式和基本途径，就是说完善和发展中国特色社会主义制度，必须不断完善国家治理体系和提升国家治理能力，或者说，推进国家治理体系和治理能力现代化的根本目的是完善和发展中国特色社会主义。这两句话必须一起讲，如果只讲推进国家治理体系和治理能力现代化，不讲完善和发展中国特色社会主义制度，就是不完整、不全面的，就会迷失国家治理体系和治理能力现代化的正确方向。

推进国家治理体系和治理能力现代化，必须切实解决好制度模式的选择问题。一个国家选择什么样的治理体系，是由这个国家的历史传承、文化传统、经济社会发展水平决定的，是由这个国家的人民决定的。世界上没有放之四海而皆准的发展模式，也没有一成不变的发展道路。一种制度模式在一个国家是适用的，在其他国家则不一定适用。历史和现实一再昭示我们，世界上没有哪个国家或民族是可以通过依赖外部力量、跟在他人后面亦步亦趋能够实现发展、强大和振兴的。不顾国情照抄照搬别人的制度模式和发展道路，从来都不会成功，不仅不能解决自己的任何实际问题，而且还会造成经济停滞、政权更迭、社会动荡、主权丧失等严重后果。在这方面，同样有深刻的经验教训值得我们吸取。

中华民族是一个兼容并蓄、海纳百川的民族，在漫长历史进程中，不断学习他人的好东西，把他人的好东西转化成我们自己的东西，从而形成我们的民族特色。这也就是中华民族绵延五千年而始终充满生机和活力的秘密所在。我国今天的国家治理体系，是在我国历史传承、文化传统、经济社会发展的基础上长期发展、渐进改进、内生性演化的结果。我们的国家治理体系无疑需要改进和完善，但怎么改、怎么完善，我们自己要有主张，要有定力。我们需要借鉴包括政治文明在内的人类文明的一切有益成果，但绝不照搬西方的制度模式和别国的发展道路，当然也绝不把自己的制度模式和发展道路强加给他人。中国的事情必须由中国人民自己作主张、自己来处理，否则就必然遭遇失败，成为他人的附庸。

在纪念毛泽东同志诞辰120周年座谈会上，习近平总书记曾经指出："站立在960万平方公里的广袤土地上，吸吮着中华民族漫长奋斗积累的文化养分，拥有13亿多中国人民聚合的磅礴之力，我们走自己的路，具有无比广阔的舞台，具有无比深厚的历史底蕴，具有无比强大的前进定力。"这充分显示出当代中国共产党人对中国特色社会主义制度的坚定自信。没有坚定的制度自信，就不可能有全面深化改革的勇气，当然，离开不断改革和完善，制度自信不可能彻底，也不可能久远。全面深化改革，推进国家治理体系和治理能力现代化，是为了更好地完善和发展中国特色社会主义制度，而不是削弱、改变或放弃这个制度。坚定制度自信不是要故步自封，而是要不断革除体制机制弊端，让我们的制度更加成熟而持久。不讲或淡化完善和发展中国特色社会主义制度，只讲推进国家治理体系和治理能力现代化，是对全面深化改革总目标的误读和曲解。坚持中国共产党的领导，完善和发展中国特色社会主义制度，是我们治国理政的根本，不容许有任何含糊和动摇。必须始终坚持推进国家治理体系和治理能力现代化的正确方向，在思想上进一步明确，我们的国家治理体系和治理能力现代化也要吸纳人类文明的一切优秀成果，但不是接受西方发达资本主义国家的政治理念和话语体系，不是实行西方的多党轮流执政、三权鼎立、两院制，不是实行经济私有化、政治自由化、军队国家化等。一句话，推进国家治理体系和治理能力现代化，绝不是西方化和资本主义化。

四　不断巩固推进国家治理体系和治理能力现代化的价值体系基础

习近平总书记从把握正确方向、汇聚强大力量的战略高度明确指出，推进国家治理体系和治理能力现代化，要大力培育和弘扬社会主义核心价值体系和核心价值观，加快构建充分反映中国特色、民族特性、时代特征的价值体系。这一重要论述，深刻阐明了社会主义核心价值体系和核心价值观对于推进国家治理体系和治理能力现代化的重要性。

一个国家的治理体系和治理能力是与这个国家的历史传承、文化传统密切相关的，任何政治制度、经济制度、社会制度和对外政策，都无不蕴含着特定国家和民族的核心价值观。马克思主义认为，世界上的任何事物都是普遍性和特殊性的统一，普遍性寓于特殊性之中，特殊性包含着普遍性，不存在只有普遍性而没有特殊性或者只有特殊性而没有普遍性的东西。所有价值观念都是历史的、具体的，都是由社会经济关系决定的，不存在永恒的、不变的、抽象的价值观念。自由、民主、人权、公平、正义等价值观念也都不是抽象的，而是有着具体的社会政治内容，也是随着经济社会条件的变化而变化的。从这个意义上说，所谓“普世价值”实际上是一个伪命题，它在现实生活中是不存在的。正如一位美国学者所说的，普世主义是西方对付非西方社会的意识形态。西方某些国家把他们的那套价值观念标榜为“普世价值”，把他们诠释的自由、民主、人权等说成是放之四海而皆准的标尺，极力在世界范围内叫卖和推销，台前幕后策动了一场又一场“颜色革命”，其目的就在于渗透、破坏和颠覆别国政权。国内外一些敌对势力假借“普世价值”之名，抹黑中国共产党，抹黑中国特色社会主义制度，抹黑我国主流意识形态，企图用西方价值观念改造中国，其目的也就在于让中国人民放弃中国共产党的领导，放弃中国特色社会主义制度，使中国再次沦为某些发达资本主义国家的殖民地。

社会主义政治文明是包括资本主义政治文明在内的人类政治文明优秀成果的忠实继承者。自由、民主、人权是数百年来工人阶级和广大劳动人民为之奋力抗争的价值追求，不是资产阶级及西方发达资本主义国家的发明和专利。它们同样是社会主义核心价值观的有机组成部分，更是鲜明地写在中国共产党人的旗帜上。社会主义核心价值体系不仅决定着中国特色社会主义的发展方向，而且也是顺利推进国家治理体系和治理能力现代化的重要基础。对于一个国家和民族来说，如果不坚持自己的价值体系和价值观，如果没有自己的精神独立性，那么，其政治、思想、文化、制度等方面也就失去了自主性和独立性的根基。我们要理直气壮地继承和弘扬中华民族传统美德，坚守在中国大地上形成和发展起来的价值体系，努力抢占价值体系的制高点，实现中华传统美德的创造性转化和创新性发展，使中华民族最基本的文化基因与当代文化相适应、与现代社会相协调。要把跨越时空、超越国度、富有永恒魅力、具有当代价值的文化精神弘扬起来，把继承优秀传统文化又弘扬时代精神、立足中国又面向世界的当代中国文化创新成果传播出去，向世界展示中华文化的独特魅力。要认真学习借鉴世界各国人民创造的优秀文明成果，不断增强国家文化软实力，使我们的文化成为抵御西方价值观念渗透的强大思想武器。

推进国家治理体系和治理能力现代化，是一项极为宏大的系统工程，在一定意义上可以说是一场国家治理领域的革命。它涉及经济、政治、文化、社会、生态文明和党的建设等各领域，需要全党全社会的共同努力。哲学社会科学界要认真学习、深刻领会十八届三中全会决定和习近平总书记重要论述精神，发挥自身优势，围绕相关重大理论和现实问题，组织精干力量开展深入研究，努力推出高水平的研究成果，及时提供有价值的决策建议，为全面深化改革，完善和发展中国特色社会主义制度，推进国家治理体系和治理能力现代化作出应有的贡献。

坚持和发展马克思主义根本道理的新思想新实践

——谈深入学习贯彻十八届三中全会的决策部署

徐光春

【作者简介】徐光春，1944年生，浙江人，中国人民大学新闻系毕业，高级记者，中央马克思主义理论研究和建设工程咨询委员会主任，中国社科院马克思主义研究院顾问。先后任新华社安徽、上海、北京分社主要负责人，光明日报社总编辑，中央宣传部副部长，国家广电总局党组书记、局长，中央宣传思想工作领导小组成员、国家信息化领导小组成员，中共河南省委书记、省人大常委会主任，全国人大财经委副主任委员，中央巡视组组长等职。是党的十五大新闻发言人，十五届中纪委委员，十六届、十七届中央委员。受聘北京大学、中国传媒大学、武汉大学等校任兼职教授、博士生导师。出版《高级干部文库：跨越的脚步》、《学习理论文库：徐光春自选集》等专著15部。

35年前，改革开放总设计师邓小平同志把马克思主义的基本原理与中国社会主义建设实际紧密结合起来，以巨大的政治勇气和高超的战略智慧，在党的十一届三中全会上吹响了社会主义改革的进军号，从此在中国大地上掀起了一浪高过一浪的改革大潮，开创了中国特色社会主义的新时代，并把中国特色社会主义事业推向一个崭新的境地。35年后，以习近平同志为总书记的党中央在党的十八大以后，进一步审时度势，深谋远虑，深刻认识到改革开放是决定当代中国命运的关键一招，也是决定实现“两个一百年”奋斗目标、实现中华民族伟大复兴的关键一招，面对新形势新任务，我们必须通过全面深化改革，着力解决我国发展面临的一系列突出矛盾和问题，不断推进中国特色社会主义制度自我完善和发展，并从新的实际、新的问题出发，在马克思列宁主义、毛泽东思想、邓小平理论、“三个代表”重要思想、科学发展观指引下，集中全党的智慧，在十八届三中全会上作出了《中共中央关于全面深化改革若干重大问题的决定》（以下简称《决定》），向全党全国人民发出了社会主义全面深化改革的动员令、时间表和路线图，必将对中国特色社会主义事业的发展产生重大而深远的影响。

从十一届三中全会到十八届三中全会，35年来，中国共产党人为什么始终扭住改革不放，把改革视为决定当代中国命运的关键抉择，视为党和人民事业大踏步赶上时代的重要法宝？这是因为，社会主义、共产主义始终是共产党人的崇高使命和全部任务，革命、改革始终是建立社会主义、发展社会主义、最终实现共产主义的根本途径和根本方法。

一　马克思主义是关于共产主义者全部思想和行动的根本道理

作为马克思主义、共产主义的创始人，马克思、恩格斯毕其一生致力于科学理论的研究和工人运动的实践，坚定不移地从理论和实践两个方面为消灭剥削制度，消除阶级压迫，实现无产阶级和人类的解放，创建美好的未来社会——共产主义而不懈奋斗。其理论探索之艰辛，理论研究之深邃，理论领域之广泛，理论内容之丰富，理论成果之杰出，无与伦比。其实践意识之强烈，实践活动之积极，实践经验之深刻，实践成效之突出，堪称典范。马克思、恩格斯为共产主义奋斗一生所从事的大量的杰出的理论研究和实践探索，为全世界共产主义运动提供了极其丰富珍贵的理论宝库和行动指南，永远光芒四射地照耀着共产主义前进的道路。在概括和总结马克思、恩格斯以及其他马克思主义者、共产主义者的理论研究和实践探索全部工作时，马克思、恩格斯深刻地指出：“对实践的唯物主义者即共产主义者来说，全部问题都在于使现存世界革命化，实际地反对并改变现存的事物。”

马克思、恩格斯在这里讲的“实践的唯物主义者即共产主义者”，就是马克思主义者、共产主义者，就是信仰马克思主义、信仰共产主义并为之奋斗的人，也就是我们现在讲的共产党人。马克思、恩格斯在这里讲的“全部问题”，是指马克思主义者、共产主义者所要研究和解决的所有思想理论问题和实践问题，马克思主义者、共产主义者所要承担的全部工作任务和历史使命，马克思主义者、共产主义者所要实现的最终奋斗目标和崇高理想。“全部问题”中的“全部”，从横的方面讲，涵盖了各个领域、各个方面；从纵的方面讲，包括了各个层次、各个阶段。因此，这个“全部”是一个含义非常广泛、非常深刻、非常丰富的概念，汇总了马克思主义者、共产主义者所面临的所有问题、所有任务、所有使命、所有目标、所有希望、所有实践。

马克思、恩格斯将马克思主义者、共产主义者所要认识和解决的“全部问题”，归结为一句话：“使现存世界革命化，实际地反对并改变现存的事物。”这是马克思、恩格斯对共产主义运动在长期研究、亲身实践、深刻认识的基础上高度概括得出的科学结论。这个科学结论揭示了共产主义运动的本质：要变革旧世界——“使现存世界革命化”；要创造新事物——“反对并改变现存的事物”。这句话，从事物的一般意义上来说，就是要破旧立新，就是要革故鼎新。从人类社会发展的意义上来说，就是要变革旧世界，创造新事物。从共产主义运动的特定意义上来说，就是要推翻资本主义，建立共产主义，这就是对马克思主义者、共产主义者全部问题的精辟而深邃的概括。这个概括完全符合人类社会发展的客观规律，完全符合共产主义运动的根本规律，是马克思主义关于共产主义者全部思想和行动的根本道理，一百多年来，始终成为各国无产阶级和共产党人强大的精神力量和科学的行动指南。

二　革命和改革是解决共产主义者“全部问题”的根本方法

马克思、恩格斯不仅指出了共产主义者的全部问题是变革旧世界、创造新事物，是推翻资本主义、建立共产主义，而且对如何认识和解决变革旧世界，创造新事物，如何实现由共产主义代替资本主义的这一伟大变革和伟大创造，从哲学、政治经济学、科学社会主义三个方面作了广泛、全面、系统、深入、持久的研究，提出了一系列极其重要、极其精辟、极其深刻的思想和论断，形成了确立共产主义者这个“全部问题”的根本道理和解决这个“全部问题”的根本方法，奠定了马克思主义关于共产主义者“全部问题”的思想理论基础。这个根本道理和根本方法就是革命，就是改革，也就是说在社会主义即共产主义制度建立前，要用革命的手段和方法去推翻资本主义制度，创建社会主义制度；在社会主义制度建立以后，要用改革的手段和方法去建设社会主义、发展社会主义，最终实现共产主义。

马克思、恩格斯创立了马克思主义哲学、马克思主义政治经济学和科学社会主义三大理论，构成了马克思主义完整的思想理论体系。马克思主义的三大理论始终紧紧围绕解决共产主义者的“全部问题”来展开，努力探寻解决这个“全部问题”的途径和方法。

马克思主义哲学科学地揭示了自然、社会和人类思维发展的一般规律，是科学的世界观和方法论。它具有鲜明的阶级性，公开申明自己是无产阶级的世界观，是为无产阶级和全人类的解放服务的，是无产阶级批判旧世界、建设新世界的理论武器，是维护广大人民群众利益的思想基础。它也具有鲜明的实践性，强调实践是人类能动地改造世界的客观物质活动，是人们改变世界、变革现实、创新事物的根本途径。因此，马克思主义哲学成为无产阶级和人民群众认识世界、改造世界的强大思想武器，为共产主义者解决“全部问题”提供了科学的世界观、方法论指导。

马克思主义政治经济学科学地阐述了商品、劳动、资本、价值的内涵，透彻地剖析了资本主义的经济关系，创立了剩余价值学说，深刻地揭露了资本家剥削工人剩余价值的“天机”，指出资本的每一个毛孔都沾满了工人阶级的鲜血，资本主义是一个资本家压迫、剥削工人阶级的罪恶制度，全世界无产阶级和劳动人民要团结起来推翻这个罪恶制度。马克思主义政治经济学揭示了资本主义的本性，敲响了资本主义的丧钟，帮助无产阶级和广大人民群众认清资本主义的性质，激发破除旧制度、创造新社会的革命热情，为共产主义者解决“全部问题”抓住了要害，明确了目标。

科学社会主义借助马克思主义哲学和马克思主义政治经济学，对社会主义这个人类向往的美好社会作了科学的探索。它从分析生产力和生产关系、经济基础和上层建筑这个社会基本矛盾运动入手，深刻地揭示了资本主义必然灭亡、社会主义必然胜利的历史规律，同时从分析无产阶级和资产阶级的阶级对立和阶级斗争的根源以及这种对立和斗争的性质着手，明确指出无产阶级是推动历史发展的根本力量，是资本主义的掘墓人，是共产主义的建设者，极大地增强了无产阶级和广大人民群众破除资本主义旧制度、创造社会主义新社会的革命自觉，为共产主义者解决“全部问题”指明了方向，树立了信念。

马克思、恩格斯为破除资本主义、创建社会主义从理论和实践上进行了不懈的探索，树立了理论的丰碑和实践的典范，但是他们未来得及看到社会主义社会的建立就离开了人世。尽管如此，马克思主义关于共产主义者“全部问题”的精辟概括的根本道理，关于解决“全部问题”的根本途径和根本方法的重要阐述，仍然指引着共产主义事业的不断发展和壮大。“革命和改革”的真谛，在共产主义事业发展的各个时期、各个地方，依然成为各国共产党人和无产阶级、广大人民群众的强大思想理论武器，激励共产党人和无产阶级、广大人民群众创造性地建立和发展社会主义制度，推进社会主义事业不断前进。

经过社会主义革命，推翻了旧制度以后，如何建立社会主义制度，如何建设社会主义国家，如何发展社会主义事业？这个时代课题就摆在新一代共产党人的面前。在俄国，列宁运用马克思主义的基本原理分析时代特征，科学地揭示了新的时代条件下帝国主义经济发展不平衡的规律，创造性地提出社会主义能够在一国或几国取得胜利的理论，并通过十月革命建立了世界上第一个社会主义国家。社会主义制度确立后，列宁从俄国实际出发，首先创造性地采用战时共产主义政策以巩固政权，不久又创造性地实行以发展商品经济为主要特征的新经济政策，一切从实际出发，以革命的首创精神积极探索社会主义建设的道路，取得了巨大成功，使苏联这第一个社会主义国家稳步走上了社会主义道路。这以后，苏联通过一系列改革创新的措施，推进社会主义工业化、农业集体化和国民经济计划化，逐步形成有苏联特点的社会主义模式。这一模式在当时条件下发挥了积极作用，但也引发了不少矛盾和问题。在中国，以毛泽东同志为代表的中国共产党人，把马克思列宁主义的基本原理与中国实际相结合，创造性确立了农村包围城市、武装夺取政权的革命道路。新中国成立后，中国共产党人在解决如何在经济文化落后的中国建设社会主义的时代课题时，形成了一系列重要的思想理论，制定了一系列重要的路线、方针、政策，如关于社会主义过渡时期的总路线，社会主义“一化三改造”的决策，农业合作化运动的开展，等等，从中国的实际出发，创造性地丰富和发展了马克思主义关于社会主义革命和建设的理论和实践，成功地开启了中国社会主义建设的伟大征程。毛泽东对中国社会主义道路和建设的创造性探索取得了很大成功，积累了重要的经验，也有严重的教训。

20 世纪 70 年代末，中国经过十年“文革”的重创，经济社会发展走到了极其困难的境地。中国向何处去？中国的社会主义建设如何走出困境？面对这样的严峻形势，邓小平同志清醒而坚定地认为，中国必须改革，不改革只有死路一条。于是，在邓小平同志的主导下，1978 年中共中央召开十一届三中全会，作出关于解放思想、改革开放的一系列重大决策，吹响了中国社会主义改革的进军号角。改革的帷幕一经打开，改革的话剧一场又一场地生动演出，高潮迭起，精彩无限，从理论和实践上坚持并发展和丰富了马克思主义关于社会主义的主张。党的十八届三中全会《决定》就这样来评价这场改革：“党的十一届三中全会召开三十五年来，我们党以巨大的政治勇气，锐意推进经济体制、政治体制、文化体制、社会体制、生态文明体制和党的建设制度改革，不断扩大开放，决心之大、变革之深、影响之广前所未有，成就举世瞩目。”社会主义中国在改革的推动下，经济实力越来越强大，政治制度越来越完善，文化建设越来越繁荣，社会建设越来越发展，人民生活水平越来越提高，社会主义的优越性越来越显现，这就是改革的成果，这就是改革的贡献，这就是改革的功劳，这就是改革的魅力。

“革命”和“改革”这两件事，就本质上说意义是一样的。“革命”是通过革命运动推翻旧制度，建立新社会，实现社会的变革和发展；“改革”是通过创新、调整、完善，改变旧制度，创造新事物，实现社会的变革和发展。可见，“革命”和“改革”的目的都是为了实现社会的变革和发展。邓小平同志说：“革命是解放生产力，改革也是解放生产力。”习近平同志前不久指出：“改革开放是我们党在新的时代条件下带领人民进行新的伟大革命，是当代中国最鲜明的特色，也是我们党最鲜明的旗帜。”把革命和改革统一起来，推进社会主义革命和社会主义建设，我们党的领导同志的这些创新思想，进一步坚持、发展、丰富了马克思主义关于共产主义者“全部问题”的根本道理，也进一步坚持、发展、丰富了马克思主义关于解决共产主义者“全部问题”根本途径和根本方法的重要思想。

三　深入学习贯彻十八届三中全会精神，夺取全面深化改革的胜利

党的十八大精神的核心思想是坚持和发展中国特色社会主义。为贯彻和落实十八大的这个总要求、总部署，党的十八届三中全会制定并通过了《中共中央关于全面深化改革若干重大问题的决定》。这表明我们党的思想和行动完全符合马克思主义关于共产主义者的“全部问题”和解决这一“全部问题”的根本道理和根本方法的重大思想精神和理论原则，并赋予鲜明的中国特色、时代特征和创新特点，强调中国共产党人在新的时代条件下，决心以全面深化改革的精神和行动来坚持和发展中国特色社会主义，这是中国共产党人的崇高使命和神圣职责。

党的十八届三中全会《决定》从当前中国实际出发，对全面深化改革，坚持和发展中国特色社会主义，提出了一系列新思想、新决策、新部署，发出了动员令、时间表、路线图。《决定》是马克思主义用变革创新的根本道理解决共产主义者的全部问题——“使现存世界革命化，实际地反对并改变现存的事物”的重大思想在新的时代条件下，在中国特色社会主义进程中的具体体现，不仅是马克思主义基本原理的创造性运用，而且丰富和发展了中国特色社会主义理论体系，是马克思主义中国化的又一新成果，是坚持和发展马克思主义根本道理的新思想新实践。深入学习贯彻十八届三中全会《决定》，夺取全面深

化改革的胜利，关键是要把握这样几点。

一是要牢牢把握改革对社会主义前途命运的决定性作用。马克思主义关于“共产主义者全部问题”的根本道理告诉我们，推翻旧制度，改造旧世界，创建社会主义和发展社会主义，是共产党人的全部使命、全部任务、全部工作。用革命的手段推翻旧制度以后，就要用改革的手段建设和发展社会主义，这是马克思主义的根本道理。恩格斯曾强调指出：“所谓‘社会主义社会’不是一种一成不变的东西，而应当和其他社会制度一样，把它看成是经常变化和改革的社会。”显然，没有革命，就没有社会主义的建立；没有改革，就没有社会主义的发展。世界共产主义运动一百多年的历史说明了这一道理，中国社会主义改革35年的实践也证明了这一道理。世界第一个社会主义国家苏联诞生前后，列宁高举社会主义革命和改革的旗帜，有力地推进苏联社会主义制度的建立和社会主义社会的发展，令帝国主义胆寒，让世界人民激奋，使社会主义的旗帜高高飘扬。进入20世纪五六十年代以后，苏联共产党在领导社会主义建设的过程中，发生了一系列的错误，特别是思想僵化、墨守成规、不思改革，即使在不得不改革的情况下，又发生了严重的方向性、原则性错误，最终在八十年代末导致苏联解体、东欧剧变，社会主义的旗帜在苏联和东欧大地上倒下，教训极其深刻。新中国成立后，以毛泽东同志为代表的中国共产党人在如何建设和发展社会主义的过程中，进行艰苦的探索，创造了很多新思想、新做法、新成果，但也发生了严重的失误和挫折，社会主义中国在探索中曲折前进。“文革”后，世界和中国社会主义面临严峻现实。以邓小平同志为代表的中国共产党人清醒地认识到：“不坚持社会主义，不改革开放，不发展经济，不改善人民生活，只能是死路一条。”于是，在全党全国掀起了解放思想、改革开放的大潮，在这股大潮的推动、冲击下，不适应社会主义发展的思想、制度、办法被冲掉了，一系列适应并推动社会主义发展的思想、制度、办法建立起来了，使中国特色社会主义在改革的洗礼下茁壮成长，不断发展，日益壮大。35年后的社会主义中国已发展成为世界第二大经济体，中国人民的生活普遍改善，国力明显增强，令国人自豪，令世人瞩目。正因为如此，习近平同志在党的十八届三中全会上强调指出：“只有社会主义才能救中国，只有改革开放才能发展中国、发展社会主义、发展马克思主义。”他斩钉截铁地说，改革开放是决定当代中国命运的关键一招，也是决定实现“两个一百年奋斗目标”、实现中华民族伟大复兴的关键一招。不改革，社会主义只能“死路一条”；改革是决定当代中国命运的“关键一招”。中国共产党的领导人之所以如此强调改革对于社会主义前途命运的极端重要性，是因为马克思主义关于共产主义者“全部问题”

的根本道理和解决“全部问题”的根本途径、根本方法的重要思想科学地说明了社会主义生存、发展的真谛，也揭示了社会主义一百多年来生存、发展的客观规律。

二是要牢牢把握改革的社会主义方向和目标。马克思、恩格斯在高度概括共产主义者的“全部问题”时指出：全部问题“都在于使现存世界革命化，实际地反对并改变现存的事物”。也就是说“使现存世界革命化，实际地反对并改变现存的事物”是共产主义者的全部问题，而共产主义者就是为共产主义而奋斗的人、把共产主义作为奋斗目标和崇高使命的共产党人。因此，无论是革命还是改革，都是为了向着社会主义、共产主义前进。向着社会主义、共产主义前进，是共产主义者、共产党人唯一的也是全部的、最终的前进方向和奋斗目标。革命要坚持这个方向和目标，改革也要坚持这个方向和目标。革命时期，一些共产党人放弃了这个方向和目标，使革命遭致失败；改革时期，也有一些共产党人偏离了这个方向和目标，改革同样遇到波折。历史的教训极其深刻，共产党人切不可忘记。我们必须明白，我们的改革是有方向、有立场、有原则的，这个方向就是社会主义方向，这个立场就是社会主义立场，这个原则就是社会主义原则。邓小平同志针对中国改革开放的实际曾深刻指出：“是否坚持社会主义道路和党的领导是个要害。整个帝国主义西方世界企图使社会主义各国都放弃社会主义道路，最终纳入国际垄断资本的统治，纳入资本主义的轨道。现在我们要顶住这股逆流，旗帜要鲜明。因为如果我们不坚持社会主义，最终发展起来也不过成为一个附庸国，而且连想要发展也不容易。”习近平总书记在谈到全面深化改革、全面实现小康、全面推进中国特色社会主义时特别强调：“中国特色社会主义是社会主义而不是其他什么主义，科学社会主义基本原则不能丢，丢了就不是社会主义。”党的十八届三中全会《决定》明确指出：“全面深化改革的总目标是完善和发展中国特色社会主义制度，推进国家治理体系和治理能力现代化。”可见，中国共产党从事的改革伟大事业，其方向、其目标始终是明确具体的，也是坚定不移的，这就是社会主义方向、社会主义目标。十一届三中全会掀起的改革实践，证明了这样做是完全正确的；十八届三中全会作出的全面深化改革部署，强调了这样做是完全必需的，这也为全面深化改革取得更大成果提供了重要的政治保障。

三是要牢牢把握解放思想这个法宝。马克思主义辩证法告诉我们，一切事物都是运动变化着的，运动变化是绝对的，静止不变是相对的，而且事物的这种运动变化必然是旧事物消亡，新事物诞生。人类社会同样如此。人们在不断地抛弃、破除影响、阻碍客观事物发展的旧观念、旧思想、旧做法、旧制度的同时，发现和运用事物的新联系、新属性、新形态、新规律，从而能动地、有效地认识世界和改造世界，使社会不断地得到新发展、新进步。正因为共产党人具有这种马克思主义的世界观、方法论，因此在推进社会的发展进步，用革命和改革的手段创立和推进社会主义的过程中，始终坚持解放思想、与时俱进，把解放思想视为推进社会发展进步的一大法宝。党的十一届三中全会为拉开改革开放的时代大幕，响亮地提出要“解放思想，实事求是，团结一致向前看”。邓小平同志明确指出“解放思想，开动脑筋，实事求是，团结一致向前看，首先是解放思想”。党的十八届三中全会《决定》在总结改革开放35年重要经验时写道，重要经验之一是“坚持解放思想、实事求是、与时俱进、求真务实，一切从实际出发，总结国内成功做法，借鉴国外有益经验，勇于推进理论创新和实践创新”。为此，全会强调指出，实践发展永无止境，解放思想永无止境，改革开放也永无止境。中央如此强调解放思想的重要性、必要性、首要性，说明无论从马克思主义的理论来说，还是从社会主义发展进步的实践来看，解放思想确实是推进社会变革创新的一大法宝、一把金钥匙、一个总开关。因为实践发展永无止境，所以解放思想永无止境；因为解放思想永无止境，所以改革开放永无止境；因为改革开放永无止境，所以实践发展永无止境。这是事物发展的逻辑关系。在这一逻辑关系中，解放思想这个环节至关重要。我们在深入贯彻落实十八届三中全会精神和决策部署的过程中，一定要把握住这一大法宝、这一金钥匙、这一总开关。

四是要牢牢把握改革的长期性、复杂性、艰巨性特征。十八届三中全会指出：“改革开放只有进行时、没有完成时，停顿和倒退都没有出路。”并且强调：现在，改革到了一个新的重要关头，推进改革的复杂程度、敏感程度、艰巨程度，一点也不亚于30多年前。的确，30多年前，在改革大潮掀起和推进过程中，阻力不小，困难不少，十分复杂，十分敏感，也十分艰巨，甚至还出现过要翻船的危险，但是邓小平同志带领全党全国人民以极大的政治勇气和伟大的变革胆略，在激流中奋进，把改革不断推向前进，取得伟大成绩。现在，要全面深化改革，涉及的领域更广、探求的层次更深、前进的幅度更大，过去没有涉及的现在要碰触，过去没有探求的现在要深入，过去没有起跳的现在要跨越，于是遇到的矛盾会越多、遇到的问题会越多、遇到的困难会越多，其复杂性、敏感性、艰巨性，确实“不亚于30多年前”。除了要解决好对改革“复杂性、敏感性、艰巨性”方面的认识外，还要解决好对改革“长期性”的认识。必须明确，“全面深化改革”绝不是“全面完成改革”，改革没有“完成时”，只有“进行时”，只有“深化时”。因此，“全面深化改革”是一个长期的推进过程，是一个不断的发展过程。当然，这个推进过程、发展过程是有阶段性的，每个阶段有每个阶段的任务、每个阶段的决策、每个阶段的部署。如十一届三中全会吹响了改革的进军号，拉开了改革的序幕，十二届三中全会就作出《中共中央关于经济体制改革的决定》，十年后十四届三中全会作出《中共中央关于建立社会主义市场经济体制若干问题的决定》，又十年后十六届三中全会作出《中共中央关于完善社会主义市场经济体制若干问题的决定》，再十年后十八届三中全会作出《中共中央关于全面深化改革若干重大问题的决定》。党中央审时度势，根据改革发展的实际，适时作出决策部署，一步一步地把改革不断引向深入。因此，在对待改革的问题上，我们既不能畏首畏尾、裹足不前，也不能操之过急，毕其功于一役。正确的态度是坚定道路自信、理论自信、制度自信，要解放思想、与时俱进，要攻坚克难、勇往直前，要坚定信心、稳妥推进，要长期坚持、毫不动摇，只有这样，才能带领全国人民不断全面深化改革，全面建设小康社会，实现社会主义现代化，实现中华民族伟大复兴的中国梦。

以信息技术为支撑推进国家治理体系和能力现代化

张　黎

【作者简介】 张黎，汉族，1943年11月生，山东青州人，中共党员，1958年9月参加工作，上将军衔。曾任解放军总参谋部政治部副主任、主任、总参谋部党委委员；解放军总参谋长助理、副总参谋长，总参谋部纪律检查委员会副书记、书记，军委纪律检查委员会副书记；中共十五大当选为中央纪律检查委员会委员；中共第十六届中央候补委员；政协第十一届全国委员会常务委员、人口资源环境委员会副主任。主编《世界新军事变革》大型系列丛书和《高新军事技术》科普丛书，主要学术论著有：《学习与思考札记》、《做合格的战略参谋》、《关于加强时代特征研究的几点思考》、《以“国动委模式”整合应急机制的建议》、《对军队建设和作战准备几个重点问题的思考》、《苏东剧变原因思考》等。近年出版诗集《谐语人生》和长篇历史文学巨著《魂牵梦圆》，广受社会好评。

今天，我们一起研讨网络时代的国家治理。我是位老干部，按照一位老首长的说法：“退休了，好好休息，过去的事不记，现在的事不管，将来的事不想”。但是，这个题很有吸引力，我发个言，抛砖引玉，就算当次义工吧！讲得不对的，大家批评。

党的十八届三中全会决定提出，完善和发展中国特色社会主义制度，推进国家治理体系和治理能力现代化。习近平同志就这个问题作了重要论述，这是中国特色社会主义理论和实践的一次伟大创新，是马克思主义政党史上的一次飞跃。

一　长期执政和民族复兴的重大战略举措

一个国家的治理体系和治理能力，是否科学高效，关系到这个国家的兴衰，关系到执政集团的成败，尤其是能不能随着科学技术和社会的发展而发展，更是一个至关重大的问题。

治理体系和能力要随着生产力的发展而发展。马克思主义认为，经济基础决定上层建筑，生产力决定生产关系。一个国家的治理体系和能力，总是随着生产力的发展而不断发展。在农业社会，自然力是生产力的基础，包括人力、畜力、风力、水力等。由此产生的长城、烽火台、狼烟、驿站、郡县府治、察举孝廉、科举取士、府议、衙参、朝议、金殿对策、讽议谏议以及贤君、能吏、孝廉等，都是那个时代国家治理体系和治理能力的产物。在工业化时代，机械力是生产力的基础，学科分化越来越细，社会分工逐步扩大，电话、电报相继出现，单靠一个人的智力，无法对社会情况作出全面判断，无法对社会实施有效治理，因此，各级政府及其相关部门以及军队司令机关应运而生，领导者借助庞大的机关和管理层次，才能更好地实施治理。现在，社会已进入网络时代，科学技术高度发展，学科门类成积数分化，人们的意识和需求更加多元，影响国家治理的要素空前增加。特别是网络化、智能化、大数据、云计算被广泛应用，信息传递不断加快，人们的联系更加紧密，个性化、多样化随时展现，有人形容，现在已进入自媒体时代，即每个人都是信息传播的主体。过去领导能控制舆论，现在一条信息，领导和群众同时获取，再用过去那种下情上报、上情下达的方法，已经过时。比如，一所学校出现风波，过去都是逐级报给领导，领导开会研究，制定解决办法，再通知到其他学校。现在往上报时，领导还没看到，其他学校已经知道，再去发通知已经晚了。因此，网络的发展，既给国家治理体系和治理能力现代化提出了要求，也提供了机遇。我们只有抓住机遇，深化改革，才能适应生产力发展的要求。

治理体系和能力是民族伟大复兴的重要保障。中华民族在国家治理和治理能力方面，有着优良的传统，如集中统一、令行禁止、重视礼治和德治等，但是，我国的封建社会太长，工业化起步较晚，小生产的影响广泛存在，这也会使国家治理能力存在一些不足。比如，重人治、重权威、家长制、“一言堂”，以及决策中存在的随意性、偶然性、局限性、片面性、盲目性、意气用事等，都是这些不足的表现。在网络化高度发展的今天，我们只有积极适应信息化发展的要求，不断进行改革，逐步完善中国特色社会主义制度，促进治理体系和治理能力现代化，才能够完成中华民族复兴的历史重任。

治理体系和能力是我们党长期执政的不竭动力。我们党是执政党，执政的水平如何，能否长期执政，取决于治理体系和治理能力是否适应生产力不断发展的要求，在当前，就是要适应网络时代的要求。执政党是负责决策和制定策略的，政策对，事业就发展；政策错，就出现挫折。我从参加工作到现在，切身感受到这个问题太重要了。如当年的“大跃进”，改革后的自由化问题，这些年房地产的折腾，鼓励买汽车优惠又限号限行，以及养猪杀猪的恶性循环，等等，几乎一个政策管不了三年。因此，我一看到三中全会的决定和习主席的重要讲话，就感到这个问题特别重要，是关系到我们党能不能长期执政的重大问题，抓到了关键处，抓到了点子上。因此，第二天在人民网的访谈中，我就谈了这个问题。毛主席说过，政策和策略是党的生命。认真抓好这个问题，我们党长期执政就有不竭的动力。

二　以信息技术为支撑促进治理能力提高

实现治理体系和治理能力现代化，需要做的工作很多，包括法律法规、思想道德、价值体系、思维观念、机构设置、决策办法、监督反馈、领导方式等方方面面，我们今天研究的主题，是网络时代的国家治理，也就是说，怎样以信息技术为支撑，进行国家治理体系和治理能力现代化建设。

十八届三中全会决定和习总书记重要讲话后，对信息技术支撑手段，讨论的还不多，实施办法也很少，有必要多加讨论，研究办法。现在，各级党委、政府及机关各部门，都有网站、自动化办公和电视电话系统等，但是，怎样利用信息网络建设各级政府的领导工作平台，横向联通党委、政府、群团组织及其所属各机关部门，纵向沟通各级党委、政府、机关和基层群众，并逐步实现点对点互联、互通、互视，凡是政务公开的部分，都可在这个平台进行。比如，领导调研，既可以带工作组深入基层，也可在这个平台上，随机点选某个基层的干部或群众对话交流，这样得到的情况，可能更真实；讨论某些问题，既可以集中起来开会，也可利用这个平台，与相关人员一起讨论交流；至于大量的会议、讨论和汇报，也可以利用这个平台进行。

这个平台，既可以提高党委、政府的工作效率，也可以提高干部的工作水平，同时又能极大地促进社会治理和治理能力现代化。

一是促进思维习惯转变。过去，由于交通和通信手段的局限，人们对客观事物的感知是点状的，领导者通过对点的认知，进行概率思维，指导工作；社会联系不够紧密，各地的差异性较小，了解几个重点，就可以指导面上的工作；领导者因为分工的不同和地位优势，个人的知识和经验积淀，一般要比下边多，掌握的信息要比下边早；再加上由于层次管理的需要，有情况要逐级上报，作出决策再按级下达，信息反馈由领导者掌握，在这种条件下形成的思维习惯，已经不能满足当前网络时代的需求。大家知道，在网络时代，社会联系日益紧密，生活节奏日益加快，个性特质充分展现，人们可以不分民族、性别、年龄、贫富，通过互联网，在任何时间与任何地点，互通信息，交流思想，获取各方面的知识、经验，发表自己的意见与见解。一个火星可能引起一片大火，一个偶然事件可能引发一次社会动荡。在这种条件下，领导者的思维方式一定要转变，真正跟上网络时代的发展，实现概率思维到网络思维的转变，考虑问题、掌握信息、制定政策，都要全面、稳妥、缜密，做到横要到边、竖要到底，既考虑到大的方面，还要照顾到个别地区、个别群体的特殊要求，增强全面性、系统性、预见性。同时，要像普通群众那样融入社会，及时准确地了解群众意见，反映群众诉求，做到了解情况快、决策快、反馈快。各级干部通过运用领导工作网络平台，可以更好地促进这种领导思维方式的转变。

二是促进治理能力提高。网络时代，对党委、政府和各级干部的领导能力提出了崭新的要求，传统的治理能力已经远远不能适应客观形势的需要。提高新形势下的新能力，既需要联系网络时代的特征进行学习，更需要亲身参与网络环境，运用领导工作网络平台进行实践，这种在使用中促进能力提高的方法，可能更快速、更有效。网络时代，情况瞬息万变，亲自参与网络运用，才能更好地提高掌握情况的能力、发现问题的能力；现在，相当多的人在网上发表自己的意见和见解，提出解决各种问题的方法和措施，领导者只有亲自浏览，才能更好地提高解决问题的能力、科学决策的能力；当代网络信息的内容非常丰富，历史与现实、天文与地理，各种事物的发展变化及其特点，应有尽有，各级干部认真学习研究，联系自己面临的情况进行综合提炼，就能更好地提高科学预判的能力、把握规律的能力；当代社会，群众参与社会管理的热情不断高涨，党委、政府决定的落实情况，很快会在各种网络上反映出来，哪里落实最快、最实？哪里落实遇到问题？原因在哪里？各级干部只要运用网络，就能了解到相当部分地区和单位的情况，这对提高他们的贯彻执行能力和社会管理能力，肯定有积极的作用。现在我国的上网人员越来越多，各阶层、各行业的人都有，有人统计，互联网用户已达8.83亿，既有院校师生、知识分子，也有普通群众。各级干部通过网络，了解他们的情况，掌握他们的动态，知道他们的愿望，采集他们的意见建议，用于自己的工作改进，这对干部联系群众，集中群众智慧的能力，肯定大有帮助。

三是促进治理体系改革。我国现行的编制体制，是在工业化基础上建立的，并带有农业时代的痕迹，有许多优长，但也存在着不足，主要表现为：第一，横向分工过细，社会上有一个行业，机关就要设置一个部门管，当代科学发展的趋势是，学科分工越来越细，这样，机构必然越设越多（如我军过去以步兵为主，后来炮、装、工、化、电子、陆航的出现，增加电子对抗部和陆航部，现在又要增加网络、航天）。第二，综合部门太少，科学发展的另一个趋势是，学科分裂越多，交叉性越明显，在管理方面越需要高度综合。但是，现在机关的综合部门太少，就是办公部门、研究部门，而且基本是为领导服务写稿子的，这样，党委、政府决策，只能依靠业务部门进行，要解决一个什么问题，通常由业务部门拿出方案，征求相关部门的意见，提交党委或政府讨论决定。部门由于业务的局限，很难统揽全局，再加上部门利益的影响，所以它提出的方案，难免有片面性、局限性、随意性，而被征求意见的部门，多数走了过场，这样的决策实施后，难免一个倾向掩盖另一个倾向，这就造成了党委、政府决策朝令夕改。比如，强调刺激消费买汽车，是工业部门或商务部门的事情；要求限号摇号，是交通部门和环保部门的要求；鼓励养猪，是商务物价部门的意见；要求杀猪，是农业部门的意见。另外，现在机关的设置是，业务部门与部门是同级的、固化的，没有领导与被领导关系，这样，在需要解决交叉和综合问题时，就必须在部门与部门之间设立各种委和领导小组，这无疑又使机构进一步庞大，机关行文必须以党委或政府的名义，各种委和领导小组协调的东西，不能以党委和政府的名义下发，这样还需要开个会或领导签署的联合行文解决，这就造成了会议多、文件多、领导事必躬亲多。第三，纵向层次过多，现在，地方有国、省、市、县、乡，军队有军、师、旅、团、营、连、排，遇事要逐级上报、逐级下达。而网络时代的特点是，信息传递快，实时即达，只有扁平化的体制，才能适应这一客观要求。多年来，我们一直强调编制体制改革，但是，受传统观念、利益格局的影响，改革效果总不理想。通过要求各级干部学习网络知识，熟悉网络时代的特点，运用领导工作网络平台，开展工作，横向部门很自然地连接到一起，相互贯通；纵向部门顺畅地交流信息、商讨办法，冗余的层次会突出显现，这对横向部门的精简、综合，纵向部门的缩减，逐步实现机构综合化、体制扁平化，将有极大的促进作用，机构的大量精简、合并，人员的精简，将会是大幅度地，小政府、大社会的实施，将会顺畅得多。

四是促进监督反馈及时。我们党和政府高度重视监督，但是监督的机制相对滞后，总的情况是各级党委、政府自己决策、自己执行、自己反馈、自己监督。觉悟高的，反馈情况的真实性可能高些，监督自己可能严格一些；但是觉悟低了，就做不到。往往信息反馈朝着有利于自己的角度倾斜，统计数字总是朝着有利于证明自己决策正确的角度去说，朝着有利于证明自己要上的项目正确的角度去说。监督也经常走了形式，以至于有人说：我们的统计水分太高，监督也出现了“同级监督太软、上级监督太远、群众监督不敢”的现象。现在中央派巡视组监督，这叫第三方监督，它与被监督的实体没有利益关系，实施起来就有力得多。随着网络的发展，社会透明度越来越高，党委、政府运用网络领导工作平台，实施政务公开，用人情况、大的工程项目、大的经费开支、民生重点，上级、下级、群众都能随时点阅，一目了然，发现问题，可以及时提出，这必将大大提高监督的及时性、有效性。

五是促进工作作风转变。我们党历来重视密切联系群众，反对形式主义、官僚主义。但是，脱离群众、不从实际出发，唯书、唯上、不求实的现象依然存在，热衷于开会、讲话、表态、发文件的状况仍有市场，表态快、调门高，上级的文件还没学，自己的会议还没开，早把表态和贯彻落实情况的文稿写好了。如果拿出部分精力，科学地运用领导工作网络平台，只要不保密的，上级的讲话，各级可以同时聆听、同时领会，各级只要联系本地区实际，提出相关要求即可；各级的讨论落实情况，上级从网上点击会场视频，就可以看到，究竟他们讨论了没有？态度真诚不真诚？落实措施得力不得力？都能清楚地看到。而且，随意选择地区或部门的会场，想作弊也来不及，这样得到的情况更真实，也避免各级层层开会、层层写报告，滋生大量的形式主义。领导了解下级或基层情况，既可以去视察、走访或暗察，也可以随意通过视频链接与各级交谈、对话、沟通了解，甚至可以点击链接到乡镇村庄的农户，进行走访谈心，这样得到的情况可能更真实，党委、政府在领导下去前事先安排，包括看哪一家、说什么话都预演好的机会，将越来越少。这对改进作风的巨大推动，是不言而喻的。

三　在统筹规划中推进领导工作平台建设

自从党的十八届三中全会的决定和习总书记的重要讲话发表以来，中央采取了一系列重大措施，作出了重要战略部署，各级进行了广泛的讨论，联系实际，制定了落实措施。但是，怎样以信息技术为支撑，推进治理体系和治理能力现代化，讨论还不够深入，认识还不够深刻，举措办法也不多。而信息技术是推进治理体系和能力的重要手段，加强了这一建设，才能更好地促进这项工作的全面发展。

一是要提高认识，统一思想。我感到，要推进这项工作的落实，各级必须深入领会习总书记的重要讲话精神，统一思想认识，明确重大意义。现在，各国政府、军队都很重视以技术为支撑，加强网络时代国家治理体系建设，军队的数据链、C4I、一体化指挥平台都已具备相当的规模。但是，从总体上来说，各国在这方面还没有代差，如我们从现在开始，加强这一建设，有可能像弯道跑车，能赶上或超越发达国家。

二是要制定标准，搞好设计。近几年，各地政府、各类机关的网站、办公自动化系统方兴未艾，智慧城市的建设，也在快速起步，积极性是好的，效果也是显著的。但是，也存在着自选标准、自立烟囱、分散建设、互不联通的缺点，亟须国家制定统一标准、加强顶层设计，指导各地区、各机关参照统一标准建设，以利国家建立统一的网络运行平台。避免将来各行各业的标准各异、烟囱林立，难以打通或花费高额费用打通的局面。

三是要加大投入，持续发展。以技术为支撑，加强国家治理体系网络平台建设，需要一定的经费支持，现在国家调整产业结构，扩大内需，不少经费找不到出路，这也是一项新兴的产业，而且是高技术产业，又关系到党和国家的根本建设，搞好了，不仅对我们自己有利，还可以技术输出。应该建议国家加大投入，保证这项工作持续发展，创造出新的成果，这比大量的资金投入公路、铁路、机场，甚至搞重复建设好。

（本文为作者2015年3月19日在昆仑策研究院“互联网时代的国家治理”研讨会上的讲话）

互联网时代的国家治理

宋方敏

【作者简介】 宋方敏（昆仑岩），1951年10月生于南京，浙江平阳籍，解放军总参某部原政委、少将；昆仑策研究院常务副院长、高级研究员，国务院国资委国企理论宣传特约研究员。曾任军队院校教授、博导，全军统编政治理论教材编审委员会委员、经济学科组副组长，全军院校统编教材《社会主义市场经济理论》主编和《邓小平理论》副主编。主编国家社会科学基金项目课题《高技术战争经济论》、《中国特色科技强军战略研究》和《军事管理经济分析》等专著20多部，发表学术论文百余篇，获国家级和军队级、省部级成果奖20余项。1987年出席全军英模代表大会，1992年享受国务院政府特殊津贴。近年来发表了《事关中国前途命运的一个主题、十大问题》、《国企私有化才是最大腐败》、《军队反腐必须走在前面》等一系列文章，产生广泛影响。

十八届三中全会提出的全面深化改革总目标，是要“完善和发展中国特色社会主义制度、推进国家治理体系和治理能力现代化”。这是第一次把改革与现代化高度统一起来，对于今后几十年中国特色社会主义在世界上站稳脚跟、立于不败，具有极为重大的战略意义。而目前国内学术讨论，就改革研究改革的比较多，从现代化的角度研究改革的并不多。什么是现代化？必然同科学技术水平联系在一起。今天时代的现代化标志，就是以互联网应用为主要特征的信息化，而且已经不限于传统的互联网，开始走向以高速移动网络、大数据、云计算和智能感应能力为标志的智能互联网时代。国家治理体系和治理能力现代化，离不开现代互联网信息化技术的支撑。总不能老百姓打车都智能化了，而我们党的执政方式、国家机器的工作和运行方式还停留在机械化时代，甚至还是以人力劳动为主的小生产时代。所以国家治理现代化是个大课题，是一场具有革命意义的大变革，需要我们深入进行研究。

本文从理论上力求搞清四个层次的问题：一是信息化与国家治理的关系；二是互联网发展对国家治理提出的挑战和要求；三是国家治理现代化对信息化手段的依靠；四是走向智能信息化的国家治理前景。

一　信息化与国家治理的一般关系

信息化与国家治理的关系，说到底是生产力与生产关系、经济基础与上层建筑的关系。生产力是第一性的，而科学技术是生产力发展内在的具有决定意义的因素。科技水平是生产力水平的基本标志，以科技生产力为标志的生产力性质和发展要求，决定了社会生产关系及其所决定的上层建筑的性质变化和发展完善。

以计算机互联网为特征，人类科学技术发展进入信息化时代，这是现代社会生产力水平的突出标志，而且不仅仅在发达资本主义国家，它借助市场经济的力量，突破一切封锁和阻碍，以空前未有、不可想象的速度向全球各个国家普及和推广。相距数千公里，人与人可以通过互联网面对面进行实时、高速度、多媒体、多向交互的信息交流，这就把一个国家、一个区域乃至整个世界连成一个整体，使人力、物力、财力、自然力、管理力都被信息科技力武装起来、联系起来，产生聚合裂变效应，成为推动世界发展的强大动力。这是决定社会生产关系、社会生产方式和社会思想、政治、管理等整个上层建筑性质，改变整个国家和社会活动形式的最有力推手。如果说，互联网时代，特别是今天已走向智能互联网信息化时代，这意味着为人类进入社会主义世界创造了最有利的物质生产力基础，也是有道理的。

国家治理体系和治理能力，属于上层建筑和生产关系领域的综合性范畴。国家和社会治理概念的提出，本身就是对传统管理的超越和发展，是随着人类信息化的生产力发展应运而生的。其基本特征在于由政府对社会生活的单向管理，变成政府与社会对公共生活的共同治理，是国家权力与公民权利的持续互动过程，这是信息化时代的必然要求。

从生产力与生产关系、经济基础与上层建筑的一般关系的角度看，可使我们认识到信息化发展和国家治理现代化是相辅相成、相得益彰的，信息化发展推动国家治理理念、体制机制和方式方法创新，国家治理现代化需要信息化技术支撑。

二　互联网发展对国家治理提出的挑战和要求

互联网发展是当今社会信息化发展水平的基本标志，它对传统的国家管理或治理提出了新的挑战和要求。

1. 信息来源多样化对思想统一的挑战。过去信息渠道单纯、来源单向、种类单一，对社会意识形态容易引导，人们思想认识容易统一。现在互联网上信息主体多元、来源多样，在各种大量繁杂的信息冲击下，民众思想容易混乱。

2. 信息传输快捷化对管理层次的挑战。层次管理是多少年来的老一套办法，传达个文件、布置个任务都要层层下达、层层开会，把时间都耗在“下情上报、上情下达”的环节上。现在互联网信息跑在管理层次前面，等你按层次走程序，“黄花菜都凉了”。传统技术条件下的“必要形式”，在现代信息技术条件下经常变成了可笑的“形式主义”。

3. 信息知悉公开化对领导权威的挑战。过去信息掌握是领导“专利”，上面说什么，下面信什么。领导凭靠占有信息的“神秘感”，就可以对下级拥有权威。现在互联网不局限于点对点定向传输信息，而是网上广域泛化传播，往往领导知道的群众早知道，群众知道的领导不一定知道。互联网特征本来是信息对称、均等，但领导工作跟不上时代，自己造成由过去的不对称变成新的不对称，过去的不均等变成新的不均等。信息公开化，使领导权威向群众权威转化，也使有的领导陷于被动，成了尾巴。

4. 信息影响复杂化对社会控制的挑战。社会控制应当是一种闭环系统，根据系统输出变化的信息反馈，进行自动调节和控制。这在传统信息渠道和管理体制下虽能够实现，但易受官僚主义阻塞而效率不高。在互联网时代，信息高度开放对受众影响复杂化，特别是鱼龙混杂、真假难辨，甚至敌对势力渗透颠覆，有意煽风点火、挑动矛盾、制造动乱，使得传统管理体制机制下的社会控制变成了一种开环系统，一旦发生情况，无法及时知情、掌控和应对。

5. 信息处理智能化对组织结构的挑战。传统互联网经过几十年发展，在一定程度上已走到瓶颈，以高速移动网络、大数据分析、云存储计算和智能感应能力为标志，全新的智能互联网时代扑面而来。信息数据挖掘、采集、整理、分析和处理智能化，可以大大节省人力、物力、财力和时间，使依赖人力劳动为主的管理组织结构显得冗余、烦琐、低效甚或负效，从体制编制等组织形式到运行方式都需要改革。当然，智能机器代替人，要考虑劳动力就业实际，但中国各级政府机构人员确实太多，老百姓养不起，用智能化办公实现革命性精简势所必然。

三　国家治理现代化对信息化手段的依靠和利用

积极适应时代发展，让现代信息技术手段为我所用，这既是我们党在互联网挑战下变被动为主动、提高执政能力的紧迫要求，也是国家治理体系和治理能力现代化的客观需要。

1. 治理意志的规范稳定需要强有力的信息控制。现代化的国家治理必须在党的领导下依法治国，把正确的指导思想和人民意志集中起来成为宪法、法律，严格规范稳定地贯彻执行，形成社会共识和法制约束，这就必须保证互联网这种最现代、最强大的信息传媒和处理工具掌握在代表人民的执政党手里。

2. 治理主体的多元契合需要全方位的信息沟通。中央强调要“加快形成党委领导、政府负责、社会协同、公众参与、法治保障的社会管理体制”，体现了一种与过去不同的多元主体协调共治的理念。在经济生活中，政府、企业、居民和社会中介组织等市场主体也是一种合作共治关系。多元主体合作共治，不仅需要有统一的意志和合理的分工，还需要相互情况的及时了解和有机配合，这就要求主体之间（包括与公民个体之间）全方位迅捷沟通和传播信息，只有依靠现代智能互联网技术和信息系统才能实现。

3. 治理机制的协同缜密需要高集成的信息处理。国家治理体系包括经济、政治、文化、社会、生态文明和党的建设等各领域的体制制度、法律法规和运行方式，是一整套紧密相连、相互协调的国家制度机制安排。现代社会生活涉及面越广，复杂程度越高，信息变化越快，国家治理就越得像一台大机器，涵盖国家和社会各个方面，高度协同，缜密运作，综合集成，避免政出多门、互相掣肘、形成内耗。这就需要利用智能互联网技术和现代信息系统，按照统一目标、顶层设计和具体规则，协同运转、处理问题、化解矛盾，为创新治理制度机制提供基础性平台保证。

4. 治理反应的灵敏高效需要大精准的信息分析。无论是战略层面的运筹决策，还是情况层面的处置应对，对置于国内外诸多矛盾威胁下的国家治理至关重要。只有充分依靠大数据、云计算和渗透人们生活各个角落的智能设备、高速移动网络，才能实时广泛地捕捉、采集海量信息，并进行快速精准的判别、筛选、分析和处理，及时提供决策依据和处置方案。这一点做不到，治理能力现代化谈不上。不单是应对国内外突发事件预警，就是两会期间，来自各个层面的几千名代表委员的提案、小组和大会发言、面对媒体发表的观点，还有社会上民众关注发表的海量意见，都是智慧含量很高的国策大数据，如何及时分析处理和利用，就必须依靠灵敏高效的智能信息处理系统。依靠人为处理，不但忙不过来，且随意性大，踢皮球、推排球、绕圈子的现象很难避免。

5. 治理方法的民主公正需要无障碍的信息互动。依靠人民群众，实行民主管理，保证社会公正，这是共产党执政的传统优势，也是国家治理现代化的根本要求。在层级式的管理体制下，党政领导要摆脱官僚主义，密切与群众的血肉联系困难重重，容易中梗阻，一些"访贫问苦"、开座谈会式的老方法也容易被作假变形。上面的想法群众不知道，群众的声音上面听不到，民主和公正很难实现，即便实现公信度也不高，腐败还难以防范。要根本改变这种状况，光靠抓作风还不够，必须解决桥和路的问题，那就需要通过"互联网桥"和"信息高速路"，架设起上达中央下至百姓的无障碍沟通渠道，实现各个部门、各类机构、各种窗口随时随地与公众互动交流，把调查研究、决策咨询、集思广益、监督诉讼等各种工作都放在网上进行，使得党群联系直接化、民主管理扁平化、信息交流对称化、决策过程透明化和治理结果公平化。

四　走向智能信息化的国家治理前景

未来的趋势是智能信息化。传统互联网的核心是传播，智能互联网的核心是服务。智能互联网增加了对世界的认知和感应，在此基础上可形成强大的服务能力。就像智能打车，靠某一家专门的互联网公司做不到，必须依靠由高速移动网络、手机感应器、自动定位和智能化的数据分析处理系统等构成的整个智能互联网服务体系。智能互联网首先是在军事领域被越来越广泛采用，特别是智能武器和作战指挥系统，近年来社会应用发展势头迅猛，如智能交通管理、移动电子商务、互联网金融等。国家治理本质上也是服务，微观服务与宏观调控可以高度融合协调。以智能互联网技术为支撑，推进国家治理体系和治理能力现代化，是把握时代的明智选择。

从国家治理层面看智能信息化应用前景：

一是执政党建设智能治理体系。把电子党务提升到智能党务水平，从党员干部的政治思想状况、组织生活状况、学习工作状况、家庭和财产状况、群众评价反映状况等，到各级党组织的工作和活动状况，都可以通过智能互联网及时掌握和作出分析判断。目前全国有多少党组织处于涣散状况，有多少党员处于虚名状况，在哪些社会阶层、社会群体、社会组织里党员和党组织分布状况、活动状况，包括在港澳、在非公企业、在基层劳动群众及在全国各地各类社会组织中发展党的队伍，建立党的组织，开展党的活动情况，有没有群众影响力和领导权，都可以利用网络及时掌握。利用智能互联网对党员干部进行思想指导、组织管理、党规党纪约束，让好人正大光明，坏人处处害怕。要求党员干部通过网络直接联系群众，听取群众意见，接受群众监督。网上进行党员干部优选劣汰，可形成更为科学有效的机制。

二是国民经济智能调控体系。过去搞计划经济没有条件，因为市场千变万化，计划赶不上变化。现在利用智能互联网，可以在一个国家乃至世界范围内实时掌握各类商品、服务、金融等现期货市场的价格、供求变化和企业经营动态，以及能源和自然条件的变化，通过大数据分析判断经济走势，这就为国家的中长期计划引导、政策调控和市场管理提供有利条件，可以更好地把市场配置资源和政府宏观调控“两只手”的作用结合起来，促进供求平衡，协调稳定发展，防止经济紊乱和动荡。在环境治理领域，可通过智能互联网增强生态环境监测、保护和防治能力，采用遥感、物联网等技术加强对全国环境污染状况的实时动态监测，实现环境监管全国“一张图”，促进生态文明。智能互联网对各种经济形式和各种资本运作情况也可以进行动态分析，对我国基本经济制度的实现形式和运行状况作出质和量上的科学研判，以利于加强公有制主体地位和国有经济主导作用，防止落入私有化、附庸化陷阱。全民财产所有者和私人财产所有者都可以通过网络服务系统随时随地了解自己所有资产使用和变化情况，对经营行为进行监督，变“黑箱”为“白箱”。通过智能互联网的自动监督和调节功能，还可以促进国家财政透明化，使得税收更加规范，分配调节更加合理，社会保障和公共服务更加有效，最大限度地消除人为因素，防止平均数掩盖大多数，让人民群众共享改革发展成果。

三是思想文化智能管控服务体系。思想文化领域既要有向心力、控制力，又要有活力、创造力，关键是要有效掌控各种媒体特别是互联网阵地。要根据党领导国家意识形态各领域的思想纲领、发展规划和管理制度规定，通过一体化的网络智能管控服务系统，对所有的网络信息、学术信息、课堂教育信息，以及文化艺术信息，都能够进行大数据动向分析和重大问题研究；对日常言论依据宪法法规智能鉴别，进行严格管控；对需要辨别真假、澄清是非的问题，迅速调集数据库资料和现实情况予以公布，以正视听。对经过审查确定为正能量的各类思想文化产品，自动放行，一路绿灯，摆脱各种人为关卡。就像智能打车一样，对好的作品提供主动服务，沟通市场桥梁，扩大宣传面和消费面。对意识形态领域工作的社会反响和国内外舆情关联动态，也能依靠智能网络及时反馈和分析处置。这样才能有效防止舆论乱象，形成保护和激发正能量的思想文化治理体系，打好意识形态主动仗。

四是国家民主政治和法治智能支持体系。在人力管理的体制机制下，要真正实现人民当家作主是很困难的。因为中国人口太多，管理层次太多，各种职能机构太庞杂，大量民众意见要反映上来、集中起来不太容易，人民被代表的路线太长，国家主人权力也就很难落实。国家法治应该是保护人民民主，保障民主权益，维护民主秩序，但在现实社会里很多事情处理受人为利益的干预，法治可能反而站到民主的对立面，损害社会公正。现在推行电子政务，主要为提高政府部门的办事效率，降低行政成本，提高行政效能，这是很不够的。解决政治民主问题和法治公正问题，不仅要政务公开，也要法务公开；不仅是单向公开，而且应该互动公开，让公民从国家宏观到社会微观对各类事务决策管理具有民主参与的条件。最有效的工具就是利用大数据分析、智能感应能力和高速移动网络支撑的智能互联网平台，使得整个社会上下直接沟通，左右横向交融，信息路线扁平化，治理行为透明化，人民才会有主人的感觉，才能合法行使自己参与管理、监督国家和社会事务的政治权力。法治也才能最大限度减少人为因素，就像智能交通管理一样，靠法律和证据而不是人说了算。

五是社会治理智能服务体系。社会治理涉及面很宽泛，需要把政府、社区、居民、学校、民生企业、公共事业部门、中介组织等各方面的主体作用融合起来，为社会和谐发展服务，而智能信息化服务是必然发展趋势。目前智能交通管理、智能健康管理、智能家居服务、移动智能电子商务等发展很快，还需要进一步发展和完善覆盖全社会居民生活领域的智能化服务体系，特别是在事关群众切身利益的就业、教育、医疗、食品药品安全、养老和社区服务等方面发挥重要作用。如大力发展智慧教育、智慧医疗、智慧养老，促进优质教育、医疗和生活资源共建共享。建设全国统一的食品安全信息平台和社会信用信息平台，实现跨部门联动监管和联合惩戒。

六是国家安全治理智能反应体系。利用智能互联网的原理和平台，在确保保密的前提下，构建上通国家安全委员会，下达各种基层组织和网络媒体终端，覆盖国安、公安、军队、外交、商贸、金融、宣传等各个部门和港澳在内的各个地区，以及跨国联手合作，构建起渗透各领域各层次、灵敏协调高效的智能安全防控网。依靠随机感应、移动服务、大数据高速处理优势，把汪洋大海般的群众性信息队伍与专业情报力量结合起来，及时发现各种安全隐患、漏洞和动态，按照各种预案和预设规则，自动形成各种应对方案，辅助人工决策，在第一时间里采取防范措施。特别是及时掌握各种敌对势力颠覆渗透、内外勾连、策反破坏和恐怖活动等情报，提前预警，有效反制。发动依靠群众，利用网络优势打人民战争，这是健全国家安全治理体系的根本之策。

如果真正能够实现这样一个国家治理现代化的壮丽图景，那么人民民主政治进步，经济社会全面健康发展，政权稳定和长治久安，才有更可靠保证，社会主义在中国胜利并走向全世界才有希望。

国家治理视阈下的舆论监督

尹韵公

【作者简介】尹韵公，男，1956年生。国家哲学社会科学研究专家咨询委员会委员、中国社会科学院中国特色社会主义理论体系研究中心主任，原中国社会科学院新闻所所长。国家“万人计划”工程首批入选人才；国家社科基金新闻传播学科评审组召集人；国务院学位委员会新闻传播学学科评议组召集人和成员；中央文宣系统“四个一批”人才工程首批入选人才；国务院应急管理办公室专家组成员；国家新闻出版总署新闻出版行业领军人才；中央直接联系专家。享受国务院颁发的政府津贴。

全面推进依法治国是进行全面深化改革的一次深度革命，也是实现全面建成小康社会宏伟目标的强大保证。作为国家治理的有效途径和依法治国的重要抓手，舆论监督的有力作用是不容置疑的。正如党的十八届四中全会指出的那样：加强党内监督、人大监督、民主监督、行政监督、司法监督、审计监督、社会监督、舆论监督制度建设，努力形成科学有效的权力运行制约和监督体系，增强监督的合力和实效。毫无疑问，上述八种监督方式中，舆论监督的历史最长久、动员最广泛、内容最丰富、触及最直接、效果最显著。故此，将舆论监督纳入国家治理的视阈及其运行轨道，就显得非常必要、非常重要和非常迫切了。

一

高度重视和倡导舆论监督是以全心全意为人民服务为宗旨的马克思主义政党的优良传统。新中国成立初期，我们党就提倡在媒体上全面揭露党内存在的官僚主义、命令主义和各种消极腐败现象。进入新时期以来，无论是就地位而言还是从作用来讲，舆论监督越来越受到社会的广泛关注和群众的热烈反响。党的十五大首次提出了依法治国思想，同时，党的十五大报告还指出：要把“党内监督、法律监督、群众监督结合起来，发挥舆论监督的作用”；党的十六大报告指出：要“加强组织监督和民主监督，发挥舆论监督的作用”；党的十七大报告指出：要“发挥好舆论监督的作用，增强监督合力和实效”。尤其是2005年中办、国办联合下发的《关于进一步加强和改进舆论监督工作的意见》，要求各级党委和政府高度重视舆论监督工作，积极开展舆论监督，充分发挥舆论监督在统一思想、凝聚力量、促进改革发展、维护社会稳定中的重要作用，从而更加有力地推动了舆论监督工作的健康发展。

党的十八大是我们党站在新的历史起点、历史高地审视中国与世界的重大时空坐标。对舆论监督，我们也必然地有了新认识和新判断。党的十八大报告指出：“加强党内监督、民主监督、法律监督、舆论监督，让人民监督权力，让权力在阳光下运行。”十八届三中全会通过的《关于全面深化改革若干重大问题的决定》明确指出：“健全民主监督、法律监督、舆论监督机制，运用和规范互联网监督。”从过去的“依法治国”到今天的“全面推进依法治国”，把依法治国同舆论监督放在同一范畴，这就充分表明，我们党对舆论监督工作的认识更加系统、判断更加深刻、把握更加有力，全面上升到了一个新的境界。习近平总书记指出：“我们要更好发挥中国特色社会主义制度的优越性，必须从各个领域推进国家治理体系和治理能力现代化。”由此逻辑推之，我们必须将舆论监督纳入国家治理体系依法治国轨道之中，加强和健全舆论监督机制，不断提高舆论监督的治理能力现代化的水平。

二

强调国家治理的视阈，是缘于当前舆论格局发生了重大变化；而舆论格局出现的重大变化，又深刻地影响着、决定着舆论监督的新常态。

首先，舆论监督的经济社会大背景已经完成了幕布转换。当前，我国正处于改革攻坚、发展关键和矛盾凸显的深刻变革之中，社会涌出的许多问题主要是属于发展范畴而不是生存范畴的问题。一方面，利益主体越来越多元，信息渠道越来越多样，故而平衡社会利益、调节社会关系、规范社会行为的难度越来越大；另一方面，人们的公平意识、民主意识、权利意识不断增强，保证知情权、参与权、表达权、监督权的问责日趋强烈，故而对舆论监督工作的公正性、透明性要求越来越高。虽然舆论监督的风险和挑战是空前未见的，但是，我们手持舆论监督的解决办法和处置手段也是前所未有的。

其次，舆论监督的主战场已经完成了阵地转移。新兴媒体的迅猛推进和广泛应用，使得舆论监督的主角已由传统媒体让位于新兴媒体。虽然传统媒体的舆论监督作用仍然不可轻视，然而，新兴媒体的舆论监督权重越来越大，却是不争的事实。我国规模巨大的6亿多网民体量，说明了我国舆论监督的市场是全世界最大的，我国舆论监督的张力也是全世界最强的。同时，由于鱼龙混杂、黑白难分、旗号不清，加上政策和体制等诸种原因，我们舆论监督的数量和质量又是不相匹配的。从总体来看，我国舆论监督正处于历史上从未有过的活跃期、兴奋期和冲动期，但同时它又在一定程度上折射出了人们的焦虑感、忧患感和痛彻感。

最后，舆论监督必须同其他监督方式互相配合，形成合力，增强监督效果。尽管舆论监督是监督体系中的引领者和“召集人”，但它也决不能单刀独进，更不会一枝独秀。一方面，舆论监督要充分发挥自身优势和长处；另一方面，也要同党内监督、行政监督、审计监督、司法监督等的优势和长处相互结合起来，努力发挥倍增力量，尽力提升监督效果。我们必须清楚意识到，在媒体融合发展的时代，舆论监督的长期性、复杂性乃至尖锐性将贯穿于依法治国的全部过程，贯穿于国家治理体系建设的始起终末；过去那种仅靠传统媒体的舆论监督就能解决问题的陈规，在今天恐怕已是难以奏效的旧习。

三

应该看到，党的十八大以来，人民群众开展舆论监督的积极性空前高涨，我们进行的舆论监督工作也取得了令人瞩目的业绩。纵观近些年来的重大公共事件和重要热点议题，几乎每一次都能看到舆论监督的身影走动。在促使信息公开、鼓励百姓参政议政方面，在反腐倡廉、扬善除恶、扶正祛邪方面，在净化政治空气、遏制丑恶蔓延、打击违法势头、提供违纪线索等方面，舆论监督都发挥和起到了不可替代的积极贡献和制约作用。

当然，不可否认地，由于网上乱象在一定程度、一定范围内的存在，这就必然地决定了网上舆论监督的杂音、噪音不时喧哗，非理性、不健康的情绪不时宣泄，甚至暴力、肮脏的语言不时弹出，诋毁、诬蔑的发声不时滴漏，一时污染了人们的耳目，混淆了百姓的视听，同时也给舆论监督自身带来了公信力的伤害和可信度的折损。由此我们更加确信：必须坚持依宪治国、依法治网，按照建设国家治理体系的标准和要求，不断推进舆论监督事务治理的制度化、机制化、程序化和规范化，务求保证舆论监督的信息准确、传播安全和指向到位，有力维护人民群众的切身利益和个体声誉，牢实巩固党和政府的执政基础和执政地位。为此，我们应当遵循和坚持以下理念、原则和方法。

一是树立人民主体地位思想。我国政体的显著特征是人民当家作主，这就决定了舆论监督的主体必然是人民群众。我国宪法赋予了人民群众“对于任何国家机关和国家工作人员，有提出批评和建议的权利”，因此，人民群众的热烈支持和广泛参与是舆论监督形成规模和造成声势的前提和条件，否则便无从谈起。说到底，舆论监督就是人民监督、群众监督，是为维护人民群众利益的监督，是站在人民群众立场的监督。任何阻止、拦截、封堵人民群众开展舆论监督的言行，都是十分错误的，甚至是犯罪的。

二是树立社会责任意识。舆论监督透明度高、震撼力大、冲击力强，必须具有高度的对社会负责、对人民负责的心态，才能担当履责，既不能图一时口舌之快，也不能逞一己私利而表；既要大胆揭露和批评各种社会不良、丑恶现象，又要防止一些单位和个人策划炒作造成的负面、消极影响；既要反映群众呼声，表达群众诉求，保护群众利益，又要解疑释惑，平息怨气，化解矛盾，疏通渠道，维护社会稳定大局。坚持运用历史的、全面的、辩证的、发展的舆论监督眼光，切忌简单、片面和绝对化，绝不说过头话，不猎奇故事、不渲染事件、不追求轰动效应，始终把维护好、发展好、落实好人民群众的切身利益和根本利益放在社会责任的首位。舆论监督绝不是跟人找碴，而是为了更好地解决问题，推进工作。

三是依法监督，监督守法。依法治国是党领导人民治理国家的基本方略，是社会主义民主政治的基本要求。舆论监督必须在宪法和法律的范围内进行工作，舆论监督自身也要知法守法，保持沉稳老练的公众形象，掌控好舆论监督的节奏、时机、力度和效果，绝对不能把舆论监督弄成舆论审判，影响和施压正常的司法审判；绝对不能允许一些媒体记者滥用公权而借机敲诈勒索，败坏舆论监督的名声，一经发现，必须严厉处置。舆论监督要突出强调准确监督，以保证监督事实的准确性；突出强调科学监督，以注重监督过程的科学性；突出强调依法监督，以确认监督本身的合法性；突出强调建设性监督，以促使监督结果的有利性。同时，还要防止那种光扒粪而熏臭公共空间后撒腿就跑的泄愤监督出现；诱供式、钓鱼式的监督取证，也是不能提倡的。

四是舆论监督自身也要接受监督。舆论监督的对象是整个社会，整个社会也有权利监督舆论监督者；舆论监督者显然不能率性而为，任意而行，也要自觉接受整个社会的监督，自愿把舆论监督的权力关进制度和法律的笼子里，创造适应自身发展的激励、惩处和约束机制。舆论监督者只有大公无私，将监督的各种元素、综合背景、运作过程等置于阳光之下，才能确保舆论监督的正常、健康和有序。

五是依法治国框架下的舆论监督要依靠党的领导。党的领导是舆论监督的核心力量，我们要运用法治思维，把舆论监督的工具理性和价值理性有机地统一起来，不断畅通监督信息的互通渠道，不断拓展舆论监督的新渠道、新平台，不断创造优质、高效的舆论监督环境，尤其要注意保持网上监督的清朗空间，从而不断优化舆论引导氛围，以新闻宣传工作的新常态适应、服务和服从于整个经济社会转型发展的新常态！我们有理由坚信，随着法治化、规范化的不断提升，舆论监督的国家治理水平和治理能力必将以全新的面貌出现在人们面前。

用科学理论引领国家治理体系和治理能力现代化

钟哲明

【作者简介】钟哲明，教授，博导。1932年生，湖南武冈人，苗族。1952年参加北京大学政治课工作后，讲授马列主义基础、科学社会主义、马列经典著作等课程。1960—1966年任北大党委宣传部副部长，兼北大公共政治理论课教研室副主任。90年代任北大马克思主义学院院长，北大学术委员会委员。退休后为马克思主义理论研究和建设工程专家，中国社科院马克思主义研究院特聘研究员，全国科学技术名词审定委员会马克思主义名词审定委员会委员等。专著有《科学社会主义专题讲座》、主编《邓小平精神文明建设思想研究》、《科学社会主义常识》（教育部普通高中实验教科书）等，参著30多部，论文200余篇。

党的十八届三中全会通过的《中共中央关于全面深化改革若干重大问题的决定》（以下简称《决定》），把完善和发展中国特色社会主义制度、推进国家治理体系和治理能力现代化，确定为全面深化改革的总目标。在学习和贯彻《决定》的过程中，出现了不同的理解和解读，使我们更加认识到全面深化改革，必须高举中国特色社会主义伟大旗帜，以马克思列宁主义、毛泽东思想、邓小平理论、“三个代表”重要思想、科学发展观为指导，老祖宗不能丢，大道理必须讲。

一　坚持马列的国家理论，不照搬西方的治理理论

有论者称："治理"是新词新意，表述了社会转型的新信息；或认为从"管理"到"治理"，意味着方向的全面调整。实际情况究竟如何呢？早在 20 世纪 90 年代，党的十四大报告就提出"治理"，十六大、十七大、十八大相继提出党领导人民治理国家和坚持依法治国，十八届三中全会提出国家治理体系和治理能力现代化，生动地体现了马克思主义同中国实际结合，走中国特色社会主义道路，与时俱进，不断创新的历史进程，根本不存在离开这条历史必由之路的"社会转型"和"方向全面调整"问题。

在马克思主义词语中，治理就是共产党领导下的治国理政，是"政治统治"与"国家管理"的简称，它的理论根据，不能不溯源到马列主义的国家理论。恩格斯说："国家是社会在一定发展阶段上的产物；国家是承认：这个社会陷入了不可解决的自我矛盾，分裂为不可调和的对立面而又无力摆脱这些对立面。而为了使这些对立面，这些经济利益互相冲突的阶级，不致在无谓的斗争中把自己和社会消灭，就需要有一种表面上凌驾于社会之上的力量，这种力量应当缓和冲突，把冲突保持在'秩序'的范围以内；这种从社会中产生但又自居于社会之上并且日益同社会相异化的力量，就是国家。"① 从中我们看到：

1. 国家与社会的关系。国家是阶级社会中经济上政治上占统治地位的阶级，以暴力或合法性为基础的阶级统治的工具。以往的剥削阶级国家，都是少数人剥削和统治绝大多数人的国家。但它却以全体社会成员的利益和意志的代表自居，以公共权力、社会机关和社会主人的姿态，凌驾于全社会之上。它本是阶级矛盾不可调和的产物和统治阶级进行剥削和压迫的工具，但为了维护这种统治，它又要调控阶级对立，缓和社会冲突，并通过宪法和法律形式，使这种"秩序"合法化、固定化，甚至"神圣"化。只有无产阶级政党领导的社会主义国家，才是绝大多数人的、为绝大多数人谋利益的并要最后消灭一切剥削和阶级的国家。但它仍是阶级国家，并非什么"全民国家"。西方治理理论宣扬治理一词是中性的，国家权力属于所有人，是公共的，应当被用来为全体公民谋利益等，某些人对此"照抄不误"，不能不说是对马列的国家理论缺乏起码的了解。

2. 统治与管理的关系。"政治统治到处都是以执行某种社会职能为基础，

---

① 《马克思恩格斯文集》第 4 卷，人民出版社 2009 年版，第 189 页。

而且政治统治只有在它执行了它的这种社会职能时才能持续下去。”① 马克思说亚洲的古代政府，都执行一种经济职能，设立负责灌溉、排水和提高土地肥沃程度等的公共工程部门。到了现代社会，国家的经济职能、文化职能和社会公共职能等，更有了新的发展和变化。马克思说，进入没有阶级和国家的共产主义社会“那时有哪些同现在的国家职能相类似的社会职能保存下来呢？这个问题只能科学地回答”。②列宁进一步提出：“国家正是这种从人类社会中分化出来的管理机构。”又说，“只要国家存在，每个社会就总有一个集团进行管理，发号施令，实行统治”③。这就将“统治”与“管理”的内在联系讲清楚了。我们党从我国国情和文化传统出发，将马列国家理论中的“统治”与“管理”合称为“治理”，释为治国理政，这无疑是创造性地运用与发展。

习近平总书记说：“国家治理体系是在党领导下管理国家的制度体系。国家治理能力则是运用国家制度管理社会各方面事务的能力。”足见治理与管理不是彼此对立，而是相辅相成的。西方治理理论片面强调治理与管理不同，称管理的主体是政府，手段是强制，系自上而下的单向行为，而治理的主体是政府、社会和公民（个人）共治，是主动的、双向的。说管理就是政府自上而下的强制，这是将管理混同于管制。即使管理国家大事，我们党和政府也历来强调群众观点、群众路线，这不是自上而下、自下而上的双向互动吗？20 世纪 50 年代，毛泽东就提出：“老百姓百分之八十的事都由他们自己来办，我们只包百分之二十，就好办了。”随后他读苏联《政治经济学教科书》时又说：“所有制问题基本解决以后，最重要的问题是管理问题，即全民所有的企业如何管理的问题，集体所有的企业如何管理的问题，这也就是人与人的关系问题。这方面是大有文章可做的。”④ 对比前后西方兴起的各种管理学或企业理论，毛泽东的上述论断无疑更新、更高、更深。

西方许多学者把社会说成抽象的人类生活共同体，不从生产关系、阶级关系揭示社会、国家、个人（公民）的关系。在古代西方，国家与社会是高度统一的。前者被称为“公”，后者被称为“私”。资产阶级革命后，国家（政治）与社会（经济）日渐分离。随着资本主义发展到帝国主义，“市场失灵”和“政府失灵”日益突显，人们便寄希望于社会企业、社会组织与公民个人，走向“社会中心主义”甚至“原子式的个人”，似乎在政府与市场之外，存在介

① 《马克思恩格斯文集》第 9 卷，人民出版社 2009 年版，第 187 页。
② 《马克思恩格斯文集》第 3 卷，人民出版社 2009 年版，第 444—445 页。
③ 《列宁选集》第 4 卷，人民出版社 1995 年版，第 28、31 页。
④ 《毛泽东文集》第 8 卷，人民出版社 1999 年版，第 134 页。

于公和私之间而又非公非私的第三种力量。这样，“政治国家——市民（公民）社会”便演变为“政治——经济——社会”。社会治理理论由此应运而生，大行其道。近二三十年来，西方一些学者极力将治理说成非政治的。作为该理论主要创始人之一的美国学者罗西瑙，在其主编的《没有政府的治理》一书中大讲“没有政府的治理是可能的”。有人更制造治理与管理的对立，扬言一字之差，显示了民主政治与非民主政治的根本区别。这些说明：离开马列主义的国家理论和党对“国家治理”、“社会治理”的阐释，简单套用西方的治理概念和治理理论，是无补于事，甚至是错误的。西方的治理理论如果真是济世良方，为什么又求助于社会“一体化”和社会“重建”、“重构”呢？

二　坚持共产党对国家治理体系的领导，不搞西方的政治多元化

当今世界有各式各样的国家治理体系，但大体可分两大类型，即资产阶级专政体系和无产阶级专政体系。我国是人民民主专政的社会主义国家，属于同资产阶级专政体系本质不同的无产阶级专政体系。十八大报告提出全面深化改革开放的制度目标时，强调要构建系统完备、科学规范、运行有效的制度体系；十八届三中全会提出推进国家治理体系和治理能力现代化，也是以完善和发展中国特色社会主义制度，特别是人民民主专政的社会主义国家制度为目标的。这里的“现代化”当然是社会主义现代化，而不是资本主义现代化；这里的“国家治理体系”，当然是社会主义国家治理体系，而非某些人所宣扬的“现代国家制度”治理体系。只要读过《哥达纲领批判》，就知道马克思严厉批评了对“现代国家”、“现代社会”等字眼的滥用。他指出，“‘现代社会’就是存在于一切文明国度中的资本主义社会”[①]。“现代国家”是一种虚构。不同的文明国度中的不同的国家，不管它们的形式如何纷繁，却有一个共同点：它们都建立在现代资产阶级社会的基础上，具有某些根本的共同特征，在这个意义上才可以谈“现代国家制度”。

我们的国家治理体系，植根于马列主义国家理论，是十月革命后列宁的无产阶级专政体系学说的延伸和创新。《共产党宣言》指出：工人革命的第一步就是使无产阶级上升为统治阶级，争得民主。这是无产阶级专政国体和社会主义民主政体思想的最初表述。1917 年俄国十月革命的胜利，建立了世界上第一个无产阶级专政国家，开辟了人类从资本主义向社会主义、共产主义过渡的新时代。列宁从十月革命后到 1924 年 1 月逝世前的 6 年多时间内，在国家治理这

① 《马克思恩格斯选集》第 3 卷，人民出版社 1995 年版，第 313 页。

个战略问题上，书写了两大光辉篇章。

一是党通过政并依法治理的确立。俄国十月武装起义胜利，布尔什维克成为执政党后，列宁按马克思的“人民管理制”思想，在《告人民书》中提出：“现在是你们自己管理国家”①。1918 年 7 月，通过了第一个苏维埃宪法。但当时紧张的国际国内斗争形势和俄国经济文化落后的现实，使列宁在 1919 年党的八大上坦言：苏维埃实际上是通过无产阶级先进阶层来为劳动者实行管理，而不是通过劳动群众来实行管理的机关。原来设想的人民管理制已转变为党代表人民管理制。正是在八大上，“民主集中派”批评权力集中过度，主张不要以党代政。根据这些情况，八大在一个决议中明确指出：“党应当通过苏维埃机关在苏维埃宪法的范围内来贯彻自己的决定。党努力领导苏维埃的工作，但不是代替苏维埃”②。随后，列宁提出要明确划分党政职责，摆脱兼职过多现象。直到晚年，他仍十分关注法制问题，强调同潮流作斗争，不要被那些昏庸的资产阶级旧法学家所愚弄，不要因袭陈旧的、资产阶级的民法概念，而要创造新的；不要受沿用“适合欧洲”的行动方式的人的影响，而要同这种行动方式作斗争，制定新的民法；不是把罗马法典，而是把我们的革命的法律意识运用到“民事法律关系”上去。对人民法院要进行切实有效的监督，使它们既对政治敌人加紧惩治，又对滥用新经济政策的人加紧惩治。允许做生意、发财，但是将加倍严格地要求你做老实人，不得有一丝一毫违背我们的法律。列宁又建议中央否决“双重领导”，规定地方检察机关只受中央机关领导，抵制地方影响，使全联邦真正统一地实行法制；主张“双层”领导，取消检察机关对地方政权机关的任何决定是否合乎法制提出异议的权利，则反映了地方官僚和地方影响的利益和偏见。

如何处理党、政、法的关系，这是怎样治理社会主义社会，特别是怎样治国理政的一个争议最多而又最为重要的问题。第一个无产阶级专政国家头几年的正反面经验表明：执政党领导政，合理合法，但不能以党代政，或党政不分；党通过政府依靠人民制定反映绝大多数人意志、保护绝大多数人利益的法律和宪法，党和政府首先要依法办事，守法遵宪。而党、政、法都有阶级性，不是全民的。这样，党通过政并在法的范围内来贯彻自己的决定和主张，便成了治国理政的一条铁则，并为各国共产党所遵循。中国共产党恪守党的领导，人民当家作主，依法治国，正是它的延伸和发展。

---

① 《列宁全集》第 33 卷，人民出版社 1985 年版，第 62 页。

② 《苏联共产党代表大会、代表会议和中央委员会决议汇编》第一分册，人民出版社 1986 年版，第 571 页。

二是党领导的无产阶级专政体系的形成。十月革命后，与人民管理制的设想相适应，列宁曾认为工会必定要和国家政权机关合并，即工会国家化。随着人民管理制转变为党代表人民管理制，1920年3月俄共（布）的九大上，列宁提出在党中央同工会群众之间应有一条纽带，把中央委员会同时与60万党员和300万工会会员的统一意志联系起来。“没有这条纽带，我们就不能进行管理。”[①] 于是工会的作用便定位于党联系工人群众的纽带，工会纽带论取代了工会国家化。随后，列宁在《论工会》和《再论工会》中明确提出了无产阶级专政体系的科学概念，认为无产阶级专政不能直接由包括全体无产阶级的组织来实现。无产阶级专政的基础本身的结构，是一个由若干齿轮组成的复杂体系，而不可能是一个简单的体系。没有一些把先锋队和先进阶级群众、把它和劳动群众联结起来的“传动装置”，如苏维埃、工会、合作社、青年团等，就不能实现专政。这里的纽带又译引带、杠杆或传动装置。无产阶级专政体系正如列宁所说，这是一个形式上非共产党的、灵活而较为广泛的、极为强大的无产阶级机构。党就是通过这个机构同本阶级和群众保持密切联系的；阶级专政就是通过这个机构在党的领导下实现的。对此，列宁说：在人民群众中，我们毕竟是沧海一粟，只有我们正确地表达人民的想法，我们才能管理。否则共产党就不能率领无产阶级，而无产阶级就不能率领群众，整个机器就要散架。列宁这里说的正确地表达人民的想法，也就是如实反映人民的意愿，真正代表人民的利益，一切依靠人民，一切为了人民。这是党代表人民管理国家、治国理政的初衷和归宿，也应是国家治理体系和治理能力现代化的集中表现。

然而，列宁并不认为有了这样的无产阶级专政体系就可以长治久安。晚年他几次谈到，我们的机关实质上是从旧制度继承下来的，还不能一下子把它改造过来；但必须把它改造一新，宁肯少些，但要好些；并强调重点反对官僚主义和贪污受贿两大敌人。贪污受贿成风，就谈不上政治，实施法律只会产生更坏的结果。他提出生产力和文化每前进一步，都必定要同时改善和改造我们的苏维埃制度。又给党代表大会写信，建议对政治制度作一系列的变动，包括增加中央委员特别是工人中央委员的人数，以增强中央的巩固性、稳定性，防止一小部分人的冲突对党的整个前途产生过分大的影响。加强党和国家的监察系统，改组工农检查院，并把它同中央监察委员会结合起来，以提高它的威信；从工人农民中选出新的监察委员，使党通过工农中的优秀分子同真正广大的群众联系起来。中央监察委员会由党代表大会选举产生，只对党代表大会负责，

---

① 《列宁全集》第38卷，人民出版社1986年版，第304页。

它的委员享有中央委员的一切权利；它有一定的人数必须出席政治局的每次会议，这个集体应不顾情面，不让任何人的威信，不管是总书记，还是其他中央委员的威信，来妨碍他们提出质询，检查文件，了解情况，按规定办事。这里已明确提出对党中央和党的最高领导人的监督和制衡问题。列宁认为有了这种严格的工农监察制度，中央委员会里因个人因素和偶然情况的影响而分裂的危险就会减少；“耐普曼”即新资产阶级破坏工农联盟，使共和国覆灭的分裂危险就会减少。

依靠列宁缔造的世界上第一个无产阶级专政体系和改革后的社会主义制度，苏联完成了社会主义工业化和农业集体化，基本实现了社会主义，取得了伟大卫国战争的胜利和战后国民经济的恢复和发展。而苏联后来的蜕变，则同上述制度和改革未能认真坚持，甚至遭受破坏有关。如中央监察委员会从与中央委员会平行的机构，变成中央委员会的下属机构；工农监督、党内监督体制和司法体制适当的独立性荡然无存；个人崇拜取代集体领导；党内斗争和阶级斗争被严重扭曲，等等。这样，列宁担心的无产阶级专政体系的领导核心——党中央的分裂，苏联社会主义制度的基础——工农联盟的分裂，后来都不幸变成现实。这是苏联解体的根由。戈尔巴乔夫对列宁无产阶级专政体系中“螺丝钉”、“传送带”思想的批判和共产党领导的否定，则直接导致国家治理体系的“散架”和苏联的瓦解。

中国共产党治国理政的理念，理所当然来自马列主义；我们的国家治理体系，源于十月革命后的无产阶级专政体系。我们的国体同苏联一样是无产阶级专政，但叫作人民民主专政。政体同苏维埃一样属于巴黎公社的议行合一型，但称为人民代表大会。国家结构不照搬苏联的联邦制，而在单一制下设民族区域自治制度，基层群众自治制度。政党体制不是苏联后来演变的“一个国家，一个政党”，而是共产党领导的多党合作和政治协商制度。党联系群众的组织多种多样，与时俱进。现在借鉴西方治理经验，社会组织更加活跃。然而政府绝不放弃管理包括限制的责任，而是该放手的放手，该管该限的就得管和限。共产党“总揽全局，协调各方”的领导核心作用更不能削弱，必须加强和改善党的领导。

值得注意的是，自管理改为治理以来，有人照搬西方的多元化，矛头直指一党领导，并同社会转型联系起来，对此不能掉以轻心。20 世纪 80 年代中后期，苏联东欧国家的不同政见者和自由化领导人，就是从鼓吹利益多元化开始，把人民内部某些矛盾说成利益对抗，并借口利益多元化，要搞思想多元化，说马克思主义只是一家，怎能指导？又提出利益多元化、思想多元化要得到保证，就必须政治多元化，搞多党制。说共产党只是一党，凭什么领导？于是修改宪法，取消党的执政地位。当反共反社会主义的反对派一掌握政权，就以经济多元化之名，行私有化和市场化之实，从而按西方战略完成从上层建筑到经济基础的和平演变，使无产阶级专政体系和社会主义经济文化体系毁于一旦。至今多数俄罗斯人，仍对苏联解体感到惋惜。当前的乌克兰危机，则是苏联解体余痛的继续。

西方多元化论者说共产党领导的无产阶级专政体系是极权国家，社会主义社会是一元化社会；美英等民主国家实行多元化政治制度，是多元化社会。其实，元指本原、本质，属于哲学范畴。马克思主义哲学不同于西方的多元论或唯心主义一元论，而认为世界的统一性在于它的物质性。世界是物质的一元性与形态的多样性，即一与多的辩证统一。在现代阶级社会里，群众是划分为阶级的，阶级是由政党领导的，国家政权集中于统治阶级而不是统治阶级之外的什么民众和社团。权力多中心，政治多元化，只在国家分裂，社会动乱时出现。西方的自由选举，不过是资产阶级内部各财团的金钱比拼和“乱哄哄，你方唱罢我登场”。轮流执政，不过是资产阶级两大派想使资本统治长存的跷跷板游戏。三权鼎立，不过是为了简化和监督国家机构而实行的日常事务上的职权分工。由多党制、三权鼎立、军队国家化等构成的西方国家治理体系，维护的是资产者及其资本的一元统治。同共产党领导的社会主义国家治理体系所维护的对象和目的全然不同并根本对立。根本没有什么一元就专制独裁、多元就民主进步的问题。当年的墨索里尼和希特勒，都是从多党制和三权鼎立国家冒出来的。多党政治一旦不足以维护资产阶级专政，就会转变为法西斯统治。至今某些西方民主国家，不仍有法西斯团体及其成员的公开活动吗？一切善良的人们，不要再在一元与多样的关系上犯迷糊了！

三　坚持民主与专政、民主与集中的辩证统一，摒弃一般民主、纯粹民主论

我们的国体是民主与专政有机结合的人民民主专政，政权组织原则是民主与集中有机结合的民主集中制。正确处理这两者辩证统一的关系，是坚持社会主义国家治理体系，体现国家治理能力的根本所在。

马恩使社会主义从空想变为现实时，就将民主与集中、民主与专政结合起来了。后来提出无产阶级专政这一概念，并将它作为科学社会主义的核心内容，一些人便说专政是专制、独裁。其实，专政一词是拉丁文音译“狄克推多”的意译。古罗马内乱或外敌威胁时，由两名执政官之一集中掌权，实行独裁，称为专政者，一般以半年为期。可见专政、独裁本是共和国一种临时性权力和职

责，同君主国的专制和现代资产阶级国家一定条件下产生的法西斯独裁是大不相同的。马恩把无产阶级专政先后表述为无产阶级的阶级专政、革命专政、政治专政，同它们更有天壤之别。至于无产阶级专政实践中出现的民主不够、肃反扩大化、“群众专政”等，不是根本政治制度的必然产物，但应作为历史教训认真吸取。民主与集中的关系，有人认为民主制与集中制水火不容；列宁的民主集中制是民主的集中制，执政后才用工人民主制取代民主集中制，等等。其实，民主制起源于古希腊，指一种由多数人行使权力的政治制度，与之相对的是专制、独裁。集中制强调权力集中于上级、中央，与之相对的是分散、分权。法国政治学家托克维尔在1840年出版的《论美国的民主》中使用了集中制一词，认为当时的中央集权化，是政府的自然趋势。与以往的民主制或集中制不同，马克思主义的民主集中制，是民主制与集中制的结合。列宁说结合就是把对立面统一起来，有不和谐的结合，也有和谐的结合，这取决于多方面的因素。而和谐就是平衡，就是辩证统一。实践中，存在如权力过度集中、计划统得过死等不和谐的结合，但这不是民主集中制本身的错，而是由认识偏差或经验不足造成的。从总体上看，它比单纯的民主制或集中制合理而科学。

民主一词含义广，歧义多。考茨基之流曾提出可以包治百病的一般民主和纯粹民主，时下又以普世价值、宪政民主出现。然而，作为上层建筑政治制度的民主、专政和集中，却从来是阶级的、历史的，为一定经济基础和生产力服务而不断发展变化的。因此，理当注意以下两点。

1. 坚持民主的阶级性。马克思正是在《哥达纲领批判》谈民主的一节中，揭露了自由国家、普选权、直接立法、国民军、信仰自由等资产阶级民主的虚伪性及其专政的实质，提出从资本主义社会转变为共产主义社会的过渡时期的国家，只能是无产阶级的革命专政。这就第一次从社会转型和国体更替中，揭示了两种民主和两种专政的不同阶级性质。列宁批判考茨基时说，只要有不同的阶级存在，就不能说纯粹民主，只能说阶级民主。指出资产阶级民主对富人是天堂，对穷人是陷阱和骗局。无产阶级民主是对广大被剥削者的民主，对少数剥削者的专政。在一个阶级剥削另一个阶级的一切可能性没有完全消灭以前，绝不可能有真正事实上的平等，也不可以简单地用多数和少数的关系来解决问题。他强调剥削是不能一下子消灭的，“从资本主义过渡到共产主义是一整个历史时代。只要这个时代没有结束，剥削者就必然存着复辟希望，并把这种希望变成复辟尝试。”① 苏东剧变后，列宁说的这种尝试已变成现实。习近平总书记

① 《列宁选集》第3卷，人民出版社1995年版，第612页。

最近谈到，要正确处理民主与专政的关系，不能认为讲专政不合时宜，不理直气壮。西方难道不讲专政吗？那么多国家工具是干什么的？

当今某些人只讲民主，忌言专政和集中；只讲人民民主政权，忌言人民民主专政；只讲民主基础上的集中，忌言集中指导下的民主；只讲马克思主义政党，忌言工人阶级先锋队，等等。这般怪象，源于不讲劳动与剥削，不讲阶级、阶级矛盾与阶级斗争，不讲政党、国家与法的阶级实质。这样，马克思的唯物史观、剩余价值说及其无产阶级专政理论，就被阉割和庸俗化了。正本清源，才能回到马克思主义大道。

2. 注重民主的适宜性。唯物史观认为，民主是手段，不是目的。在苏俄 1920—1921 年的工会问题争论中，托洛茨基反对党用民主的方法代替他主张的军事方法。列宁说，从形式上的民主看，托洛茨基有权发表这种言论，但他强调形式上的民主应当服从于对革命的适宜性。布哈林则提出“生产民主”这个生造的术语。列宁说：“一个阶级如果不从政治上正确地看问题，就不能维持它的统治，因而也就不能完成它的生产任务。”[①] 这段话，为我们破解苏东剧变是生产没搞好还是政治出问题这一争论，提供了唯物而辩证的视角，并可作为共产党治国理政的座右铭。列宁又说：任何民主，和任何政治上层建筑一样（这种上层建筑在阶级消灭之前，在无产阶级的社会建立之前，是必然存在的），归根到底是为生产服务的，并且归根到底是由该社会中的生产关系决定的。[②] 这段话告诉我们，民主适合一定生产关系和生产力的需要并促进其发展的才是适宜的。没有这种适宜性，谈何合理性、合法性？民主也非永恒的。随着阶级在全世界的消灭，国家及其相应的民主与专政、集中与分权等政治制度也将自行消亡，代之以共产主义自由人联合体。我们完善和发展中国特色社会主义制度，推进国家治理体系和治理能力的现代化，归根到底是为这个壮丽事业和崇高目标而奋斗的。

---

① 《列宁选集》第 4 卷，人民出版社 1995 年版，第 408 页。

② 《列宁选集》第 4 卷，人民出版社 1995 年版，第 405 页。

论资本主义和社会主义的混合所有制

——兼论主要发展公有资本控股的混合所有制

程恩富

【作者简介】 程恩富，1950 年生于上海。中国社科院首批学部委员、学部主席团成员、马克思主义研究学部主任，博士生导师。第十一、十二届全国人大代表。担任全球学术团体——世界政治经济学学会会长、中华外国经济学说研究会、中国经济规律研究会会长、中国经济社会发展智库理事会召集人。兼任俄罗斯彼得堡大学等 10 多所高校的荣誉教授。主要从事中外经济学和马克思主义理论的教学和研究。在《中国社会科学》、《日本经济理论季刊》、《越南哲学研究》、《求是》、《人民日报》等海内外报刊发表400 多篇文章。独著和合编 20 多本书，其中：独著《西方产权理论评析》等；主编《国家主导型市场经济论》、《文化经济学》、《国外经济学与当代中国经济研究丛书（八卷本）》、《马克思主义经济思想史（五卷本）》等。论著被引用 2000 多次，先后在日本、法国、美国、越南等国家主持世界政治经济学学会国际论坛，国际学术影响日渐增大。

混合所有制是财产权属于两个以上不同性质的所有者构成的一种所有制。从微观层面来看，混合所有制经济是不同所有制性质的投资主体共同出资建立的企业；从宏观层面来看，混合所有制经济是指在一个国家或地区的所有制结构中，包含国有、集体、合作、个体、私营、外资等多种所有制形式及其经济。混合经济的含义比混合所有制宽泛，既包括私有与国有等所有制结构，又包括市场调节与政府调节的调节结构，这二者也有密切关联。

2013年11月，党的十八届三中全会通过的《中共中央关于全面深化改革若干重大问题的决定》（以下简称《决定》），明确指出："积极发展混合所有制经济。国有资本、集体资本、非公有资本等交叉持股、相互融合的混合所有制经济，是基本经济制度的重要实现形式，有利于国有资本放大功能、保值增值、提高竞争力，有利于各种所有制资本取长补短、相互促进、共同发展。允许更多国有经济和其他所有制经济发展成为混合所有制经济。国有资本投资项目允许非国有资本参股。允许混合所有制经济实行企业员工持股，形成资本所有者和劳动者利益共同体。"① 自此之后，关于混合所有制经济的讨论便不绝于耳。事实上，混合所有制经济一词并非新的名词，它在我国已经有20余年的历史了（党的十四届三中全会首次提出混合所有制经济一词）。而在西方，与混合所有制经济相似的一个名词——混合经济，其理论与实践也有百年历史了。西方资本主义国家的混合经济的本质是什么？对于发展社会主义市场经济的中国而言，我国的混合所有制经济与西方资本主义市场经济的混合经济有何异同？在发展混合所有制经济过程中应该注意哪些问题？这些都是亟待解释清楚的重要理论和政策问题。

一　西方资本主义市场经济中的混合所有制

（一）混合所有制是资本主义基本矛盾的产物

西方资本主义经过几百年的发展，其经济体制早已经不是早期资本原始积累阶段的完全自由经济了，而是私有制占主体的资本主义混合经济。关于混合经济或混合所有制经济，迄今没有一个统一公认的定义。法国著名经济学家让—多米尼克·拉费曾这样说，"混合经济作为纯社会主义和纯资本主义的混合形式，在很大程度上看来是理论上针对计划经济中极端干涉主义明显失败和自由思潮鼓吹国家退却，鼓吹私有化和鼓吹解除管制而提出的具有双重意义的预防措施……混合经济首先就是这样一种经济，它的数字表明，国家在经济上的作用，不论如何具体发挥，对市场来说都是很大的。例如，任何一种混合经济都包括国有部门和私营部门，而且一般说来，前者不仅包括非商业的行政部门，还包括以国有企业或国家大量参与为形式的重要经济部门。"② 国内外学者对西方混合经济的定义有多种，它的出现和发展则是西方资本主义过去几百来在经

① 《中共中央关于全面深化改革若干重大问题的决定》，《人民日报》2013年11月16日。

② ［法］让－多米尼克·拉费，雅克·勒卡荣：《混合经济》，宇泉译，商务印书馆1995年版，第1—3页。

济领域中发生的最大变化之一。

混合所有制经济产生于资本主义自由竞争之后的历史阶段，是伴随着垄断的出现而出现的。混合所有制经济的产生并非偶然，它是资本主义基本矛盾——生产资料的私人占有与社会化大生产之间矛盾的产物。由于资本主义生产是为了获得利润和财富的增值，资本之间的竞争异常激烈，资本必须不断开拓市场以实现积累和获取更多财富。“如果说流通最初表现为既定的量，那么它在这里却表现为变动的量，并且是通过生产本身而不断扩大的量。就这一点来说，流通本身已经表现为生产的要素。因此，资本一方面具有创造越来越多的剩余劳动的趋势，同样，它也具有创造越来越多的交换地点的补充趋势；在这里从绝对剩余价值或绝对剩余劳动的角度来看，这也就是造成越来越多的剩余劳动作为自身的补充；从本质上来说，就是推广以资本为基础的生产或与资本相适应的生产方式。创造世界市场的趋势已经直接包含在资本的概念本身中。任何界限都表现为必须克服的限制。首先，要使生产本身的每一个要素都从属于交换，要消灭直接的、不进入交换的使用价值的生产。”[①] 资本在自由竞争中不断开拓市场和生存空间的过程中，必然具有追求垄断的趋势。这是因为，资本主义“生产集中于愈来愈大的企业的过程进行得非常迅速”[②]，“正是企业的规模巨大造成了竞争的困难，产生了垄断的趋势”[③]，“自由竞争产生生产集中，而生产集中发展到一定阶段就导致垄断”[④]。

竞争和垄断是推动资本主义经济关系和经济制度演变的重要力量。“资本主义生产的发展，使投入工业企业的资本有不断增长的必要，而竞争使资本主义生产方式的内在规律作为外在的强制规律支配着每一个资本家。竞争迫使他不断扩大自己的资本来维持自己的资本。”[⑤] 正是这种激烈的竞争促使资本不仅要垄断市场，将剩余价值中的很大部分转化为生产资料，更要不断开拓市场空间，而劳动生产力在这个过程中不断得到提高，又进一步促使剩余价值更多地被生产出来和资本更多地实现积累。然而，“即使资本主义生产是迄今为止一切生产方式中最有生产效力的，但它由于自身的对立性质而包含着生产的界限，它总是力求超出这些界限，由此就产生危机，生产过剩等等。”[⑥] 无论是简单的私人垄断，还是资本不断开拓市场空间，都不能从根本上消除资本主义的基本矛盾，

① 《马克思恩格斯文集》第 8 卷，人民出版社 2009 年版，第 88 页。

② 《列宁专题文集·论资本主义》，人民出版社 2009 年版，第 107 页。

③ 《列宁专题文集·论资本主义》，人民出版社 2009 年版，第 108 页。

④ 《列宁专题文集·论资本主义》，人民出版社 2009 年版，第 111 页。

⑤ 《马克思恩格斯文集》第 5 卷，人民出版社 2009 年版，第 683 页。

⑥ 《马克思恩格斯文集》第 8 卷，人民出版社 2009 年版，第 387 页。

因为“私人垄断资本对垄断利润的追逐使市场的功能弱点进一步被强化和放大，进而导致经济危机爆发烈度更大，破坏性更强，对社会资源造成的浪费更加严重”[①]。经济危机最严重时可能致使资本主义经济大规模倒退，最典型的是20世纪30年代的大萧条。为了克服危机，维护资本主义统治秩序，资产阶级国家不得不对经济进行调节和干预，于是，混合所有制经济逐渐形成了。诚然，社会主义苏联和东欧国家当时实行国有制和计划经济所取得的巨大成就，也对资本主义混合所有制经济的形成产生了一定的影响。

因此，“混合经济在统计学上的定义之所以有效，在于它不是事先构想的制度，而是工业社会发展和资本主义制度变化的历史产物。主要是指对由于不受控制的‘纯资本主义’而定期发生的震荡所作出的适时反应，而不是协调计划的结果。人们曾经根据不同情况，希望解决经济不稳定、严重通货膨胀或严重失业持续存在、倾向垄断和限制竞争等问题，因为对活动监督不够会引起‘外部效应’，引起公共商品与劳务供应不足，引起人们所认为的收入分配太不公平，等等，因此，按照前面设定的统计标准，欧洲各国的经济基本上都变成了‘混合’经济。”[②] 在马克思主义看来，混合所有制经济是资本主义国家对资本主义条件下的生产无政府状态、生产资料私人占有与社会化大生产之间矛盾造成的一系列问题进行不断干预和调节的产物，正如恩格斯所说，“无论在任何情况下，无论有或者没有托拉斯，资本主义社会的正式代表——国家终究不得不承担起对生产的管理。”[③] 进一步地看，混合所有制经济必然产生于垄断之中，它将资本主义条件下的垄断经济推进到一个新的发展高度。混合所有制经济促进了资本主义经济的发展，不仅促使垄断资本的统治势力更加强大，而且使得垄断资本开拓市场空间的力量变得更加强大。大型跨国垄断企业便是混合所有制经济下资本开拓世界市场空间的重要载体。

（二）混合所有制经济是当代资本主义经济的主要形态，但没有从根本上改变资本主义的性质

当代西方资本主义国家的经济模式主要可以分为两种不同的类型。一种是莱茵模式（西欧、北欧资本主义国家）；另一种是盎格鲁·撒克逊模式（英国、美国资本主义国家）。无论是哪一种资本主义经济模式，它们都已经不是那种单一的私有制市场经济模式了，而均是混合所有制经济模式。有许多学者从不同

---

① 程恩富，高建坤：《论市场在资源配置中的决定性作用——兼论中国特色社会主义的双重调节论》，《中国特色社会主义研究》2014年第1期。

② ［法］让-多米尼克·拉费，雅克·勒卡荣：《混合经济》，宇泉译，商务印书馆1995年版，第3—5页。

③ 《马克思恩格斯文集》第3卷，人民出版社2009年版，第558页。

方面论述了资本主义的这种变化。如西方著名学者霍布斯鲍姆所说的，“支撑20世纪世界经济的结构，即使当它们还是资本主义形式的时候，也不再是商人在19世纪70年代所接受的‘私人企业’式经济结构”[①]。“在大多数发达国家，整个国民经济都变成了混合经济，以至看来已经成为一种特定的社会组织制度。”[②] 美国著名经济学家汉森也指出，19世纪末期以后大多数资本主义国家已不再是单一的纯粹的私人资本主义经济，而是同时存在着“社会化”的公共经济，因而成为公私“混合经济”（或称“双重经济”，Dual Economy）[③]。美国经济学家萨缪尔森也对混合经济持赞成态度，他甚至这样讽刺“市场原教旨主义”者，“那些希望将政府缩减为警察加灯塔的人只能生活在梦幻的世界中”[④]。

然而，混合所有制经济的出现，不仅没有从根本上改变资本主义经济基础的性质，反而使得资本主义的经济根基更加牢固，以至于出现工业企业的高度集中与融合，特别是金融资本与工商业企业紧密融合，在主要经济部门中形成了一大批大型企业。这些大型企业往往都有国家的支持，最终形成大型的跨国垄断公司。也就是说，在混合所有制经济时代，资本主义中的私人垄断发展到了国家垄断，国内垄断发展到国际垄断的地步了。“国家所有制的发展也是现代资本主义的特点。这种所有制的形式，尽管在某种程度上与占统治地位的资本主义公司所有制相比，只是从属的，但却起着重要的作用，这尤其表现在由国家对那些盈利低的企业和经济部门进行接收，以及由国家资本主义企业对非国家所有制的资本主义企业按低价提供生产资料。”[⑤] 由此也能看出，我国那些哈耶克和弗里德曼的新自由主义追随者所鼓吹的将国有企业私有化以与“国际接轨”，是完全无视以上资本主义市场经济现实的。尤其是张维迎关于“市场经济是不可能建立在国有制基础上的；唯有在私人财产制度的基础上市场经济才能有效率地运作！”“国有企业的比重降到10%左右”[⑥] 等言论，是极其荒谬的。

混合所有制经济在资本主义国家中的突出表现就是大量的国有企业的存在，但这种国有企业与我国的国有企业性质是完全不同的，因为资本主义的国有企业代表总的大资产阶级与金融寡头们的利益而非人民的利益，而政府和总统也

① ［英］艾瑞克·霍布斯鲍姆：《帝国的年代（1875—1914）》，贾士蘅译，江苏人民出版社1999年版，第15页。

② ［法］让-多米尼克·拉费，雅克·勒卡荣：《混合经济》，宇泉译，商务印书馆1995年版，第2页。

③ 参阅郭飞《发展混合所有制经济与国有企业改革》，《光明日报》2014年4月2日。

④ ［美］保罗·萨缪尔森，威廉·诺德豪斯：《萨缪尔森谈效率、公平与混合经济》，萧琛译，商务出版社2012年版，第41页。

⑤ ［法］米歇尔·阿尔贝尔：《资本主义反对资本主义》，杨祖功、杨齐、海鹰译，社会科学文献出版社1999年版，第40—41页。

⑥ 转引自陈亮《国有企业私有化绝不是我国国企改革的出路——兼与张维迎教授商榷》，《马克思主义研究》2012年第5期。

是为其根本利益服务的。以西方最发达的资本主义国家——美国为例，“美国总统确实权力很小。但究竟谁才能把总统的权力关进笼子呢？是人民吗？是民意吗？当然不是！是共济会后面的金融老板们”①。自2008年西方爆发金融和经济危机以来，以美国为代表的西方国家又使用国有化的手段拯救金融和投资等企业，但这种国有化不过是用全体人民的税收来救助极少数金融和房地产资本家。连曾经抨击过世界银行和国际货币基金组织的经济学家斯蒂格利茨都不断追问，为什么在美国的财政部、美联储、世界银行、国际货币基金组织中没有工人阶级的代表？②

在西方的混合所有制经济中，“如以欧洲各国经济为参考，国有部门约雇佣30%的劳动力（其中2/3以上在行政单位，1/4以上在国有企业），并提供1/4至1/3的附加值。公共开支可能超过国内生产总值的40—50%”③。如下表1是经济合作与发展组织（OECD）各国的国有企业基本情况（截至2009年年末），从一个方面揭示了当今资本主义国家混合所有制经济的发展情况。

表1　**中央政府一级拥有的国有企业**

（企业数量单位：个；雇用数量单位：人；价值单位：十亿美元）

	拥有多数股权的上市公司			拥有多数股权的非上市公司			法定企业			总　计		
	企业数量	雇员数量	企业市值	企业数量	雇员数量	企业权益账面价值	企业数量	雇员数量	企业权益账面价值	企业数量	雇员数量	企业价值
澳大利亚	0	0	0	7	8283	4.2	10	40562	13.4	17	48845	17.6
奥地利	2	28741	8.2	6	50459	7.8	1	5	0.4	9	79205	16.4
比利时	1	17371	13.2	7	74990	44.6	0	0	0	8	92361	57.8
加拿大	0	0	0	33	105296	21.6	0	0	0	33	105296	21.6
智利	1	156	0.2	9	5559	2.7	24	46013	10.2	34	51728	13.1
捷克	1	33000	25.3	82	38200	9.9	41	95400	8.7	124	166600	43.9
丹麦	0	0	0	11	8680	8.3	2	9828	2.5	13	18508	10.7
爱沙尼亚	0	0	0	32	16261	2.9	22	9574	0.5	54	25835	3.4
芬兰	3	24844	29.4	28	61187	16.3	5	5758	10.9	36	91789	56.6
法国	2	176347	116.1	30	120386	41.6	19	541841	..	51	838574	..
德国	0	0	0	57	66419	22.9	2	4650	18.8	59	71069	41.7

① 何新：《美国总统给谁打工》，《中国国防报》2011年4月5日。

② 转引自尹帅军《“小政府、大社会”、“公民社会”辨析》，《马克思主义研究》2013年第9期。

③ ［法］让-多米尼克·拉费，雅克·勒卡荣：《混合经济》，宇泉译，商务印书馆1995年版，第3页。

续表

	拥有多数股权的上市公司			拥有多数股权的非上市公司			法定企业			总　计		
	企业数量	雇员数量	企业市值	企业数量	雇员数量	企业权益账面价值	企业数量	雇员数量	企业权益账面价值	企业数量	雇员数量	企业价值
希腊	7	39421	15.8	72	..	..	..	..	..	79	..	..
匈牙利	0	0	0	346	150528	6.7	12	2447	0.8	358	152975	7.5
以色列	0	0	0	29	50264	43.2	..	..	..	29	50264	43.2
意大利	0	0	0	25	289329	105	0	0	0	25	289329	105.4
日本	1	49665	35.8	..	..	..	..	..	..	..	..	..
韩国	8	39599	38.3	48	81056	139	0	0	0	56	120655	177.6
墨西哥	0	0	0	45	..	2.2	23	..	..	68	..	..
荷兰	0	0	0	28	60355	74.1	0	0	0	28	60355	74.1
新西兰	1	10726	0.5	17	17107	9.1	1	4019	9.1	19	31852	18.8
挪威	3	74723	104.7	33	50479	18.3	10	104993	8	46	230195	131
波兰	13	184079	59.5	573	542082	34	..	..	..	..	..	..
葡萄牙	0	0	0	42	81465	16.6	51	99112	1.7	93	180577	18.3
斯诺文尼亚	3	3048	0.9	33	22276	3.1	..	..	..	..	..	..
西班牙	0	0	0	115	106963	36.3	36	53566	44.3	151	160529	80.7
瑞典	0	0	0	43	143253	66.1	4	4879	1.6	47	148132	67.7
瑞士	1	19813	19.8	1	7534	0.7	2	72781	12.8	4	100128	33.3
英国	1	160900	50.7	12	202668	5.5	8	14730	11.2	21	378298	67.4
OECD 汇总	48	862433	518.4	1764	2361079	744	273	1110158	154.8	2085	4333670	1416.8

资料来源：陈亮《国有企业私有化绝不是我国国企改革的出路——兼与张维迎教授商榷》，《马克思主义研究》2012 年第 5 期。

从表 1 可以清楚地看出，截至 2009 年年末，OECD 国家中央政府一级拥有的国有企业有 2085 个，雇佣数量为 4333670 人，企业价值为 14168 亿美元。进一步地分析，“如果从 OECD 国家的国有企业分布领域来看，主要分布于公用事业部门，如能源电力、交通运输、金融、制造业、电信等产业部门。按企业价值来划分，第一大领域属于能源电力，比重占 26%；其后分别是金融部门占 24%、交通运输部门占 19%；再次分别是制造业占 7%、初级产品部门占 5%、电信业占 3%、房地产占 2%、其他公用事业占 2%、其他产业占 12%”①。

① 陈亮：《国有企业私有化绝不是我国国企改革的出路——兼与张维迎教授商榷》，《马克思主义研究》2012 年第 5 期。

在混合所有制经济体制下，资本主义政府不仅通过货币政策、财政政策、产业政策对市场经济进行幅度较大的干预，甚至有时会对市场进行全面管制，而且还制定了一系列缓和阶级矛盾的政策，最典型的就是社会保障体系的建立。与此同时，混合经济中的私营部门和国有部门通常密切配合，共同为资产阶级整体和长远利益服务。

显然，混合所有制经济在某种情况下缓解了资本主义的基本矛盾，且具有一定的历史进步意义。不过，混合所有制经济并没有改变资本主义的基本经济关系——私人资本雇佣和剥削劳动，也不表明资本主义是在以社会主义为目标的“自动长入”或“和平过渡”。正如列宁当年在评价资本主义由自由竞争向垄断转变时生产资料占有形式上发生的变化所一针见血指出的那样，“但是，生产资料的这种分配，就其内容来说，决不是‘公共的’，而是私人的，也就是说，是符合大资本（首先是最大的、垄断的资本）的利益的，因为大资本正是在民众挨饿，农业的整个发展无可救药地落后于工业的发展，工业中‘重工业’向其他一切工业部门收取贡赋的条件下活动的。”[①] 西方不少学者对大资本家利用国家政权谋取暴利的行为也持清醒态度，“……资本家……把钱交到……国家手里，并且收取数量可观的税收的折扣作为他的信贷、风险和努力的报酬。但是更常见的是，资本家充当主要的公债的组织者和持有者。他们的活动也促进了国家经济的货币化。”[②] 因而，盛行于西方资本主义国家的混合所有制经济，其主导面和本质依然是垄断经济。其出现标志着资本主义剥削范围由资本家剥削一般雇佣工人，扩大到了资产阶级使用社会集资和国家政权等手段来剥削全社会多个阶级和阶层，甚至掠夺他国人民。

简而言之，20世纪和21世纪初的实践表明，混合所有制经济源于资本主义基本矛盾，资本主义基本矛盾在混合所有制经济中依然存在和发展；资本主义混合所有制经济的发展具有客观必然性和合理性，但仍然具有垄断性、腐朽性或寄生性、过渡性，且蔓延至全世界。

二　社会主义市场经济中的混合所有制经济

处于社会主义初级阶段的中国，为了促进经济发展，经过长期探索，确立了建设有中国特色的社会主义市场经济发展模式。社会主义市场经济显然内含国家对市场经济的积极调控之意，以使市场经济更加组织化、有序化和高效化，

① 《列宁专题文集·论资本主义》，人民出版社2009年版，第127页。

② 转引自韩毓海《马克思的事业——从布鲁塞尔到北京》，中国人民大学出版社2012年版，第182页。

而作为现阶段基本经济制度重要实现形式之一的混合所有制经济，是我国不断探索公有制和非公有制企业改革和发展的产物。

（一）混合所有制经济是不断探索本国经济发展模式的产物

混合所有制经济是随着我国在经济体制改革过程中，特别是对公有制实现形式认识上的不断深化而提出的。1981 年，党的十一届四中全会通过的《关于建国以来党的若干历史问题的决议》首次提出中国的社会主义制度处于初级阶段，并指出应该根据每一阶段生产力发展的具体情况创造与之相适应的生产关系的具体形式。之后，党的历次重要会议本着解放思想、实事求是的原则，逐步破除了单一公有制观念的枷锁，为多种所有制经济的发展开辟了道路。特别是随着社会主义市场经济理论的提出，我国关于所有制实现形式的理论更加成熟。1993 年，党的十四届三中全会通过的《中共中央关于建立社会主义市场经济体制若干问题的决定》指出："随着产权的流动和重组，财产混合所有的经济单位越来越多，将会形成新的财产所有结构。" 1999 年，党的十五届四中全会通过的《中共中央关于国有企业改革和发展若干重大问题的决定》提出："国有资本通过股份制可以吸引和组织更多的社会资本，放大国有资本的功能，提高国有经济的控制力、影响力和带动力。国有大中型企业尤其是优势企业，宜于实行股份制的，要通过规范上市、中外合资和企业互相参股等形式，改为股份制企业，发展混合所有制经济，重要的企业由国家控股。" 2002 年，党的十六大报告提出："除极少数必须由国家独资经营的企业外，积极推行股份制，发展混合所有制经济。" 2003 年，党的十六届三中全会提出："要适应经济市场化不断发展的趋势，进一步增强公有制经济的活力，大力发展国有资本、集体资本和非公有资本等参股的混合所有制经济，实现投资主体多元化，使股份制成为公有制的主要实现形式。" 从广义上来看，我国社会主义初级阶段的基本经济制度——以公有制为主体，多种所有制经济共同发展的所有制结构，其本身就是一种全社会范围的混合所有制经济。

"毫不动摇地巩固和发展公有制经济"，国有企业改革要"增强国有经济活力、控制力、影响力"，这些都是中共中央文件反复强调的。党的十八届三中全会文件站在新的历史起点，赋予混合所有制经济前所未有的地位和高度，这是与我国当前的经济发展阶段的所有制结构状况相符合的。国资委数据显示，截至 2012 年年底，全国 90% 的国有及国有控股企业（不含金融类企业）完成了公司制股份制改革。中央企业及其子企业中，混合所有制企业户数占公司制企业户数的比例接近 57%，占中央企业登记企业总户数的一半以上。中央企业资产总额的 56%、净资产的 70%、营业收入的 62% 已在上市公司。石油石化、民航、电信、建筑、建材等行业的中央企业主营业务资产已基本进入上市公司。从这个角度看，混合所有制经济在国民经济中已经处于主要地位[①]。而国家工商总局发布的党的十七大以来（2007年6月底到2012年6月底）全国内资企业发展分析报告则更能反映我国近些年来企业结构的变化。从表2可以看出，截至2012年6月底，全国非私营的内资企业共238.96万户，注册资本金总额为37.42万亿元，相比2007年6月底企业总数327.62万户和注册资本金总额18.38万亿元，分别增长－27.10%（减少）和103.60%。与此同时，2012年6月底，全国私营企业数量是1025.93万户，注册资本金是28.48万亿元，相比2007年6月底企业数量520.46万户，注册资本金8.33万亿元，分别增长了97.10%和242.00%；而外资企业在2012年6月底的数量是43.68万户，注册资本金是11.3万亿元，相比2007年6月底的情况，分别增长了56.10%和74.40%。这说明，私营企业和外资企业的数量总和已经远远超过了非私营的内资企业，它们的注册资本金总和也已经超过了非私营的内资企业，且增长势头迅猛。“资料显示，2011年9月底，我国非公有制企业数量占企业总数的比重突破80%，达到80.3%；2012年6月底，这一数据达到81.74%；2012年年底，这一数据达到82.67%。与此同时，非公有制企业的规模也在稳步扩大。”[②]这些数据已经清楚地表明，公有经济在企业总数、注册资本金方面均低于或大大低于非公经济，这是发展混合所有制经济所必须注意调整的一个问题。

表2　　2007年6月到2012年6月各类型企业数量和注册资本（金）增长变化

类型	企业数量（万户）			注册资本（金）（万亿元）		
	2007年6月底	2012年6月底	增长率（%）	2007年6月底	2012年6月底	增长率（%）
内资（非私营）	327.62	238.96	－27.10	18.38	37.42	103.60
私营	520.46	1025.93	97.10	8.33	28.48	242.00
外资	27.98	43.68	56.10	6.48	11.3	74.40
合计	876.07	1308.57	49.40	33.18	77.2	132.70

资料来源：国家行政工商管理总局网站。

另一方面，我国的一些企业已经开始积极介入全球化经济事务并对西方跨

① 白天亮：《混合所有制，“合”出新天地》，《人民日报》2013年12月2日。

② 《我国非公有制市场主体发展强劲第三季度私营企业数量增长快》（http://www.saic.gov.cn/zwgk/tjzl/zxtjzl/xxzx/201310/t20131018_138840.html）。

国垄断企业造成了不同程度的冲击。2012 年，中国内地国有及国有控股企业进入世界 500 强的有 64 家，覆盖了 20 多个行业，一批大型国有企业成为与跨国公司竞争的主要力量。[①] 而制定国际贸易和国际事务规则的西方国家对我国企业的海外行为百般阻挠，其最大的借口就是我国大量国企的存在不符合所谓“完全市场经济”的原则。因此，发展混合所有制经济可能有利于减轻我国企业在国际市场所遭遇的不公正境遇。

（二）混合所有制经济异同

法国经济学家米歇尔·阿尔贝尔曾说，“大欧洲创造了社会市场经济，大中国创造了社会主义市场经济。二者之间自然有许多不同之处。但是，在我看来，二者之间也有某些相似性，如果它们能够融会在一起，必会成为 21 世纪的几大法宝之一。”[②] 西方资本主义市场经济中的混合经济与社会主义市场经济的混合所有制经济，显然具有一些共同特征。

首先，在混合所有制经济中，都是不同形式的资本之间相互持股、相互融合。其中的大型股份制企业和国有控股企业均具有一定的国家背景，且在国内外市场中占据极为重要的地位，程度不同地为国家调控国民经济服务。

其次，无论是社会主义市场经济，还是资本主义市场经济，它们均受一些共同的经济规律支配和影响，如剩余价值规律、价值规律、供求规律、竞争规律等。缺少国家合理干预的无序市场竞争必然会导致经济波动、社会资源的浪费和贫富分化，因此，微观和宏观的混合所有制经济都需要国家对市场的积极调控，都需要在发展经济时兼顾经济效率与经济公平。

另外，混合所有制经济在资本主义与社会主义类型的市场经济中具有一定质的不同。

第一，混合所有制经济是在生产资料私有制占主体的资本主义市场经济中诞生的，目的是为了解决资本主义基本矛盾和壮大混合型垄断企业，以最大限度获得垄断利润，因而无论是占统治地位的大型垄断企业，还是大量分散的非大型企业，均没有改变总体上维护和扩展资产阶级利益的格局和实质。而混合所有制经济建立在生产资料公有制占主体的社会主义市场经济基础上，目的是

---

① 参见石建国《混合所有制将为国企改革开启新局面》，《福建论坛》（人文社会科学版）2014 年第 1 期。另外，2012 年 2 月 3 日，《华尔街日报》发表题为《美国将打击目标对准中国企业》的文章，文章指出，美国贸易官员们对美中商业冲突的核心环节——受到大量保护和补贴的中国国有企业，发起了协调攻击，因为这些企业不仅在中国，也在全球竞争中正对美国公司造成沉重打击。参见江涌《产业政策：是异端邪说还是有效扳手》（http://www.caogen.com/blog/Infor_detail/53978.html）。

② ［法］米歇尔·阿尔贝尔：《资本主义反对资本主义》，杨祖功、杨齐、海鹰译，社会科学文献出版社 1999 年版，第 4 页。

不同资本的优势互补和提高市场竞争力，总体上都要根本维护和积极扩展全体人民的各种利益。不能回避的是，混合所有制经济有以公有制为主体和以私有制为主体之分，它本质上并不是与各种不同所有制并列的一种独立的新型所有制形式，也不是一种新生的公有制形式[①]。换言之，混合所有制经济的公有制性质只能建立在公有资本的控股基础上。

第二，作为混合所有制的大型企业或跨国公司的行为特征和经济效应有质的区别。西方混合所有制中的大型跨国垄断企业均具有程度不同的准国企的特征，它们控制着石油、电力、交通、电信、航空航天等关键性领域，可以获得政府的各种形式的行政支持（如非竞争性订单、变相的财政补贴和各种融资便利等），从而得以在国内外范围内垄断市场，进行资本、价格和利润的操纵，经常逃避税收和"工资套利"，控制知识产权和产业链上游，将污染转移到发展中国家（"把GDP留给中国，把利润都带走"[②]），甚至参与颠覆他国的经济和政治活动。同时，西方政府对本国的跨国企业的海外并购是极端敏感的[③]。"华尔街一位从事并购业务的美国律师坦言，中国企业取得美国银行10%的股权是极其困难的，企图获得20%以上的股权几乎是不可能的，更不用说取得实际控制权了。美国资本可以在中国控股深圳发展银行，但中国企业在美国却没有相同的案例。"[④] 而作为世界上最大的发展中国家的中国积极发展混合所有制经济，也要提高本国大型企业和跨国公司在国内外的中高端竞争力和获取利润，但其生产经营的行为特征和经济效应并不在于只求"利"而不讲"义"，而是在实现本企业合法合理的经济利益的同时，带动本国和他国的国计民生共同发展。

三　发展混合所有制经济过程中要做到"六个防止"

经过30多年改革开放的实践与探索，我国经济建设和社会发展既取得了一系列令人瞩目的成就，又面临着大量深层次的问题，全面总结、反思和创新经济发展政策，已是十分迫切的现实。在发展混合所有制经济问题上，我们不仅要全面总结过去国有企业改革中的经验与教训，更要研究出指导未来发展混合

① 张作云：《关于混合所有制经济的内涵和性质问题——兼论混合所有制经济的研究方法》，《海派经济学》2008年第2辑。

② 丛亚平：《宜尽快实现两税合一》，《瞭望》2006年第49期。

③ 我国企业海外并购失败的主要原因往往并非企业本身原因，而是外国政府有意阻挠的，可参见《中国企业海外并购失败案例盘点》（http：//www. lawyergong. com/showart. asp？ id =617）。

④ 余云辉：《美国需要什么样的中国——美国"魔鬼三角阵"下的中国》，武汉大学出版社2013年版，第146页。

所有制经济的一套务实理论和政策。在新一轮全面深化改革大潮掀起之时，防止在发展混合所有制经济过程中出现严重的负面现象。

一是防止国有资产流失。习近平总书记多次强调："发展混合所有制经济，成败在细则。要吸取过去国企改革经验和教训，不能在一片改革声浪中把国有资产变成谋取暴利的机会。"[①] 我国发展混合所有制经济是为了更好地促进国有资本的发展和国有企业的壮大，因而不能像过去国有企业改制那样，大买大送国有资产，以致迅速造就了一批富豪和超级富豪，迅速扩大了贫富分化。要汲取当年国有银行改制过程中外资乘机参股谋取暴利的教训，避免类似现象在发展混合所有制经济过程中再次发生。这就必须制定专门的法律法规（中资金融企业的外资参股或控股这类国计民生大事，须经全国人大立法，而不宜由政府立规），以替代政府唯意志论的口头号召和随意批示，使一切经济改革活动处在法治的框架下运作。发展混合所有制经济过程中应该做到公开透明、规则清晰，避免出现各种"浑水摸鱼"现象的发生。

二是防止外国资本垄断。在发展混合所有制经济过程中，如果实行"国退民进"政策，国有资本和国有企业的实力遭到削弱，那么，外国垄断资本必将主导中国的经济版图，中国的国民经济可能会丧失独立自主发展权。现实表明，凡是国有经济逐渐退出的产业，民营经济都没有获得控制权，而是被西方跨国公司迅速占领前几位。据报道，在中国28个主要行业中，外国直接投资占多数资产控制权的已经达到21个，每个已经开放的前五名几乎都是由外资所控制。与跨国公司在中国的外包活动相比，外国直接投资更直接地通过控制这些产业把高创新率、高附加值和高水平进入壁垒的高质量生产活动牢牢地掌握在自己手中，本土企业则被压制在产业链的低端[②]。因此，面对跨国公司对中国本土企业造成巨大压力的现实，在发展混合所有制经济过程中，我国必须以铸造本国企业的"航空母舰"为目标，实行"国进民也进"方针，民营经济要与国有经济加强资本、市场和知识产权等协作和联合，夺回国内产业控制权，并参与国际中高端竞争，以保护本国经济安全、金融安全和社会稳定。

三是防止非公资本单向参控。按照《决定》精神，是允许更多国有经济和其他所有制经济发展成为混合所有制经济。这就是说，发展混合所有制，是各类不同性质的资本互相参股或控股。既包括非公资本参股或个别控股国有资本等公有资本，也包括国有资本等公有资本参股或个别控股非公资本。目前，有

① 《混合所有制要义在"混"得公平透明》（http：//opinion. people. com. cn/n/2014/0310/c159301-242 4582 605. html）。

② 参见贾根良《国际大循环经济发展战略的致命弊端》，《马克思主义研究》2010年第12期。

些地方和部门只强调前者而否定后者，这是完全错误的。同时，正如十八届三中全会《决定》中所说的，“允许混合所有制经济实行企业员工持股，形成资本所有者和劳动者利益共同体”。西方不少国家都在非公企业中积极倡导职工持股，实行“劳资两利”的利润分享制度，中国特色社会主义更应大力推行这一社会主义方向的改革，以坚持人民主体性，充分发挥人民群众的积极性，让人民群众在参与混合所有制经济的改革中分享成果。倘若只是把一大批本来正常盈利和高盈利的国有企业或国有金融企业，行政命令性地让非公资本持股或控股，实际上就是把本来属于人民整体的大量盈利主动送给中外私人。这是背离以人为本的社会主义改革性质和大方向的。

四是防止削弱人民币国际化。在当今国际要素市场上，西方跨国垄断企业事实上均与金融垄断有关。只有获得国家支持的巨型企业，才具有对抗金融垄断的能力，才具有与国际寡头平等竞争的实力。现阶段，我国总体上民营资本规模、技术水平、竞争力、管理水平都不如国有资本，更远远不如西方跨国公司的垄断资本。因此，只有具有国际竞争力的国有企业和国有资本，才是我国进入国际要素市场的希望，也是我国获得国际要素市场定价权的主通道。所谓人民币国际化，就是在国际市场上使用人民币对大宗商品进行结算，而目前主要是国有企业和国有资本有实力进入国际要素市场，获得国际要素市场的足够份额。如果国有企业被削弱，国有资本被置换，人民币国际化势必受阻。

五是防止只讲混合所有制。现在流行一种误区，即只讲混合所有制，不讲国有企业改革和发展，甚至认为国有企业没有必要存在。按照习近平总书记讲话的精神，对国有企业特别是中央企业，要继续加大支持力度。国有企业关乎国家经济命脉，关键时刻还得靠它们。美国等西方国家忌惮的就是中国共产党的强大，中国共产党强大的一个原因是我们国有企业是支持党的，提供着财力、物力、人力支持，掌握着国家经济命脉。这是我们的一个命门，不能被人家忽悠了。各种所有制经济都是社会主义市场经济的重要组成部分。民营经济发展受到一些歧视，有很多“玻璃门”，有些领域要开放，不能搞垄断，这是对的。国有企业经营不是完全靠市场决定的，还要靠政治决定。国有企业虽然发生了像中石油案那样的腐败问题，我们要举一反三、加快改革、加强监督，管住管好就是了，不能被有的负面舆论绑架。认为国有企业必然就是一种不好的体制，出路只有“去国有企业”、“去国有化”，这是不对的。十八届三中全会提出使市场起决定性作用，发展混合所有制经济，有的人格外兴奋，说共产党这回弄对了，把国有企业搞掉国家就有希望了，这是谬论！我们自己要把握住。我们要去掉国有企业的一些弊端，让它们更好更健康的发展。

六是防止削弱国有经济主导作用。2014 年 3 月 5 日，习近平总书记在参加第十二届全国人大二次会议上海代表团审议时强调，国企不仅不能削弱，而且要加强。2014 年 12 月，习近平总书记在给国家国资委的批示中，明确强调“要做强做优做大国有企业，不断提高国有企业的活力、影响力、控制力和抗风险能力”。[①] 这与《宪法》、《党章》和十八大及其三中全会文件关于国有经济主导作用的措辞和精神是一致的。《决定》明确指出发展混合所有制，要有利于国有资本放大功能、保值增值、提高竞争力。在经济全球化的大背景下，作为相对落后的社会主义新兴经济体，我国国有经济是维系国民经济运转并促进经济走向强大的重要力量。这不是什么发展“国家资本主义”或“权贵资本主义”，而是涉及国家经济的战略问题。须知，发展混合所有制经济与私有化是完全不同的导向，因而，必须防止将“国进民退”作为混合所有制改革的定式和准则。否则，在混合过程中就可能完全让私人资本不受约束地进占国有经济的现存阵地，陷入全面私有化的陷阱[②]。混合所有制在人事、经营和分配等方面会产生单一所有制或一股独大企业所没有的利弊和新矛盾，应该因地因企制宜。国家应该明确哪些领域可以搞混合所有制经济，哪些领域没有必要搞混合所有制经济，要禁止“一刀切”和“一哄而上”政策的发生，以提高中央和各省市大型国有企业的活力、竞争力和控制力，巩固和加强国有经济在国民经济中的主导作用。正如习近平总书记有针对性所指出的，国有企业经营不是完全靠市场决定的，还要靠政治决定。这就是说，在涉及国计民生和国家安全的命脉产业和战略制高点产业（如矿产、能源、军工、航空航天、铁路、电信、教育、医疗等）必须由国家控制，其生产经营管理也不是完全市场化管理，而是必须接受国家调控，从而成为国家调控的主要支柱和基础。中外新自由主义鼓吹的国企私有化和完全市场化管理的论调，已被国内外的实践所否定。

总之，我们理论工作者，尤其是各级党政领导，必须认真学习和积极贯彻习近平总书记在 2014 年 8 月 18 日主持召开中央全面深化改革领导小组第四次会议时发表的重要讲话精神。他指出：“国有企业特别是中央管理企业，在关系国家安全和国民经济命脉的主要行业和关键领域占据支配地位，是国民经济的重要支柱，在我们党执政和我国社会主义国家政权的经济基础中也是起支柱作用的，必须搞好。……中央企业负责同志肩负着搞好国有企业、壮大国有经济

---

① 引自 2015 年 1 月 8 日国家国资委网站报道《1 月 5 日国务院国资委党委专题学习总书记关于国资国企改革重要批示讲话精神》。

② 吴宣恭：《所有制改革应保证公有制的主体地位》，《管理学刊》2011 年第 5 期。

的使命，要强化担当意识、责任意识、奉献意识，正确对待、积极支持这项改革。”① 这是当前防止混合所有制发展和改革中的片面性，真正全面深化社会主义改革的重要方针！

参考文献：

［1］贾根良、陈国涛：《经济民族主义与马克思主义：比较与启示》，《马克思主义研究》2013年第9期。

［2］迈克尔·赫德森：《保护主义：美国经济崛起的秘诀（1815—1914）》，贾根良等译，中国人民大学出版社2010年版。

［3］Andrew Farrant, Fdward Mcphail, Hayek, Samuelson, “The Logic of the Mixed Economy?” *Journal of Economic Behavior & Organization*, Vol. 69, 2009.

［4］吴宣恭：《所有制改革应保证公有制的主体地位》，《管理学刊》2011年第5期。

［5］张作云：《关于混合所有制经济的内涵和性质问题——兼论混合所有制经济的研究方法》，《海派经济学》2008年第2辑。

［6］廖子光：《金融战争：中国如何突破美元霸权》，林小芳等译，中央编译出版社2008年版。

（此文由程恩富和谢长安共同完成）

---

①《共同为改革想招，一起为改革发力，群策群力把各项改革工作抓到位》，《人民日报》2014年8月19日。

正确认识与处理政府和市场关系

魏礼群

【**作者简介**】魏礼群，江苏睢宁人。先后任国家计委政策研究室主任，国家计委党组成员兼秘书长，中央财经领导小组办公室副主任，国务院研究室主任、党组书记，国家行政学院党委书记。中国共产党第十六届、十七届中央委员会委员。参加或主持过党中央、国务院大量重要文件和党中央、国务院领导重要讲话等文稿的起草工作，包括参加中国共产党十三大、十四大、十五大、十六大、十七大、十八大政治报告以及20次中央全会重大决定起草，连续十年负责国务院总理在全国人民代表大会上的《政府工作报告》的起草，参加中华人民共和国国民经济和社会发展第六个至第十二个五年计划（规划）文件起草；还负责或参与了大量推进中国改革开放和现代化建设重大课题的研究，取得一大批有重要价值的科研、咨询成果。

党的十八届三中全会提出："经济体制改革是全面深化改革的重点，核心问题是处理好政府和市场的关系，使市场在资源配置中起决定性作用和更好发挥政府作用。"这既是对我国过去几十年改革发展历史经验的高度概括，也为今后深化经济体制改革和行政体制改革，进一步处理好政府和市场的关系确定了方向。

回顾改革开放以来我们党关于政府和市场关系的论述和决策过程，正确认识政府和市场二者各自的功能与长处，研究在全面深化改革中进一步处理好政府和市场的关系，具有重要的现实意义和深远的历史意义。

一 改革开放以来我们党关于政府和市场关系论述的深化过程

改革开放35年来，我们党在推进社会主义改革开放的伟大事业中，不断加深对计划和市场、政府和市场关系的认识，相应作出了一系列历史性的重大决策。

1978年12月，作为我国新时期起点的党的十一届三中全会提出："应该坚决实行按经济规律办事，重视价值规律的作用。"同时指出："现在我国经济管理体制的一个严重缺点是权力过于集中，应该有领导地大胆下放，让地方和工农企业在国家统一计划的指导下有更多的经营管理自主权。"接着，我国改革开放总设计师邓小平同志，在1979年11月会见英国不列颠百科全书出版公司编委会副主席吉布尼和加拿大麦吉尔大学东亚研究所主任林达光等谈话时，明确提出："社会主义也可以搞市场经济"，"把这当作方法，不会影响整个社会主义"。这里，邓小平同志第一次把市场经济同社会主义直接联系起来，把市场经济当作发展生产力的方法。十一届三中全会开启了我国波澜壮阔的改革开放伟大征程。

1982年9月，党的十二大明确提出了有系统地进行经济体制改革的任务，指出："正确贯彻计划经济为主、市场调节为辅的原则，是经济体制改革中的一个根本性问题。我们要正确划分指令性计划、指导性计划和市场调节各自的范围和界限，在保持物价基本稳定的前提下有步骤地改革价格体系和价格管理办法，改革劳动制度和工资制度，建立起符合我国情况的经济管理体制，以保证国民经济的健康发展。"这里，明确提出了计划经济与市场调节的主辅关系，即政府与市场的关系。1984年10月，党的十二届三中全会通过的《中共中央关于经济体制改革的决定》，深入剖析了原有经济体制中存在着"政企职责不分，条块分割，国家对企业统得过多过死，忽视商品生产、价值规律和市场的作用"等弊端，明确提出："社会主义计划经济必须自觉依据和运用价值规律，是在公有制基础上的有计划的商品经济"，"实行计划经济同运用价值规律、发展商品经济，不是互相排斥的，而是统一的，把它们对立起来是错误的"。这是我们党作出的全面经济体制改革第一个纲领性文献中的重大论断。

1987年9月，党的十三大进一步提出："社会主义有计划商品经济的体制，应该是计划与市场内在统一的体制。"并指出，"新的经济运行机制，总体上来说应当是'国家调节市场，市场引导企业'的机制"。为此，十三大报告还提出必须把计划工作建立在商品交换和价值规律基础上，逐步缩小指令性计划范围，扩大指导性计划范围，最终实现以间接控制为主、计划与市场内在统一的模式。这里，强调计划和市场的作用都是覆盖全社会的，不再提以计划经济为主。

1992 年初，邓小平同志在南方谈话中更加深刻地指出，“计划经济不等于社会主义，资本主义也有计划；市场经济不等于资本主义，社会主义也有市场”，把计划和市场都作为发展生产力的手段。在此基础上，1992 年 10 月，党的十四大明确提出建立社会主义市场经济体制，“就是要使市场在社会主义国家宏观调控下对资源配置起基础性作用”，这为长期纠结于“计划”和“市场”关系的改革开启了一个新的局面。至此，我们党对社会主义市场经济的认识、对政府和市场关系的认识达到了一个新高度：市场经济不仅仅是市场竞争机制、供求机制和价格机制，更是一种资源配置机制。1993 年 11 月，党的十四届三中全会通过的《中共中央关于建立社会主义市场经济体制若干问题的决定》，进一步构筑了社会主义市场经济体制的基本框架。

1997 年 9 月，党的十五大明确提出了形成比较完善的社会主义市场经济体制的目标，提出“坚持和完善社会主义市场经济体制，使市场在国家宏观调控下对资源配置起基础性作用”，并要求“充分发挥市场机制作用，健全宏观调控体系”。这里，要求“充分发挥”市场作用、“健全”政府宏观调控体系，深化了对政府与市场关系的认识。

2002 年 11 月，在新世纪新阶段召开的党的十六大进一步提出：“健全现代市场体系，加强和完善宏观调控。在更大程度上发挥市场在资源配置中的基础性作用，健全统一、开放、竞争、有序的现代市场体系。”并明确要求：“完善政府的经济调节、市场监管、社会管理和公共服务的职能，减少和规范行政审批。”2003 年 10 月，党的十六届三中全会通过的《中共中央关于完善社会主义市场经济体制若干重大问题的决定》中提出：要按照五个统筹的要求，更大程度地发挥市场在资源配置中的基础性作用，并提出要转变政府经济管理职能，“切实把政府经济管理职能转到为市场主体服务和创造良好发展环境上来”。这里，强化了市场功能的作用，同时明确了政府的功能作用。

2007 年 10 月，党的十七大提出：“要深化对社会主义市场经济规律的认识，从制度上更好发挥市场在资源配置中的基础性作用，形成有利于科学发展的宏观调控体系。”并要求：“加快推进政企分开、政资分开、政事分开、政府与市场中介组织分开，规范行政行为，加强行政执法部门建设，减少和规范行政审批，减少政府对微观经济运行的干预。”这里，强调从制度上更好发挥市场的基础性作用，也是对市场作用的重视和强化。

2012 年 11 月，党的十八大指出：“经济体制改革的核心问题是处理好政府和市场的关系，必须更加尊重市场规律，更好发挥政府作用。”并明确要求：“完善宏观调控体系，更大程度更广范围发挥市场在资源配置中的基础性作用，完善开放型经济体系，推动经济更有效率、更加公平、更可持续发展。”这里，更加突出了市场作用，也强调了更好发挥政府作用。

2013年11月，党的十八届三中全会通过的《中共中央关于全面深化改革若干重大问题的决定》中进一步提出：“经济体制改革是全面深化改革的重点，核心问题是处理好政府和市场的关系，使市场在资源配置中起决定性作用和更好发挥政府作用。”把以往市场起“基础性”作用改为“决定性”作用，同时也强调“更好发挥政府作用”，这是我们党关于社会主义市场经济思想的新发展，对政府和市场关系的认识达到了新境界。

以上可以看出，正确认识和处理政府和市场关系，一直是贯穿于我国改革开放进程中的重大课题，是我们党随着实践发展，对实行社会主义市场经济的认识不断丰富、不断深化的过程，由把市场经济作为经济管理方法到经济调节手段再到一种经济制度，由市场在资源配置中起“基础性”作用到起“决定性”作用，这都反映了党的思想理论随着实践不断发展而不断创新，符合马克思主义关于历史唯物主义和辩证唯物主义的科学认识论，每后一个时期的论断和决策，都是对前一个时期论断和决策的继承、创新和发展。

二　正确认识政府和市场二者的功能与长处

建立和完善社会主义市场经济体制，需要正确认识政府与市场二者的功能、长处及它们的缺陷、弊端。

先说市场。市场有多种含义，一种是商品交易场所；一种是以商品等价交换为准则的市场机制对资源的配置方式；还有一种是人们之间的生产关系。“使市场在资源配置中起决定性作用”，其主要是指由市场机制决定资源配置方式。在所有经济活动中，最根本的问题是如何最有效地配置资源。市场之所以能够使资源配置以最低成本取得最大效益，是因为在市场经济体制下，有关资源配置和生产的决策是以价格为基础的，而由价值决定的价格，是生产者、消费者、劳动者和生产要素所有者在市场自愿交换中形成的。市场机制作用的发挥是价值规律的表现形式。由市场决定资源配置的主要长处在于：作为市场经济基本规律的价值规律，能够通过市场价格自动调节生产（供给）和需求，在全社会形成分工和协作机制；能够通过市场主体之间的竞争，形成激励先进、鞭策落后和优胜劣汰机制；能够引导资源配置以最小投入（费用）取得最大产出（效益）。因此，使市场在资源配置中起决定性作用，其实质就是让价值规律、竞争规律和供求规律等市场经济规律在资源配置中起决定性作用。这有利于促使经济更有活力、更有效率和更有效益的发展。但同时也要看到，市场调节有自发性、盲目性、局限性和事后性等特点，不能把资源配置统统交给市场，不能使全部社会经济活动市场化。比如，社会供求总量的平衡、公共产品和公共服务的提供、城乡区域差距的缩小、稀缺资源的配置，只靠市场调节经济运行，难以经常保持经济总量平衡和重大结构协调，难以实现基本公共服务均等化，难以避免社会收入两极分化，也难以及时、有力、有效应对宏观经济周期波动和国际经济金融危机的冲击。也就是说，市场对资源配置的“决定性作用”不能涵盖所有社会经济领域和活动。

政府作为公共权力的行使者、社会经济活动的管理者，最重要的职能是从宏观上引导方向，保持整个经济社会持续健康稳步发展。在我们国家，有共产党的领导、有社会主义制度的优势，政府可以自觉地依据对客观事物的认识，能动地观察和反映国内外发展变化，按照包括市场规律在内的客观经济规律，对重大社会经济活动作出战略规划、宏观决策与预先安排，进行有目的、有计划的引导和调控。发挥政府作用的主要长处在于，有可能从社会整体利益和长远利益来引导市场和社会经济发展方向，从宏观层次和全局发展上配置重要资源，促进经济总量平衡，协调重大结构和优化生产力布局，提供非竞争性的公共产品和公共服务，保障公共安全，加强社会建设和环境保护，维护市场和社会秩序，促进社会公平正义，逐步实现共同富裕，弥补市场缺陷和失灵的方面。但政府也有信息掌握和认知能力的局限性，也会有偏颇、僵滞甚至决策失误的毛病，以至于束缚经济社会的活力，不利于微观上优化资源配置和提高效率。

以上可以看出，政府（计划）与市场是现代市场经济体系中两个重要手段，各有长处但功能不同。政府是一只“看得见”的手，市场是一只“看不见”的手，它们都能对资源配置产生作用，但资源配置和利益调节的机理、手段、方式不同。市场方式主要通过供求、价格、竞争等机制功能配置资源、调节利益关系，由市场主体自主决策、自主经营和自担风险。政府则主要根据全局和公益性需求，依靠行政权力和体制，进行重要资源配置，调节重要利益关系。市场决定资源配置是市场经济的一般规律，市场经济本质上就是市场决定资源配置的经济。我们必须高度重视、充分发挥市场在微观配置资源、调节经济利益关系中的积极有效作用。

理论和实践告诉我们，在处理政府和市场关系中，需要注意三个方面。一是要明确认识二者各自的功能和长处，使它们在不同社会经济层次、不同领域发挥应有作用，都不能越位、错位和不到位。二是要充分发挥二者的功能作用，

"两只手"都要用，并有效配合。"两只手"配合得好，可以起到1+1>2的效果。反之，市场作用的正效能就会下降，副作用就会扩大；同样，政府的正效能也会下降，政府形象和公信力也会受到伤害，甚至造成重大经济损失。因此，两者不可偏废。三是政府和市场应当有机结合而不是板块连接。政府应尊重市场经济规律，自觉按经济规律办事；市场要在政府引导、监管下按制度规范运行。只有这样，才能实现政府与市场各自长处的充分发挥及二者的良性互动。

三　进一步处理好政府和市场关系必须全面深化改革

经过35年的改革开放，我国社会主义市场经济体制已基本建立，政府和市场关系经过不断调整也发生了重大变化。总的看来，国民经济市场化程度显著提高，市场作用大为增强，但市场和政府都有错位、不到位和越位的方面。当前，我国社会主义改革开放和现代化建设进入了新阶段，新形势、新任务对社会经济发展和社会经济体制机制提出了新要求，其中一个很重要的方面，就是要进一步处理好政府和市场的关系。为此，必须遵循党的十八届三中全会精神，按照"使市场在资源配置中起决定性作用和更好发挥政府作用"的要求，全面深化改革特别是经济体制、行政体制改革。至关重要的，是抓好以下几个方面的改革。

（一）推进市场化改革，加快完善现代市场体系

这是使市场在资源配置中起决定性作用的基础。要从广度和深度上推进市场化改革，推动资源配置依据市场规则、市场竞争实现效益最大化和效率最优化。加快形成企业自主经营、公平竞争，消费者自由选择、自由消费和要素自由流动、平等交换的现代市场体系，提高资源配置效率和公平性。要实现以上目标，必须深化以下改革。一是建立公平、开放、透明的市场规则。我国市场体系还不完善，市场的开放性、竞争的公平性和运行的透明度都有待提高，尤其是部分基础产业和服务业价格关系尚未理顺，要素市场发展相对滞后，必须加快市场化改革。十八届三中全会《中共中央关于全面深化改革若干重大问题的决定》提出了一系列重大改革举措，包括实行统一的市场准入制度，探索实行负面清单准入管理方式，改革市场监管体系，实行统一的市场监管，健全优胜劣汰的市场化退出机制。这些是使市场在资源配置中发挥决定性作用的前提和基础。二是完善主要由市场决定价格的机制。坚持把主要由市场决定价格作为价格形成的常态机制，凡是能够通过市场形成价格的，包括生产要素价格都要放开价格管制，主要由市场形成价格；对那些暂不具备放开条件的，要积极探索建立符合市场导向的价格动态调整机制，并创造条件加快形成主要由市场

决定价格的机制。改革政府定价机制，要把政府定价严格限定在必要范围内，主要限定在重要公用事业、公益性服务、网络型自然垄断环节。进一步减少政府定价的范围和具体品种。要按照简政放权要求，进一步下放给地方政府定价权。改进政府定价方法，规范政府定价行为，提高政府定价的科学性、公正性和透明度。三是改革市场监管体系。清理和废除妨碍全国统一市场和公平竞争的各种规定和做法，反对地方保护，反对垄断和不正当竞争。同时，要建立城乡统一的建设用地市场，完善金融市场体系，加快推进科技体制改革。这是完善现代市场体系的必然要求和重要方面。

（二）坚持和完善基本经济制度，着力深化企业改革

以公有制为主体、多种所有制经济共同发展的基本经济制度，是中国特色社会主义制度的重要支柱，也是社会主义市场经济体制的根基。我们搞的是社会主义市场经济，必须始终坚持“两个毫不动摇”：必须毫不动摇巩固和发展公有制经济，发挥国有经济主导作用，不断增强国有经济活力、控制力、影响力；必须毫不动摇鼓励、支持、引导非公有制经济发展，激发非公有制经济活力和创造力。这两者都不可偏废，否则，就不是社会主义市场经济。关键要完善产权保护制度，保证各种所有制经济依法平等使用生产要素、公开公平公正参与市场竞争、同等受到法律保护。企业是市场活动主体，也是社会主义市场经济体制的微观基础。必须深化国有企业改革，推动国有企业完善现代企业制度，健全协调运转、有效制衡的公司法人治理结构，规范经营决策，实现资产保值增值，公平参与竞争，提高企业效率，增强企业活力。要准确界定不同国有企业功能。废除对非公有制经济各种形式的不合理规定，消除各种隐性壁垒。鼓励非公有制企业参与国有企业改革。特别要重视发展混合所有制经济，国有资本、集体资本、非公有资本等交叉持股、相互融合的混合所有制经济，有利于国有资本放大功能、保值增值、提高竞争力，有利于各种所有制资本取长补短、相互促进、共同发展。要鼓励非公有制企业参与国有企业改革，鼓励发展非公有资本控股的混合所有制企业，鼓励有条件的私营企业建立现代企业制度。

（三）加快政府自身改革，全面准确履行政府职能

科学的宏观调控、有效的政府治理，是发挥社会主义市场经济体制优势的内在要求。要切实转变政府职能，深化行政体制改革，创新行政管理方式，增强政府公信力和执行力，建设法治政府和服务型政府。要按照党的十八大报告确定的“推动政府职能向创造良好发展环境、提供优质公共服务、维护社会公平正义转变”的基本要求，深化行政审批制度改革，进一步简政放权，切实减

少审批事项，向企业放权、向市场放权、向社会放权，特别是要深化投资体制改革，确立企业投资主体地位。要最大限度地避免用行政手段配置各类资源，用政府权力的减法换取市场和社会活力的加法，激发市场和社会主体的创造活力，增强经济发展的内生动力。要健全宏观调控体系，宏观调控的主要任务是保持经济总量平衡，促进重大经济结构协调和生产力布局优化，减缓经济周期波动影响，防范区域性、系统性风险，稳定市场预期，保障经济安全，实现经济持续健康发展。要合理界定中央和地方政府的职能，充分发挥中央和地方两个积极性。中央政府要进一步改善和加强宏观管理，强化发展规划制定、经济发展趋势研判、制度机制设计、全局性事项统筹管理、体制改革统筹协调等方面职能，促进全国范围内的法规统一、政令畅通和经济社会的平稳健康发展。要发挥地方政府贴近基层、就近管理的优势，进一步加强地方政府在公共服务、市场监管、社会管理、环境保护等方面的职责，以更好地服务于广大人民群众和各类企业。要大力推广政府购买服务，创新政府服务方式。按照公开、公平、公正原则，将适合市场化方式提供的公共服务事项，交由具备条件且信誉良好的社会组织、机构和企业等承担，推动公共服务提供主体的多元化，以此推动政府职能转变，建设现代化服务型政府。

四　正确处理政府和市场关系需要把握好的几个方面

政府和市场关系，是人类社会任何国家发展现代市场经济都绕不开的根本性问题，也是各国长期以来都在致力有效破解的世界性难题。特别是在我国这样一个有13亿多人口的大国，又是在社会主义基本制度下实行市场经济的历史条件，处理好政府和市场关系的意义更重大，难度也更大，更需要研究解决一系列特殊的复杂问题，更需要推进理论创新和实践创新，更需要努力把握和运用改革规律，以更好地推动国家和人民事业发展。

（一）坚持从国情出发，解放思想、实事求是、与时俱进

古往今来，关于政府与市场关系有多种理论学说和多种实践模式，我们要注意学习研究人类社会和当今世界各国在处理政府与市场关系方面一切有益的思想理论和实践做法。但是，不能照抄照搬别国经验、别国模式。世界上没有一种经验模式可以照抄照搬。我们必须全面、真切地认识我国现阶段基本国情及其内在要求，坚持和运用马克思主义的历史唯物主义，准确把握党和国家发展大势，做到解放思想、实事求是、与时俱进、求真务实，积极探索符合当今时代我国国情的政府和市场关系的科学理论、具体做法和实践模式，既决不简单搞拿来主义，也决不搞故步自封，要不断有新的发现、新的创造、新的发展。

（二）坚持正确改革方向，积极稳妥、扎实推进、注重实效

实行社会主义市场经济体制，是我们党吸收人类社会文明、进步、智慧作出的正确历史抉择，也是我国社会发展客观进程的必然要求，必须坚定社会主义市场经济的改革方向和如期实现完善社会主义市场经济体制的目标。把社会主义和市场经济体制结合起来，是人类社会空前的壮举，也是需要不懈探索的重大课题。这方面，我们已经进行了30多年的理论探索和实践创新，也积累了不少经验，但是还有许多未被认识的“必然王国”。其中，在处理政府和市场关系方面还有一系列棘手的矛盾和问题有待研究解决。这需要以积极进取的精神大胆探索，勇于改革创新，敢于攻坚克难，但对涉及全局的重大改革事项，决心要大，步子要稳，包括对下放权力的改革方向要坚持，行动要坚决，但下放权力的范围、步骤、方法，应与政府宏观调控、监管能力和法治水平相适应、相协调，特别要加快法治建设，使社会经济活动有法可依、有法必依、执法必严、违法必究，以避免重蹈历史上多次出现的“一放就乱，一乱就收”的不良循环。

（三）坚持“两只手”都要硬，把更加重视市场作用和更好发挥政府作用结合起来

在发展社会主义市场经济中，政府和市场这“两只手”，都不可或缺，也决不可分割。因此，“使市场在资源配置中起决定性作用”和“更好发挥政府作用”，不是互相排斥的，而是统一的，把它们对立起来的认识和做法是不对的、有害的。一方面，要从广度和深度上推进市场化改革，以更好发挥市场作用的功能和长处，增进社会经济活力和效率，激发各方面的积极性和创新精神；另一方面，也必须全面正确履行政府职能，实施科学的宏观调控、有效的政府治理，以更好发挥政府的功能和长处。这样，才能实现社会经济更有效率、更加公平、更可持续健康发展，促进社会公平正义和共同富裕。关键在于，政府和市场“两只手”要有效配合、优势互补，相互促进、相得益彰。

（四）坚持准确界定两者功能，区分层次和领域范围，合理发挥政府和市场各自的作用

在经济、社会、政治、文化、生态各个不同领域，在宏观、微观不同层面，政府和市场发挥作用的范围、程度、方式、形态应有不同，需要深入研究和准确界定，防止二者功能错位、越位、不到位，避免发生错误和损失。在经济活动微观领域中，发挥市场配置资源的决定性作用是必要的、可行的，在其他领域则要正确、合理把握政府和市场各自作用的范围、程度和表现形式。这也是保证社会主义市场经济持续健康发展，中国特色社会主义道路沿着正确方向前

进的大问题。

（五）坚持全面深化改革，增强改革的关联性、系统性、协同性

政府和市场关系既是经济体制改革的核心问题，也是涉及全面改革的关键问题。这两者关系的理顺和调整，关联到生产关系和经济基础的变化，也势必关联到上层建筑领域的某些环节和方面。坚持社会主义市场经济的改革方向，是经济体制改革的方向，也必然会涉及其他各方面改革，各方面改革也要与之相协调、相适应。必须把坚持社会主义市场经济改革方向贯穿到政治体制、文化体制、社会体制、生态文明体制，以及各方面体制机制改革之中，推动各方面改革围绕完善社会主义市场经济体制的目标来展开、来推进。因此，必须统筹设计，整体谋划经济、政治、文化、社会、生态文明等各个领域、各个方面的调整和改革。这样，才能产生综合效应，才能更好推动生产关系与生产力、上层建筑与经济基础相适应，也才能顺利推动整个改革进程并取得更大的成功！

牢牢把握社会主义市场经济体制下政府的根本职能

——澄清对市场起“决定性作用”的误解

胡　钧

【作者简介】 胡钧，1928年生，山东省烟台市人，1947年考入北京大学经济系，1948年12月入河北正定华北大学学习，1950年入中国人民大学政治经济学教研室研究生班学习，1952年毕业，留教研室从事政治经济学教学工作。除1983年到1988年曾暂调校刊《教学与研究》兼任副总编外，一直在政治经济学教学岗位上工作。现被聘为中国社会科学院马克思主义研究院特邀研究员。2013年被中国人民大学评为校荣誉一级教授。

主要研究成果：《全民所有制内部商品价值形式问题》（《红旗》杂志1959年6月）；《公有制与商品经济兼容问题的思索》（《中国社会科学》1989年第6期）；《“重建个人所有制”是共产主义高级阶段的所有制关系》（《经济学动态》2009年第1期）。著作有《社会主义经济的结构、运行和管理》（三人合作）（山东人民出版社1990年版）；《中国社会主义市场经济研究》（山东人民出版社1999年版）；《胡钧自选集》（中国人民大学出版社2007年版）；《创新发展与科学扬弃——马克思主义政治经济学与现代西方经济学的几个带根本性的理论分歧》（中国言实出版社2014年版）。

十八届三中全会指出经济体制改革是全面深化改革的重点。全会通过的《中共中央关于全面深化改革若干重大问题的决定》（以下简称《决定》）指出："经济体制改革，核心问题是处理好政府与市场的关系，使市场在资源配置中起决定性作用和更好发挥政府作用。市场决定资源配置是市场经济的一般规律，健全的社会主义市场经济体制必须遵循这条规律。"这里全面地指明了社会主义市场经济体制的实质和内容，表明社会主义市场经济体制包含两个不同方面：社会主义与市场经济，既要坚持社会主义基本制度和发挥社会主义公有制在资源配置方面的优越性，又要使市场在资源配置中起决定性作用充分发挥市场经济的优势，把这两个方面有机地结合起来，更大程度上提高资源配置效率，推动国民经济快速、稳定、可持续发展。

社会主义与市场经济的有机结合具体体现在政府作用与市场作用的结合关系上，或者说体现在政府计划与市场自发作用的结合关系上。由于社会制度不同，政府性质、作用不同，市场的地位、市场主体的构成不同，政府与市场的关系也就不同。在中国特色社会主义制度下，政府不再是资产阶级的统治工具，为资本家企业主追逐利润服务；社会主义国家的中央政府是共产党领导下的全体社会成员整体利益的代表，它一切活动的出发点和落脚点，只能是以人为本、最大限度地满足全体社会成员不断增长的物质文化需要和他们的全面发展，是为了满足人及其需要所必需的国民经济的全面高速可持续的发展。社会制度的本质区别决定着政府性质和市场主体构成的差别，决定着不同社会中政府与市场二者的地位和关系的不同。

很明显，不存在抽象的一般的政府与市场的关系。有一种很流行的看法，认为市场经济是中性的，无所谓资本主义和社会主义的市场经济。这是一个不正确的观点。马克思指出，商品流通、市场经济不是可以独立存在的经济制度，它只是不同生产方式共有现象的一个理论上的抽象，离开一定的特殊的生产方式，市场经济不可能单独存在。所说的"中性事物"都是独立存在的，如物理学上的中子、国家关系中的中立国、医学上的"中性粒细胞"等，认为存在着某种与社会主义或资本主义相分离的单独存在的中性市场经济，那只是一个幻想。市场经济只能依附某一特定的生产方式并为其服务，并作为一种客观事物存在。在现实中从来也没存在过独立的中性市场经济，因此也不存在"中性"的政府与市场关系。如果只从经济运行角度看，政府对市场的作用也有共同的方面，譬如通过宏观调控保持经济总量平衡、加强市场监管、创造公平竞争环境、实现经济的持续发展等。但从本质上看，生产资料公有制决定了社会主义国家的中央政府具有资本主义国家的政府所没有的、由社会主义制度所赋予的特有的作用和职能，这主要包括制定国家经济的长期发展目标和规划，并通过各种手段引导自发市场实现政府的发展战略目标。在资本主义社会里，没有整个国民经济战略目标的制定，那只能是由自发的市场主体的竞争决定，政府在经济发展上只起服务性、辅助性的作用，其任务是创建正常的市场竞争环境，弥补市场失灵，以保证各个私人市场主体盈利目标的实现。

所以，从研究方法上说，不应抽象地探讨政府与市场的关系，应从现实的社会经济制度出发，弄清该社会制度的所有制关系和它的生产的根本目的及由此决定的政府和市场这两个不同方面的作用的特殊性。在讨论我们国家政府与市场的结合关系问题时应先了解在中国特色社会主义制度下政府机构与市场经济各自的本质和特征。

一　不同的社会经济制度有不同的政府与市场的关系

市场经济的根本特征就是市场在资源配置中起决定性作用，这里所说的“决定性作用”，其内容就是指市场主体是其企业生产经营方向的决定者，他只是根据商品的市场价格影响的盈利水平决定把资本投向哪里、生产什么、生产多少。如果市场主体不能决定资源配置方向，就意味着不允许市场主体根据市场状况自主决策、独立经营，那就不是市场经济，所以习近平同志在《关于〈中共中央关于全面深化改革若干重大问题的决定〉的说明》（以下简称《说明》）中指出：“市场经济本质上就是市场决定资源配置的经济。”所以《决定》指出“市场决定资源配置是市场经济的一般规律，健全的社会主义市场经济体制必须遵循这条规律”。实行社会主义市场经济体制是由中国特色社会主义制度决定的必然选择，那就必须遵循市场在资源配置中起决定性作用这样一条规律，很好地利用这个规律，否则就不能更好地发挥市场经济的优势，不利于进一步解放生产力和促进社会生产力的稳定快速发展。

当然，我们只知道市场经济的一般规律，对全面理解和进一步完善社会主义市场经济体制来说是很不够的，特别是，市场经济的一般规律是在生产资料私有制基础上产生和发挥作用的，而且只有在资本主义生产的基础上，商品生产才表现为生产的标准的、占统治地位的性质，因而市场机制才成为整个国民经济的资源配置方式。所以市场经济一般本身自然地带有资本主义私有制关系的烙印。因此，在充分发挥市场对资源配置的决定作用时，应避免把这个规律绝对化、一般化，它不可能简单地套用到以生产资料公有制为基础的社会主义制度身上。

习近平同志正是针对这种情况，在确定必须遵循市场经济的一般规律的同时，强调指出："我国实行的是社会主义市场经济体制，我们仍要坚持发挥我国社会主义制度的优越性，发挥党和政府的积极作用。市场在资源配置中起决定作用，并不是起全部作用。"（《说明》）这就告诉我们必须在坚持社会主义道路的前提下发挥市场经济一般规律的作用。这个界限在《决定》中表述得很清楚，这就是在确定市场的决定性作用时，必须同时强调更好发挥政府的作用。这是社会主义市场经济体制不同于资本主义市场经济的一个根本性的特征，是由社会主义制度与资本主义制度的根本区别决定的。

有的人讳言社会主义市场经济与资本主义市场经济的区别，他们只讲"先发市场经济国家"与"后发市场经济国家"，把市场经济从而把政府与市场关系视为抽象的、中性的，似乎在不同的社会制度中会有同一的政府与市场关系模式。这种意识阻碍对中国特色社会主义制度下政府与市场关系作出有创新性的科学判断。世界知名经济学家、诺贝尔经济学奖获得者约瑟夫·斯蒂格利茨最近在接受《中国社会科学报》记者访问时说：政府与市场"二者间需要一个平衡，但这种平衡在各个国家，不同时期和不同的发展阶段又各不相同，因此这个问题还没有统一的结论"，政府如何作为会"因国家而异"。[①]

为了更加明确地阐明这一点，习近平同志在中共中央政治局就市场在资源配置中起决定性作用和更好发挥政府作用进行的集体学习会上，再次强调指出"坚持党的领导，发挥党总揽全局、协调各方的领导核心作用，是我国社会主义市场经济体制的一个重要特征。……在我国，党的坚强有力领导是政府发挥作用的根本保证。在全面深化改革过程中，我们要坚持和发展我们的政治优势，以我们的政治优势来引领和推进改革，调动各方面的积极性，推动社会主义市场经济体制不断完善、社会主义市场经济更好发展。"[②]

资本主义私有制下，资本家最根本的要求就是企业经营的自主决策权。资产阶级在1789年法国大革命中打出了"自由、平等、博爱"的革命旗帜，这里的"自由、平等"口号下的实际内容，就是指自由投资、自由决策。在私人企业主看来，这是他们存在的生命线，任何外部的干预都被看作是对他自主决策权的侵犯。马克思指出，资产阶级意识"责骂对社会生产过程的任何有意识的社会监督和调节，把这说成是侵犯资本家个人的不可侵犯的财产权、自由和自决的'独创性'"，斥责"这种组织将把整个社会转化为一座工厂"。[③] 在私有企

① 《不平等现象加剧是新兴国家面临的一大挑战——访诺贝尔经济学得主、哥伦比亚大学教授约瑟夫·斯蒂格利茨》，《中国社会科学报》2014年4月28日。

② 《正确发挥市场作用和政府作用　推动经济社会持续健康发展》，《人民日报》2014年5月28日。

③ 《马克思恩格斯文集》第5卷，人民出版社2009年版，第413页。

业主看来，自主决策是最基本的人权，政府是外部力量，政府干预妨害他盈利目标的实现。作为资本的人格化，绝对排斥政府干预是由资本本性决定的。

社会主义制度则不同，习近平同志强调指出在实行社会主义市场经济体制时要“发挥党和政府的积极作用”和“党总揽全局”的领导核心作用，这种“总揽全局”的领导作用，从经济发展方面说，最根本的就是总揽全社会资源配置全局的主导作用。这首先是因为社会主义制度的建立和发展不像资本主义制度那样，是在人们追逐私利的竞争中自发地产生和发展的，小商品生产者间的自发竞争每日每时产生资本主义。资本主义制度和它的生产力也是在自发的竞争中发展、壮大。社会主义制度则根本不同，它不能也不是工人阶级在争取经济利益的斗争中自发地产生，而只能是在马克思主义科学理论的指导下和本阶级政党的领导下，自觉地建立和发展的。因此，马克思主义的政党和人民政权的领导和组织，是社会主义制度产生和发展的决定性因素。这也决定了社会主义经济发展中，党和人民政权自觉地有意识地组织工作具有决定性意义，这既是克服资本主义生产无政府状态造成的巨大经济损失，有计划地组织社会化大生产，大力提高社会总体资源配置效率，保证国民经济健康和可持续发展的需要，因而也是保证社会主义公有制的巩固和发展的需要。

以上分析表明，正确认识和处理社会主义制度中的政府与市场的关系是一个崭新的课题，对中国特色社会主义制度来说更是一个前所未有的新课题。理论和实践都表明，关键在于弄清政府与市场在资源配置和经济运行中的科学定位。习近平同志在《说明》中指出，对政府与市场二者作用的科学定位，有利于在全党全社会树立关于政府和市场关系的正确观念，可以进一步解放思想，更充分地发挥市场机制的正面作用，调动市场主体的主动性，进一步增强经济活力，更大范围更深程度上调动全社会的积极性，推动经济的快速发展。

二　市场经济在社会主义经济制度中的科学定位

习近平同志在《说明》中认为党从十四大以来对政府与市场关系一直在根据实践拓展和认识深化寻找新的科学定位，其内容就是坚持社会主义根本制度的政府与在资源配置上起决定性作用的市场这两个方面在社会再生产过程中职能的厘清问题。从深层理论上说，马克思关于市场经济一般与它所依附的特定的社会生产方式的关系，是认识这一问题的理论基础。马克思主义政治经济学认为，市场经济不是能够独立存在的经济制度，它总是隶属于特定的社会生产方式，为实现该生产方式的生产目的服务。在资本主义制度下，生产的根本目的不是一般价值，而是剩余价值，价值规律为剩余价值的生产和实现服务，在这里市场交换不能再按商品的价值交换，必须遵循资本主义的利润率平均化规律按成本价格加平均利润决定的生产价格交换。所以马克思严厉批评资产阶级经济学家把资本主义经济等同于一般市场经济的辩护论观点，指出在资本主义制度下，商品交换关系只是“属于流通过程的一种表面现象”，是“质的形式化”，是“资本关系的假象”。

马克思关于资本主义制度下市场经济与该生产方式之间的关系和市场经济在该生产方式中的科学定位的分析，是马克思主义对市场经济这一范畴认识的基本理论。不掌握这一基本理论，不能正确认识任何一个社会的市场经济的确切地位和作用。

根据马克思的上述理论，在社会主义制度中，市场经济同样也只能是从属于社会主义生产方式、为实现社会主义生产目的服务的。市场经济这种从属地位，从世界上出现第一个社会主义国家苏联开始直到今天我国的中国特色社会主义制度，在领导经济发展中都是自觉不自觉地在这一理论指导下行事的。在苏联时期，斯大林总结社会主义经济建设经验，认为社会主义制度中的商品关系不是社会主义本质关系，这里的产品只是采取了商品的“外壳”，它只是被社会主义政府利用来发展生产推动改善企业经营管理的方法。在中国社会主义建设中，毛泽东同样支持商品关系是“工具”的观点，说“现在要利用商品生产、商品交换和价值法则，作为有用的工具，为社会主义服务”。[①] 邓小平在提出社会主义可以实行市场经济这一创见时，更进一步确定市场经济只是“手段”、“方法”，指出搞市场经济“这是社会主义利用这种方法来发展社会生产力。把这当作方法，不会影响整个社会主义”[②]。邓小平这一精确表述具有重要的理论意义和实践意义，是建立社会主义市场经济体制时制定具体措施的根本指导思想。此后党中央在发展和完善社会主义市场经济体制中，在贯彻这一指导思想过程中取得不断进展。这表现在市场经济只是社会主义利用其发展生产力“方法”的认识的基础上，提出了党和政府“驾驭”市场的观点。胡锦涛同志在2004年12月中央工作会议上的讲话中谈到加强和改善宏观调控时讲：“全党同志深化了对科学发展观的认识，增长了驾驭社会主义市场经济的本领。”这次在党的十八大上，习近平同志在《说明》中指出：“我们对市场规律的认识和驾驭能力不断提高。”他在最近政治局集体学习会上再次强调领导干部要“学会正确运用‘看不见的手’和‘看得见的手’，成为善于驾驭政府和市场关

① 《毛泽东文集》第7卷，人民出版社1999年版，第435页。
② 《邓小平文选》第2卷，人民出版社1994年版，第236页。

系的行家里手”。这是对社会主义市场经济体制的基本范式的准确规定，这就是用政府这只“看得见的手”驾驭好自发市场这只“看不见的手”，这也是二者有机结合的具体体现。

从以上分析可以看出，马克思在《资本论》中阐明的如下观点：商品交换关系只是资本主义生产方式的“属于流通过程的一种表面现象”、“质的形式化”，与它所附着的生产方式有本质区别，它只是被该生产方式所利用的一种工具性的一般关系，是极其重要的。马克思的这一关于市场经济关系在特殊生产方式中地位和作用的观点一直为社会主义国家的党和政府所贯彻。从斯大林的商品“外壳”、“工具”论，到邓小平的“方法”、“手段”论，到胡锦涛、习近平的“驾驭”论，都是马克思的市场经济“表面过程”、“质的形式化”论在社会主义经济建设实践中的具体运用和发展。他们的思想是一脉相承的。

“驾驭论”是一个浅显明白的比喻说法。它更确切地表明了社会主义市场经济体制的基本范式。市场有如野马，它有极强的奔跑能力，在无人驾驭的时候，它为寻找水草盲目奔驰。当骑手发现了它，驯服和驾驭它，利用它的奔跑能力为自己服务，为自己所要达到的方向目标驰骋。市场决定资源配置的作用就相当于马的奔跑能力，政府则是驾驭马匹的骑手。对骑手来说，重要的是深谙和顺应马的习性，摸透马的脾气，熟练掌握缰绳、鞭子等工具的运用，不断提高自己的驾驭能力。骑手与马的关系浅显但深刻地表明了社会主义制度下党和政府与市场相互关系的基本模式，也是人们通常说的二者“有机结合”的实质和内容。这是中国特色社会主义制度中二者作用的科学定位。理解这一点是处理好社会主义制度中政府与市场关系的关键所在。这一浅显的比喻，可以明白地确定社会主义市场经济中党和政府与市场在经济发展中职能的基本定位。党和政府作为驾驭者，最主要的作用和职能是确定奔跑的方向、目标，以及为保证这一目标实现所必需的资源在各领域和地区的配置，另外还要选择恰当的途径和控制适当的奔跑速度。所说的更好发挥政府作用，这些职能应当是最基本的最重要的。

三　澄清对市场起“决定性作用”和更好发挥政府作用的误解

根据以上所述，市场在资源配置中起决定性作用这个市场经济一般规律，在社会主义制度下只能是表现在微观经济领域，政府的职责和作用一般说不应是直接管理微观市场主体，就它对微观领域的关系来说，它的职能主要是保持宏观经济稳定，加强和优化公共服务，保障公平竞争，加强市场监管，维护市场秩序，推动可持续发展，促进共同富裕，这些是市场自发竞争所必然具有的缺陷，政府的作用必须遏制这些缺陷的破坏性，才能发挥市场正能量，促进资源配置的高效率。以上这些作用，一般地说，在资本主义国家里都存在，也是它们政府的职能。对此英国《金融时报》首席经济评论员评论十八届三中全会的文献时说："这份文件是下一轮改革的蓝图，值得注意的是：文件指出要让市场在资源配置中发挥'决定性'作用。政府则负责'宏观调控、市场监管、公共服务、社会管理、保护环境'。西方人将承认上述一切。"① 这表明这种职责划分与西方的市场经济模式是相同的，是它们可以接受的。

社会主义国家的政府在实行市场经济的条件下，也必须具有这些职责和作用。但是，我们应特别注意到，这里所阐述的政府的作用和职责主要是就它对微观市场主体说的，规定要政府做好哪些事情才能保证分散的私人企业具有最良好的条件以获得最大的盈利。这对资本主义国家的政府来说，完成这些职能就足够了，因为它的宏观经济学的任务也只是限于在流通领域里为单个私人企业主谋利创造更好的外部条件。显然，社会主义国家政府的职责绝不能限于这些，因为社会主义生产的根本目的不是为私人企业主获取利润，而是以人为本、为了最大限度满足全体社会成员的物质文化需要。因此这里党和它领导下的政府首要关注的是宏观经济发展问题，是国民经济整体发展的方向、生产各个领域重大比例关系、重大经济结构安排和调整以及劳动者的就业和人民生活水平的提高。这就决定了政府有着由社会主义制度要求产生的更根本的职责和功能，这就是决定经济发展的方向和长期战略目标，主要通过党和政府制定国民经济发展规划、产业政策和它的实施，使它发挥对整体资源配置的引导作用。

有的人忽视了马克思关于市场经济在特定生产方式中的地位和作用的基本理论，对我们提出使市场在资源配置中起决定性作用作了错误的理解。他们忘记了是在讨论社会主义国家的问题。他们说"决定性作用"意味着一切"市场说了算"，市场是"主角"，政府只是"配角"，只起配合市场的作用。这类看法对资本主义市场经济来说是适用的，这些看法也是资本主义企业家观念的反映。还有的学者说市场决定资源配置表明政府要退出资源配置领域，政府"主要不是进入资源配置领域，而是进入收入分配领域"。有人甚至说"政府应当从介入过深的经济领域逐步退出，不再充当资源配置主角"。② 这里把全面深化改革的"牛鼻子"归结为要求政府退出对生产过程的管理。与上面错误看法相联系的是，他们对更好发挥政府作用也不能作出正确的解释。有些人把政府职

① 《金融时报：看空中国经济向来是愚蠢的》，《参考消息》2014年3月27日。

② 张卓元：《抓住全面深化改革的"牛鼻子"》，《经济日报》2014年7月29日。

能限制在服务领域，说“在市场经济条件下，政府的主要职能就是提供公共服务”。

社会主义的政府既然要利用市场在资源配置中的决定性作用，需要为市场经济发挥作用服务，创造必要的社会条件，但是必须搞清楚这种服务的性质，它不是要为市场对整个经济发展发挥主导作用、为实现市场主体自发竞争的目标服务，这种服务只能是像骑手给马提供必要的饲料和饮水那样，为使它更好奔驰、更快达到国家发展的目标。任何一位骑手都决不会把自己的职责限定为只是为自己的坐骑服务而不掌握奔跑的方向，任凭它盲目驰骋，唯马首是瞻，除非是他要自杀。还有一种很流行的看法，他们说社会主义与市场经济的有机结合，就是“发挥社会主义的优越性和市场配置资源的有效性”，或者表述为“有效的市场和有为的政府”。这种说法似乎肯定了社会主义的优越性，但实际上是在从根本上否定社会主义对资本主义的根本优越性。如果社会主义在社会总体的资源配置上不对资本主义具有决定性优越性，不具有更高的效率，为什么要用社会主义取代资本主义呢？特别是这种看法不符合社会主义制度在世界上产生以来的发展实际。苏联在斯大林领导下30年工业化时期和我国60年的发展特别是改革开放以来30多年的经济发展都充分证明了社会主义制度在全社会总体资源配置上的巨大优越性和具有比资本主义更高的效率。这是客观事实，已为全世界所认可。不应让西方经济学的话语权迷住我们的眼睛，支配我们的思考。

上述的这些奇怪看法都是从哪里来的呢？不可能来自马克思主义基本理论，也不可能来自我们的社会主义建设实践，只能是来自资本主义市场经济模式的描述，这些话语都是来自资产阶级经济学的教本，现代西方经济学的话语权占据了支配地位。正是针对这种片面看法，习近平同志指出在市场作用和政府作用的问题上，要讲辩证法、两点论，“使市场在资源配置中起决定性作用和更好发挥政府作用，二者是有机统一的，不是相互否定的，不能把二者割裂开来、对立起来，既不能用市场在资源配置中的决定性作用取代甚至否定政府作用，也不能用更好发挥政府作用取代甚至否定市场在资源配置中起决定性作用。”①

以上片面看法的出现，除了没有掌握马克思关于市场经济的基本理论外，主要是没有很好研读和准确理解十八届三中全会的《决定》的精神。实际上《决定》已较全面地指出了党领导下的中央政府在经济发展方面包括哪些特殊的职能。在“加快转变政府职能”部分中，指明政府的作用是“科学的宏观管

① 《正确发挥市场作用和政府作用　推动经济社会持续健康发展》，《人民日报》2014年5月28日。

理”，包括“健全以国家发展战略和规划为导向，以财政政策和货币政策为主要手段的宏观调控体系，推进宏观调控目标制定和政策手段运用机制化，加强财政政策、货币政策与产业、价格等政策手段协调配合，提高相机抉择水平，增强宏观调控前瞻型、针对性、协调性”。另外，也不是指局限于利用市场一种手段，《决定》还指明了政府计划规定的直接投资职责重要性，《决定》指出“关系国家安全和生态安全、涉及全国重大生产力布局、战略性资源开发和重大公共利益项目”，这里也包括重大的基础建设主要靠政府直接投资解决。政府计划的重大投资不是根据市场需求（指由市场价格决定的需求），而是直接根据社会需要。《决定》还强调政府要加强发展战略、规划、政策、标准等制定和实施，加强中央政府宏观调控职责和能力。很清楚，这里绝没有把政府的经济职能限制于“提供公共服务”、“弥补市场缺陷”、“维护市场秩序”等外部条件的建造，而是整个经济发展进程的“驾驭”者，是主角不是配角，这体现在中央政府职责的如下规定上：“政府要加强发展战略、规划、政策、标准等制定和实施，加强市场活动监管，加强各类公共服务提供。加强中央政府宏观调控职责和能力”，“健全以国家发展战略和规划为导向、以财政政策和货币政策为主要手段的宏观调控体系，推进宏观调控目标制定”。这些特殊的政府的职责和作用才鲜明地展示出社会主义市场经济体制的本质特征，阐明了党和政府在宏观领域资源配置中的重要作用。

所以，在社会主义条件下，强调市场在配置资源中的决定性作用，并不像在资本主义制度下那样，政府只起配角的作用，是配合市场的作用，职能只是弥补市场的缺陷。社会主义政府的最重要的作用是依据客观规律制定经济发展长远目标、建立实现这一目标的重要部门间重大比例关系，和一定阶段的发展规划使经济发展更带自觉性。在与市场的关系上，是把分散的市场主体对资源配置的决定性作用引导到党和政府规划制定的发展战略和长远目标的实现上，形成一股合力。实现这种结合的关键就在于认识和尊重市场经济的内在规律和在此基础上切实提高政府驾驭市场经济的能力。社会主义国家的政府这个骑手要如习近平同志所说的，成为“驾驭”市场的行家里手，善于利用马的奔跑能力引导它更好更快地跑向自己预定的目标。

在确认市场在资源配置中起决定作用的同时，又强调更好发挥政府作用，就是要发挥党和中央政府在宏观领域方面对市场主体自主决策上的导向作用和调控能力。习近平同志强调，不断提高对市场规律的认识和驾驭市场的能力，是推进国家治理体系和治理能力现代化的极重要方面。政府一般是通过经济、法律、行政等手段引导市场决定资源配置方向，加强科学宏观调控，使它符合国家规划制定的国家发展战略目标。十八届三中全会《决定》明确指出："宏观调控的主要任务是保持经济总量平衡，促进重大经济结构协调和生产力布局优化。减缓经济周期波动影响，防范区域性、系统性风险，稳定市场预期，实现经济持续健康发展。"政府在重大经济结构协调和优化生产力布局这些对全局发展有决定意义方面发挥职能，实现全社会生产按比例地发展，是社会主义制度的根本特点，也是社会主义市场经济体制的一大优势，这是资本主义国家一般不能具有的职能。在资本主义制度中，重大的经济结构和必要的比例关系，都只能依赖市场上自发的竞争来实现，这种实现方式当然地与经济的经常激烈动荡和周期地爆发导致巨大破坏性生产过剩危机联系在一起的。例如，奥巴马上任后曾一度提出要参照中国的做法在美国发展高速铁路，但这立即遭到卸任总统小布什反常规地对新当选总统进行批评，攻击新总统这是对经济进行国家干预，他说"我深知私营企业才能带领美国走出目前我们所处的经济局面"，他对企业主说"你们比政府更能花好自己的钱"。[①] 一位美国学者更批评奥巴马说这是对美国模式的"自然否定和自我质疑"，这是"中国的世界观威胁到美国的地缘政治和经济利益"，是"决心把美国经济送进产业政策令人窒息的怀抱里"。[②] 另外，奥巴马这一建议还由于遭到既得利益集团，如高速公路和民航等垄断资本的反对，结果是计划泡汤。

上述分析表明，市场在资源配置中的决定性作用，其内容就是通过市场上企业间的盲目竞争这种方式实现社会再生产要求的客观比例以保持经济的正常发展。发挥市场主体配置资源的主动性，是我们要利用市场经济的主要方面。《决定》指出要"最大限度减少中央政府对微观事务的管理"，这是完善社会主义市场经济体制的极重要方面。但是从宏观层面来观察，暴露出市场失灵。在资本主义条件下，重大经济结构失衡和私有制企业的盲目竞争得不到及时的调整，只能依靠周期性爆发全面生产过剩危机来解决。例如，从美国开始的2008年爆发的世界性金融危机和经济危机，一个重要原因就是资本在金融部门和实体经济这两个领域要素比例配置失衡的结果。有人说，通过危机形式来调整，表明资本主义还有自纠能力。不过，不能把这种"自纠能力"说成是资本主义的优势和具有生命力的表现，这恰恰是它在资源配置上丧失效率的最致命的弱点。"十年一次的危机不仅毁灭生产出来的生活资料、享受资料和发展资料，而且毁灭生产力本身的一大部分，以此来重建平衡。"[③] 2008 年开始的世界金融危

① http：//news. sina. com. cn. 2009-06-23。

② 《泰晤士报　正式消息：大衰退已结束》，《参考消息》2011 年 3 月 17 日。

③ 《马克思恩格斯选集》第 4 卷，人民出版社 1995 年版，第 373 页。

机使英国经济萎缩超过7%，2014 年 5 月英国智库发布的数据表示，长达 6 年的英国大衰退宣告结束，英国国内生产总值刚回升至 2008 年 3 月的水平。[①] 这不能说成是资本主义市场配置资源高效率和优越性的表现。

自从十四大确定实行社会主义市场经济的经济体制改革目标以来，20 多年的经济发展实践充分证明，这是人类社会历史发展至今的最有效率的资源配置形式，我们坚定树立起道路自信、制度自信。

虽然我国社会主义市场经济体制已经初步建立，取得巨大成就，但仍存在不少问题，主要是市场秩序不规范，以不正当手段谋取经济利益的现象广泛存在；生产要素市场发展滞后，要素闲置和大量有效需求得不到满足并存；市场规则不统一，部门保护主义和地方保护主义大量存在；市场竞争不充分，阻碍优胜劣汰和结构调整，等等。市场封锁和地方保护阻碍了统一市场的形成，阻碍了资源的优化配置，损害了市场主体的利益和消费者的合法权益。这些弊病当前还主要发生在地方政府身上，这当然要求全面深化改革，着力消除市场封锁和地方保护，促进统一市场的形成。

必须实现凡市场能发挥正面作用的活动，都应交给市场，不这样就不能更好地利用市场经济的长处。一方面，要进一步激发市场活力；另一方面，要把市场激发起来的活力引导到贯彻以人为本的根本方向、全面协调可持续发展、转变经济发展方式和调整经济结构这些重大目标上。

四 发挥政府在重大经济结构调整方面的主导作用

正确认识政府作用和市场作用的关系，明确二者在经济发展中职责的准确定位，对当前深化经济体制改革有重要的理论意义，对保证经济社会的科学发展和战略目标的实现更有重要的实践意义。当前经济体制改革中要求重点解决经济结构调整和经济发展方式转变问题。当前经济结构调整中一个突出的问题，即许多行业产能严重过剩矛盾的解决。就这个目前急需解决的现实问题探讨一下政府与市场在重大结构调整中的相互关系有现实意义。2012 年的中央经济工作会议就强调，把化解产能过剩矛盾作为调整产业结构的工作重点。那时以来，尽管中央政府一再强调必须消除这一现象，向社会提供了足够的信息，但问题未能解决，新一轮的产能过剩波及领域更广、形势更严峻。

有人提出，这个问题应当主要交给市场来解决。这种看法是虚幻的、缺乏实事求是精神。实践也表明这种主张难以达到预期目的。在思考这个问题时必

---

① 《泰晤士报 正式消息：大衰退已结束》，《参考消息》2014 年 5 月 12 日。

须严格区别开中央政府与地方政府的作用，不应把对地方政府过多干预市场的不当行为引向中央政府身上。中央政府是宏观调控的主体，而地方政府一般是宏观调控的对象。应看到，学术界和媒体所揭露的地方政府在与市场关系方面职能上错位和越位的地方，恰恰是中央政府在这方面职能缺位的结果。不能把二者混淆起来。一些地方政府为本地区从本单位的经济利益出发从事经营活动，它不是宏观整体利益需要的代表，而是市场主体，是市场盲目力量的组成部分，而且以其丰富的公共资源强化了市场的盲目性。因此，期待用市场的盲目性去化解市场的盲目性造成的后果，是不可靠的。

事实证明必须依靠中央政府的出于国民经济整体利益的有力决策。为了坚决遏制产能严重过剩、行业盲目扩张势头，2013 年5 月10 日，发展改革委、工业和信息化部联合通知，要求各地充分认识遏制产能过剩的重要性，坚决停建严重过剩行业违规的在建项目，并要求各地的人民政府对本地区这项工作负总责，切实加强领导，严格监督检查，还有针对性地提出了化解产能过剩矛盾的具体措施，中央政府强化了执政能力，明确公布了一些严重过剩的行业的首批淘汰落后产能企业的名单，并指出必须淘汰的规模和执行时间。媒体说，这是打响了化解产能过剩矛盾的第一枪。这种产业结构调整所以不能依赖市场是因为淘汰过剩产能会带来巨大经济损失。例如，最近石家庄拆除35 家水泥企业带来直接经济损失10.8 亿元，减少产值超过60 亿元。这只有从全局整体利益出发的中央政府才能坚决贯彻实施。当然政府在贯彻宏观决策时也必须尊重市场经济一般规律，引导企业和地方政府自愿接受政府对经济结构调整的要求，实现全国的资源优化配置。

这些措施表明，更好发挥政府作用，是加快完善社会主义市场经济体制、深化经济体制改革的战略目标的切实行动，是提高全社会资源配置效率的具有决定意义的措施。

习近平在2014 年元旦《人民日报》上发表文章《切实把思维统一到党的十八届三中全会精神上来》指出："要处理好活力和有序的关系，社会发展需要充满活力，但这种活力又必须是有序活动的。死水一潭不行，暗流汹涌也不行。""通过不断改革创新，使中国特色社会主义在解放和发展社会生产力和增强活力、促进人的全面发展上比资本主义制度更有效率，更能激发全体人民的积极性、主动性、创造性，更能为社会发展提供有利条件，更能在竞争中赢得比较优势，把中国特色社会主义制度的优越性充分体现出来。"我们应当依据这一指导思想实事求是地研究怎样正确处理政府和市场的关系，努力形成市场作用和政府作用有机统一、相互补充、相互协调、相互促进的格局，推动经济社会持续健康发展。

试析社会主义市场经济条件下更好发挥政府作用的理论依据

李建平

【作者简介】李建平，1946 年出生于福建莆田，浙江温州人。原福建师范大学校长。现任福建师范大学马克思主义研究院院长，全国经济综合竞争力研究中心福建师范大学分中心主任，教授、博士生导师，理论经济学一级学科博士点和博士后科研流动站学术带头人，福建省重点建设学科政治经济学学科负责人，同时还担任福建省人民政府经济顾问、中国《资本论》研究会副会长、全国马克思主义经济学说史研究会副会长、中国经济规律研究会副会长、中国社会科学院世界社会主义研究中心常务理事等。主要研究领域为马克思主义经济思想发展史、《资本论》和社会主义市场经济、经济学方法论、区域经济发展等，已发表学术论文 100 多篇，撰写、主编学术著作、教材 70 多部。李建平教授是福建省优秀专家、享受国务院特殊津贴专家和国家有突出贡献中青年专家，2009 年被评为福建省第二届杰出人民教师，其学术成果十多次获得国家和省部级奖励，2012 年其专著《〈资本论〉第一卷辩证法探索》获世界政治经济学学会颁发的第七届“21 世纪世界政治经济学杰出成果奖”。

党的十八届三中全会通过的《中共中央关于全面深化改革若干重大问题的决定》（以下简称《决定》）指出：“经济体制改革是全面深化改革的重点，核心问题是处理好政府和市场的关系，使市场在资源配置中起决定性作用和更好发挥政府作用。”[①] 关于“为什么要让市场在资源配置中起决定性作用”，《决定》的回答是：“市场决定资源配置是市场经济的一般规律，健全社会主义市场经济体制必须遵循这条规律。”[②] 但为什么要“更好发挥政府的作用”呢？《决定》在第四部分“加快转变政府职能”首先就提到：“科学的宏观调控、有效的政府治理，是发挥社会主义市场经济体制的内在要求。”[③] 那什么是“社会主义市场经济体制的内在要求”呢？这些问题都涉及在市场经济条件下是否需要政府干预？本文拟从学理上作进一步探讨。

在市场经济条件下，是否需要政府的干预？这个问题在西方已经争论了一百多年。在新自由主义者那里，对这个问题的回答是否定的。因为按照他们的教义，既然市场是理性的、万能的，也就不需要政府这种外部力量的介入，否则，就会适得其反。但在西方经济学界，也有一部分学者认为，市场不是万能的，也会存在市场失灵，如宏观性失灵、公共性失灵、分配性失灵、外部性失灵、信息性失灵、垄断性失灵，市场还存在自发性、盲目性和滞后性的缺陷，这就为政府发挥作用提供了空间。在笔者看来，这些关于市场失灵、市场缺陷的论述，只是涉及市场经济的外在表现和枝节问题，并未触及市场经济的本质，但即使如此，也仍然遭到了新自由主义者的极力反对。比如有一本书叫《市场的逻辑》，就是只能说市场的好，不能说市场的坏，认为“捍卫市场经济是经济学家的职责”。该书处处为市场经济的所谓“失灵”作辩护，比如，“有人认为市场经济的结果一定是贫富差距扩大。这是一种误解。”[④] 在作者看来，“市场越开放、政府干预越少的地方，收入差距越小。”[⑤] 这一辩护显然是在强词夺理，但这也说明，用“市场失灵、市场缺陷”来说明政府干预的必要性，并不显得理直气壮。

凯恩斯是西方公开批判古典经济学、论证政府干预必要性的经济学家。1936年，凯恩斯出版了划时代的著作《就业、利息和货币通论》（以下简称《通论》），从而开创了西方经济学领域的一个重要分支——宏观经济学。在这之前，在古典经济学中占统治地位的是萨伊定律，按照这一定律，“供给能够自动创造自己的需求”，充分就业是资本主义经济的一种均衡状态，从而在政策上政府应实行不干预的自由放任主义。凯恩斯在《通论》中抛弃了这一传统古典

---

① 《中共中央关于全面深化改革若干重大问题的决定》，人民出版社2013年版，第5页。
② 《中共中央关于全面深化改革若干重大问题的决定》，人民出版社2013年版，第5—6页。
③ 《中共中央关于全面深化改革若干重大问题的决定》，人民出版社2013年版，第16页。
④ 张维迎：《市场的逻辑》，上海人民出版社2010版，第28页。
⑤ 张维迎：《市场的逻辑》，上海人民出版社2010版，第29页。

理论，用于支撑其新说的是所谓资本主义市场经济中的三大基本心理规律：边际消费倾向递减、资本边际效用递减以及流动性偏好。由于这三大规律的作用导致了消费需求和投资需求的不足。凯恩斯认为，这种总需求的不足导致了非自愿失业的存在，而单纯的市场机制无法解决失业问题，只有通过国家干预，实行“需求管理”，才能有效地克服20世纪30年代旷日持久的经济萧条和通货膨胀，降低失业率，实现经济的稳定。这一理论观点与古典经济学完全不同，被后人称为“凯恩斯革命”。从马克思主义的观点来看，凯恩斯用“有效需求不足”掩盖了资本主义社会的基本矛盾，用所谓“三大基本心理规律”来代替对资本主义市场经济本质的客观分析，不足以构成对政府干预的有力论证，因而是非科学的。更何况，在西方经济学界，从凯恩斯理论诞生之日起，质疑和批评就从四面八方涌来，其中不乏经济学界著名的大腕，如奥地利的冯·哈耶克、英国的庇古、美国的海尼曼·奈特等。另一些经济学家，如弗里德曼、布坎南等人，甚至认为凯恩斯主义对现实经济产生了严重的不良影响。他们认为，正是凯恩斯让人们丧失了对很好的市场自发调节机制的信任，打开了政府干预经济事务的大门，出现了对个人权利和自由的日渐增多的侵犯。在批判凯恩斯主义的大合唱中，中国的新自由主义者也不甘落后。当2008年美国金融危机演变为国际金融风暴时，曾经备受推崇的新自由主义在西方受到了严重的质疑和严厉的批判。前述《市场的逻辑》一书的作者，却把金融危机的责任归咎于凯恩斯主义的政府干预，他说：“有人把这次危机归结于市场失灵，特别是经济自由化导致的结果。确实，危机出现后，凯恩斯主义的经济干预政策已经开始在全世界大行其道，各国政府都在慌乱中出台各种各样的救市政策……但事实和逻辑分析表明，这次危机与其说是市场的失败，倒不如说是政府政策的失败；与其说是企业界人士太贪婪，不如说是主管货币的政府官员决策失误；政府目前应对危机的政策与其说是在解决危机，不如说是在延缓和恶化危机。在我看来，这次危机也许是复活奥地利学派经济学和彻底埋葬凯恩斯主义经济学的机会。”① 作者对凯恩斯主义，进而对政府干预的理论和政策是多么的厌恶和仇视！

显然，市场经济条件下政府干预的必要性，既不能从所谓的市场失灵、市场缺陷的理论那里寻求答案，也不能靠凯恩斯的三大基本心理规律来帮忙，只能通过对市场经济本质的科学分析获得理论依据。

习近平总书记在《关于〈中共中央关于全面深化改革若干重大问题的决

① 张维迎：《市场的逻辑》，上海人民出版社2010版，第282—283页。

定〉的说明》中指出："市场决定资源配置是市场经济的一般规律，市场经济本质上就是市场决定资源配置的规律。"① 这无疑是正确的。讲市场决定资源配置，也就是马克思主义经济学所说的利用价值规律调节商品生产和流通。在商品经济中，价值规律起调节作用，就是通过价格在价值基础上随着供求状况的变动而涨落，自发地将作为资源的生产资料和劳动力分配于不同的部门。因此，价值规律的调节作用也就是决定作用，这里价值规律的决定作用与市场的决定作用是一回事。但是，体现市场经济本质的不仅是价值规律这个一般规律，还有其他的一般规律。市场经济作为商品经济发展的高级阶段，不仅包含了商品运动的一般规律——价值规律，还包含了资本运动的一般规律。马克思用毕生心血写成的《资本论》，既研究了商品运动的规律，也研究了资本运动的规律。马克思在《资本论》第一卷第二篇研究了货币是如何转化为资本后，从第三篇到第七篇，乃至《资本论》第二、三卷，都是研究资本运动规律的。马克思指出："在一切社会形式中都有一种一定的生产决定其他一切生产的地位和影响，因而它的关系也就决定其他一切关系的地位和影响。这是一种普照的光，它掩盖了一切其他色彩，改变着它们的特点。……资本是资产阶级社会的支配一切的经济权力。"② 马克思通过对资本主义生产的彻底的生理解剖，揭示了资本运动的各种规律。这是马克思留给后人的宝贵精神财富，因为这些规律不仅适用于资本主义市场经济，在剔除其资本主义性质外，也可适用于其他的市场经济，包括社会主义市场经济。马克思所揭示的资本运动一般规律主要有以下三个，它们一方面反映了资本主义市场经济的本质；另一方面也为市场经济条件下政府干预提供了"内在要求"的依据。

一是资本追逐价值增殖的规律。市场经济是商品生产占统治地位的经济社会形态，商品生产者的目的不是为了满足自己的物质和精神生活的需要，而是为了交换价值。在资本主义市场经济条件下，则是为了获得尽可能多的价值增殖。赚钱是其唯一的目的和决定性动机。马克思指出，一旦货币所有者变成了资本家，"他这个人，或不如说他的钱袋，是货币的出发点和复归点。这种流通的客观内容——价值增殖——是他的主观目的；只有在越来越多地占有抽象财富成为他的活动的唯一动机时，他才作为资本家或作为人格化的、有意志和意识的资本执行职能。因此，决不能把使用价值看做资本家的直接目的。他的目的也不是取得一次利润，而只是谋取利润的无休止的运动。"③ 马克思把"生产

---

① 《习近平谈治国理政》，外文出版社 2014 年版，第 77 页。

② 《马克思恩格斯选集》第 2 卷，人民出版社 1995 年版，第 24—25 页。

③ 《马克思恩格斯全集》第 23 卷，人民出版社 1972 年版，第 174—175 页。

剩余价值或赚钱”当作资本主义市场经济的“绝对规律”。[①] 这种“绝对规律”会使人变得十分贪婪和冷酷，以致不惜跨越道德和法律的底线。西方经济学所列举的种种市场失灵现象，其根源就在于资本疯狂追逐价值增殖最大化所产生的恶果。就以生态环境的恶化来说，马克思早就指出：资本主义生产方式“一方面聚集着社会的历史动力，另一方面又破坏着人和土地之间的物质变换，也就是使人以衣食形式消费掉的土地的组成部分不能回到土地，从而破坏土地持久肥力的永恒的自然条件。这样，它同时就破坏城市工人的身体健康和农村工人的精神生活。……资本主义生产发展了社会生产过程的技术和结合，只是由于它同时破坏了一切财富的源泉——土地和工人。”[②] 所以，在资本追逐价值增殖这一“绝对规律”的作用下，必然产生严重社会后果，客观上要求政府进行干预。在资本主义市场经济条件下，唯一能够对市场的弊端进行局部的一定程度改良的外部力量，就是国家权力。马克思在《资本论》第一卷中用了很大的篇幅来叙述英国工厂法的历史、内容和结果，“英国的工厂法是通过国家，而且是通过资本家和地主统治的国家所实行的对工作日的强制的限制，来节制资本无限度地榨取劳动力的渴望。”[③] 马克思《资本论》中多次提到国家的作用（按照马克思原来的写作计划，《政治经济学批判》（六册）中“国家”作为单独的一册），例如，在论述信用在资本主义生产中的作用时，就指出：“它在一定部门中造成了垄断，因而引起国家的干涉。”[④]

社会主义市场经济根本区别于资本主义市场经济，但是只要是市场经济，只要有资本运动，追求“价值增殖”的绝对规律就必然起作用，既有正面效应，也会有负面效应。正面效应是促进经济的快速增长，人民生活的显著改善和国家实力的日益增强；负面效应则是市场上屡屡出现的不正当行为和丑恶现象，诸如制假售假、生产和销售有毒食品、非法集资和传销、不正当竞争、虚假广告、欺行霸市、市场垄断、黄赌毒市场、行贿受贿、权钱交易、环境污染、损害生态平衡等。雾霾是中国生态恶化的一个典型现象，现在已经到了谈霾色变、人人自危的程度。上述各种负面现象的总根源，就是马克思所指出的，“在这个世界里，资本先生和土地太太，作为社会的人物，同时又直接作为单纯的物，在兴妖作怪。”[⑤] 要解决以上种种问题，则必须要有政府的强有力干预，发

① 《马克思恩格斯全集》第23卷，人民出版社1972年版，第679页。
② 《马克思恩格斯全集》第23卷，人民出版社1972年版，第552—553页。
③ 《马克思恩格斯全集》第23卷，人民出版社1972年版，第267页。
④ 《马克思恩格斯文集》第7卷，人民出版社2009年版，第497页。
⑤ 《马克思恩格斯文集》第7卷，人民出版社2009年版，第940页。

挥“降妖伏魔”的作用。《决定》提出：“加强中央政府宏观调控职能和能力，加强地方政府的公共服务、市场监督、社会管理、环境保护等职责。”[①] 这完全体现了市场经济本质的要求。

二是资本生产过剩的规律。这一规律在简单的商品交换中就已初见端倪。马克思说：“商品价值从商品体跳到金体上……是商品的惊险的跳跃。这个跳跃如果不成功，摔坏的不是商品，但一定是商品所有者。”[②] 在资本主义市场经济条件下，如果“生产同价值实现不一致，因而是生产过剩，或者同样可以说，这是产品不能转化为货币的、不能转化为价值的生产；是不能在流通中得到证实的生产”[③]。普遍生产过剩“不是对消费来说过多，而是对保持消费和价值增殖之间的正确比例来说过多；对价值增殖来说过多”[④]。“不考虑市场的现有界限或有支付能力的需要的现有界限”，[⑤] 于是就爆发了经济危机。马克思认为资本生产过剩必然导致经济危机是一种不以生产者为转移的自然规律的形式，由于市场本身是“无法控制”的。自19世纪20年代以来西方资本主义世界已经爆发了多次生产过剩经济危机。2008年爆发的美国金融危机，其实质就是美国长期累积的产品和产能过剩。在资本主义市场经济中，光靠市场既不能有效防止危机的发生，也不能在危机发生后尽快走出危机的阴霾，因此，必须要有国家的干预。20世纪30年代美国为应对世界性经济大萧条而实施的罗斯福新政，可以说是适应了美国市场经济发展的内在要求，而在这时应运而生的凯恩斯主义，绝不是历史的巧合。

我国在确立了社会主义市场经济体制后，经济获得了快速增长，但由于市场经济的内在规律的作用，生产过剩的弊端也逐步显露出来，21世纪以来，特别是近几年在有些行业甚至达到了比较严重的地步。根据工业和信息化部统计，2012年产能过剩已从钢铁、水泥、有色金属等4个行业扩展到电石、煤炭、纺织、化纤、风电、多晶硅、光伏等十几个行业，企业经济效益大幅下滑，工业企业累计亏损数同比增长26.9%，[⑥] 关停并转企业大量增加。以新能源光伏产业为例，2008年至2011年，我国光伏行业产能加速发展，已有及在建的组件产能总量约30GW（1GW=1百万千瓦），占2011年全球光伏组件总产能的60%。

---

① 《中共中央关于全面深化改革若干重大问题的决定》，人民出版社2013年版，第28页。

② 《马克思恩格斯全集》第23卷，人民出版社1972年版，第124页。

③ 《马克思恩格斯文集》第8卷，人民出版社2009年版，第93页。

④ 《马克思恩格斯全集》第30卷，人民出版社1995年版，第433页。

⑤ 《马克思恩格斯文集》第8卷，人民出版社2009年版，第274页。

⑥ 参见周振华等《新机遇·新风险·新选择：中国经济分析（2012—2013）》，上海格致出版社2013年版，第9页。

2012年，全球晶硅组件产能共60.39GW，其中中国的产能就高达40GW，占比66.33%，而2012年全球光伏组件的需求为25GW，显示产能已严重过剩。再从一些省份的情况来看，浙江省单晶硅硅片生产企业96%停产，光伏电池、组件生产企业中，中小型企业开工率不足50%。浙江省30家光伏企业中有2家破产，5家停产清算，20家离开光伏产业，亏损面达到80%以上，总亏损额50亿元左右。江苏省硅片、电池和组件的产能利用率均未超过60%，规模以上光伏企业数量从418家减少为380家，2013年全省产能利用率虽然提高了10%—20%，但硅片、电池和组件的产能利用率仍然较低，分别是62.6%、65.7%和67%。[①] 我国工业和信息化部原材料工业司相关负责人近日指出，2014年我国原材料工业通过严控新增、淘汰落后、扩大需求等措施，产能利用率有所提高。但从产能总体水平来看，仍处于高位。其中钢铁行业2014年年底粗钢产能达11.6亿吨，全年新开工项目2000多个；水泥行业2014年建成投产熟料生产线54条，总产能7000多万吨；化工行业2014年新开工项目一万多个。而从市场需求看，国内对大宗原材料消费已呈现缓中趋降态势，过剩问题能将长期存在。[②]

生产过剩已引起了国务院和有关部门的高度重视，从2009年以来，已连续下发文件，要求坚决抑制部分行业产能过剩和重复建设，引导产业健康发展。政府的干预已取得了显著成效，避免了经济的剧烈波动。《决定》在谈到“加快转变政府职能”时，强调要健全宏观调控体系，“保持经济总量平衡，促进重大经济结构协调和生产力布局优化，减缓经济周期波动的影响，防范区域性、系统性风险，稳定市场预期，实现经济持续健康发展。”[③] 这是十分正确的。《决定》还特别指出，要“建立健全防范和化解产能过剩的长效机制”。[④]

三是资本积累过程中收入分配差距拉大导致两极分化的规律。

在《资本论》第一卷中，马克思在揭示资本主义积累的一般规律时指出：“不管工人的报酬高低如何，工人的状况必然随着资本的积累而日趋恶化。……这一规律制约着同资本积累相适应的贫困积累。因此，在一极是财富的积累，同时在另一极，即在把自己的产品作为资本来生产的阶级方面，是贫困、劳动折磨、受奴役、无知、粗野和道德堕落的积累。”[⑤] 在《资本论》第三卷的“规

---

① 参见张军扩、赵昌文主编《当前中国产能过剩问题分析》，清华大学出版社2014年版，第73页。
② 参见《经济日报》2015年2月26日第10版报道。
③ 《中共中央关于全面深化改革若干重大问题的决定》，人民出版社2013年版，第16页。
④ 《中共中央关于全面深化改革若干重大问题的决定》，人民出版社2013年版，第17页。
⑤ 《马克思恩格斯全集》第23卷，人民出版社1972年版，第708页。

律的内部矛盾的展开”一章中，马克思进一步指出：“社会消费力既不是取决于绝对的生产力，也不是取决于绝对的消费力，而是取决于以对抗性的分配关系为基础的消费力；这种分配关系，使社会上大多数人的消费缩小到只能在相当狭小的界限以内变动的最低限度。其次，这个消费力还受到追求积累的欲望，扩大资本和扩大剩余价值生产规模的欲望的限制。这是资本主义生产的规律。”[①]

马克思所揭示的资本主义市场经济的这一规律，由于触及资产阶级的根本利益，所以受到了代表资产阶级利益的经济学家的坚决反对。他们一方面认为，财富的增长是每个人都受惠的普遍增长，资本主义的性质决定了它是缩小贫富差距的机制而不是扩大贫富差距的机制；另一方面则认为，只要财富和收入的获得满足程序公正的原则，那么由此带来的分配结果就是公平的，不管差距有多大，嫉妒富人最终有损我们自己的利益。法国经济学家托马斯·皮凯蒂2013年出版的《21世纪资本论》，用大量无可辩驳的事实揭穿了他们的谎言和诡辩。该书通过分析300年来西方国家收入和财富分配的历史演进，充分验证了资本主义市场经济具有一种使收入和财富分配不均等程度日益加剧的长期趋势。在这本近700页、62万多字的论著中，皮凯蒂分析了资本/收入比长期演进的未来趋势和21世纪全球范围内国民收入在劳动和资本之间的分配情况，深入探讨了不平等的现状及其本质，认为西方国家的资本收益率从长期来看总是高于国民收入的增长率，这是导致一切不平等的根源，而资本主义的自由市场机制则是催生这一根源性不平等的温床。尽管皮凯蒂为解决不平等问题所提出的政策建议（如向富人征重税以及实施全球累计资本税等）是否具有现实可行性尚可讨论，但是他所得出的基本结论却是不容置疑的，这就进一步证明了140多年前马克思所揭示的由于资本积累必然产生收入分配差距过大最终导致两极分化的规律是十分正确和有效的！

中国作为社会主义国家，以“促进社会公平正义、增进人民福祉为出发点和落脚点”。[②] 但是，我国现在所实行的是社会主义市场经济，因此也要遵循市场经济的一般规律。市场经济奉行的是优胜劣汰的原则，能否在激烈的市场竞争中获得生存和发展，决定着收入的高低。而适应市场的能力，既决定于生产经营者的才能，也决定于他们的经济实力，在这里资本积累规律就必然要起作用，收入分配差距扩大是不可避免的。中国的新自由主义者为了美化市场的作

① 《马克思恩格斯文集》第7卷，人民出版社2009年版，第273页。

② 《中共中央关于全面深化改革若干重大问题的决定》，人民出版社2013年版，第3页。

用、反对政府干预，竟然说："平均而言，市场化程度越高的地区，收入差距倒越小而不是越大。"[①] 我国自改革开放以来，打破"大锅饭"和平均主义，逐步确立了按劳分配、多种分配方式并存的分配制度，有效地激发了社会创造力，促进了社会财富的极大增加，居民的收入水平普遍提高，但是，毋庸讳言，在经济持续增长的背后，居民收入差距不断扩大，已受到了社会各界的高度关注。根据《中国统计摘要》数据，2012年我国城镇居民人均可支配收入与农村人均纯收入二者的比例为3.1∶1，而20世纪80年代我国城乡居民收入差距一直处于2.5倍以内。根据《中国居民收入分配年度报告（2013）》数据，2012年我国城镇居民人均可支配收入和农村居民人均纯收入最高地区与最低地区之间的比例分别约为2.34∶1和3.95∶1，而1990年，城镇居民人均收入最高地区与最低地区之比为2.03∶1，20世纪80年代前期农村居民人均纯收入最高地区与最低地区之比均在3∶1以内，其中差距最小年份只有2.64∶1。根据国家统计年鉴数据，2012年我国行业门类之间最高与最低平均工资差距为3.96∶1，而1993年至1998年，我国按行业门类划分的行业平均工资差距为2.12至2.35∶1。[②] 根据国家统计局公布的数据，20世纪八九十年代我国的基尼系数都在0.4以下，1996年为0.3，1999年为0.39，而从2003年以后则一路攀升，2008年达到0.491后虽然逐年回落，但也都在0.47以上（2009年至2013年，分别为0.490、0.481、0.477、0.474、0.473）。[③] 基尼系数是国际上通用的测量贫富差距程度的方法，一般认为这一数据达到0.4以上是收入分配不平等程度扩大的标志。按此标准，当前我国贫富差距已超过国际公认的警戒线，这不能不引起我们的高度警惕。《决定》明确指出，全面深化改革必须"紧紧围绕更好保障和改善民生、促进社会公平正义，深化社会体制改革，改革收入分配制度，促进共同富裕"。[④] 只要政府干预得力，政策对头，我们就能遏制收入分配差距扩大的趋势，避免两极分化。

追求价值增值规律、生产过剩规律和收入分配差距扩大导致两极分化规律是资本运动的三大一般规律，不论是发达国家，还是不发达国家，只要实行的是市场经济体制，这三大规律就必然要起作用。马克思在《资本论》第一卷第一版序言中指出："问题本身并不在于资本主义生产的自然规律所引起的社会对抗的发展程度的高低，问题在于这些规律本身，在于这些以铁的必然性发生作

---

① 张维迎：《市场的逻辑》，上海人民出版社2010版，第273页。

② 参见《如何正确判断和实现合理的收入分配比例关系》，《中国经济时报》2014年2月19日。

③ 参见《文汇报》2013年2月6日；《经济日报》2014年2月21日。

④ 《中共中央关于全面深化改革若干重大问题的决定》，人民出版社2013年版，第4页。

用并且正在实现的趋势。工业较发达的国家向工业较不发达的国家所显示的，只是后者未来的景象。"[①] 我们不能因为在市场经济前面冠以"社会主义"一词而无视这些规律的存在，而应该更好地发挥社会主义制度的优越性，把这些规律所产生的消极作用尽可能降低到最小程度，这就需要政府的正确干预。所以习近平在《关于〈中共中央关于全面深化改革若干重大问题的决定〉的说明》中，在强调市场在资源配置中起决定性作用的同时，也明确指出："当然，我国实行的是社会主义市场经济体制，我们仍然要坚持发挥我国社会主义制度的优越性、发挥党和政府的积极作用。市场在资源配置中起决定性作用，并不是起全部作用。……全会决定对更好发挥政府作用提出了明确要求，强调科学的宏观调控、有效的政府治理，是发挥社会主义市场经济体制优势的内在要求。"[②]

---

① 《马克思恩格斯全集》第23卷，人民出版社1972年版，第8页。

② 《习近平谈治国理政》，外文出版社2014年版，第77页。

《决定》提出十个重大经济改革议题

张卓元

【作者简介】张卓元，男，广东省梅县人，经济学家。现为中国社会科学院经济研究所研究员，中国社会科学院学部委员。1983年起历任中国社会科学院财贸经济研究所、工业经济研究所、经济研究所所长，孙冶方经济科学基金会秘书长、理事长、荣誉理事长。第九、十届全国政协委员。1993年起参加过十多次中央文件起草二作，包括十五大、十六大、十七大和十四届三中、十六届三中、十八届三中等中央全会文件的起草工作。主要研究领域是政治经济学、价格学。主要著作包括《社会主义经济中的价值、价格、成本和利润》、《社会主义价格理论与价格改革》、《论中国价格改革与物价问题》、《论稳健的宏观经济政策与市场化改革》、《张卓元改革论集》、《张卓元经济文选》、《新中国经济学史纲（1949—2011）》、《十八大后经济改革与转型》等。提出"稳中求进"的改革和发展思路，被认为是中国经济学家中"稳健派"代表之一；主张和坚持市场取向改革；主张加快国有企业改革步伐，研究中国国有企业改革经验；坚持市场化价格改革，探索中国价格改革规律性；主张加快政府改革，转变政府职能。获孙冶方经济科学论文奖、著作奖；中国社会科学院优秀成果奖；第二届吴玉章人文社会科学终身成就奖。

2013年11月党的十八届三中全会作出的《中共中央关于全面深化改革若

干重大问题的决定》（以下简称《决定》），有许多新观点、新论述、新举措，提出了一系列需要我们深入学习和认真研究的重大改革议题。下面，仅就经济领域列举一些我认为需要我们特别重视的十个改革议题。

第一，市场在资源配置中起决定性作用的适用范围问题。《决定》第一次在党的文献中提出使市场在资源配置中起决定性作用的论断，是《决定》最大的一个亮点。此前我国经济界和理论界还没有人明确提出过这一论断，说明这次《决定》走在改革理论最前列，值得我们认真学习深刻领会。这里有一个问题很值得研究，就是市场在资源配置中起决定性作用的范围应如何科学界定？我认为，市场在资源配置中起决定性作用主要适用于经济领域，并不像适用于经济领域那样适用于文化、社会等领域，虽然在文化、社会等领域中产业部分也需要很好运用市场机制。也就是说，文化、社会等领域有不少公共服务部分如义务教育、公共文化服务、基本医疗卫生服务、居民基础养老、廉租房建设等，其资源配置是不能由市场起决定性作用的。所以，《决定》明确指出，“紧紧围绕使市场在资源配置中起决定性作用深化经济体制改革”。还有，就是在经济领域，也有市场失灵部分，如自然垄断环节、关系国家安全部分等，但这只是较小部分，经济领域的主体部分，市场在资源配置中应起决定性作用。这个问题值得进一步深入研究。

第二，市场起“决定性”作用下中央政府和地方政府职能转换问题。这次《决定》明确用市场在资源配置中起决定性作用代替沿用了21年的基础性作用。我体会，作这种变更是为了进一步强调市场机制在资源配置中的支配作用，进一步从广度和深度上推进市场化改革，着力解决政府对资源的直接配置过多、对微观经济活动干预过多和审批过多；政府对市场监管不到位、影响公平竞争环境的形成和健全；政府公共服务和社会管理也不到位或缺位，远不能满足老百姓的需求；政府没有很好地依法打破各种形式的行政垄断甚至采取一些歧视性政策，妨碍非公有制经济的发展等问题。这就要求政府转型，从越位领域退出，填补和做好原来缺位和不到位的工作，实现政府职能的转换，以便更好发挥政府的作用。具体来说，正如《决定》指出的，“加强中央政府宏观调控职责和能力，加强地方政府公共服务、市场监管、社会管理、环境保护等职责。”可见，要落实市场在资源配置中起决定性作用，关键要推进政府改革，划清政府和市场的边界。政府要从多年来介入过深的经济活动中逐步退出，大幅度减少对资源的直接配置，最大限度减少政府对微观事务的管理，市场机制能有效调节的经济活动，一律取消审批，对保留的行政审批事项要规范管理，提高效率。同时加强服务职能，即从无所不能型政府转变为有限政府、服务型政府、法治型政府。近年来中央政府在改革审批体制方面动作很大，根据李克强总理今年三月作的《政府工作报告》，国务院一年来已分批取消和下放了416项行政审批等事项，今年要再取消和下放行政审批事项200项以上。相对而言，地方政府改革特别是改变政府直接配置资源过多和对微观经济活动干预过多、改变软预算约束和依赖土地财政以及借了钱不准备偿还等方面，不够明显，也许地方政府改革应怎样迈步抓什么重点还不太清楚，值得我们很好研究。政府改革，肯定会触及一些政府官员的利益，需要中央全面深化改革领导小组强有力的推动才能迈步，同时也要不断研究和总结改革实践经验，寻找和推广好的做法和经验，以便更好地推进政府改革和职能转换。

第三，积极发展混合所有制经济的重要意义。《决定》提出，混合所有制经济"是基本经济制度的重要实现形式"，这是又一个亮点。中国经过35年的改革开放，伴随着经济的高速增长，国有资本、集体资本、非公有资本都呈现几十倍上百倍增长，居民储蓄存款也大量增加，到2013年8月，居民的银行储蓄存款余额已达43万亿元，其中定期存款超过27万亿元。在这种情况下，发展混合所有制经济，有利于国有资本放大功能、保值增值、提高竞争力，也有利于各种所有制资本取长补短、相互促进、共同发展。混合所有制经济可以说是股份制经济的升级版。股份制经济不一定是混合所有制经济，如一些发达国家的股份公司一般是私人资本的集合而不是不同所有制资本的集合，但混合所有制经济肯定是股份制经济。发展混合所有制经济，为深化国有企业改革进一步指明了方向，有数据表明，混合所有制经济比国有经济资产营运效率高、创新能力强。由于允许混合所有制经济实行企业员工持股，形成资本所有者和劳动者利益共同体，更有利于调动各方面积极性，增强企业活力和竞争力。近年来，已有一些国有大型企业主动提出实行混合所有制，如中石化将对油品销售业务板块进行重组，引入社会和民营资本参股，实现混合所有制经营，其中，社会和民营资本比例不超过30%①；中国电力投资集团公司也将在今年启动混合所有制改革，允许民资参股部分中电投旗下子公司和建设项目，民资参股比例将达三分之一②。混合所有制经济既可以国有资本控股，也可以非公有资本控股。当前要着重避免总是国有股一股独大、民间资本参股后没有多少发言权的现象；与此同时，也要防止在混合所有制改革中出现国有资产流失。有专家估计，目前混合所有制经济总体上占我国经济的比重为1/3左右。按现在改革快速发展势头，我个人估计到2020年我国

① 《中国经济时报》2014年3月6日。

② 《经济参考报》2014年3月13日。

混合所有制经济总体上占我国经济的比重有可能达到50%。可以想象，随着经济发展和改革深化，产权多元、自主经营、治理规范的混合所有制经济，将会有长足的发展，成为社会主义市场经济的主要微观主体。因此，今后需要加强对混合所有制经济的研究，包括如何完善法规、政策，健全法人治理结构，真正做到在一个经济单位内部各类资本能得到同等保护产权、同等使用生产要素、同等受益，从而促进混合所有制经济健康发展。

第四，国有资产监管机构从管企业向主要管资本转变。《决定》提出，“完善国有资产管理体制，以管资本为主加强国有资产监管，改革国有资本授权经营体制，组建若干国有资本运营公司，支持有条件的国有企业改组为国有资本投资公司。”这意味着国有企业和国有资产管理体制改革进入一个新的阶段。国资委主要管资本，也是同积极发展混合所有制经济相适应的。因为国资委要逐步致力于国有资本的优化配置，也就要求更好地发展混合所有制经济。看来，今后需要很好界定各类国有资本的职能。总的来说，国有资本可以分为公益性和收益性两大类。公益性资本主要投资于提供公共服务和保障领域，包括基础设施、基础产业普遍服务部分等；收益性资本主要投资于重要竞争性产业和技术创新等领域，包括投资于引领科技进步具有国际竞争力进入世界500强的大型企业和跨国公司。与上述资本职能相适应，组建若干国有资本运营公司投资公司，分别制定不同类公司对各个企业的出资和投资方式，确定他们的经营目标和考核体系。例如，对公益性资本运营公司，就不能以资本增值作为主要考核指标，而应着重在成本控制、服务质量等方面提出要求。这些，都需要在不断总结实践经验基础上认真研究和逐步完善。同时，要借鉴国内外许多资本运营公司和投资公司的做法和经验，比如新加坡的淡马锡公司和我国汇金公司的资本运营和投资控股等做法，结合实际，认真研究探索最佳模式。《决定》要求到2020年国有资本收益上缴公共财政比例提高到30%，这是一个相当高的要求。这个改革举措今年就有动作，3月25日，财政部公布2014年中央国有资本经营预算明确，从2014年起，中央企业国有资本收益收取比例在现有基础上提高5个百分点。[①] 过去有关单位把一些原本应进入成本的项目如下岗职工补助、企业办大集体员工工资补贴等，也列到利润中，然后再从企业上缴利润中支付上述费用，造成利润虚增，今后需要提高财务报表的真实性和准确性。如何提高企业财务报表的真实性和透明度，很值得我们认真研究。

第五，对个体私营等非公有制经济在社会主义市场经济中的地位和作用更

① 见《经济参考报》2014年3月26日。

加肯定，为个体私营等非公有制经济的发展提供了更为广阔的空间。《决定》第一次明确指出，公有制经济和非公有制经济都是社会主义市场经济的重要组成部分，都是我国经济社会发展的重要基础。还说，公有经济财产权不可侵犯，非公有经济财产权同样不可侵犯。实际上，改革开放特别是 1992 年以来，我国个体私营等非公有制经济迅速发展，2012 年，全国个体经济已从 1978 年的 15 万户发展为 4059 万户，从业人数达 8000 万人，注册资金近 2 万亿元；全国私营经济则从 1988 年的 4 万户发展到 1086 万户，从业人数达 1.2 亿人，注册资金 31 万亿元。现在，个体私营等非公经济对 GDP 的贡献已超过 60%，对国家税收的贡献已超过 70%，对就业岗位的贡献已超过 80%，占投资比重超过 60%，对促进经济增长、增加就业岗位、活跃经济生活、满足人民群众多方面的需要起着不可替代的作用。今后，要坚持权利平等、机会平等、规则平等，废除对非公有制经济各种形式的不合理规定，消除各种隐性壁垒，制定非公有制企业进入特许经营领域具体办法。鼓励非公有制企业参与国有企业改革，鼓励发展非公有资本控股的混合所有制企业。同时，推进工商注册制度便利化，削减资质认定项目，由先证后照改为先照后证，把注册资本实缴登记制逐步改为认缴登记制。这些都将大大激发市场活力和非公经济活力，2013 年新注册企业增长 27.6%，其中私营企业新增 30%，这是十多年来最高的。

第六，强调建设统一开放、竞争有序的市场体系，这是使市场在资源配置中起决定性作用的基础。建立和健全现代市场体系，是推动资源配置依据市场规则、市场价格、市场竞争实现效益最大化和效率最优化的根本前提。为此，要建立公平开放透明的市场规则，要推进水、石油、天然气、电力、交通、电信等领域价格改革，完善主要由市场决定价格的机制。当前中国物价上涨率不高，2013 年 CPI 上涨率为 2.6%，今年估计上涨率不会超过 3%，是进行价格改革特别是资源产品市场化价格改革的有利时机，期待今年价格改革有新的较大进展。《决定》还提出，实行统一的市场监管，清理和废除妨碍全国统一市场和公平竞争的各种规定和做法，严禁和惩处各类违法实行优惠政策行为，反对地方保护，反对垄断和不正当竞争，以及建立健全社会征信体系等。这里需要特别指出的是，《决定》第一次提出探索负面清单管理模式。实行负面清单管理办法，是投资准入和市场监管的重大改革。按照这一制度，各类市场主体可依法平等进入清单之外领域，也就是“非禁即入”。这就意味着将实现由“严进宽管”的审批制度向“宽进严管”的备案制度的转变，市场监管由事前监管为主转向事中和事后监管为主。这是我国加快现代市场体系建设迈出的实质性步伐。实行负面清单制度，是市场经济国家的通行做法，可以提高市场监管的透明度和法治化水平，较好解决对非公有制经济的歧视性问题，对营造公平竞争市场环境至为重要。中国上海自由贸易区已于2013年9月29日正式挂牌。当天，以190条管理措施构成的2013年版负面清单对外公布。这是中国首个负面清单。目前，上海自贸区正在抓紧修订2014年版负面清单。有关负责人透露，2014年版负面清单初步考虑缩减40%，特别是在服务领域要加大开放。[①]可见，在开头，负面清单的单子比较长不足为奇。一些国家的负面清单的单子也是很长的，有200多项。需要研究的是单子如何切合我国实际，如何随着经济发展改革深化逐渐缩减，如何借鉴国外一些成功做法和经验为我所用等。

第七，如何完善地方税体系。中国目前地方税税种少，税收少得可怜，有的地区80%的政府支出靠中央财政的转移支付，这在一定程度上刺激地方政府拼资源、拼环境并违规实行优惠电价、地价等发展高耗能高污染行业和产能过剩行业，以便得到更多的增值税分成，形成恶性竞争和加重产能过剩。完善中央财政转移支付制度、构建和完善地方税体系成为加快转变经济发展方式和调整经济结构的当务之急。发达的市场经济国家地方税重要的有两个税种：一为房产税；二为消费税（价外税）。我想我国将来也许要参考这种税制。这次《决定》提出，加快房地产税立法并适时推进改革；调整消费税征收范围、环节、税率，把高耗能、高污染产品及部分高档消费品纳入征收范围。这是非常重要的改革举措。我们要认真研究在中国如何开征房地产税问题，立好法，适时开征，并要考虑如何逐步完善，使其逐渐成为地方税的一个主要税种。消费税的问题也要认真研究，包括研究如何使消费税逐渐成为覆盖全部消费品的价外税，并转变成为地方税的另一个主要税种，与此同时要适当降低增值税税率，比如降低三四个百分点，以支持开征作为价外税的消费税，尽量使消费者不致因税制改革而加重负担。这也是一个很复杂的问题，有待各方面认真研究，提出可行方案。

第八，允许民间资本发起设立中小型银行等金融机构。《决定》首次提出，在加强监管前提下，允许具备条件的民间资本依法发起设立中小型银行等金融机构。过去，尽管民间资本在股份制银行、城市商业银行、农村中小金融机构股本中占有很高比例，但是不允许民间资本作为中小型银行的单独发起者，一些民营企业家对此也有意见。这次提出开禁后，有关部门行动相当快，银监会已于2014年3月确定首批5家民营银行试点，实行共同发起人制度，即每家要求不少于两个发起人。首批5家试点银行的发起人和民营资本分别是：浙江杭

---

① 见《经济参考报》2014年3月26日。

州的阿里巴巴、万向集团；浙江温州的正泰集团、华峰集团；广东深圳的腾讯、百业源投资有限公司；上海的均瑶集团、复星集团；天津的商汇集团、华北集团。[①] 可以想象，随着中小银行的发展，将改善为广大中小型实体经济企业提供服务，也将有力促进利率市场化和建立银行存款保险制度的进程，从而推动金融改革的深化。

第九，赋予农民更多财产权利。《决定》提出，保障农民集体经济组织成员权利，积极发展农民股份合作，赋予农民对集体资产股份占有、收益、有偿退出及抵押、担保、继承权。保障农户宅基地用益物权，改革完善农村宅基地制度，选择若干试点，慎重稳妥推进农民住房财产权抵押、担保、转让，探索农民增加财产性收入渠道。这是很重要的改革举措。目前农民财产性收入少得可怜，近两年农民财产性纯收入只占到他们人均纯收入的百分之二三。其原因，是因为农民最大的财产权——土地收益权累遭侵犯，没有保障。一些经济学家估计，多少年来，地方政府低价强征农民土地获得的收入累计就达数以万亿元计。要赋予农民更多财产权利，最主要的是尊重和保障农民的土地权益，改变地方政府对土地财政的依赖惯性，切实落实农民的财产权利，这对逐步缩小城乡居民收入差距也能起重要作用。

第十，允许地方政府通过发债等多种方式扩宽城市建设融资渠道，允许社会资本通过特许经营等方式参与城市基础设施投资和运营，研究建立城市基础设施、住宅政策性金融机构。这对建立透明规范的城市建设投融资机制非常重要。我国地方政府债务这几年无序扩张，根据国家审计署2013年12月30日公布的关于地方政府债务审计结果，地方政府债务规模已从2011年年底的10.7万亿元，增加到2013年6月底的17.9万亿元，相当于GDP的33%，各方面都认为风险很大，急需规范约束。《决定》上面提出的，正是规范和约束地方政府债务的重大举措，也有利于城市基础设施建设等健康发展。

参考文献：

1.《中共中央关于全面深化改革若干重大问题的决定》，2013年11月12日。

2.《〈中共中央关于全面深化改革若干重大问题的决定〉辅导读本》，人民出版社2013年版。

3. 张卓元：《〈决定〉提出了哪些需要认真研究的问题》，《经济研究》2014年第1期。

4. 迟福林主编：《市场决定》，中国经济出版社2014年版。

---

① 见《人民日报》2014年3月11日。

关于深化改革的若干思考

周新城

【作者简介】周新城，1934 年生，江苏常州人。1955 年入中国人民大学经济系本科学习，1959 年毕业，转为研究生。1962 年 7 月研究生毕业后留校，在经济系从事教学工作。1964 年调苏联东欧研究所研究苏联东欧问题。2002 年转到马克思主义学院。1983 年经国务院特批为教授，1990 年经国务院学位委员会批准担任博士生导师，2009 年经学校评为一级教授。除了教学研究工作外，还担任过行政职务。1986 年至 2000 年任研究生院副院长、院长，并兼任苏联东欧研究所所长。长期从事政治经济学、科学社会主义的教学和研究工作。曾出版《经济学若干理论问题研究》、《邓小平经济理论研究》、《评人道的民主社会主义》、《围绕改革问题马克思主义同反马克思主义的斗争》等 15 本专著、300 篇左右的论文以及 600 万字译作。先后培养 24 名博士生和多名硕士生。

党的十八大刚刚开过，中央就提出，要以更大的政治勇气和智慧深化改革，落实十八大确立的改革开放重大部署。为此，习近平同志提出，要“认真回顾和深入总结改革开放的历程，更加深刻地认识改革开放的历史必然性，更加自觉地把握改革开放的规律性，更加坚定地肩负起深化改革开放的重大责任”①。

① 《以更大的政治勇气和智慧深化改革　朝着十八大指引的改革开放方向前进》，《人民日报》2013 年 1 月 2 日。

总结我国改革的历史过程，当前深化改革，有几个问题值得认真思考。

一　必须明确改革的指导思想是马克思主义，排除各种错误思潮的干扰

习近平同志在谈到我国的改革时，特别强调改革的方向问题，他指出："改革开放是一场深刻革命，必须坚持正确的方向，沿着正确的道路推进。在方向问题上，我们头脑必须十分清醒，不断推动社会主义制度自我完善和发展，坚定不移走中国特色社会主义道路。"[①] 为了保证改革沿着正确方向推进，必须坚持以马克思主义为指导。指导思想对头了，道路才不会走歪了。我们党在改革开放的新的历史时期，把马克思主义基本原理同中国当前的实际情况相结合，创立了中国特色社会主义理论体系（包括邓小平理论、"三个代表"重要思想、科学发展观）。改革是在中国特色社会主义理论体系指导下开展的。改革取得了巨大成就，不容否定。我国改革开放30年来的最显著的成就是快速发展。改革开放解放、发展了生产力，使得我国的经济能够以世界上少有的速度持续快速发展起来。在这30年期间，我国经济平均每年增长的速度为9.8%，是同期世界经济年均增长率的3倍多。我国经济总量上升到世界第四位，进出口总额位居世界第三位，外汇储备居世界第一位。我们依靠自己的力量解决了13亿人口的吃饭问题。我国主要工农业产品产量已居世界第一位，具有世界水平的重大科技创新成果不断涌现，高新技术产业蓬勃发展，水利、能源、交通、通信等基础设施建设取得突破性进展。人民生活得到很大改善，从温饱不足发展到总体小康。政治建设、文化建设、社会建设也取得了举世瞩目的成就。30多年改革的经验证明，中国特色社会主义的道路、理论、制度是完全正确的。

但是，不可否认，在改革过程中我们受到了各种错误思潮的干扰。概括起来说，在经济领域，主要是受新自由主义的干扰；在政治领域，主要是受民主社会主义和"宪政民主"的干扰；在价值观领域，主要是受"普世价值"的干扰。这些错误思潮，说法不完全一样，但实质是一样的，都要求走资本主义道路：政治上要求取消共产党的领导、取消人民民主专政。实行多党制、轮流执政、三权分立、议会民主等那一套资产阶级政治制度；经济上要求取消公有制为主体，实行私有化、建立自由放任的市场经济；思想上要求取消马克思主义的指导地位，实行指导思想多元化。这些错误思潮的蔓延，在一定范围内造成了思想混乱，影响到改革的方向和进程。我们在改革过程中也出现一些失误，究其原因，除了经验不足外，主要是由于各种错误思潮的干扰。可以说，我国

① 《以更大的政治勇气和智慧深化改革　朝着十八大指引的改革开放方向前进》，《人民日报》2013年1月2日。

的改革开放是在马克思主义同各种错误思潮的斗争中进行的。十七届四中全会提出，要划清马克思主义与反马克思主义的界限，这是保证我国改革沿着正确方向健康发展的前提。

进一步深化改革，必须坚持马克思主义为指导。我们应该牢牢树立对中国特色社会主义理论体系的自信，这是我们安身立命之根本。当务之急是，总结30多年改革的经验，认清各种反马克思主义思潮的本质，纠正错误思潮带来的失误，切实保证马克思主义在我国改革进程中的指导地位。要防止出现“两张皮的现象”：在意识形态领域，批判反马克思主义思潮；在改革的实际工作中，却按照新自由主义等制定政策。不可否认，这种情况以往出现过，而且曾带来了严重后果。

二　必须首先明确不改什么，在此前提下再讨论改什么

习近平同志总结了我国30多年来改革的历史，明确指出：“我们的改革本来就是全面的改革。我不赞成那种笼统认为中国改革在某个方面滞后的说法。在某些方面、某个时期，快一点，慢一点是有的，但总体上不存在中国哪些方面改了，哪些方面没有改。问题的实质是改什么，不改什么，有些不改的，不能改的，再过多长时间也是不改，这不能说不改革。有人把改革定义为往西方‘普世价值’、西方政治制度方面改，否则就不是改革。这是偷换概念，曲解我们的改革。我们当然要高举改革旗帜，但我们的改革是在中国特色社会主义道路上不断前进的改革，既不走封闭僵化的老路，也不走改旗易帜的邪路。”这一论断具有重要意义，应该成为我们深化改革的指导思想。

现在有一种倾向，即只准讲改革（不管改什么、怎么改），不准讲不改什么，仿佛讲不改什么，就是反对改革。有一种流行的说辞：“只准改革犯错误，不准不改革”。这是一种形而上学。其实，社会主义的改革应该是“改”与“不改”的统一。对这个问题，我们可以运用毛泽东对社会主义社会的矛盾的分析来说明。

改革不是目的，而是解决矛盾、推动社会主义发展的手段。社会主义社会是存在矛盾的，需要通过改革来解决矛盾，而且一个矛盾解决了，又会产生新的矛盾，又需要通过改革来解决。社会主义正是在不断出现矛盾、又通过改革不断解决矛盾的过程中发展的。所以，改革是社会主义社会永恒的话题，改革只有逗号而没有句号，只有进行式而没有完成式。

那么，改革的对象是什么呢？这就要分析社会主义社会矛盾的状态。

我们拿经济改革来说，经济改革是调整生产关系，目的是促进生产力的发展。正如邓小平指出的：“我们所有的改革都是为了一个目的，就是扫除发展社

会生产力的障碍。”[1] 换句话说，就是要解决生产关系与生产力之间的矛盾，推动生产力的发展。因此，科学地回答经济改革的对象问题，应该具体分析社会主义生产关系中，什么东西是发展生产力的障碍。毛泽东指出，同其他社会一样，在社会主义社会中，基本矛盾仍然是生产关系与生产力之间的矛盾、上层建筑与经济基础之间的矛盾，但是矛盾的状态已同资本主义社会根本不同了。社会主义的生产关系是基本上适合生产力性质的，它能够容许生产力以资本主义社会所没有的速度迅速发展，因而生产不断扩大，人民不断增长的需要能够逐步得到满足。但是，社会主义的生产关系还很不完善，这些不完善的方面和生产力的发展又是相矛盾的。必须按照具体情况，克服这些不完善的方面，解决矛盾，推动生产力的发展。这就是改革的任务。可见，社会主义社会生产关系与生产力之间的关系，是处于既相适应，又不适应，而且是基本适应、局部不适应的状态。因此，我们的政策应该是，社会主义生产关系中，与生产力性质相适应的方面（这是基本的方面），必须坚持；而与生产力发展不相适应的方面（这是局部的方面），必须改革。换句话说，改革的对象不是整个社会主义生产关系，而是其中不适应生产力发展需要的不完善的方面。这些不完善的方面，只是社会主义生产关系的一部分，而且是它的非基本部分。

社会主义社会生产关系与生产力之间的既适应又不适应的状态（上层建筑与经济基础之间也一样），使得我们不能笼统地谈论改革，在确定改革的对象时，必须进行具体分析，社会主义生产关系中，哪些是不适合生产力发展的要求，必须改革的；哪些是适合生产力发展需要的，必须坚持，也就是说不应该“改”的。这就是习近平强调改革既要讲“改什么”，也要讲“不改什么”的基本道理。

按照毛泽东对社会主义社会矛盾的分析，我们在讨论改革的对象时，应该把中国特色社会主义的制度区分为两类：一类是基本制度；一类是具体的体制、运行机制。我们的基本制度体现了社会主义的本质特征和基本原则，建立这样的制度是历史的选择，它符合社会发展规律的要求，能够促进社会经济的发展，这一点，已经为历史所证实。因此，我们必须坚定不移地坚持我们的基本制度，如果把它也当作改革的对象，那就是抛弃了社会主义，走了“改旗易帜”的邪路。早在20世纪末，我们党就明确指出，我国的改革“是在坚持社会主义基本制度的前提下，自觉调整生产关系和上层建筑的各个方面和环节，来适应初级阶段生产力发展水平和实现现代化的历史要求”[2]。坚持基本制度，调整不适合

---

① 《邓小平文选》第3卷，人民出版社1993年版，第134页。

② 《十五大以来重要文献选编》（上），人民出版社2000年版，第17页。

社会经济发展需要的具体体制、运行机制，这是我们改革的基本原则，也是我们常说的我国改革的性质是社会主义制度的自我完善的基本含义。

要不要坚持我们的基本制度，这是当前有关改革问题上争论的焦点。我国客观上存在一股势力，力图把改革的矛头指向社会主义基本制度，以便通过改革来恢复资本主义制度。邓小平早在20世纪末就指出，现在大家都赞成改革，但“某些人所谓的改革，应该换个名字，叫作自由化，即资本主义化。他们‘改革’的中心是资本主义化。我们讲的改革与他们不同，这个问题还要继续争论的”①。

因此，在深化改革的时候，必须旗帜鲜明地提出，社会主义初级阶段的基本制度是不能改的，在整个社会主义初级阶段，再过多长时间也不能改的。具体说来，那就是：在政治领域，坚持人民民主专政的国体，坚持人民代表大会制、共产党领导下多党合作的政治协商制度、民族区域自治制度、基层民主自治制度的政体基本制度；在经济领域，坚持公有制为主体、多种经济共同发展的所有制结构，坚持按劳分配为主、多种分配方式相结合的分配制度，坚持社会主义市场经济体制；在文化领域，坚持马克思主义为指导的百花齐放、百家争鸣。实践证明，这些基本制度，既符合科学社会主义基本原则，又符合我国社会主义初级阶段的具体国情，是能够促进我国社会经济发展的。明确“不改”的内容，就可以从根本上防止改革走“改旗易帜”的邪路。

三　必须从分析社会矛盾出发，确定改革的对象

在谈论改革时，要防止笼统地讲什么改革“进入深水区”、“啃硬骨头”、“攻坚战”等，这些概念缺乏明确的含义，可以作各种各样的解释。要知道一些主张资本主义化方向改革的人，正是在这些概念的掩盖下，把改革的矛头指向共产党的领导，指向人民民主专政，指向公有制的主体地位，指向马克思主义的指导地位。他们正是把四项基本原则看作是“深水区”、“硬骨头”，竭力想通过深化改革来攻下这些“顽固堡垒”。对此应保持高度警惕。

上面讲过，改革的对象是具体的体制、运行机制中不适合社会经济发展需要的方面和环节，因此，深化改革，必须深入实际，调查研究，了解社会矛盾的状况，了解哪些方面和环节不符合社会经济发展的需要，进而提出可行的改革措施。切忌少数精英闭门造车，搞什么“制度设计”。尤其不能照搬外国人按照新自由主义的思路制订的改革方案来规划我国的改革。

在改革开放进行了30多年的今天，深化改革必须反思已经走过的改革进

---

① 《邓小平文选》第3卷，人民出版社1993年版，第297页。

程，肯定正确的做法，纠正错误的做法。有人把反思改革说成是反对改革，这是荒唐的。反思，就是总结历史经验。我们党正是在不断总结历史经验中逐渐成熟起来的。改革是前无古人的事情，我们只能在实践中进行探索，在探索过程中出现一些失误也是难免的。因此过一段时间就要回过头来看一看，用实践检验一下，哪些措施是对的，对的就坚持；哪些措施是错的，错了赶快改。更何况我国的改革不断受到错误思潮的干扰，更需要及时总结经验，排除干扰。可以说，纠正错误的做法，这本身就是深化改革的一项内容，因为错误的措施必然引发新的矛盾，需要通过深化改革来解决。例如，有一段时间里，由于受到新自由主义的影响，有的地方提出教育产业化、医疗市场化、住宅完全商品化，引起群众的不满。近年来针对这种情况，采取了一系列措施，纠正这种错误，这成为新一轮改革的重要组成部分。

深化改革的一切措施必须为巩固和发展中国特色社会主义的基本制度服务。中国特色社会主义制度是一个各个组成部分之间有着内在联系的系统，在这个系统中，基本制度是第一位的、决定性的，具体体制、运行机制是基本制度的实现形式，它是从属于基本制度的、第二位的东西。改革是在坚持基本制度的前提下，调整不适合社会经济发展需要的具体的体制、运行机制，坚持基本制度与改革具体体制、运行机制是统一的，两者都是为了促进中国特色社会主义事业的发展。在改革过程中必须考虑到具体体制、运行机制同基本制度的关系，保证改革后新的体制、运行机制反映基本制度的特点和要求，有助于巩固和发展基本制度。一切违背甚至破坏基本制度的所谓“改革”，都是应该反对的。在现实生活中，往往有人利用改革实践中出现的失误，反过来要求改变基本制度。例如，某些地区在国有企业改制过程中出现了私有化做法，导致公有制比重大大下降、主体地位岌岌可危，有人就利用这种情况，主张中国特色社会主义应该抛弃公有制为主体的提法，可以改为以私营经济为主体。然而一旦否定了公有制为主体，社会主义的经济基础就不存在了，就不成其为社会主义社会了，还遑论什么中国特色社会主义！在深化改革的过程中，一切政策措施都必须按照巩固基本制度的要求来设计和安排。

在改革的工作方法上，必须坚持党历来强调的群众路线。我国的改革是在人民群众的实践中不断发展的。习近平同志强调：“人民是历史的创造者，群众是真正的英雄。人民群众是我们力量的源泉。”① 这是历史唯物主义的基本原理。根据这一原理，我们党历来主张，一切工作都必须依靠群众，从群众中来，到群众中去。改革当然要有一个系统的方案，以保证改革的整体性和协调性。

---

① 《习近平在十八届中共中央政治局常委同中外记者见面时的讲话》，《人民日报》2012年11月16日。

但这种方案必须来自群众的实践，群众在实践中的经验是我们正确认识的来源。高高在上，脱离群众，是不可能作出正确决策的，也不可能推进中国特色社会主义事业。毛泽东教给我们的工作方法是，“将群众的意见（分散的无系统的意见）集中起来（经过研究，化为集中的系统的意见），又到群众中去作宣传解释，化为群众的意见，使群众坚持下去，见之于行动，并在群众中考验这些意见是否正确。然后再从群众中集中起来，再到群众中坚持下去。如此无限循环，一次比一次更正确、更生动、更丰富。”①

毛泽东在1962年七千人大会上，总结了历史经验，尤其是“大跃进”以来党内生活的经验，对于如何贯彻群众路线问题，作了精辟的阐述。他说，走群众路线，实质上就是发扬民主的问题。没有民主，不可能有正确的集中，也不可能正确地总结经验。“没有民主，意见不是从群众中来，就不可能制定出好的路线、方针、政策和办法。我们的领导机关，就制定路线、方针、政策和办法这一方面说来，只是一个加工工厂。大家知道，工厂没有原料就不可能进行加工。没有数量上充分的和质量上适当的原料，就不可能制造出好的成品来。如果没有民主，不了解下情，情况不明，不充分收集各方面的意见，不使上下通气，只由上级领导机关凭着片面的或者不真实的材料决定问题，那就难免不是主观主义的，也就不可能达到统一认识，统一行动，不可能实现真正的集中。”② “加工厂”这个提法生动地表达了群众路线的内涵。要办好“加工厂”，就必须加强社会调查，收集原材料。所以，毛泽东特别重视调查研究，他有句名言：没有调查就没有发言权。他提出，系统的、周密的社会调查是决定政策的基础，要力戒下车伊始就哇啦哇啦地发议论、提意见的主观主义的作风。现在有人喜欢讲“顶层设计”。这是借用西方政治学的一个概念。对“顶层设计”需要作具体分析。如果是指在尊重群众创新、总结群众实践基础上，领导机关把群众分散的、无系统的经验加以总结，提出完整的、科学的改革方案，那是完全正确的。这种“顶层设计”实际上就是毛泽东所说的“加工厂”。我们一定要把“顶层设计”同“摸着石头过河”统一起来，两者不可偏废。“摸着石头过河”的内涵是群众的实践，“顶层设计”则是把群众创造的经验加工、提升为系统的方案。绝不能把“顶层设计”理解为少数精英离开群众实践，关起门来主观地搞“制度设计”。他们“设计”出来的改革方案完全脱离群众的实践，也不想依靠群众来实施。这种“顶层设计”是绝不可取的。

---

① 《毛泽东选集》第3卷，人民出版社1991年版，第899页。

② 《毛泽东文集》第8卷，人民出版社1999年版，第294页。

坚持根本方向，坚定制度自信，全面深化改革

姜　辉

【作者简介】 姜辉，男，1969 年 11 月生。现任中国社会科学院信息情报研究院党委书记兼副院长，研究员；博士生导师；兼任中国社科院世界社会主义研究中心副主任、中国社会科学院研究生院教授、中国科学社会主义学会理事、中国国际共运史学会理事、北京市科学社会主义学会常务理事等职务；获国务院政府特殊津贴专家。专业方向：科学社会主义与国际共产主义运动；中国特色社会主义；世界社会主义研究。主要学术成果：专著《欧洲发达国家共产党的变革》、《陈云与中国特色社会主义》等；合著《西方世界中的社会主义思潮》、《市场社会主义》、《阶级结构与“第三条道路”》、《欧洲社会民主主义的转型》等；译著《欧洲社会主义百年史（上下）》、《关于阶级的冲突》、《英国和美国的社会阶级》等；发表专业论文《论资本主义的阶级问题》、《世界社会主义面临的机遇与挑战》等 130 余篇。

在全面深化改革的关键历史时期，方向清晰、方向笃定、方向自觉，是至关重要的。习近平同志明确提出，必须完整理解和把握全面深化改革的总目标，我们的方向就是中国特色社会主义道路。没有坚定的制度自信就不可能有全面深化改革的勇气，同样，离开不断改革，制度自信也不可能彻底、不可能久远。摆在我们面前的一项重大历史任务，就是推动中国特色社会主义制度更加成熟、

更加定型。这深刻阐明了坚持根本方向、坚定制度自信和实现制度现代化的关系，具有极为重要的理论和实践意义。

一　坚持根本方向，独立自主走自己的路

方向决定命运前途，方向凝聚力量共识。明确“要往什么方向走”的问题是带有根本性的问题。在全面深化改革的关键历史时期，方向清晰、方向笃定、方向自觉，是至关重要的。习近平同志向全党重申“我们的方向就是中国特色社会主义道路”，具有很强的针对性和现实性。全面深化改革必须牢牢把握正确方向，改革开放的大船必须始终沿循正确航向。

以习近平同志为总书记的党中央一以贯之地强调坚持中国特色社会主义道路的正确方向。习近平同志在参观《复兴之路》展览时明确强调：“全党同志必须牢记，道路决定命运，找到一条正确的道路多么不容易，我们必须坚定不移走下去。”他在《关于〈中共中央关于全面深化改革若干重大问题的决定〉的说明》中又指出：“改革开放到了一个新的重要关头。我们在改革开放上决不能有丝毫动摇，改革开放的旗帜必须高高举起，中国特色社会主义道路的正确方向必须牢牢坚持。”他突出强调“我们的方向就是中国特色社会主义道路”，就是庄严宣示：我们的改革是在中国特色社会主义道路上不断前进的改革，既不走封闭僵化的老路，也不走“改旗易帜”的邪路；深化改革的目的是不断推进我国社会主义制度的自我完善和发展，赋予社会主义新的生机和活力。

坚持根本方向，必须独立自主，坚定不移地走自己的路。我们党在领导革命、建设、改革长期实践中，历来坚持独立自主开拓前进道路。独立自主是我们立党立国的重要原则，就是坚持中国的事情必须由中国人民自己作主，自己来处理。建设中国特色社会主义是一项前无古人的伟大探索，没有任何先例可循，没有任何现成模式可以套用，没有任何灵丹妙药能够解决问题。中国特色社会主义道路是中国共产党带领中国人民历尽千辛万苦、付出各种代价取得的成果。开拓这样的道路，不是靠照抄“本本”，不是靠别人传授成功秘诀，不是靠走别人修的路、架的桥，而是由中国共产党领导中国人民在实践中自己来探索、自己来选择、自己来创造的。在改革开放进入攻坚期的今天，在中华民族昂然屹立在世界东方、比历史上任何时候都更接近实现伟大复兴的历史时期，中国共产党人更深刻、更自觉、更自信地认识到，没有一个国家、没有一个民族可以通过依靠外部力量、跟在他人后面亦步亦趋实现强大和复兴。我们独立自主开拓的道路既不同于过去模式的社会主义道路，也不同于西方资本主义道路，而是一条自己创造历史的新路。我们走自己的路，具有无比宽广的历史舞台，具有无比深厚的历史底蕴，具有无比强大的前进定力。只有中国特色社会

主义才能发展中国，没有其他主义可以指引，没有其他方向可以选择，没有其他道路可以替代。

坚持根本方向，必须完整理解和把握全面深化改革总目标。这个总目标是由两句话组成的整体：一是完善和发展中国特色社会主义制度；二是推进国家治理体系和治理能力现代化。这两句话，不是简单的并列和平行关系，而是有着内在的必然联系和逻辑关系。前者规定了全面深化改革的性质和根本方向，具有决定和指引作用；后者在前者决定和指引下明确了全面深化改革的具体指向。在这个意义上可以说，二者之间是内容与形式、目的与手段、决定与被决定的关系，前者为后者规定了出发点和基本内容，后者为前者提供了实践形式和实现路径。离开了前者，全面深化改革就会迷失方向，国家治理就可能陷入失去前提条件和本质内容的抽象“善治”、“良治”的泥淖中而毫无成效，治理现代化就可能蜕变为“西方化”和“资本主义化”；离开了后者，全面深化改革就可能失去现实基础和实践依托，就难以增强系统性、整体性和协调性，难以更好地提升运用中国特色社会主义制度有效治国理政的能力和水平。总之，二者紧密相连，相互作用，相辅相成，有机统一于探索“怎样治理社会主义社会”的伟大实践中。

二　坚定制度自信，巩固和发挥制度优势

中国共产党是具有高度制度自觉和坚定制度自信的马克思主义政党。在革命、建设和改革的各个历史时期，总是能够将科学理论、正确道路具体转化和体现在卓有成效的制度设计、制度安排中，从而为实现党的纲领和目标、推动社会发展进步提供坚实有力的制度保障。在新民主主义革命时期，我们党提出了新民主主义制度的目标纲领，带领人民取得新民主主义革命的胜利，实现了中国从几千年君主专制制度向人民民主制度的历史跨越。我们党在全国执政以后，一直积极探索社会主义制度建设和国家治理问题，虽然发生过严重曲折，但确立了社会主义基本制度，为当代中国一切发展进步奠定了根本的制度基础。改革开放以来，我们党以全新的角度思考制度建设和国家治理问题，在带领人民成功开辟、坚持和发展中国特色社会主义道路的过程中，形成了一整套相互衔接、相互依存的中国特色社会主义制度体系，为中国特色社会主义事业注入了强大生机和活力。

中国特色社会主义制度既体现了马克思主义和科学社会主义基本原则，又具有鲜明的中国特色；既符合中国社会主义初级阶段的基本国情，又顺应了时代发展潮流，具有鲜明的时代特色；既是中国自己实践经验的升华结晶，又吸收借鉴了人类制度文明的优秀成果。因而具有巨大的科学性、优越性。这说明，

我们的国家治理体系和治理能力总体上是好的，是有独特优势的，我们应该有这样的自信。正是中国特色社会主义制度的科学性和优越性，是我们坚定制度自信的根本依据。

坚定制度自信，要具有战略定力。中国特色社会主义制度具有悠久的历史渊源、深厚的实践基础、强大的自我发展创造力，这是我们坚持制度自信、不照搬照抄别国制度模式的历史底蕴、实践底蕴和力量底蕴。正是中国特色社会主义制度有着这样的坚实基础和底蕴，才能在苏东剧变之后坚强抵住了“共产主义失败论”、“历史终结论”的挑战，在风云变幻的复杂环境中坚持和捍卫了社会主义，宣告了那些认为各国都要以西方制度模式为圭臬和归宿的单线式历史观的破产。在改革开放的关键时期，在中国经济社会发展成就突出和国际地位显著提高、国际社会更加关注中国发展道路和发展模式的情况下，又相继成功回应了“中国崩溃论”、“中国威胁论”的挑战，从而更加自觉、更加坚定地追求实现中华民族复兴的中国梦。同发达资本主义国家陷入各种危机相比，同一些发展中国家陷入发展陷阱相比，同一些国家由于奉行西方推行的“民主”、“自由”而发生所谓“颜色革命”造成政治动荡、社会混乱相比，中国特色社会主义的发展是风景这边独好，显示了强大的制度优越性和生命力。因而，我们要充分认识到中国特色社会主义的优势、韧性、活力和潜能，保持强大的战略定力。

坚定制度自信，要保持政治坚定。中国特色社会主义制度的发展是在错综复杂的国际国内环境中进行的，各种思想观念和利益诉求相互激荡。面对各种影响和干扰，我们必须坚持马克思主义的政治立场观点方法，透过现象认清本质。比如在经济体制改革和经济制度问题上，有人提出中国应实行完全市场化、私有化的新自由主义改革，才能“扭转改革停滞和倒退”，才能解决“改革不到位”；在政治体制改革和政治制度问题上，有人提出中国应实行西方的多党制、三权鼎立、议会制等，主张只有实行西方“宪政”，才能真正从“党治”、“人治”走向“法治”、“民治”；在社会体制改革和社会治理问题上，有人提出中国应大力推动西方“公民社会”建设，主张那种排斥党的领导和政府管理的“公民自治”；在文化体制改革和价值观问题上，认为中国制度和中国道路不具有特殊性和特色，必须奉行西方所谓自由、民主、人权的“普世价值”，重新进行“思想启蒙运动”和“价值观改造”，等等。面对种种思想观点干扰和冲击，我们只有保持政治坚定性，明确政治定位，有立场，有主张，有定力，坚持从自己的实际和国情出发，按照自己的方式方法、路径模式来推进深化经济、政治、文化、社会体制改革，才能不为任何风险所惧、不为任何干扰所惑，才是制度自信的最好体现。

坚定制度自信，要把握制度优势。改革开放以来，我们不仅走出了一条不同于西方国家的成功发展道路，而且形成了一套不同于西方国家的成功制度体系，显示了独特优势。我们的制度和国家治理体系，是我国历史传承、文化传统、经济社会发展的基础上长期发展、渐进改进、内生性演化的结果。这表明，中国特色社会主义制度的独特优势来源于：它是内生性演化的结果，不是外来性嫁接的产物；它是在本国经济社会发展基础上长期发展的结果，不是主观设计、一蹴而就的东西；它是对本国发展建设之鲜活实践经验的总结升华和对社会发展规律的深刻把握和创造性运用。它超越了西方的那种关于市场与政府、国家与社会、集中权威与民主自由、公共领域与私人领域等的机械的对立两分，而根据本国传统、现实国情和长期治理经验，实现了这些因素和关系的有机统一，因而形成了对比于西方社会制度的独特优势。它超越了一些发展中国家在现代化进程中遭遇的“中等收入陷阱”、政治混乱和社会动荡陷阱，实现了经济快速增长、社会和谐稳定、充满改革活力，成为许多发展中国家在社会制度和运行体制上效仿的榜样。因而我们无论是成功应对各种危机还是创造发展奇迹，其原因不能简单归结为“后发优势”，不能偏见地归结为“走了别人修的路”，也不是偶然的幸运和天时地利，其成功奥秘恰恰在于中国特色社会主义制度的独特优势，以及由这种制度产生的能够团结一切可以团结的力量的优势、强大动员能力和集中力量办大事的优势、有效促进社会公平正义的优势等。因而，我们的自信归根到底来源于中国特色社会主义制度不可比拟的优越性。

三　全面深化改革，推动制度更加成熟更加定型

恩格斯说过：“所谓‘社会主义社会’不是一种一成不变的东西，而应当和任何其他社会制度一样，把它看成是经常变化和改革的社会。”[①] 改革是社会主义制度的本质属性和内在发展的必然要求。现在改革又到了一个新的重要关头，进入新的历史阶段，制度的完善与创新成为核心和关键任务，全面深化改革的核心问题就是制度现代化问题。今天我们党处在这样的历史方位上，摆在我们面前的一项重大历史任务，就是推动中国特色社会主义制度更加成熟、更加定型。中国特色社会主义制度是特色鲜明、富有效率的，但还不是尽善尽美、成熟定型的。中国特色社会主义事业不断发展，中国特色社会主义制度也需要不断完善。“我们全面深化改革，是要使中国特色社会主义制度更好；我们说坚定制度自信，不是要固步自封，而是要不断革除体制机制弊端，让我们的制度

① 《马克思恩格斯全集》第37卷，人民出版社1971年版，第443页。

成熟而持久。”[①] 从历史上看，我国社会主义实践以往的主要历史任务是建立社会主义基本制度，并在这个基础上进行改革。而当前和今后相当长一段时期的主要历史任务，就是完善和发展中国特色社会主义制度，实现制度现代化，为党和国家事业发展、为人民幸福安康、为社会和谐稳定、为国家长治久安提供一套更完备、更稳定、更管用的制度体系。

第一，必须坚持全面的系统的改革。实现制度现代化是一个极为复杂、极为宏大的系统工程。实现制度现代化不仅要解决好体制机制弊端问题，而且要解决好关系党和国家长治久安的全局性和战略性问题。因而全面深化改革，不是推进一个领域改革，也不是推进几个领域改革，而是推进所有领域改革。习近平同志强调：“必须是全面的系统的改革和改进，是各领域改革和改进的联动和集成，在国家治理体系和治理能力现代化上形成总体效应、取得总体效果。”[②] 要实现改革总目标，零敲碎打调整不行，碎片化修补也不行。因而，十八届三中全会第一次提出国家治理体系和治理能力现代化，也就是制度现代化，规定了总的目标，并在总目标下明确了经济体制、政治体制、文化体制、社会体制、生态文明体制和党的建设制度深化改革的分目标。这是我们党对改革认识的深化，对社会主义现代化规律认识的深化和系统化。所以只有坚持全面的系统的改革，才能不断提高运用中国特色社会主义制度有效治理国家的能力，更好发挥中国特色社会主义制度的优越性。

第二，必须着眼于“三个进一步解放”。十八届三中全会提出要进一步解放思想，进一步解放和发展社会生产力，进一步解放和增强社会活力。这“三个进一步解放”，既是改革的目的，又是改革的条件。进一步解放思想是前提，是总开关。思想不解放，就很难看清各种利益固化的症结所在，很难找准突破的方向和着力点，很难拿出有突破性的举措，因而必须继续解放思想，反对固步自封，打破不合时宜的思维定势；进一步解放和发展社会生产力是最根本最迫切的任务，是实现“两个一百年”目标、实现中华民族伟大复兴的根本的物质基础。必须适应经济基础的变化，必须适应生产力的发展，因而必须破除制约科学发展的体制机制障碍，坚持以经济建设为中心不动摇，坚持发展是执政兴国的第一要务不动摇，促进生产力的新的解放和发展；进一步解放和增强社会活力是动力源泉，要通过深化改革让一切创造社会财富的源泉充分涌流，激发全体人民的积极性、主动性、创造性，最大程度凝聚改革共识和力量，为顺利推进改革营造良好社会环境。

---

① 《习近平谈治国理政》，外文出版社 2014 年版，第 106 页。

② 《习近平谈治国理政》，外文出版社 2014 年版，第 105 页。

第三，必须维护和实现最广大人民群众的根本利益。马克思曾指出：“不是国家制度创造人民，而是人民创造国家制度。”“在民主制中，**国家制度本身**只表现为一种规定，即人民的自我规定。”① 我们党坚持马克思主义的群众立场和群众路线，践行党的宗旨，把坚持人民主体地位作为首要的基本要求，把人民作为改革的主体，紧紧依靠群众推动改革，以促进社会公平正义、增进人民福祉作为改革的出发点和落脚点。习近平同志强调：“推进任何一项重大改革，都要站在人民立场上把握和处理好涉及改革的重大问题，都要从人民利益出发谋划改革思路，制定改革举措。”② 实现制度现代化，就要认真思考广大人民群众期待什么样的制度，我们的制度是否成为维护和实现群众利益的坚强制度保障，制度的科学性和有效性归根到底由广大人民群众的实践来检验。只有这样，实现制度现代化才有了正确的方向和目的，才能真正如马克思所说，是“人民创造国家制度”，我们的各项制度是“人民的自我规定”。

第四，必须吸收借鉴世界优秀制度文明成果。我们根据国情和自己的历史传承、文化传统和经济社会发展状况建立和完善国家制度，选择自己的国家治理体系，不亦步亦趋地照搬别国模式，但这丝毫不排斥我们积极借鉴吸收其他国家和地区推进制度现代化、实施社会治理的有效经验和积累的制度文明成果。习近平同志指出：“中华民族是一个兼容并蓄、海纳百川的民族，在漫长历史进程中，不断学习他人的好东西，把他人的好东西化成我们自己的东西，这才形成我们的民族特色。”③ 各国各地区的社会制度和治理方式有其制度性质、阶级属性和历史文化的特殊性，但也有一定的规律性和共性。在全球化条件下，各种社会制度相互联系、相互作用、相互影响，在融合交流中比较竞争、取长补短。因而，我们实行制度现代化不可能脱离世界文明发展的轨道，不可能在自我封闭中独善其身。我们推进国家治理体系和治理能力现代化，要尊重世界各国各地区制度文明发展的多样性，虚心学习和认真借鉴各民族创造的优秀制度文明成果，以我为主，为我所用，使我们的制度现代化不仅赶上时代，而且引领时代潮流，走在时代前列，为人类文明发展作出更大贡献。

第五，必须加强和改善党对改革的领导。中国共产党领导是中国特色社会主义最本质的特征。全面深化改革，实现制度现代化，最核心的是坚持和改善党的领导、坚持和完善中国特色社会主义制度。偏离了这一条，那就南辕北辙，走上邪路。我们发展社会主义民主政治，深化政治体制改革，并不是削弱或放

① 《马克思恩格斯全集》第3卷，人民出版社1995年版，第40、39页。

② 《习近平谈治国理政》，外文出版社2014年版，第98页。

③ 《习近平谈治国理政》，外文出版社2014年版，第105—106页。

弃党的领导，而是要坚持和促进党的领导、人民当家作主、依法治国的有机统一。在改革的新的重要关头，改革任务的繁重，推进改革的复杂程度、艰巨程度，问题之多，矛盾之大，都是空前的。没有党的坚强领导，什么事也干不成。必须始终坚持和不断加强党的领导，充分发挥党在各项改革中总揽全局、协调各方的领导核心作用，同时紧紧围绕提高科学执政、民主执政、依法执政水平深化党的建设制度改革，完善党的领导体制和执政方式，为全面深化改革、实现制度现代化提供坚强政治保证。

“部分质变”：新常态经济升级和改革深化

杨承训

【作者简介】杨承训（1935—），男，山东嘉祥人。河南财经政法大学顾问、资深教授、博士生导师，国家级有突出贡献的专家，国家哲学社会科学规划项目评委，中央马克思主义理论研究和建设工程《马克思主义政治经济学》教材编写组主要成员，中国社会科学院马克思主义研究院特聘研究员，世界政治经济学学会顾问，河南省经济学会会长，1998 年获第八届孙冶方经济科学优秀论著奖。1959 年毕业于河北大学历史系，同年考取中国人民大学马列主义基础研究生。1962 年研究生毕业后先后在河北大学和中共河南省委宣传部工作，1980 年后任河南省社会科学院经济研究所所长、副院长。长期从事中国特色社会主义经济学研究，着重研究社会主义商品经济——市场经济理论与实践，包括基本经济理论、宏观经济学、微观经济学及产业经济学。20 世纪八九十年代以来，曾研究农业经济、黄河流域经济、区域经济发展战略、国有企业的改革、科学技术与经济发展等重大项目。先后在《中国社会科学》、《经济研究》、《经济学动态》、《马克思主义研究》、《金融研究》、《管理世界》、《求是》、《人民日报》、《光明日报》等报刊发表论文 800 多篇；承担国家社科规划课题 8 项，其中重点课题 6 项；获国家优秀成果奖 5 项，省级奖 30 多项；撰写《市场经济理论典鉴——列宁商品经济系统研究》、《国有企业总体改革论》、《黄河流域经济》、《历史的杠杆——科技主导经济发展规律研究》、《中国特色社会主义经济学》等 11 部著作。

我国经济进入新常态，标志着又登上一个新台阶。由于中国是当今世界的一盏亮灯，成为舆论的中心，每当她出现一点新变化，就会引起世界赞扬和不同杂音鹊起。我国有了新突破，广大发展中国家就十分高兴，而西方一些敌对势力则马上散布“中国威胁论”；而一出现某些调整，则立刻叫嚣“中国崩溃论”。近年来，我国进入中高速发展新常态，于是“中国硬着陆”之声又满天飞，国内的西方应声虫们也随声附和，“呲必中国”。实际上，2014 年中央经济工作会议说得很清楚：科学认识当前形势，准确研判未来走势，必须历史地、辩证地认识国民经济发展的阶段性特征，准确把握经济发展新常态，我国经济正在向形态更高级、分工更复杂、结构更合理的阶段演化。我们应当运用中国化马克思主义辩证法的“部分质变”理论，科学地深化这一新阶段的认识。

一　“部分质变”是事物向高级阶段演化的基础

中国特色社会主义事业，正如世界上一切事物一样，有一个发展过程，而这个长过程必须分成不同的阶段。这是一条客观规律。恩格斯说：“历史不会在人类的一种完美的理想状态中最终结束”，“一切依次更替的历史状态都只是人类社会由低级到高级的无穷发展进程中的暂时阶段，每个阶段都是必然的。”① 实际上，哪个国家、哪个社会的发展都区分为不同的阶段，并且有大阶段、中阶段、小阶段之分。社会主义社会区分为低级阶段和高级阶段，低级阶段又分若干中层阶段（如我国的“三步走”发展战略），中层阶段再细分为多个小阶段。

怎样认识这种小阶段的细分呢？毛泽东发展了辩证法思想，提出量变中“部分质变”的范畴。他说：“量变和质变是对立的统一。量变中有部分的质变，不能说量变的时候没有质变；质变是通过量变完成的，不能说质变中没有量变。质变是飞跃，在这个时候，旧的量变中断了，让位于新的量变。在新的量变中，又有新的部分质变。”“一切事物总是有‘边’的。事物的发展是一个阶段接着一个阶段不断地进行的，每一个阶段也是有‘边’的。不承认‘边’，就是否认质变或部分质变。”② “我国现在经济上的平衡和不平衡的变化，是在总的量变过程中许多部分的质变。”③ 他认为，到了共产主义社会可能要分几万个阶段。这一辩证法的思维，对我们认识我国发展的阶段性特征，具有重要的指导意义。

现在我们讲的新常态，是指生产力发展的阶段性特征，是我国现代化生产

---

① 《马克思恩格斯文集》第 4 卷，人民出版社 2009 年版，第 270 页。

② 《毛泽东文集》第 8 卷，人民出版社 1999 年版，第 107、108 页。

③ 《毛泽东文集》第 7 卷，人民出版社 1999 年版，第 352—353 页。

力发展过程的一次部分质变。按照邓小平的战略谋划，我国社会主义现代化总进程，大体从20世纪50年代到21世纪50年代，约100年时间。前50年，是打基础的起步阶段，如何建立起工业化体系。中间30年（即从20世纪80年代到21世纪头10年），达到工业化的中高级阶段，经济总量攀上世界第二，其特点是经济以10%的递增高速增长，以依靠廉价劳动力和资源消耗的粗放经营为主，第二产业占比重最大，成为制造大国，其中已有高端现代化因素在孕育，在世界领先的重大工程和科学技术创新愈益显现。不过，在我们这样一个人口大国单靠低水平的人力资源和自然资源的消耗维护高增长，是难以为继的，需要跃上一个新阶段，以集约型发展方式实现高端工业化，成为“创造强国”。就是说，这个新阶段的出现是在原有阶段基础上的提升，带有部分质变，其中有的领域则酝酿根本性的质的飞跃，其中科技领域要领先实现突破。

对于“新常态”的基本含义，习近平总书记做过多次论述。2014年5月，他在考察河南时第一次提出：“我国发展仍处于重要战略机遇期，我们要增强信心，从当前我国经济发展的阶段性特征出发，适应新常态，保持战略上的平常心态。”① 从此，“新常态”成为我国洞察发展态势、研判宏观政策的新坐标。中央经济工作会议精神就是以这一阶段性特征展开的。其显著的征候是由以提质增效为主高速增长转向中高速增长。所谓常态，是说这不是一时的偶然现象，而是持续一个重要时期的必然阶段，人们的心态应当安然处之，无需大惊小怪，更不能听信西方某种“崩溃论”、“硬着陆”而失去方寸。即使从世界范围看，西方发达国家和二战后新崛起国家（如韩国），也有一个高速发展后的中速和低速发展阶段。这就是量变——部分质变——质变大飞跃的分阶段发展客观行程，合乎经济规律。

有人认为，新常态是困境逼出来的。这种看法不能说全错，但总体是片面的。诚然，客观规律有一种倒逼机制，客观上出现一些前所未料的种种新困难和新矛盾，反映到主观上也会有认识过程的新常态。关键在于能否及时辨清这种新形态，变客观态势为主观能动性，变被动为主动。这是任何一个国家任何一个时期都会出现的。对于社会主义发展的这类情形，毛泽东就做过分析：“在一个长过程中，在进入最后的质变以前，一定经过不断的量变和许多的部分质变。这里有个主观能动性的问题。如果我们在工作中，不促进大量的量变，不促进许多的部分质变，最后的质变就不能来到。”② 这里主观能动性是很关键

① 习近平：《深化改革发挥优势创新思路统筹兼顾确保经济持续健康发展社会和谐稳定》，《人民日报》2014年5月11日。

② 《毛泽东文集》第8卷，人民出版社1999年版，第107页。

的。首先，要把握这种阶段特征，如我国经济发展遇到的一系列矛盾和国际形势变化，近年来经济下行压力较大，结构调整阵痛显现，企业生产经营困难增多，部分经济风险显现，加上全球经济不振，复苏疲软态势未变，国际市场景气较差。这表明随着新阶段的到来，而不能还停留在原来的认识上；然后要谋划新的对策方略。但总的基本面未变，我国仍然处于重要的战略机遇期，只要采取转变发展方式等有针对性的有力措施，完全可以获取高度的主动权，促进经济上新台阶和引领世界经济。所以，我们只要把握这一进程的辩证法，就一定能顺应经济规律，充满大步前进的自信心，而不受各种杂音干扰。

二 “新常态”阶段的核心是提升经济质量，以质量带速度

从生产力发展的历史过程看，它的数量扩张与质量提升总是连在一起的，是统一的事物的两方面。但有时侧重于数量扩张，主要是同一质下量的增长；有时侧重于质的提高，主要是一定同质的量达到饱和程度后需要新的突破，新的先进生产力促进经济跃升；有时质量提升与量扩张同时进行，又好又快发展。这几种状态的转换，呈现出阶段性发展。客观态势转换是不以人的意志为转移的。在社会主义制度产生以前，生产力质与量的形态转换是完全自发的，在资本主义制度下以经济危机形式呈现出来。社会主义经济下则带有一定的自觉性，但不能完全取代客观的转换趋势，如果以主观强势硬去改变客观行程，像计划经济体制下有时呈现的“唯意志论”那样，也会造成严重后果，苏联和我国发展史上都有过这类教训。近几年我国出现了部分产业产能过剩，不平衡性凸显出来，面临调整的任务。解决矛盾的正确方法是顺势而行，在“号准脉”的前提下发挥主观能动性，即在尊重市场在配置资源起决定作用的前提下正确发挥宏观调控的作用。现在面临向新常态的转换，必须把客观与主观统一起来，准确地把握新阶段的发展趋势。

“新常态”阶段的特点和要求很多（中央经济工作会议概括为 8 点），而最核心的是提高经济质量，以质量带动速度。像中央经济工作会议要求的那样，稳中求进，以提高经济发展质量为中心，保持发展速度在合理的区间，也就是高中增度，增长率约在 7%—8% 区间。对于这种态势人们尚不习惯，西方的一些人则在一旁故意吹冷风，敌对势力甚至有一种幸灾乐祸的心态。实际上，这样的看法、心态都大错特错，认真科学地分析，可以清晰地辨明如下问题。

第一，年递增 7%—8% 的发展速度，在现在世界上仍然是领先的。国际金融危机以来，全世界 GDP 增速一直在 2% 上下波动，西方世界大体为 1%，有一些国家出现负增长，日本更明显，美国实力较强，现在刚刚恢复到 3%。一向发展较快的新兴市场国家增速在 5% 左右。中国作为世界第二大经济体，增

速能保持在7%—8%，仍然处于领跑全球经济的地位。须知，中高速不是低速，也不完全是中速，而是中等的高水平，属于高速范畴，仍然是西方国家望尘莫及的。好比马拉松长跑，有时会有百米短跑快速，但大部分时间是持续的高中速度。

第二，算绝对量，新常态年均增长仍高于我国高速增长时期。我国经济从2000年到2010年，GDP由11万亿元增长到40.15万亿元（其中有汇率变动因素），换成美元约为1.2万亿美元到约为6.5万亿美元，每年平均增长0.48万亿美元。而现在以2011年为起点，只要保持7%以上的速度，10年经济总量就可翻一番，到2020年GDP接近20万亿美元，年均增长约1万亿美元，人均接近1.5万美元，等于前11年的2倍，20年后再翻一番。这种中高速增长可谓我国发挥优势的常态，超过美国是有望的。应当认识到，这是自然规律与经济规律的双层规制，不能老是以追求过高速度而损害可持续发展，必须追求扎实高效、无水分的GDP。

第三，高质量的GDP更实在。邓小平强调："提高产品质量是最大的节约。在一定意义上说，质量好就等于数量多。"[①] 这个道理很深刻，也很通俗。就拿灯泡相比，低质量的一个能用3个月，高质量的可用3年，1个顶12个，还不算节约的能源与环境消耗。仔细分析GDP构成，同量的GDP其成本和实惠是不一样的。如大拆大建，拆可算入GDP，建又算入GDP，到头来是数字空转。一项大工程质量好，可运转百年；质量差，十几年、几年就坏了，我国有些公路就是如此。这样算，低质量的GDP是最大的浪费，高质量的GDP是最大的节约，质量就变成数量。在市场上名牌可以高价，低档产品不值钱。我们必须树立高质量、高效益的GDP观念，克服笼统以GDP论英雄的旧意识。

第四，提高市场竞争力比增加数量更重要。现在是市场经济，没有竞争力的产品还不如不生产。竞争力主要靠的是产品质量和品牌。现在我国产品基本上还处于国际分工产业链的末端，还受制于人，收益较低。从国际市场的趋势看，竞争的新局面是产业链竞争，而引领产业链是高质量的产品，包括拥有知识产权、能够参与制定标准的企业优质产品。如果能以质量居于产业链高端就有主动权，决定价格和走势；如果处于低端，则等于给别人打工，收效甚低。这样会影响GDP的质量和国家的综合实力。

第五，我国经济发展不平衡的状态反映了经济发展质量中的矛盾。以空间结构而论，东中西三部分差距较大，城镇化率比较低，尤其是中西部地区，收入差距突出的问题还未解决。就消费能力而言，我国多数居民的水平总体较低，

---

① 《邓小平文选》第2卷，人民出版社1994年版，第30页。

人均 GDP 刚刚进入世界的 100 名之内，比较低收入的人群占 40%，还有几千万贫困人口，同工同酬问题也未解决，导致国内市场容量总体比较狭窄。这同长期积累的收入分配差距有直接关联。邓小平晚年担心的两极分化危险，至今尚未从根本上解决，分配改革方案迟迟定不下来，实施起来就更难。这些必然对经济增长拉动乏力。

第六，我国已经在资源、环境上欠账太多，需要用高质的发展加以弥补。从世界历史看，发达国家实现现代化，只解决了世界 15% 人口的问题，却占用了全球 50%—60% 的自然资源。中国人口占世界的 20% 以上，除煤炭和个别金属元素外，其他资源均存在不同程度的短缺。石油、天然气人均占有量是世界平均水平的 11% 和 4%，耕地、淡水、森林只有世界平均水平的 1/3、1/4、1/5。目前石油、天然气进口量达 60% 以上，铁矿石进口量达 50%。人多资源少，不转变经济发展方式，将无法持续，而许多技术又受国际垄断资本牵制。现在我国消费的大生态环境，几近面临灾难，大气污染使人们少见到蓝天，PM2. 5 等直接威胁到人民的健康，而且越是经济发达的地区大气污染越严重，京津冀首当其冲，长江三角洲、珠江三角洲乃至中西部很多地区（如山西、河南、陕西）大气污染也有加重趋势。由此造成的发病率大大升高，这不能不说是大自然的报复。从根本上改善，需要优化能源结构和利用方式，消费和供给就连接起来。以分布式电网支撑用太阳能发电（光伏）和发展生物质能源便是通道之一。再如，消费用水存在严重的污染和缺水现象。水和空气、阳光一样，是人们生存的最重要的物质。但我国水污染相当严重，七大流域都成 V 类水。地下水被污染的状况也很突出，有的农村也无法饮用井水，而且日益枯竭。许多湖泊富营养现象严重，连鱼虾都无法养殖。现在的污染已扩及近海。我国本来是水资源稀缺的国家，人均占有水量只有世界人均的 1/4，但由于开采、使用过度水资源进一步锐减，有 2/3 的城市缺水，其中七大城市严重缺水。将来水危机可能比粮食危机还要紧迫，后果更为严重。如能实现水资源净化、节约、循环利用，普建储蓄雨水设施，南水北调西线工程尽快上马（解决北方大部分地区缺水问题），又可使消费与供给连接起来。复如，由于农业面源污染、水污染和一些经营者不法行为，造成令人担心的食品安全问题。这些年来，过度使用化肥，农业以及一些工业企业加工流通方面的污染，特别是重金属污染，使得粮食、蔬菜、肉蛋奶鱼及其许多加工品，存在不同程度的危害健康成分，个别地方食后接近中毒。不少城市居民反映，现在简直不知什么能吃？与此相关的是药品、保健品安全问题也相当普遍，威胁人民生命安全。另如，市城乡环境治理相当滞后。城内村内处处垃圾成堆，城外村外边边垃圾成山。据统计，仅城市垃圾每年就达 3 亿多吨。垃圾分类讲了多年，成效甚微，而垃圾的掩埋不仅占用了大量土地，而且造成二次污染、地下水污染。与此同时，垃圾的“制造”达到“道高一尺，魔高一丈”的程度。其中建筑垃圾更是清不胜清，不仅大量的资源被浪费，又造成许多污染事故和社会问题。但大拆大建的“拆迁经济”却继续制造GDP政绩。这同社会主义宗旨是不相容的。如能循环利用，则又把供需双方连接起来。

第七，必须重视质量、效益、数量与家底的关系。我国虽然经济总量居世界第二，但这算的是当年的账，比起西方国家来，我们的家底还比较薄弱。因为家底不是一年积累的，基础建设、国家和个人的积蓄要多长积累。以日本而论，虽然GDP已经退居第三，但却有雄厚的家底，包括基础建设、国防建设、技术创新设备和人才队伍的质量数量。我们要在世界领先，不仅靠一年的GDP数量，还要有雄厚、扎实的家底，这是经济质量的一个重要标准，也是持续发展的根基。

以上分析表明，优质胜于多量，优质带动高速。优质能够开拓更大的空间。在常态化阶段必须集中力量抓质量提升，带动GDP中高速增长。这种高质的中高速比高速低质，大大增强国家的综合实力，在实现全面小康目标中更重要，更能提高效率，增加财富总量，使我国的家底更加雄厚。

三　“新常态”阶段必须充分发挥科技的决定作用

“新常态”既然带有部分质变特征，我们的经济发展方式、工作方式、作业方式以及经济学范式也要相应发生部分质变，迎接新挑战，适应新形态。当然这是一个系统工程，这里仅就科技发表几点看法。

习近平总书记指出：“改革开放以来，我国经济社会发展取得了举世瞩目的成就，经济总量跃居世界第二，众多主要经济指标名列世界前列。同时，必须清醒地看到，我国经济规模很大，但依然大而不强，我国经济增速推动经济增长和规模扩张的粗放型发展方式是不可持续的。现在，世界发达水平人口全部加起来是10亿人左右，而我国有13亿多人，全部进入现代化，那就意味着世界发达水平人口要翻一番多。不能想象我们能够以现有发达水平人口消耗资源的方式来生产生活，那全球现有资源都给我们也不够用！老路走不通，新路在哪里？就在科技创新上，就在加快从要素驱动、投资规模驱动发展为主向以创新驱动发展为主的转变上。”① 形象地说，容易吃的肉都吃完了，现在要啃骨头。干瓷器活要有新的金刚钻，就是邓小平早就说过的，靠“第一生产力”。

① 习近平：《在中国科学院第十七次院士大会、中国工程院第十二次院士大会上的讲话》，《人民日报》2014年6月10日。

这符合生产力发展的规律及与之相应的人类认识的规律，我们应当有高度的自觉和担当。

（一）要自觉地把“第一生产力”摆在“第一位”

从人们口头上说的话听，似乎已经认识到科技的重要性，但在实践中往往把它放在次要位置，比如认识上仍存在许多偏颇，且不说散布新自由主义的人有意借机散布市场原教旨主义企图搞私有化的错误思潮，即便在具体思路上也有一些值得商榷的见解。主要表现为：（1）重数量扩张，轻质量提升；（2）重供给发力，轻需求拉动；（3）重外延式增长，轻内涵式发展；（4）重新建企业数额，轻助其茁壮成长；（5）重传统要素配置，轻科技创新引领；（6）重眼前应急措施，轻长远可持续发展；（7）重西方经济“规律”（教条），轻遵循自然规律（特别是生态）。这就容易脱离中央强调的以提高质量和综合效益为主题、大力转变发展方式的轨道，乃至以新的形式回到以GDP论英雄的老路。对此，需要认真总结经验，从深层认识科学技术力量是无穷无尽的，并摆在经济工作的第一位，用这把钥匙打开新常态的新锁，切不能顾左右而言他。须知，科技跨越式发展比一般经济力量易于实现，尤其是次发达地区。

（二）切实增加研发投入

我国研发投入刚刚达到GDP的2%，与第二大经济体的地位不相称。很多人对其他地方的投资比较大方，但对研发投入却十分小气，似乎它一时看不到摸不着，尤其不能马上显示形象工程的效应。这是一种近视症。实际上，科技投入得当能够发挥爆发性功效，并且长期起作用。华为、海尔便是有力的例证。有眼光的政府官员和企业家都应拥有“第一生产力”的敏锐眼光，宁肯其他方面省一点，也要多在科技上投资，支持它有重大突破，尤其是中西部地区和大企业，争取在近年内构成创新型经济和科技型企业，拿出科技含量高的产品占领国内外市场。这是提高经济质量的捷径。

（三）集中精力发展科技支撑的新兴产业

所谓新兴产业，就是科技创新的产业，有别于传统产业，如智能化制造、信息产业、生态型能源等。传统产业的提升，也可能变成新兴产业，如环保产业中的垃圾处理、水治理、生态农业等。在社会越来越重视健康的形势下，面对人民生活更高的要求，提升传统的食品、服装、交通等产业，也会方兴未艾。高质量的药品则更紧迫而畅销。这些事例不胜枚举。有的虽不能一时见到经济效益，但却有长远的功效，特别是环境治理、环境保护，对科技和投资的要求高，但它是我国可持续发展的根本大计，是长治久安的主要保证。所谓调整结构，关键就在于运用科学技术发展新兴产业，提升传统产业，增强市场的竞争力。我国目前的技术水平已经能够承担国际大工程建设，如厄加拉瓜开凿大运河，巴西、泰国、巴尔干等的大铁路。高铁已成为我国的品牌。

（四）积极探索和善于选择产业新业态和企业成长新形式

现代科技的发展，尤其是信息技术的高端，出现许多新的业态，如虚拟市场、虚拟银行、虚拟企业，资源配置往往超出区际国界，必须超前探研和学会利用。企业生成与成长路线有了重大变化，其路线图一般为：基础研究——技术开发——中间试验——企业孵化（商品化）——规模扩张。许多新兴产业的崛起大都是利用原有基础，逐步经过孵化而展开的。原有传统产业的改造更是如此。以科技为支撑的新兴生产服务业和消费服务业就是实例。我们应当更多地利用这个原理培植高成长型企业，充分发挥高科技试验区的示范作用，更加注重利用科技创新走以内涵式为主的发展路径，克服重外延、轻内涵的偏向。科技自身的创新也要更多地利用产学研金政的联盟，发挥集成优势。

（五）优化资源配置、宏观调控的机制系统

通过全面考察，我们倡导在资源配置中发挥市场决定作用和更好地发挥政府作用中加上科技元素，突破原有“两只手”的理论框架，构建和完善“政府主导（方向）、市场主配（微观配置资源）、科技主引（引领未来）”的三元机制系统（简称“两手一脑”），创立有中国特色的社会主义新型资源配置、宏观调控理论和机制体系。具体运作制度、途径、方法可在实践中逐步探索，使之更加科学化、现代化。

当然，特别是要注重在重点领域全面深化改革。重视科技不是忽视其他生产要素，而是改变原有思维定势，让“第一生产力”引领整个经济发展，这是在新常态阶段的一个基本要求。我们认识客观上的“部分质变”的趋势，主观意识也应当随之有个大的“部分质变”，站在实践活动的前端引领经济建设的实践。

四　按照“特殊”规律深化改革、排除干扰

在新常态下，改革进入深水区。这也属于“部分质变”。就是必须继续深化社会主义市场经济的改革方向，在完善的法律框架中理顺关系，扫除阻碍生产力发展的一切羁绊。这里重要的是排除新自由主义的层出不穷的干扰，特别是进一步泛化市场原教旨主义的新动向。

对社会主义市场经济的认识是争论的逻辑起点，一些人有意把“社会主义”省略掉，往往拿着抽象笼统的“市场经济”作为认识问题的出发点和归宿。他们的逻辑是以此人为地构筑一个以个人私利为核心的自由“市场化”的“产业链”：往前延伸至生产关系全部，取消公有制；往后延伸到上层建筑，用市场取代思想领域和政治领域，同时横向延伸到对历史时代的认识，以忽悠整

个世界。就是说，由“市场万能”编造一大串神话，派生出一系列“中国化”的新自由主义论点，不仅以此改变我国基本经济制度，实行私有化，而且泛化到思想领域、政治领域，贩卖所谓“思想市场”、“政治市场”等货色，进而改变我国政治制度和马克思主义主导地位。甚至不惜歪曲邓小平关于市场经济的论述，妄图用自由化的“市场化”纲领使中国全面“西化”。这涉及马克思主义最根本的经济学说。

诚然，中国实行市场经济体制，是对科学社会主义理论的重大发展。但是，必须明确，市场经济并不是马克思主义经济学的全部，也不是最根本的部分。马克思主义认定生产力与生产关系是社会主义经济最深的根基，而生产关系（主要是生产资料所有制）是经济基础的核心，决定着上层建筑的性质。市场经济（或商品经济）是一种交换方式，它附着于不同的经济制度，其性质取决于生产方式，即使它成为资源配置的主要方式还仍具有不同的社会属性，区分为资本主义市场经济和社会主义市场经济。所谓社会主义市场经济，乃是社会主义基本制度与市场经济结合，市场经济是当作一种方法为一定社会制度服务。这是符合历史和现实的。我国确立了社会主义体制，并不意味着取代马克思主义经济学的根基，而必须始终保持鲜明的社会主义性质。

邓小平提出社会主义市场经济理论，并未改变而是创新了马克思主义的基本原理。他说“社会主义市场经济的优越性在哪里？就在‘四个坚持’”，“‘四个坚持’是成套设备”。[①]“四个坚持”就是坚持社会主义（经济制度）、共产党的领导、人民民主专政（即中国化的无产阶级专政的政治制度）、马克思主义毛泽东思想（主导意识）。邓小平称之为“成套设备”，就是社会主义经济基础和上层建筑的完整系统。中国的市场经济就在这个框架中运行的：首先，它以公有制为主体、多种成分并存的经济制度为根基，决定它为社会主义服务；同时，它受社会主义上层建筑系统规导，并且与社会主义政府宏观调控结合，随时纠偏，保证沿着社会主义正确方向运行。这样才可以发挥社会主义市场经济的优势，避免滑向资本主义市场经济及其发生的各种弊端。

党的十八届三中全会提出，充分发挥市场在资源配置中的决定性作用和更好地发挥政府作用，这无疑是对社会主义市场经济理论的新提升，但这不违背马克思主义经济学的基本原理。习近平同志多次强调它的社会主义性质，而且说市场“决定作用”是有限制的，既不是配置资源的全部，也不是经济生活的全部，更不允许扩展到思想领域和政治领域。党的十八届四中全会关于依法治国的《决定》，恰恰是发展了邓小平“成套设备”的思想，将其变成完整的、

---

① 《邓小平年谱（1975—1997）》（下），中央文献出版社2004年版，第1363页。

成套的法制，作为社会主义上层建筑的重要“成套设备”，更全面更具体地规导社会主义市场经济运行。这种使中国市场经济“定型化”的方式，就是将市场经济放在中国特色社会主义制度大框架内运行，既充分释放活力，又不能越出社会主义之轨。从依法治国的《决定》看，对于管理市场的规定是十分具体的，既发挥它的积极作用，又抑制它的消极因素，而不是让其消极面“横流”。所以，不能把社会主义市场经济理解为资本主义自由主义经济，更不能成为推进私有化的温床。

为此，不但要研究市场的一般规律，更要研究社会主义市场经济的特殊规律。这就是：在社会主义全面治理的框架内和公有制为主体的基础上，充分发挥市场配置资源的决定性作用和更好地发挥政府的作用，最大限度地利用市场正能量、抑制其负能量，使之协调、稳定地运行，并与科学技术结合，获取最大的综合效益，为发展社会主义生产力、实现共同富裕服务。如果让资源配置机制更加科学化、现代化，我们认为还应加上科技元素，构建“市场主导（方向）、市场主配（微观层面）、科技主引（引领）”的三元机制。

至于把市场经济泛化、推广到上层建筑领域，编造出“思想市场”、“政治市场”的概念，更是荒唐至极。三者属于不同的领域，各自的生成基础、组成要素、社会职能、运行方式、演化形态、代谢规律、应守规则等有着迥然不同的差异。把市场概念全盘搬到后两个领域，犹如将生物的生存竞争规律搬到人类社会中一样庸俗、肤浅、荒谬。有人把这解释为上层建筑反映经济基础，也是根本站不住脚的。市场只是经济的一部分，又不是决定社会经济制度的主体（主体是生产资料所有制）。况且，上层建筑并非复制式地直接反映经济基础。他们虚构出“思想市场”、“政治市场”的幻境，真实目的在于更广泛地推行自由主义，改变马克思主义意识形态领域的主体地位和人民民主专政的基本政治制度。实际生活中，任何一个社会制度中也不存在纯粹自由的意识形态和政治制度，美国的新闻自由、言论自由、信仰自由都被严格限制和扼杀，斯诺登已作了充分揭露；其资产阶级民主的虚伪性已被其国内的许多事件所证实（如镇压占领华尔街运动、杀害黑人引起的反抗运动等）。本质上这些自由都是少数富人的自由（有钱能使鬼推磨，如美国富人巨头有金融极和垄断交易的自由，甚至有制造和销售杀人武器的自由），广大贫苦人民并没有真正的自由。

从历史行程上看，社会主义制度的一个重要特点是上层建筑保持对经济事业的领先性。因为公有制经济不能在旧社会胚胎中自发地产生和成长，必须靠先进的上层建筑保证它在新社会育成、壮大，这与工人运动不能自发地产生社会主义意识，必须从外面灌输是一个道理。列宁说：“政治是经济的集中表现”[①]，“政治同经济相比不能不占首位”[②]。毛泽东强调：“政治工作是一切经济工作的生命线。”[③] 习近平同志进一步将这个原理同社会主义市场经济结合起来。他说：“坚持党的领导，发挥党总揽全局、协调各方的领导核心作用，是我国社会主义市场经济体制的一个重要特征”，“我们坚持和发展我们的政治优势”[④]。正如党指挥枪不能枪指挥党一样，只能党主导市场，不能让市场主导党。所谓思想市场、政治市场，就是让自由化市场主导我们国家的思想领域、政治制度，以市场原则改变党的性质、取消党的领导和政治优势，使社会主义市场经济乃至社会主义国家变质。

习近平同志明确指出，文艺不能当市场的奴隶，不能沾满了铜臭气。这完全适用于整个意识形态领域和政治领域。如果说有些文艺作品还有商品属性的一面，那么意识形态和政治体制则根本不属于商品的范畴，决不能把思想、政治变成赤裸裸的金钱关系。如将其当作商品去自由泛滥和交易，那只能是一种欺骗。在社会主义社会里，则要冲销马克思主义意识的主导地位和作为经济集中表现的社会主义政治制度的主导作用，从根本上全面背弃社会主义轨道。按照社会主义发展规律尤其是中国特色社会主义实践经验，马克思主义意识形态和人民民主专政政治制度，恰恰应当走在经济生活的头里，更好地发挥思想政治优势，方可保证社会主义事业长治久安、日益昌盛。

---

① 《列宁选集》第4卷，人民出版社2012年版，第407页。
② 《列宁选集》第4卷，人民出版社2012年版，第407页。
③ 《毛泽东文集》第6卷，人民出版社1999年版，第449页。
④ 《习近平谈治国理政》，外文出版社2014年版，第118页。

坚持和完善我国社会主义基本经济制度

宗　寒

【作者简介】 宗寒，郑宗汉的笔名，山东章丘人。曾在上海社会科学院经济所、上海市政府、中共中央华东局工作；后调红旗杂志社，曾任经济部副主任、主任，求是杂志社经济部主任，编审，现为求是杂志社编审、研究所研究员，享受国务院政府特殊津贴。主要研究社会主义现实经济问题，著有《国有经济读本》、《国企改革30年亲历记》、《脑力劳动经济学》等十几部专著和几百篇理论文章。

这些年来，我国体制改革不断深化，国有企业管理体制、金融体制、投资体制、对外贸易体制、公共福利设施管理体制等都进行了不同程度的改革，取得了明显成效，但体制上仍存在不少问题需要解决。尤其是关系坚持和完善中国特色社会主义基本经济制度方面的一些问题，需要引起特别重视。进一步巩固和完善中国特色社会主义基本制度，是调动13亿人口的积极性和创造性，促进我国社会生产力更好更快发展，实现中华民族伟大复兴的根本性因素；也是改革的目的和核心，其他方面的改革都是与这一基本目标相联系的。深化改革，进一步消除基本经济制度方面那些阻碍生产力发展环节上的问题和矛盾，才能更好地促进社会发展。

一

公有制为主体、多种所有制经济共同发展的基本经济制度，是中国特色社会主义制度的基础和标志，决定着我国社会的性质和我国社会生产力发展的目的、方向、速度和未来。巩固和完善中国特色社会主义基本经济制度，是巩固和完善我国社会主义制度，促进我国社会生产力发展，提高人民生活的根本性因素，其他方面的改革是无法取代的，其重要性远大于其他方面的改革。

习近平总书记说："只有社会主义才能救中国，只有中国特色社会主义才能发展中国"，"中国特色社会主义，承载着几代中国共产党人的理想和探索，寄托着无数仁人志士的夙愿和企盼，凝聚着亿万人民的奋斗和牺牲，是近代以来社会发展的必然选择。"①

生产资料所有制是任何社会存在和发展的基本问题。公有制为主体、多种所有制共同发展的社会主义基本经济制度，是我国坚持中国特色社会主义的基石。公有制为主体，是我国广大人民当家作主、消灭剥削，建立社会主义制度的根本标志。坚持公有制为主体，劳动者把关键生产资料掌握在自己手中，而不再为资本所有，才能建立分工合作、共同劳动的人与人间的社会主义性质的关系，根据自己意志、愿望和利益，来支配、使用生产资料，摆脱遭受剥削的状态，为自己谋利益；才有条件从全局出发，将当前利益与长远利益、局部利益与全局利益结合，集中力量办大事，抓关系国计民生、关系全局发展的关键事业，满足社会发展的基本需要，促进社会整体发展；按劳分配才能成为分配的主体，逐步实现共同富裕，防止两极分化。公有制主体地位，也是社会主义上层建筑的基础。公有制为主体，社会主义精神文明才能蓬勃发展，促进社会主义事业全面发展，不断前进壮大。

公有制为主体，国有经济控制掌握经济命脉，对于发挥社会主义制度的优越性，增强我国经济实力、综合国力、民族凝聚力，把我国建设为社会主义强国，具有重大作用。一个国家的建设发展需要具备许多条件，重要条件之一是要首先抓好关键核心产业。抓好关键核心产业，才能引领时代发展，带动整个国民经济发展，促进社会全面发展，否则社会发展缺乏主心骨，是发展不起来的。抓好关键核心产业建设，抽象地看，一切力量包括私有制经济都能完成，但我国原来底子薄，私营经济弱，私营经济不可能也无能力担负起这一任务。这一重大任务，只有国有经济能够承担；国有经济具有这样的职能和作用，也具有这样的能力。国有企业有自己的利益，也要盈利，否则就不可能扩大生产，进一步发展壮大；但它是代表国家整体利益的，生产经营必须把国家利益和全局利益放在首位。根据国家发展的需要，发展研究社会发展最重要和具有全局性的东西，抓关键核心产业先导产业建设，是它的第一位任务。它们也有能力

① 《习近平谈治国理政》，外文出版社2014年版，第8页。

完成这一任务。新中国成立以来，我国就是主要依靠国有经济发展起了第一批关键产业，建立起了我国的社会主义经济基础。我国工业总产值由1949年的140亿元，增长到1978年的4067亿元，增长了上千倍，国有经济的贡献占80%。现在我国物质基础增大，非公有制经济已发展起来，非公有制经济也能承担国家重点建设项目，但仍然需要进一步发挥国有经济的作用，才能更好地发展我国关键核心产业。因为只有国有经济才能发挥集中力量办大事的作用，它有能力也有责任发挥这样的作用。这方面的任何疏忽，都将遭受重大损失。

坚持公有制为主体，国有经济为主导，是保证我国社会主义事业沿着正确方向发展的重要前提。一个社会健康发展，关键核心事业首先要健康发展。关键核心事业健康发展，就能把整个社会事业带动起来，促进整个社会发展；否则，其他方面再怎么发展，也无法代替核心事业发展的重要性。

坚持公有制为主体，国有经济为主导，是实现按劳分配为主体，逐步实现共同富裕，防止两极分化的重要保证。公有制和国有经济坚持按劳分配原则。公有制为主体，国有经济为主导，才能实现全社会范围的按劳分配为主体；否则，实现按劳分配为主体，实现共同富裕是不可能的；不坚持按劳分配为主体，不走向共同富裕，就难以防止两极分化。

坚持公有制为主体，国有经济为主导，也有利于非公有制经济发展。公有制和国有经济不仅可以引导非公有制经济发展方向，制约它为追求利润盲目发展的某些弊端，而且能够在物质基础、资金、发展方向等方面以强大支持，引导和支持它们发展。事实上，我国相当大部分非公有制经济就是在国有经济支持下发展起来的，许多非公有制企业是由国有企业转化而来的。如果国家银行不给予贷款，开辟市场，提供人力资源和物质资源，许多非公有制经济是发展不起来的，发展起来也不可能成长壮大。

在坚持公有制为主体的同时，我们毫不动摇地支持、鼓励和引导多种经济共同发展。我国人口多，底子薄，地区发展不平衡，目前并将长期处于社会主义初级阶段，因而必须支持、鼓励和引导多种所有制经济的共同发展。这样才能调动各方面的积极性致力于扩大投资，扩大生产，扩大就业，增加税收，促进社会生产力发展，满足各方面的复杂需要，使中国特色社会主义事业不断发展壮大。

实践表明，公有制为主体、多种经济共同发展基本经济制度完全符合我国国情，符合我国社会发展规律和广大人民的根本利益，是我国进一步发展的根本保证，必须长期坚持。

我们要防止削弱、轻视公有制为主体，与那些认为私有经济发展越多越好，越大越好的私有化倾向作坚决斗争，同时反对轻视发展多种经济共同发展的想法和做法，这两种倾向都将对我国社会发展带来巨大破坏。

二

改革开放以来，我们对国有经济和集体经济进行了不断深化的改革和调整，国有经济和集体经济的管理体制有了重大变化。原有高度集中的计划经济管理体制和公有制一统天下的局面已彻底打破，中央与地方分级管理、宏观管理与微观搞活动的局面得到确立，国有企业成为面向市场自主经营、自负盈亏的相对独立的商品生产者和经营者。落后亏损的国有企业已全部淘汰，绝大部分国有小企业已转化为非公有制企业。国有大中型企业向关键领域集中，新成长起一批具有实力的国有大型企业。100个国有大型骨干企业由国务院国资委代表中央统一管理，其余10多万个国有企业由地方管理。企业有了投资、建设、布局、生产的自主权。国有资产有长足增长。1978—2012年，国有资产年均增15.6%，权益年均增13.2%，营业收入年均增13.2%。2003—2011年，国有企业所有者权益从8.36万亿增长到49.97万亿，营业收入从8.5万亿增为39.2万亿元，利润从3786亿增为1.94万亿元。2011年底，国有资产总额达到85.37万亿，所有者权益达到29.17万亿元，分别相当于2003年的4.3倍和3.5倍。中央国有企业资产总额28.04万亿，所有者权益10.64万亿，分别相当于2003年的3.4倍和3倍。1978年以来，国有企业实现利润年均增11.7%，上交税年均增13.2%。国有企业产值贡献占20%，上交税占38.4%。规模以上国有工业企业每百元主营业务的收入税相当于私有企业和外资企业的2.5倍和3.5倍。国有企业总体规模增大，实力雄厚，集中了大批高级工程师、技术工人和优秀领导者，是国民经济名副其实的支柱和技术进步的主导力量。

但整个管理体制包括国有经济管理体制仍存在一些问题和矛盾需要解决。主要是：有人诋毁公有制特别是国有制，提倡私有化，造成国有资产流失，致使公有制比重和控制力不正常下降，影响到作为社会主义基础和宏观调控支柱的主体地位，公有制主体地位受到威胁。

（一）公有制主体地位削弱，出现由非公有制经济取而代之的趋势

公有制在全社会总资产中所占比重，由2003年的57%，2006年的48.6%，2008年的35.2%，下降为2011年的26.9%，目前的25%。其中国有资产占22.2%，集体经济占4.7%。非公有制经济所占比重，由2003年的42.8%，2006年的51.2%，2008年的64.2%，上升到2011年的73%。其中私营经济占45.7%，外资经济占25.1%，个体经济占2.2%。私有外资企业的资产已超过国有企业。2010年，非公有制经济的资产比公有制高1.7倍，其中私营经济比国有经济高1.1倍，外资经济比国有经济高13%。

从三大产业看，第一产业中，国有经济仅占3.9%，家庭联产承包制占63%。第二产业中，公有经济资产仅占27.6%（国有24.8%，集体2.8%），非公有占72.2%。第三产业中，公有制仅占24%（国有21.7%，集体2.3%），非公有占到75.9%（私营51.8%，外资21.3%）。

（二）国有经济控制力和支柱作用严重削弱，非公有制在绝大多数重要部门已居控制地位

公有制为主体要求，国有经济在关系国民经济命脉的重要行业和关键领域必须占支配地位。但目前我国40个主要工业部门中，居控制地位的国有经济只有石油及天然气开采业、石油加工业、电力工业、水生产供应业和烟草工业等5个行业（石油和天然气开采业国有及国有控股企业的产值占94.7%，石油加工业占70.3%，电力业占91.7%，水生产供应产值占64%，烟草业占99.3%）。居相对控制地位的有煤炭开采业（产值占59.1%）、电力机械制造业（占46.4%）、燃气生产供应业（占43.4%）3个行业，其余31个行业全部为非公有制经济控制并居主体地位。在建筑业和第三产业中，公有制经济早已下降到不足20%。

我国处于社会主义初级阶段，非公有制经济具有发展的必然性和必要性。非公有制经济在各领域中健康发展有利于整个国民经济发展，在许多领域占控制地位也不影响公有制主体作用。但在许多关系国民经济命脉的重要行业和关键领域居控制地位，国有经济占的比重这么低，失去控制地位和主体支柱作用，不利于国民经济发展。

有些行业对国民经济发展十分重要。像化学原料及化学制品业，国有控股企业产值只占19.9%，医药制造业只占12.6%，通用设备制造业只占5.7%，专用设备制造业只占15.4%，交通运输设备制造只占24.3%，通信设备计算机制造业只占8.9%，有色金属工业只占27%[①]，不能说是正常现象。

有一些行业看起来不属于国民经济命脉，但与农业发展和人民生活息息相关，由谁经营主导，影响很大。像农副产品加工业，2009年产值2.79万亿元，其中国有企业仅1509亿元，仅占1.7%，加上集体企业也不到3%，几乎完全由外资和私有企业占领，对农业发展和农民生活提高是不利的。

外资控制了我国近一半行业。在我国28个主要产业中，外资对20个产业拥有资产控制权。其中绝对控制的有9个行业，相对控制的11行业。一些产业未完全控制，但控制了一些产业排前5名的企业。目前我国公有制资产在社会总资产中所占比重已下降到只有26.9%（2011年），其中国有经济仅占

① 以上根据《中国统计年鉴》（2010）第508、509、518、519页计算。

22.2%，集体经济只占4%。而非公有制经济已上升到70%以上（73.1%），其中私有经济占45.7%，外资经济占25.1%。私有外资经济已超过国有经济，私有经济比国有经济高1.1倍，外资经济比国有经济高13%。非公有制经济以高于公有制1倍以上的速度发展，公有制发展落后于作为国民经济主体的要求，国有经济的支柱主导作用削弱。目前，在全国40个主要部门中，国有经济仅在五六个部门居控制主体地位，其余占80%的30多个部门都由非公有制经济控制了。

由于公有制主体地位削弱，国民经济发展中出现了一些本来可以避免的矛盾：盲目投资，产能过剩；消费与投资比例失调；收入分配不公，收入差距扩大加剧；环境污染严重。这几个问题是联系在一起的。社会化大生产与生产资料私人占有是资本所有制的基本矛盾。私有经济不顾一切追求利润，盲目投资，必然带来重复建设，产能过剩，环境恶化；无偿占有劳动者的剩余劳动，占有部分再转化投资，必然带来消费萎缩，投资膨胀，收入两极分化。坚持公有制为主体，加强对非公有制经济的支持和引导，才能使这些矛盾得到解决。

因此，深化改革必须从坚持和完善社会主义基本经济制度这一根本问题入手，在坚持公有制为主体、多种经济共同发展上下功夫。要坚持公有制为主体不动摇。公有制在整个国民经济中必须保持足够的比重。适应国民经济发展的要求，公有制的比重经过调整改革适当下降一些是应当的；各地情况不一样，比重也不要求一律，但下降应有一个限度和前提，就是不能影响公有制的主体地位和国有经济的主导作用。国有和集体所有的资产在社会总资产中应占优势；国有经济必须控制经济命脉，对国民经济发展起主导作用，对关系国民经济命脉的重要行业和关键领域，占支配地位。这样才能保证社会生产关系的社会主义性质和生产力发展方向，保证国民经济沿着社会主义现代化要求发展。

三

改革发展中必须坚持注意的几条原则。

（1）坚持公有制经济为主体与多种所有制经济共同发展两个“毫不动摇”。

公有制为主体和多种所有制共同发展在我国都具有存在和发展的必然性，在社会主义初级阶段的长时期内，我们必须坚持公有制为主体不动摇，坚持鼓励、支持和引导多种所有制经济共同发展不动摇。我国是社会主义国家，必须坚持公有制为主体。任何时候都不能动摇公有制经济的主体地位，动摇了生产资料公有制，就动摇了社会主义的经济基础，也就谈不上社会主义了。同时，必须坚持多种所有制经济共同发展，积极鼓励和引导非公有制经济健康发展。不能只强调前者而不讲后者，也不能只强调后者而不讲前者，否则都会脱离社会主义初级阶段的实际，都不利于生产力的发展。

做到这两个“毫不动摇”，要防止两种错误倾向和片面性。一种错误倾向和片面性是忽视和排斥非公有制经济发展，把非公有制经济看成不利于社会主义发展的东西，搞单一的公有制；事实证明这种做法是不符合中国实际的，会阻碍生产力发展。另一种错误倾向和片面性是反对以公有制为主体，企图以私有制代替公有制为主体地位。这样做必将动摇社会主义经济基础，瓦解社会主义，更会阻碍生产力的发展，使社会发展陷入倒退混乱状态。

在整个社会主义初级阶段，我们都要注意防止上述两种片面性，但现阶段更要注意防止后一种片面性。我国社会主义制度虽然已经表现出了它的巨大优越性，但毕竟建立起来还不太久，还不能说是很巩固和完善的。有些人宣扬私有制的优越性，诋毁社会主义公有制的优越性，不断提出各种主张，力图把我国拉上私有化道路。他们有意回避历史，只讲资本的重要性和进步性，不讲资本主义原始积累的血腥过程，不讲每一元的资本积累都沾满了无产阶级的血，殖民地、半殖民地人民的苦难；他们有意掩盖现实，不讲资本主义生产社会化与生产资本私人占有的根本矛盾，不讲资本世界的两极分化，强权政治、不等价交换和各种新形式的掠夺和剥削，混淆是非，欺骗群众。西方敌对势力亡我之心不死，不会放弃对“社会主义国家搞和平演变”，总是企图让我国放弃社会主义，“纳入国际垄断资本的统治，纳入资本主义的轨道。”[①] 我们永远不要忘记邓小平所一再告诫我们的：“一个公有制占主体，一个共同富裕，这是我们所必须坚持的社会主义的根本原则。我们就是要坚决执行和实现这些社会主义的原则。”[②] “社会主义有两个非常重要的方面，一是以公有制为主体，二是不搞两极分化。”[③] “中国走资本主义道路不行，中国除了走社会主义道路没有别的道路可走。”[④]

坚持公有制为主体，就必须始终坚持国家所有和集体所有的资产在社会总资产中居优势地位，坚持国有经济在关系国民经济的重要部门和关键领域居支配地位，坚持国有经济对整个国民经济起主导作用和具有强大控制力。社会主义公有制在国民经济中既要具有量的优势，又要具有质的优势，是质与量优势的结合，生产力优势与生产关系优势的结合。要看到，公有制为主体，本质上是社会主义生产关系为主体，劳动者为主体。生产关系的优势地位，决定了生产力的优势地位；生产力的优势地位，又表现和促进生产关系的优势地位。公

① 《邓小平文选》第3卷，人民出版社1993年版，第311页。
② 《邓小平文选》第3卷，人民出版社1993年版，第111页。
③ 《邓小平文选》第3卷，人民出版社1993年版，第138页。
④ 《邓小平文选》第3卷，人民出版社1993年版，第206页。

有制只有在这两种优势相互结合、最优发挥的情况下，才能充分显示出自己的强大优势和主体作用。我们必须认识到这一点，加强这方面的工作。不加强和实现这种优势，公有制为主体就可能变成一句空话。

（2）进一步巩固发展公有制经济，非公有制经济的发展要更加规范。

坚持公有制的主体地位，要进一步支持国有经济发展壮大。国有经济是社会主义公有制经济最重要的组成部分，是我国国民经济的主导。国有经济集中了全国最重要的生产力，代表着全国人民的根本利益，掌握经济命脉，对国民经济的发展起着举足轻重的作用。新中国成立以来，我国国有经济有很大发展，但不论从现代化建设的需要看，还是从与西方发达国家的对比看，它的整体实力还是很不够的。我国国有资产总规模40万亿元，增长较快，但不论从规模上还是结构上都仍不适应社会发展的要求。据前几年的统计，我国中央所属的169家国有大型企业资产总额为10.6万亿元，净资产为4.6万亿元，平均每个企业的净资产为272.1万元（约32万美元）[①]，仅为2001世界500强平均资产规模（973.3万亿美元）的万分之三。2002年中国进入世界500强的11家国有大型企业的营业收入为2529亿美元，仅为2001年世界500强营业收入的1.81%；美国沃尔玛一户企业的营业收入相当于我国500家最大国企总营业收入的1/3。[②] 现在国有企业规模有所发展，但仍不能满足社会发展的要求。国有经济结构不合理，设备落后，缺乏创新能力，具有国际竞争力的大企业集团太少，多数企业在国际上没有发言权。深化改革，加快调整，加强技术改造，提高竞争能力、创新能力和经营管理水平，使之进一步发展壮大，不仅是当务之急，而且是今后长时期的重大任务。那种认为“国有经济应退出一切竞争领域”、“留20%足够”的观点是十分有害的、危险的。

社会主义集体经济是社会主义生产关系的重要组成部分。组织起来力量大，集体经济能办更多的事。现在我国不少地区和领域出现了发展集体经济的现实要求。在有条件、有现实要求的地方，采取不同的形式把劳动者组织起来，能更好采用新技术，开拓生产致富门路，开拓市场，促进劳动者共同致富。目前我国集体经济还是很薄弱的。在工业总产值中，集体经济仅占5.6%，增加值仅占3.8%，农村集体经济净产值仅占7.3%。我国一些领域互助合作的程度还不如西欧一些国家。我们应从实际出发，在具有发展要求，又具有条件的地方，因势利导，积极引导，帮助和扶持集体经济更快发展。

要营造更好的环境，创造更好的条件，鼓励、支持和引导非公有制经济健

① 见《人民日报》2006年3月13日。

② 参见《中国企业发展报告》（2002），企业管理出版社2002年版，第54—55页。

康发展。正像公有制经济的主体作用在我国发挥得还很不够，还有极大发展潜力一样，非公有制经济在我国的应有作用还没有发挥出来，还有很大发展潜力和远景。非公有制经济的规模虽然已经不能忽视，还出现了不少具有一定创新能力和管理水平的优秀企业，但从总体上看，除一部分属于高新技术性质的"三资"企业外，多数个体私营企业规模小，素质低，增长方式粗放，产品结构雷同，管理落后，消耗高，资源利用率低，污染环境严重，安全隐患多；许多企业只顾谋求高利，不惜大量占用农田，严重破坏自然环境和生态环境。一些企业违法经营，缺乏诚信，制造伪劣产品，侵害消费者的利益和社会利益。违反法制，欺压工人，随意延长工时，克扣工人工资，侵犯职工的合法权益。这些企业，资本与劳动者的矛盾、企业利益与社会利益的矛盾日益突出。解决好这些问题，进一步提高素质，非公有制经济的作用才能得到更好的发挥。我们要积极引导非公有制经济加强管理，提高素质，遵守市场经济规则，尊重劳动者，尊重工人的利益和权利，自觉地按照社会主义现代化建设和市场的需要健康发展。支持个体私营经济更大胆积极地投资创业，为社会主义现代化事业作出贡献。支持和引导它们在农村创业，带动农民致富。支持引导它们在中西部地区创业，促进中西部地区发展。支持它们在高新技术领域和薄弱环节创业，促进高新技术和薄弱环节发展。

对于公有制为主体，理论界存在不同的看法。实际上，公有制为主体，多种所有制经济共同发展，有确切的含义。我国宪法规定，公有制是我国社会主义经济制度的基础，非公有制经济是我国社会主义市场经济的重要组成部分。公有制的主体地位主要体现在，国家所有制和集体所有的资产在社会总资产中占优势；国有经济控制经济命脉；国有经济对国民经济发展起主导作用。国有经济起主导作用，主要体现在控制力上。对关系国民经济命脉的重要行业和关键领域，国有经济必须占支配地位。[①] 影响国计民生的重要大中型企业，必须掌握在国家手中。影响地方经济和社会发展的大中型企业，省区市也必须掌握一批。这样才能掌握经济命脉，对国民经济发展起主导作用和进行宏观调控，保证社会生产关系的社会主义性质和生产力发展的方向，保证国民经济沿着社会主义现代化要求发展。否则社会主义事业难以健康发展，还会影响到党的执政地位和国家政权的巩固增强。

公有制为主体是质与量的统一。质与量是相互联系，相互转化的；没有一定的质，就谈不到量；没有一定的量，质也难以得到保证。过去公有制一统天下是违背我国社会发展要求的，但公有制为主体要求公有制在整个国民经济中

---

① 《十五大以来重要文献选编》上册，人民出版社2000年版，第21页。

必须保持足够的比重。适应国民经济发展的要求，公有制的比重经过调整改革适当下降一些是应当的；各地情况不一样，比重也不要求一律，但下降应有一个限度和前提，就是不能影响公有制的主体地位和国有经济的主导作用。如果像有些人所主张的那样，公有制比重应降低到10%，那就与西方资本主义差不多了，因为西方多数国家的国有经济也高于10%。瓦解社会主义制度的基础，否定公有制的主体地位和国有经济的主导作用，将使我国“真正走上资本主义邪路”。

我们要批判揭露所谓“利己是人类发展的唯一动力”，“人的天性是自私的，私有制符合人类本性，公有制违背人类本性”，“公有制不可能调动大家的积极性”，以及所谓“国有经济垄断论”、“国有经济无效率论”等谬论的实质。这些谬论撇开人的社会性和阶级性，抽象地谈论人性；将个人利益与集体利益、国家利益对立起来，只讲个人利益，用个人利益否定集体利益、国家利益；回避资产者与无产者的矛盾，私有制的矛盾，仅谈“利己”，不谈是“利”什么“己”，是利资产阶级的“己”呢，还是利无产阶级的“己”，完全是为资本主义服务的。至于“国有经济垄断论”、“无效率论”等更是混淆是非，颠倒黑白，企图影响不明情况的人。不肃清这些腐朽的观念，公有制为主体就不能巩固，国有经济就难以发展壮大。

在坚持公有制为主体的同时，毫不动摇地鼓励、支持、引导多种经济共同发展。一定要看到在我国长期处于社会主义初级阶段的条件下，非公有经济在我国发展的必然性和作为社会主义市场经济重要组成部分的重要性。任何忽视、排斥非公有制经济共同发展的观念、做法和政策，都不利于我国生产力发展，违背中国特色社会主义发展的客观要求。我们要采取切实政策措施支持、鼓励、引导非公有制经济发展，也要批评忽视、贬低非公有制经济的错误观念。

（3）坚持中国特色社会主义道路、理论体系、制度三位一体，巩固发展中国社会主义基本经济制度。

中国特色社会主义道路、理论体系、制度紧密结合。从实践上升为理论，以正确理论指导实践，并形成为制度，中国特色社会主义才能由科学理论具体化为科学实践，推动中国沿着社会主义方向前进。没有正确的理论及理论体系指引，无法形成中国特色基本经济制度，实践中也无法得到正确方向和原则的制度保障。思想理论上的清醒十分重要。思想理论上的不清醒和动摇，必然导致实践上的不清醒和动摇。这是我们必须时刻警惕的。中国特色社会主义制度包括根本政治制度、基本政治制度，基本经济制度及有关体制、体系。只有将根本政治制度、基本政治制度与基本经济制度有机结合，坚持党的领导，坚持人民当家作主、依法治国，坚持党的基本路线，坚持中国特色社会主义的总依据、总布局、总任务，中国特色社会主义基本经济制度才能得到贯彻执行和落实，发挥制度保障的作用。社会主义公有制为主体，多种经济共同发展的基本经济制度的基本原则不能变，但具体制度体制需要随着实践的发展而不断完善发展。具体体制制度在实践中不断探索创新，完善成熟、科学规范，才能使基本经济制度高效科学运行，更好发挥作用。

以总体性思维构建中国特色社会主义经济制度体系

胡乐明

【作者简介】 胡乐明，男，1965年生于山东烟台，经济学博士，中国社会科学院研究生院马克思主义研究系教授、博士生导师，国务院政府特殊津贴专家，国家社会科学基金学科规划评审组专家、国家马克思主义理论研究与建设工程专家，中华外国经济学说研究会副会长，中国经济规律研究会副会长，世界政治经济学学会常务理事，中国《资本论》研究会常务理事，以及曲阜师范大学等高校兼职教授。长期从事马克思主义经济理论和西方经济理论等多个领域的研究和教学工作。近五年，在《人民日报》、《经济研究》、《马克思主义研究》等权威报刊发表了富有影响的学术成果50余项，主持国家社会科学基金项目、中国社会科学院研究项目以及横向研究课题十余项。

为了完成党的十八大提出的各项战略目标和工作部署，构建系统完备、科学规范、运行有效的制度体系，中国共产党十八届三中全会通过的《中共中央关于全面深化改革若干重大问题的决定》（以下简称《决定》）突出了经济体制改革的牵引作用，体现了以总体性思维建设中国特色社会主义经济制度体系的行动逻辑。

一　构建中国特色社会主义经济制度体系是一项总体性事业

总体性思维是马克思考察人类社会及其发展历史的一种基本方法。在马克思看来，总体或总体性是事物诸方面的相互依存、相互联系、相互影响和相互作用的不可分割性；总体性思维要求将对象和客体置于多重结构和复杂关系之中来认识和把握。运用总体性思维考察人类社会及其发展历史必须把人类社会理解为一个历史性总体、一个结构性总体、一个空间性总体，从而科学把握人类社会发展的历史过程，全面透视经济、政治、社会、文化等各个部分的相互作用、相互关系，辩证把握人类社会发展规律的同一性与不同时代、不同国家具体发展道路的多样性。显然，中国特色社会主义经济制度体系是一个总体性存在，构建中国特色社会主义经济制度体系是一项总体性事业，我们应该以总体性思维把握中国特色社会主义经济制度体系及其建设。

理论是现实的反映。中国特色社会主义经济制度体系的建设是一项全新的实践，几乎没有任何现成经验可供借鉴，需要我们去摸索、去创新，必然经历一个由点到面的逐步展开的过程。同样，对于这一问题，我们的认识也必然经历一个由局部到总体的逐渐深化的历史过程。十一届三中全会吹响了改革开放的号角，以农村经济体制改革为重点开启了中国特色社会主义经济制度建设的新征程；十二届三中全会之后开始实行以城市为中心的经济体制改革；十四届三中全会、十六届三中全会强调建立和完善社会主义市场经济体制；十八届三中全会突出了经济体制改革的牵引作用，同时明确提出了进一步深化政治、文化、社会和生态文明等领域的全面改革，提出全面深化改革的总目标是“完善和发展中国特色社会主义制度，推进国家治理体系和治理能力现代化”，比较鲜明地体现了以总体性思维建设中国特色社会主义经济制度体系的行动逻辑。

以总体性思维推进全面深化改革顺应了时代发展的要求。当代中国特色社会主义改革发展的实践越来越凸显的系统性和复杂性，以及当代人类社会发展越来越凸显的高度“离散化”和高度“总体化”并存的趋向，均要求我们按照马克思主义的总体性原则考察中国特色社会主义经济制度体系及其建设。经济制度是规范经济活动主体行为的规则和约束，它以现实的社会经济关系为基础，并反映现实的社会经济关系的发展和变化。显然，任何国家的经济制度都不是单一的，而是由许多具体制度安排所组成的一套体系，是复数而不是单数。作为一个结构性总体，我们认为，中国特色社会主义经济制度体系至少应该包含三个层面的内容：一是中国特色社会主义基本经济制度；二是中国特色社会主义经济运行制度；三是中国特色社会主义经济保障制度。三者相互依赖、相互支撑，构成一个有机的整体。基本经济制度决定了经济系统的根本性质和发展方向，奠定了经济发展的基础；经济运行制度决定着经济发展的质量和速度，影响着经济发展的效率；经济保障制度为基本经济制度和经济运行制度提供支撑，框定了经济发展的价值。在社会主义初级阶段，构建中国特色社会主义经济制度体系必须坚持和完善基本经济制度，建立和完善经济运行制度，建立和发展经济保障制度。

二　坚持和完善基本经济制度

《决定》指出，“公有制为主体、多种所有制经济共同发展的基本经济制度，是中国特色社会主义制度的重要支柱，也是社会主义市场经济体制的根基”。改革开放30多年来的实践证明，这一基本经济制度符合现阶段中国经济社会发展要求，有利于经济社会稳定健康发展。实现经济社会的科学发展和中华民族的伟大复兴，必须始终坚持和完善中国特色社会主义基本经济制度。

必须不断巩固和发展公有制的主体地位。生产资料公有制是社会主义经济制度的基础，是社会主义区别于资本主义的本质特征，是劳动人民当家作主的经济基础，是解放和发展生产力的根本要求，是实现共同富裕的根本前提。首先，必须始终确保公有资产的优势地位。“公有制经济财产权不可侵犯”，必须像保护私有财产一样保护公有制经济财产权，始终确保公有资产的优势地位不被动摇。必须合理调整公有资产的布局与结构，完善公有资产的监管与经营，不断提高公有资产的整体素质和配置效率，从而更好地发挥公有资产在稳定宏观经济、实现科学发展方面的积极作用。其次，必须巩固和壮大国有经济的主导地位。“国有企业属于全民所有，是推进国家现代化、保障人民共同利益的重要力量。”必须始终保持国有经济在包括金融产业在内的关系国家安全和国民经济命脉的重要行业和关键领域的控制地位，必须建立符合市场经济规律和中国国情的企业治理结构和管理制度，增强国有经济的活力，充分发挥国有经济在经济社会各个领域的带动力和影响力。最后，必须不断巩固和发展集体经济尤其是农村集体经济。“坚持农村土地集体所有权，依法维护农民土地承包经营权，发展壮大集体经济”，鼓励农村发展合作经济，扶持发展规模化、专业化、现代化经营。此外，“积极发展混合所有制经济”，探索公有制的各种有效实现形式。“国有资本、集体资本、非公有资本等交叉持股、相互融合的混合所有制经济，是基本经济制度的重要实现形式，有利于国有资本放大功能、保值增值、提高竞争力，有利于各种所有制资本取长补短、相互促进、共同发展”，“这是新形势下坚持公有制主体地位，增强国有经济活力、控制力、影响力的一个有效途径和必然选择”。发展混合所有制经济既有利于体现国有经济的制度优势，实现其“外生推进”，又有利于提升中国企业在国际舞台上的竞争能力。

必须支持非公有制经济健康发展。各种非公有制经济的存在和发展是中国社会主义初级阶段生产力水平的多层次性和不平衡性特点的客观要求。各种非公有制经济的存在和发展有利于充分调动社会各个方面的资源与积极因素，有利于增加就业、满足需要，促进经济发展。首先，加强制度创新，完善非公有制经济发展的政策体系。应将放宽市场准入、实现公平竞争真正落到实处，进一步加大对非公有制经济的财税金融支持，完善对非公有制经济的社会服务。其次，扶持非公有制经济加快转变经济发展方式，强化非公有制企业的自主创新能力，提升非公有制经济的发展质量和整体素质，推动非公有制企业提升国际竞争能力。此外，必须引导非公有制经济增强社会责任感，切实按照市场规则进行生产和经营，努力建立和完善现代企业制度。

辩证把握公有制经济为主体与多种所有制经济共同发展的关系。必须毫不动摇巩固和发展公有制经济，坚持公有制主体地位；必须毫不动摇鼓励、支持、引导非公有制经济发展，激发非公有制经济活力和创造力。首先，必须正确处理社会主义与资本主义的关系。绝不能简单地将社会主义与资本主义绝对对立，追求“纯粹”的社会主义经济。必须承认各种非公有制经济的历史作用，并以“三个有利于”标准评判各种所有制形式的优劣。在社会主义初级阶段，公有制经济和各种非公有制经济，都是社会主义市场经济的重要组成部分。其次，毫不动摇地鼓励、支持和引导非公有制经济的发展不等于全面推行资本主义私有制。生产资料公有制是社会主义的一个根本原则。没有公有制经济的主体地位，就没有共产党执政和整个社会主义上层建筑的坚实经济基础和强大物质手段，就不能防止两极分化、实现共同富裕。最后，毫不动摇地巩固和发展公有制经济也不等于实行单一的公有制。在社会主义初级阶段，巩固和发展公有制经济同时发展而不是排斥非公有制经济，既能够充分调动各种社会潜在经济资源，也是公有制经济巩固和发展自身的需要。

三　建立和完善经济运行制度

“中国模式”的成功，中国特色社会主义经济建设的巨大成就不仅在于中国特色社会主义的基本经济制度，也在于中国特色社会主义的经济运行制度。为了更好地推进社会主义初级阶段的经济发展，我们必须在坚持和完善中国特色社会主义基本经济制度的前提下，建立和完善中国特色社会主义经济运行制度。

《决定》明确提出，“经济体制改革是全面深化改革的重点，核心问题是处理好政府和市场的关系，使市场在资源配置中起决定性作用和更好发挥政府作用。”毫无疑问，在市场经济条件下，在资源配置方面市场应该发挥决定性作用，这是市场经济的一般规律。否则，由政府或社会组织而不是市场发挥决定性作用，那就不是市场经济了。为此，必须建设统一开放、竞争有序的市场体系，包括建立公平开放透明的市场规则、改革市场监管体系、建立城乡统一的建设用地市场和现代金融市场体系；同时，必须完善主要由市场决定价格的机制，“凡是能由市场形成价格的都交给市场，政府不进行不当干预”。“当然，我国实行的是社会主义市场经济体制，我们仍然要坚持发挥我国社会主义制度的优越性、发挥党和政府的积极作用。市场在资源配置方面起决定性作用，并不是起全部作用。”而且，市场的决定性作用也仅限于经济领域的资源配置，在医疗、教育和环保等社会领域和生态领域，政府和社会组织必须发挥重要作用。

由于市场失灵的必然存在，现代市场经济也需要政府作用的有效发挥。“科学的宏观调控、有效的政府治理，是发挥社会主义市场经济体制优势的内在要求。”为此，必须不断地健全宏观调控体系、全面正确履行政府职能、优化政府组织结构，以有效发挥政府的职责和作用，加强和优化公共服务，保障公平竞争，加强市场监管，保持宏观经济稳定，维护市场秩序，推动可持续发展，促进共同富裕，弥补市场失灵。因此，在现代市场经济条件下，政府一般不再直接干预微观经济运行并不意味着政府无所作为。相反，面对全球化的挑战，为了成为具有竞争优势的国家，政府的重要性将不断增强，政府的作用将愈益细致化和复杂化。没有政府作用的恰当而有效的发挥，市场的决定性作用也就无从谈起。使市场在资源配置方面起决定性作用与更好发挥政府作用，是一个有机统一的整体。

显然，在现代市场经济条件下，仅仅依靠市场调节和政府调节还不能完全有效地实现经济健康运行的目标，在这两种调节机制之外，需要有第三种调节机制，这就是社会调节。与市场和政府的调节不同，社会调节主要是基于价值或社会正义而进行，它除了在狭义的社会领域发挥重要作用之外，更可以在市场和政府失灵的场所发挥作用，弥补市场调节和政府调节的不足。现代市场经济发展经验表明：“最成功的社会是将市场力量与道德责任感结合起来的社会。”《决定》明确提出，必须“正确处理政府和社会关系，加快实施政社分开，推进社会组织明确权责、依法自治、发挥作用。适合由社会组织提供的公共服务和解决的事项，交由社会组织承担”。可以预计，随着中国特色社会主义市场经济的不断发展完善，社会调节及其相应的制度安排也将越来越丰富，从而形成完善的由市场调节、政府调节和社会调节及其相应的制度安排所构成的中国特色社会主义经济运行制度。

四　建立和发展经济保障制度

经济制度体系是一个结构性总体，其基本经济制度、经济运行制度的良好运转需要来自政治、文化等领域的制度安排的有效支撑，它们为基本经济制度和经济运行制度的有效实施及其价值旨归提供重要保障，构成中国特色社会主义的经济保障制度。构建系统完备、科学规范、运行有效的中国特色社会主义经济制度体系，必须逐步建立和发展有效的经济保障制度。

在政治方面，《决定》重申，“坚持人民主体地位，推进人民代表大会制度理论和实践创新”，这是坚持公有制主体地位、有效发挥政府调节与社会调节的必然要求，也是其重要保障。《决定》重申，“在党的领导下，以经济社会发展重大问题和涉及群众切身利益的实际问题为内容，在全社会开展广泛协商，坚持协商于决策之前和决策实施之中”，这是适应市场经济条件下经济行为主体利益多元化、多样化的必然选择，有利于各类主体有效表达其自身利益诉求，达成并实施科学的经济社会发展的长远战略。《决定》重申，“健全以职工代表大会为基本形式的企事业单位民主管理制度，加强社会组织民主机制建设，保障职工参与管理和监督的民主权利”，这是中国特色社会主义基本经济制度价值追求的实现机制，也是中国特色社会主义经济运行制度有效运转的微观基础。

在文化方面，《决定》重申，“培育和践行社会主义核心价值观，巩固马克思主义在意识形态领域的指导地位，巩固全党全国各族人民团结奋斗的共同思想基础”。显然，离开了成功的意识形态，任何制度的维持或创新都是不可能的。面对全球化所带来的外来文化和意识形态的冲击，确保中国特色社会主义基本经济制度和经济运行制度的良好运转，必须打破个人利益至上的市场价值追求，以社会主义核心价值体系引领人们的经济行为，构建良好的“利益追求—道德文化”互动架构，塑造和巩固各类经济行为的共同思想基础。

在司法方面，《决定》提出，“建设法治中国，必须坚持依法治国、依法执政、依法行政共同推进，坚持法治国家、法治政府、法治社会一体建设”。显然，离开了宪法的法律权威、独立公正的司法体制，中国特色社会主义的基本经济制度、经济运行制度便失去了有效运转的基本条件。

在全面深化改革中更好地处理公平与效率关系

苏　伟

【作者简介】 苏伟（1954—），山西孝义人，中共重庆市委党校教授（二级），享受国务院政府特殊津贴，重庆市学术技术带头人，重庆市中国化马克思主义研究中心主任。发表过《马克思主义方法论革命及其中国化的重要成果》（合著，第一作者）、《社会主义市场经济若干重大关系问题再认识》（合著，第一作者）、《当代中国马克思主义的新发展》（主编）、《党的第三代领导集体发展战略研究》（主编）等著作；发表过《论经济体制和经济制度的关系》、《论社会主义商品经济条件下社会主义基本矛盾的新特点》、《论社会主义与市场经济在中国相结合的历史根据和现实支点》、《论改革开放以来中国社会的八大变化及其带来的社会问题》、《正确处理体制改革中的人民内部矛盾》、《论缩小“三个差距”促进共同富裕的几个理论问题》等论文。

党的十八届三中全会将“以促进社会公平正义、增进人民福祉为出发点和落脚点”，作为全面深化改革的指导思想的重要内容；将“让一切创造社会财富的源泉充分涌流，让发展成果更多更公平惠及全体人民”，作为全面深化改革的总目标的重要内容；将“推动经济更有效率、更加公平、更可持续发展”，作为经济体制改革基本方针的重要内容；将“改革收入分配制度，促进共同富裕”，作为社会体制改革基本方针的重要内容[①]……在《中共中央关于全面深化

① 《中共中央关于全面深化改革若干重大问题的决定》，人民出版社 2013 年版，第 3—4 页。

改革若干重大问题的决定》中，“效率”一词共出现6次，而“公平”一词共出现20次。由此，亦可见效率与公平问题在全面深化改革中的地位与作用之一斑。

为更好地贯彻落实党的十八届三中全会上述精神，必须坚持马克思主义公平观及其中国化的理论成果——中国特色社会主义公平观，也有必要对改革开放36年来我们处理公平与效率关系的成功经验和失误教训作一个总结与分析，有必要梳理实现“公平与效率辩证统一”的基本路径，以便在全面深化改革中真正实现公平与效率的辩证统一。

一　必须坚持马克思主义公平观及其中国化的理论成果

公平与效率，既是贯穿于整个历史发展过程中的人类所追求的两个目标，也是贯穿于整个人类历史发展过程中的一对矛盾。与公平相对应的效率概念比较简单、明确，集中在两种意义上：其一是经济效率——经济资源的有效利用程度；其二是生产效率——单位时间里的投入产出之比。然而，公平概念，就复杂多了。它作为一个历史性范畴，在不同历史时期有不同的内容和含义。社会历史条件的变化、阶级立场的不同，使人们对“公平”众说纷纭，争论不休，至今仍没有一个普遍认同的观点，以至于有人说“‘公平’取决于用户的倾向，人们几乎可以对它做出任何解释”[①]。

从公平所包含的具体社会内容来说，公平可以分为政治公平、经济公平（经济公平还可细分为生产公平、交换公平、分配公平、消费公平）、伦理公平；从公平所具有的内在环节来说，公平可以分为起点（机会）公平、过程（规则）公平、结果公平。不同的论者从以上诸多内容中的某一点来理解、来阐述公平，使“公平”问题更加众说纷纭。

（一）马克思主义公平观揭示了公平的本质

在马克思主义看来，公平作为伦理学的概念，是人们对既定社会中人与人之间各种关系的认识和评价，它“本身都是一种历史的产物”[②]。因为，“人们自觉地或不自觉地，归根到底总是从他们阶级地位所依据的实际关系中——从他们进行生产和交换的经济关系中，获得自己的伦理观念”[③]。所以，马克思主义所理解的公平，既不同于资产阶级的形式上的公平，又不同于农民和小资产阶级的绝对平均主义的公平，而是以科学社会主义为指导，从社会历史发展的

① ［英］约翰·伊特韦尔等：《新帕尔格雷夫经济学大辞典》第2卷，经济科学出版社1996年版，第197页。

② 《马克思恩格斯选集》第3卷，人民出版社1995年版，第448页。

③ 《马克思恩格斯选集》第3卷，人民出版社1995年版，第434页。

实际出发的切切实实的公平，是起点公平、过程公平与结果公平的辩证统一。当然，马克思主义所理解的公平，与其他意义上的公平也并不是完全对立和不同的。因为，作为伦理观念的公平，也具有恩格斯曾经揭示出的伦理思想的普遍属性——"对同样的或差不多同样的经济发展阶段来说，道德论必然是或多或少地互相一致的。"① 也就是说，马克思主义所要求的公平，即社会主义社会的公平，既有社会主义特殊的历史条件所赋予的特殊性，也有大致相同的经济、文化等方面的历史条件所赋予的普遍性。

公平的具体评价标准，因历史时代、社会制度的不同而不同，也是相对的、历史的。然而，从根本上讲，公平的评价标准，又是确定的，这就是"对世界是否合理"——是否符合社会与自然发展的规律、"对人民是否有利"——是否符合人民群众的利益。

还需指出，公平概念可以在广义上和狭义上运用。从广义上，公平可用于衡量与评价每一种社会资源的配置；从狭义上，公平主要用于衡量与评价经济生活中物质资源、物质财富的分配。由于经济是基础，广义的公平所涉及的每一个方面，最终都要归因到物质资源和物质财富的分配和占有上。因此，对物质资源和物质财富的分配和占有的评价，构成公平的核心。离开这个核心而侈谈"起点"、"机会"、"规则"、"过程"（虽然这些也是公平重要的方面）等方面的公平，是避重就轻；因此而去追求公平，只能是缘木求鱼。

（二）坚持中国特色社会主义公平观才能实现公平与效率的统一

马克思主义公平观中国化，形成了我们党的中国特色社会主义公平观，其核心内容，是社会主义本质论、"先富带后富逐步实现共同富裕论"、社会主义市场经济论和中国梦关于"人民幸福"的重要理论。

汲取了新中国成立后我国在公平问题上的经验教训，邓小平同志和我们党领导改革开放，破除平均主义、"大锅饭"，提出了"允许一部分人先好起来，一部分地区先好起来，目的是更快地实现共同富裕"② 的战略思想。尤其重要的是，邓小平还将"共同富裕"上升到"两大原则"、"一大优越性"和"一大本质"的高度，反复加以强调。所谓"两大原则"，一是指社会主义原则，即邓小平讲过的"社会主义原则，第一是发展生产，第二是共同致富"③；二是指改革开放的原则，即邓小平讲过的"在改革中，我们始终坚持两条根本原则，一是以社会主义公有制经济为主体，一是共同富裕"④。所谓"一大优越性"，

① 《马克思恩格斯选集》第3卷，人民出版社1995年版，第434页。
② 《邓小平文选》第3卷，人民出版社1993年版，第172页。
③ 《邓小平文选》第3卷，人民出版社1993年版，第172页。
④ 《邓小平文选》第3卷，人民出版社1993年版，第142页。

就是邓小平强调过的“社会主义最大的优越性就是共同富裕”[①]。所谓“一大本质”，就是邓小平概括的“社会主义本质”——“社会主义本质，是解放生产力，发展生产力，消灭剥削，消除两极分化，最终达到共同富裕。”[②]

邓小平的社会主义本质论和共同富裕战略构想，体现着过程性与阶段性的辩证统一。他指出：“一部分地区有条件先发展起来，一部分地区发展慢点，先发展起来的地区带动后发展的地区，最终达到共同富裕。”[③] 而且，邓小平还具体地提出了“突出地提出和解决这个问题（指‘避免两极分化’，实现从‘部分先富’到‘促进共富’的战略转折——引者注）”的时间表：“可以设想，在本世纪末达到小康水平的时候，就要突出地提出和解决这个问题。”[④]

在社会主义本质论的基础上，邓小平与我们党提出并发展了社会主义市场经济论，认为社会主义市场经济能够在提高效率的同时实现社会公平。这也是一个重大的理论突破。

从某种意义上讲，市场经济就是平等经济。首先，它要求经济主体的地位平等。无论规模大小、赢利多寡，它们的社会地位平等、经营权力平等、参与机会也应平等。其次，它要求市场竞争规则平等。各市场主体在市场规则面前一律平等，不允许拥有规则之外的特权，只能平等地以自己的能力平等地利用资源以获取利益。最后，它要求竞争过程平等。市场机制以价值规律和等价交换为基础，使经济主体公平地优胜劣汰。所以，抽象地讲，市场经济是包含着公平的因素的。然而，市场经济虽然强调“平等”，但并不能自发地实现“公正”。因为，非社会主义的市场经济，是以人们对经济资源尤其是对生产资料占有的不平等为前提，以两极分化的优胜劣汰作为其动力机制的，所以，其他规则、机会与过程等再公平，其分配结果，也肯定是极不平等，必然导致贫富两极分化，既破坏社会公正，也以周期性的经济风暴破坏效率。怪不得，西方研究公平与效率问题最著名的学者阿瑟·奥肯在其代表作《平等与效率——重大的抉择》中只能感叹：平等与效率是不可兼得的，为了效率就要牺牲某些平等，并且为了平等就要牺牲某些效率。相反，只有实行社会主义市场经济，即实现占主体的公有制与市场机制的结合，实现占主体的按劳分配原则与市场机制的结合，实现国家宏观调控与市场机制的结合，才能消除非社会主义市场经济的上述弊端。所以，要实现公平与效率的统一，就必须实行社会主义市场经济，而不能实行别的什么市场经济。

---

① 《邓小平文选》第3卷，人民出版社1993年版，第364页。

② 《邓小平文选》第3卷，人民出版社1993年版，第373页。

③ 《邓小平文选》第3卷，人民出版社1993年版，第374页。

④ 《邓小平文选》第3卷，人民出版社1993年版，第374页。

党的十八大以来，习近平总书记提出并深刻阐述了继往开来的执政新理念——实现中华民族伟大复兴的中国梦，并深刻论述了其科学内涵：“就是要实现国家富强、民族振兴、人民幸福。”① 众所周知，“人民幸福”的重要基础，就是“共同富裕”。所以，习近平同志在当选总书记、与常委们集体出席中外记者见面会时就宣告：“我们的责任就是要团结带领全党全国各族人民，继续解放思想，坚持改革开放，不断解放和发展社会生产力，努力解决群众的生活生产困难，坚定不移走共同富裕的道路。”② 之后，他无论是在中央的讲话、在地方的视察，还是在中外的交流中，都反复地强调了“共同富裕”思想。例如，他在庆祝中华人民共和国成立六十五周年招待会上的简短讲话中，就两次论述了共同富裕问题：一次讲“中国仍处于并将长期处于社会主义初级阶段的基本国情没有变，实现13亿多人共同富裕任重道远”。另一次讲“我们必须坚持抓好发展这个第一要务，不断开拓生产发展、生活富裕、生态良好的文明发展道路，为实现全体人民共同富裕而不懈努力”③。例如，他在河北省阜平县看望慰问困难群众时指出：“实现共同富裕是社会主义本质要求。”④ 又例如，他在中法建交五十周年纪念大会上的讲话中指出：“我们的方向就是……使发展成果更多更公平惠及全体人民，朝着共同富裕方向稳步前进。”⑤ 共同富裕思想，是中国梦“人民幸福”思想的重要内容。

不但如此，习近平总书记还对全面深化改革与社会公平正义的关系作了深刻阐述。他在十八届三中全会上指出：“这次全会决定强调，全面深化改革必须以促进社会公平正义、增进人民福祉为出发点和落脚点。这是坚持我们党全心全意为人民服务根本宗旨的必然要求。全面深化改革必须着眼创造更加公平正义的社会环境，不断克服各种有违公平正义的现象，使改革发展成果更多更公平惠及全体人民。如果不能给老百姓带来实实在在的利益，如果不能创造更加公平的社会环境，甚至导致更多不公平，改革就失去意义，也不可能持续。”⑥ 他还再次重申：“党的十八大明确提出，公平正义是中国特色社会主义的内在要求；要在全体人民共同奋斗、经济社会发展的基础上，加紧建设对保障社会公平正义具有重大作用的制度，逐步建立以权利公平、机会公平、规则公平为主

---

① 《习近平谈治国理政》，外文出版社2014年版，第39页。

② 《习近平谈治国理政》，外文出版社2014年版，第4页。

③ 《国务院举行国庆招待会隆重庆祝中华人民共和国成立六十五周年》，《人民日报》2014年10月1日第1版。

④ 习近平：《把群众安危冷暖时刻放在心上把党和政府温暖送到千家万户》，《人民日报》2012年12月31日第1版。

⑤ 《习近平和奥朗德共同出席中法建交五十周年纪念大会》，《人民日报》2014年3月29日第1版。

⑥ 《习近平谈治国理政》，外文出版社2014年版，第96页。

要内容的社会公平保障体系，努力营造公平的社会环境，保证人民平等参与、平等发展权利。”① 全面深化改革必须以促进社会公平正义、增进人民福祉为出发点和落脚点的思想，也是中国梦“人民幸福”思想的重要内容。

当今世界，各种名目的公平观不少。但是在中国，只有坚持马克思主义公平观及其中国化的理论成果，尤其是社会主义本质论、“先富带后富逐步实现共同富裕论”、社会主义市场经济论和包含着“人民幸福”重要内容的中国梦，才能真正实现公平与效率的统一。

二　改革开放以来处理公平与效率关系问题的成就与问题

社会主义市场经济既应该是有效率的，也应该是公平的，这是它的内在属性。但是要将这一内在属性外在地实现出来，却并不容易。

（一）效率优先原则的确立及成就

回顾新中国成立以来的历史，我们党在对效率、公平及相互关系问题上的认识，经历了一个变化发展的过程。改革开放以前的较长时间内，我们实际上在实践中片面地强调公平，忽视效率，而且又把公平错误地理解为绝对平等和平均。在相当大程度上，将平均主义当作了社会主义的公平原则，并且将这种虚幻的公平观念全面地付诸社会实践，导致农民吃公社的“大锅饭”，职工吃企业的“大锅饭”，企业吃国家的“大锅饭”；甚至一度把“按劳分配”也视为“资产阶级法权”而给予批判，结果既阻碍了经济效率的提高，也妨碍了社会公平的推进。

改革开放以后的30多年来，在从计划经济向商品经济、市场经济发展转变的过程中，我们党从以往的教训中深刻认识到，在我国这样生产力不发达、经济文化落后的国家，搞平均主义式的公平，必然难逃普遍贫穷的命运。而“贫穷不是社会主义，发展太慢也不是社会主义”。因而，在效率与公平的关系上，开始把注重效率、发展经济作为主要方面。1987年10月，党的十三大报告就提出“在促进效率提高的前提下体现社会公平”。党的十四届三中全会通过的《中共中央关于建立社会主义市场经济体制若干问题的决定》则第一次明确提出“效率优先，兼顾公平”，正式确立了效率与公平关系中效率优先的原则。应当说，这在当时的历史条件下，是具有必然性和历史合理性的，既有利于打破禁锢人们多年的绝对平等、平均主义的价值观念，也有力地促进了在经济体制上从计划经济向市场经济转型的进程。也正是在这一原则的指导下，大大提高了人民群众的工作、生产和创业的积极性，促使经济迅速增长，创造了震惊世界的经济奇迹：2010年与改革初期的1978年相比，国内生产总值从2165亿

---

① 《习近平谈治国理政》，外文出版社2014年版，第95—96页。

美元增加到5.8万多亿美元，占全球的比重由1.8%提高到9.5%，经济总量（由第十位）跃居世界第二位；人均国内生产总值从226美元增加到4300多美元，增长了18.4倍；国家财政收入从1132亿元增加到8.3万亿元，增长了72.4倍；城镇居民年人均可支配收入从343元增加到1.9万元。农村居民年人均纯收入从134元增加到5919元[①]。人民生活水平总体上实现了从温饱到小康的历史性的重大跨越，综合国力也得到大幅度跃升。这些成就的取得，为我国社会全面走向现代化奠定了坚实的基础，也为我们在新世纪新阶段实现科学的、更高程度和更广范围的公平、公正，提供了现实的条件。

（二）效率优先原则的局限及实践中产生的问题

效率优先原则在改革开放的初期提出，在当时的历史条件下，虽然有其合理性，但这并不能掩饰其本身在理论上的局限。如前所述，公平与效率本是人类发展的两大价值目标，对人类社会的发展进步来说，二者都是不可缺少的，从理论和原则上对某一目标的“优先”，都意味着对另一价值目标的贬低或仅是“兼顾”而已，难免其理论上的片面性。正是这一本身的理论缺陷以及其他种种因素的影响，随着社会经济的发展，曾显示出巨大效力的效率优先原则在实践中明显地产生了一些严重的弊端，主要表现为以下几个方面。

1. 效率优先原则在很多地方异化为“GDP挂帅”的片面实践，严重压抑了社会公平

“效率优先，兼顾公平”方针本身，就把公平放在了次要的地位，而“效率优先”的原则在很多地方异化为“GDP挂帅”后，更是将公平压在了“GDP”横冲直撞的车轮下。因为，就GDP增长率而言，有限的资源投入城市肯定比投入农村更高，投入发达地区肯定比投入落后地区更高，投入经济领域肯定比投入民生等社会领域和环保领域更高；就政府财政收入和企业利润而言，劳动报酬压得越低，它们的增长率也越高。所以，“效率优先”异化为“GDP挂帅”、“财政挂帅”、“利润挂帅”以后，必然造成城乡、地区、经济与民生、人与自然、社会成员等之间的巨大失衡。这些巨大失衡，也就是巨大的社会不公。其中的收入差距问题、“三农”问题，教育、医疗、就业、社会福利保障等方面的民生问题，环境问题等尤其突出。甚至于，假冒伪造、欺诈经营、贪污腐败等问题，也在“一肥（GDP增长）遮百丑”的掩盖下愈演愈烈，更严重地凸显了社会不公问题。因此，广大群众的不公平感不断上升，“端起碗来吃肉，放下筷子骂娘”的现象愈来愈突出。社会不公，使伦理的认同、政治的稳定、社会的发展都受到动摇。

---

① 吴邦国：《在南非国民议会的演讲》，中新网（http://www.chinanews.com/gn/2011/05-27/3070844.shtml）。

2. 起点不公平问题突出——社会成员机会不公平的现象较严重存在

起点公平，用美国学者萨托利来说，就是“为了平等地利用机会，从一开始就应具备平等的物质条件”[①]。但在我们过分强调“效率优先”的时期，经济政策与社会政策都对起点的公平严重忽视，再加上一些重要的改革尚未到位，就造成我国社会多方面的起点不公平现象，最为突出的，就是由于城乡、区域尤其是阶层差别过大，所造成的社会成员权利和机会的严重不平等问题。这些问题在社会成员的迁徙及居住、受教育、就业、医疗等方面尤其突出。因此，“富二代”、“农二代”、“官二代”、“学二代”等“二代”、“三代”现象，非常普遍，使起点不公问题加速度呈现。

3. 规则不公平问题突出——社会成员在竞争中遭遇的不公平现象较严重存在

市场经济是竞争经济，要求公平竞争。社会的法律和规章制度，就是保证竞争公平最基本的规则。改革开放以来，尽管我国以世界上最快的速度，基本建立起中国特色社会主义的法律体系及各方面的规章制度，但是，由于两个方面的原因，使社会成员在社会竞争过程中，遭受较严重的不公平。一方面，是不少制度安排本身不合理。例如，我们较长期实行劳动所得的最高边际税率为45%，非劳动所得的最高边际税率为20%的个人所得税税制，起着逆向调节作用；又如，较高额度的累进所得税、遗产税、房产税等迟迟不能出台，致使“有产者”与“无产者”在不公平的竞争过程中高速两极分化。另一方面，更严重的，是“比明文规定的规章制度还要厉害”的“潜规则”[②]的普遍存在。在“潜规则”盛行之处，“显规则”（明文规定的规章制度）形同虚设，谁不遵之，便会受其排斥、惩罚，于是人们只能“拼爹”、“拼关系”、“拼红包”、“拼回扣”，而无法“拼能力”、“拼实干”、“拼真正的政绩”甚至不能“拼军功”。因此，对竞争过程不公平的愤怒，成为社会一大心结。

4. 结果不公平问题突出——社会成员之间收入差距过分扩大而且大大超过大多数社会成员的心理容忍度

起点和过程的不公平，必然导致结果不公平。当然，在市场经济中，效率不同，也必然导致分配结果的差异。但这种差异再大也是正常、正当的，还是市场经济优越性的重要之处。我们要将二者区分开来，着重反对因起点和过程的不公平导致的结果不公平。同时，对市场机制自发地造成的（即效率差异带

---

① ［美］萨托利：《民主新论》，东方出版社1998年版，第389—390页。

② 所谓的“潜规则”，便是“隐藏在正式规则之下、却在实际上支配着中国社会运行的规矩”。参见吴思《潜规则：中国历史中的真实游戏》，中国改革网（http：//www. chinareform. net/2010/0116/9534. html）。

来的）结果不公平，也要进行调节。

改革开放以来，我国以基尼系数反映的居民收入总体性差距逐年拉大。“来自国家统计局的数据显示，1978 年我国基尼系数为 0. 317，但从 2000 年开始基尼系数已越过 0. 4 的警戒线并逐年上升，2006 年已升至 0. 496。”[①] 如果说，改革开放初期，要打破平均主义大锅饭，基尼系数的上升既有必然性、又有合理性的话，那么，自 2000 年起，我国的基尼系数就已经超过国际公认的公平线和社会承受线，且持续较迅猛上升。国家统计局 2002 年曾公布 2000 年我国基尼系数为 0. 412。之后，以“主要原因是高收入阶层居民难以获取真实的收入信息”的说法和我国“对城镇居民调查可支配收入，对农村居民调查纯收入，指标不完全一样，基础数据是分开的，所以没有办法计算全国统一的基尼系数”的说法为由[②]，不再发布此项官方数据。

2012 年 12 月 9 日，西南财经大学中国家庭金融调查与研究中心发布报告，认为 2010 年中国家庭的基尼系数为 0. 61。这不但大大高于 0. 44 的全球平均水平，也大大高于 2010 年美国的基尼系数（0. 46），大大高于主要发达国家的基尼指数（约在 0. 24 到 0. 36 之间）[③]，更大大高于标志着出现了两极分化的基尼系数“红线”（0. 5）。

就在西南财大课题组的数据引起轩然大波之时，国家统计局一口气给出了十年间的中国基尼系数数据——2003 年 0. 479，2004 年 0. 473，2005 年 0. 485，2006 年 0. 487，2007 年 0. 484，2008 年 0. 491，2009 年 0. 490，2010 年 0. 481，2011 年 0. 477，2012 年 0. 474。对此组数据，时任国家统计局局长表达了两点看法：第一，0. 47 到 0. 49 之间的基尼系数反映收入差距还是比较大的，说明了加快收入分配改革、缩小收入差距的紧迫性；第二，从 2008 年国际金融危机以后，随着各级政府采取惠民生的若干强有力措施，中国基尼系数逐步有所回落[④]。

但是，官方的上述数据遭到强烈质疑，有学者甚至认为“童话都不敢这么

---

① 王仁贵：《学者称中国基尼系数连续上升 贫富差距拉大》，《瞭望》新闻周刊 2009 年第 20 期。另一说法为我国基尼系数“1991 年为 0. 282，1998 年为 0. 456，1999 年为 0. 457，2000 年为 0. 458，10 年上升 1. 62 倍”。参见武西奇《十二五应着重对共同富裕进行规划》，中国共产党新闻网（http：//cpc. people. com. cn/GB/64093/64103/12938611. html）。

② 《马建堂解读基尼系数未发布：高收入阶层难获实情》，中国网（http：//finance. china. com. cn/news/gnjj/20120117/487142. shtml）。

③ 刘武、张诗雨：《专家称中国基尼系数标准与西方不同 未达危险线》，《瞭望》新闻周刊 2013 年第 3 期。

④ 刘铮、王希：《新闻分析：首度公布的官方基尼系数说明了什么》，新华网（http：//news. xinhuanet. com/fortune/2013-01/18/c_ 114422690. htm）。

写”[①]。笔者认为，官方数据最可怀疑之处，是官方在2012年自称的十年间难以发布基尼系数的“主要原因”——“高收入阶层居民难以获取真实的收入信息”——不可能在当年就能够消除。既然以前认为有此原因，故官方“感觉基尼系数偏低”[②]，不便发布，那么，时隔仅一年而被迫发布的基尼系数，是否仍然偏低呢?

即便是官方的基尼系数数据，也已大大超过大多数社会成员的心理容忍度。早在2005年，大多数的受访者（71.6%）就认为，在他们居住的市里或县里收入差距太大了，超过了他们所能接受的程度[③]；而在人民网和人民日报社政治文化部联合推出的关于收入分配的社会调查中，有高达81.1%的认为当前社会成员之间收入差距过大，贫富分化严重[④]。

问题更加严重的地方在于：在经济运动中，结果本身又会成为下一个轮回的原因，因此，结果不公平，又会成为倍数放大了的起点不公平。具体而言，就是我国有产阶层与无产阶层财产的巨大差距，又导致这些阶层成员起点上的巨大不公平[⑤]。

5. 过大的收入差距成为我国实现“全面小康”和“中国梦”的最大威胁

2002年党的十六大确定的“抓住20年战略机遇期，全面建设小康社会”的战略目标，深得党心民心，既成为我们党在此期间最大的执政承诺，也成为“中国梦”的“第一个百年目标”。当时，国家统计局闻风而动，很快形成了由经济发展、社会和谐、生活质量、民主法制、文化教育、资源环境等6个方面23项指标组成的“全面建设小康社会统计监测指标体系”。其中反映“效率”的指标，主要是“经济发展”类，如人均GDP到2020年要达到3.14万元（2000年不变价）、R&D（研发）经费占GDP比重至少要达到2.5%、第三产业增加值占GDP比重至少要达到50%等，按发展态势，到2020年达到与超过均不成问题。然而，“全面小康指标体系”中反映“公平”的指标，即“社会和谐”类指标，要实现就相当难了。

---

① 吴敏：《基尼系数引高低之争 许小年：童话都不敢这么写》，人民网（http://finance.people.com.cn/n/2013/0205/c1004-20431927.html? flashget_ finance_ jsp）。

② 同上。

③ 李春玲：《各阶层的社会不公平感比较分析》，《中国党政干部论坛》2005年第9期。

④ 李叶：《八成网友认为贫富差距大 七成网友认为最低工资线过低》，人民网（http://politics.people.com.cn/GB/14562/17168093.html）。

⑤ 西南财经大学中国家庭金融调查研究中心与中国人民银行联合发布的首份《中国家庭金融调查报告》称：截至2011年8月，我国资产最多的10%家庭占全部家庭总资产的比例高达84.6%，其金融资产占家庭金融资产总额的比例也有61.01%，非金融资产占家庭非金融资产总额的比例更高达88.7%；收入最高的10%家庭，其储蓄率为60.6%，其储蓄占当年总储蓄的74.9%；大量低收入家庭在调查年份的支出大于或等于收入，没有或几乎没有储蓄。参见通讯《首份〈中国家庭金融调查报告〉发布》，《重庆晚报》2012年5月15日第25版。

"社会和谐"类的第一个指标就是基尼系数，要求到2020年要达到或低于0.4。但如前述之官方数据所示，我国基尼系数自2000年突破0.4后，大体上每年上升0.011个点，到2008年达到0.491的高点，之后转折下降，到2014年降为0.469[①]，平均每年下降约0.0037个点。然而，照此速度，到2020年，我国的基尼系数仍将高于0.4！但愿我国分配改革的步伐能够加快、力度能够加大，否则，届时尽管GDP总量和人均量都能超标甚至较大幅度超标，然而，以全面小康为内容的"中国梦"的第一个"百年目标"真的就实现了吗？广大党员、广大群众对我们党的公信力能不严重质疑吗？

"社会和谐"类的第二个指标是城乡居民人均收入比，要求到2020年要达到或低于2.8∶1，即平均每个城里人的收入不能超过农村人的2.8倍。国家统计局公布的数据显示，2014年，我国城乡人均收入比已经从2007年的最高水平3.33∶1降至2.75∶1[②]。表面看已经提前达到要求，但实际上，如果考虑城镇居民所享受的住房、医疗、教育、养老等各种福利措施，有专家认为，2009年我国城乡居民人均收入差距"高达6∶1，达到世界最高水平"[③]。回到可支配收入上，尽管2014年，我国城乡人均收入差距首次降到2.8倍以下，但其绝对差距，却从2007年的9646元，扩大到18952元，增加了1倍[④]。

"社会和谐"类的第三个指标是地区经济发展差异系数（即地区人均GDP差异系数），要求到2020年要达到或低于60%。国家统计局发布的《中国全面建设小康社会进程统计监测报告（2011）》显示，2011年我国地区经济发展差异系数为50.95%，比2000年的68.74%缩小了近18个百分点[⑤]，已提前超额达到预定目标。可是，如果不用东、中、西部的"大地区"，而就各省级区域的差异来看的话，地区差异系数就奇大无比了——当年排名第一的天津的人均GDP是排名最后的贵州的5.1倍，当年排名第一的上海的城镇居民人均可支配收入是排名最后的甘肃的2.44倍左右、农民人均纯收入是甘肃的4倍左右。可以说，地区差距过大，甚至影响到了"国家的统一，人民的团结，国内各民族

---

① 《新闻17点：2014年基尼系数0.469呈回落趋势》，人民网（http：//politics.people.com.cn/n/2015/0120/c70731-26419205.html）。

② 《2014年中国居民收入增速跑赢GDP》，人民网（http：//politics.people.com.cn/n/2015/0120/c70731-26417832.html）。

③ 参见记者孟庆伟《研究显示城镇居民收入差已扩大至8.9倍》，新华网（http：//news.xinhuanet.com/fortune/2011-12/05/c_ 122378462.htm）。

④ 这说明，2.8∶1的城乡居民人均收入比标准定得过低。正常的标准，应该"与国际接轨"，即2∶1左右（社会科学文献出版社出版的《社会管理蓝皮书——中国社会管理创新报告》称，此项比率"国际上最高在2倍左右"）。

⑤ 见国家统计局官网（http：//www.stats.gov.cn/tjfx/fxbg/t20111219_ 402773172.htm）。

的团结”这个“我们的事业必定要胜利的基本保证”[①]。

上述的种种社会不公，不但严重挫伤人们的积极性，而且极大增加社会运行成本，因此不但严重影响社会和谐，而且严重影响经济效率和生产效率。更严重的是，贫富差距拉大，会导致人心涣散，侵蚀党的执政基础。邓小平曾严肃指出：“如果我们的政策导致两极分化，我们就失败了；如果产生了什么新的资产阶级，那我们就真是走了邪路了。”[②] 这些年来尤其是当前一些国家的动荡与内乱，背后的重要原因之一是贫富差距过大，其教训值得我们汲取。

（三）新世纪、新阶段的新方针

上述种种弊端，引起党中央高度警觉。在提出科学发展观之后，就“搁置”了“效率优先，兼顾公平”的原则，并在党的十六届三中全会上，提出要“整顿和规范分配秩序，加大收入分配调节力度，重视解决部分社会成员收入差距过分扩大问题”[③]。党的十六届四中全会通过的《中共中央关于加强党的执政能力建设的决定》，则明确提出了“注重社会公平，合理调整国民收入分配格局，切实采取有力措施解决地区之间和部分社会成员收入差距过大的问题，逐步实现全体人民共同富裕”[④] 的方针。胡锦涛同志在省部级主要领导干部提高构建社会主义和谐社会能力专题研讨班上的讲话中要求：“在促进发展的同时，把维护社会公平放到更加突出的位置，综合运用多种手段，依法逐步建立以权利公平、机会公平、规则公平、分配公平为主要内容的社会公平保障体系，使全体人民共享改革发展的成果，使全体人民朝着共同富裕的方向稳步前进。”[⑤] 党的十七大和十八大报告都提出了“初次分配和再分配都要兼顾效率和公平，再分配更加注重公平”的方针。党的十八大报告更是将“必须坚持走共同富裕道路”列为中国特色社会主义的八大“基本要求”之一，重申“共同富裕是中国特色社会主义的根本原则”；并且，进一步要求“必须深化收入分配制度改革，努力实现居民收入增长和经济发展同步、劳动报酬增长和劳动生产率提高同步，提高居民收入在国民收入分配中的比重，提高劳动报酬在初次分配中的比重”[⑥]。

尤其是，如前所述，习近平总书记提出中国梦执政新理念之后，一再强调其中的“人民幸福”重要内容，一再强调社会公平与共同富裕问题。除了前面所引论述外，在十二届全国人大第一次会议的讲话中，习近平总书记还在全面

---

① 《毛泽东文集》第7卷，人民出版社1999年版，第204页。

② 《邓小平文选》第3卷，人民出版社1993年版，第111页。

③ 《十六大以来重要文献选编》（上），中央文献出版社2005年版，第475页。

④ 《十六大以来重要文献选编》（中），中央文献出版社2006年版，第278页。

⑤ 《十六大以来重要文献选编》（中），中央文献出版社2006年版，第712页。

⑥ 胡锦涛：《坚定不移沿着中国特色社会主义道路前进 为全面建成小康社会而奋斗》，《人民日报》2012年11月17日第1版。

阐述中国梦时具体地指出："中国梦归根到底是人民的梦，必须紧紧依靠人民来实现，必须不断为人民造福"；要"保证人民平等参与、平等发展权利，维护社会公平正义，在学有所教、劳有所得、病有所医、老有所养、住有所居上持续取得新进展，不断实现好、维护好、发展好最广大人民的根本利益，使发展成果更多更公平惠及全体人民，在经济社会不断发展的基础上，朝着共同富裕方向稳步前进"[①]。在《关于〈中共中央关于全面深化改革若干重大问题的决定〉的说明》中，习近平总书记在概括全面深化改革要解决的问题时指出："居民收入分配差距依然较大，社会矛盾明显增多，教育、就业、社会保障、医疗、住房、生态环境、食品药品安全、安全生产、社会治安、执法司法等关系群众切身利益的问题较多。"[②]

并且，他还在2013年2月主持制定并颁布了《关于深化收入分配制度改革的若干意见》，在缩小收入分配差距、朝着共同富裕方向前进的道路上，迈开了"踏石留痕"的一步。

上述情况清楚地表明，进入新世纪尤其是进入全面深化改革的新阶段之后，党中央致力于克服相当长一段时间以来在公平与效率关系上形成的各种弊端，把公平问题提到了应有的高度。相对于以往"兼顾"的地位，"更加注重社会公平"，已愈来愈成为我们党在处理效率与公平的关系问题上的新方针。

三 重新理解与推进按劳分配与按生产要素分配相结合是实现"公平与效率辩证统一"的基本途径

对怎样实现公平与效率辩证统一的问题，学界一直有热烈的讨论，并提出了许多对策[③]，很有意义。在全面深化改革、共筑中国梦的新形势下，我认为，必须重新理解"按劳分配与按生产要素分配相结合"的含义，必须通过更全面、更科学地大力推进按劳分配与按生产要素分配相结合这个基本途径，并以"问题导向"，从"更加注重社会公平"入手，推出一系列具体措施，才能实现公平与效率的辩证统一。

（一）重新理解按劳分配与按生产要素分配

党的十五大报告首次明确提出了"把按劳分配和按生产要素分配结合起来"[④]的分配原则，用以作为"效率优先，兼顾公平"的实现路径。尽管"效率优先，兼顾公平"的历史阶段已经过去，但不能将"把按劳分配和按生产要

① 《习近平谈治国理政》，外文出版社2014年版，第40—41页。
② 《习近平谈治国理政》，外文出版社2014年版，第71—72页。
③ 参见卫兴华、张宇主编《公平与效率的新选择》，经济科学出版社2008年版。
④ 《江泽民文选》第2卷，人民出版社2006年版，第22页。

素分配结合起来”的原则束之高阁。要搞社会主义市场经济，就必须“把按劳分配和按生产要素分配结合起来”，而不能否定它。然而，在实践中，就有一个如何重新理解并处理好按劳分配与按生产要素分配关系的问题。这对于坚持“公平与效率的辩证统一”，具有根本性意义。

1. 更深刻更全面认识按劳分配的含义

按劳分配理论，是对资本主义分配原则的否定，指明了社会主义社会中个人消费品分配的最基本原则。需要指出的是，态度最为严谨而科学的马克思，在提出按劳分配观点时就强调：“分配的方式会随着社会生产有机体本身的特殊方式和随着生产者的相应的历史发展程度而改变。”[①] 果然，改革开放以来，尤其是明确发展社会主义市场经济以来，我国理论界在坚持按劳分配思想的基本原则基础上，对其具体含义、实现方式、实现层次和范围，尤其是在社会主义市场经济条件下“劳”的含义、劳动量的计算以及分配方式与途径等问题，展开了热烈的讨论和激烈的争论。主流观点认为，由于我国处于社会主义初级阶段，相较于经典作家设想的生产力高度发达、全社会实行单一的生产资料公有制和计划生产的社会主义，是“不够格的社会主义”，是实行市场经济的社会主义，所以尚不能实行经典作家所构想的本来意义的“按劳分配”，只能实行借助于商品货币形式，以交换实现的价值量曲折反映劳动量，实现程度受市场机制制约的按劳分配。这既不是按劳动产品，也不是按劳动能力，更不是按劳动时间，而是按劳动贡献所进行的分配。上述学界的主流观点，非常重要，但并非笔者的“再认识”。

笔者的“再认识”有两个新观点。

第一，按劳分配本身具有“二重性矛盾”。笔者认为，“按劳动贡献分配”，这是社会主义市场经济条件下“按劳分配”的本义和主要含义。但是，在社会主义市场经济条件下，尤其是在“按劳分配”与“按生产要素分配”相结合的条件下，“按劳分配”还有另一层含义——按劳动力价值分配。这是一个令人无奈但必须面对的客观现实。由于我们处于社会主义初级阶段，必须实行社会主义市场经济，必须在公有制为主体的前提下大力发展各种所有制经济。然而，非公有制经济中的“按劳分配”，只能主要是按劳动力的价值进行分配；即便是公有制经济体系中的劳动者，其劳动力也具有私人所有、作为商品存在、可在市场上流通的属性。因此，按劳动力要素分配的客观必然性，就与按劳动贡献分配的客观必然性交织在了一起。当然必须明确：“按劳分配”与“按劳动要素分配”是两个有联系但不同的范畴，前者是社会主义特有的范畴，后者是

① 《马克思恩格斯选集》第2卷，人民出版社1995版，第141页。

市场经济特有的范畴。在现实中，只有在劳动关系相对稳固的条件下，劳动者才能按劳动贡献得到劳动报酬；但在劳动关系不稳固的条件下，劳动者得到的，只能是以劳动力价值为基准的劳动力价格。坦诚地承认这一事实与规律，比躲闪着遮掩它要好得多。因为只有这样，才能揭示我国社会贫富鸿沟形成与加深的深层根源——基于劳动要素长期“富余”而其他生产要素长期“短缺”的特殊国情和工业化、城镇化、市场化快速跃进的发展阶段，我国劳动力价值不断相对贬值，而其他生产要素不断迅速升值，尤其是城市的土地、改制企业的资本、矿物资源等特殊生产要素的价值不断疯狂升值。正视这一现实，才能自觉地、公开地、大张旗鼓地提醒全社会都来面对这个社会主义市场经济固有的“按劳分配二重性”矛盾，都来妥善地解决这个矛盾，处理好按劳分配问题。

因此需要强调：“按劳分配为主体”的主要含义，当然主要是非按劳分配方式不能居主体地位；然而，“按劳分配为主体”还应该有一层重要含义，就是在“按劳分配”本身中，“按劳动贡献分配”应该为主体，而“按劳动要素（即劳动力价值）分配”不能居主体地位。

第二，按劳分配本身应有“二重性内容”。笔者认为，按劳分配，既是国民收入初次分配的主要原则，也应是二次分配的重要原则。因此，按劳分配既应有初次分配的内容，也应有二次分配的内容。但是，有两个方面的原因使我们理解与实行的按劳分配，极大地排斥了二次分配的内容，仅仅主要包含一次分配的内容。于是，社会保障以及公共服务，就与广大劳动者尤其是广大农村劳动者的“劳动贡献”脱了钩，由此也极大地加深了社会贫富鸿沟，尤其是加深了城乡贫富鸿沟。

导致对按劳分配含义单向性理解与实践的第一个原因，是理论原因。原来，马克思恩格斯在论述按劳分配时，强调的按劳动量来分配的东西，只是“共同产品的个人可消费部分”，是“消费资料”。而其他的公共产品，尤其是社会保障及公共服务方面的产品，则在共产主义的第一阶段，也是公平地“按需分配”的。可是，后来我们虽正确地将马克思恩格斯设想的按劳分配，与现实中存在的商品货币关系，尤其社会主义市场经济条件下的按劳分配区分开来，但是，仍习惯性地将按劳分配的内容，局限在初次分配范围内，未能实事求是地加以扩展。

导致对按劳分配含义单向性理解与实践的第二个原因，是历史原因。原来，20 世纪 80 年代我国讨论探索社会保障制度改革时，受当时西方“滞胀”困境的影响极力反对“福利国家”的新自由主义思想影响，“把社会保障作为一种福利来看，盲目地批判这种福利性……将‘效率优先’引入到了社会保险这样一类带有公共产品性质的政策中……所以社保制度是在批评中建立的。这让制度本身带有了先天的缺陷"[①]。对这个"先天的缺陷"，大家注意到的是社保体系建立的滞后性和零散性，但却都未能看到，论者们乃至全社会大声呼吁的一个基本要求——社会保障及公共服务的"全覆盖、保基本"，尽管由于其滞后性而显得确有必要且很急迫，然而，这一"保基本"的思维定格，正是认为社会保障及公共服务与"按劳分配"乃"风马牛不相及"的思维定势的突出表现。有此思维定势与思维定格，就必须将按劳分配与社会保障及公共服务隔离开来。而这种隔离，不但是我国的社会保障及公共服务体系本身最大的"先天缺陷"，更是我国按劳分配中重大的"先天缺陷"。例如，多达两亿几千万的农民工的劳动贡献，比城里"吃低保"的大得无可比拟吧，但其分配到的"共同产品的个人可消费部分"，为什么就没有价值？从数以万计到数以百万计的小城镇人至大城市人天生就可享受的教育消费、医疗消费、退休消费、优惠住房消费以及公共文化、交通、能源、通信等消费呢[②]？

因此还需要强调："按劳分配为主体"还应该有一层重要含义，就是不但在社会的初次分配中，"按劳动贡献分配"应该为主体，而且在二次分配中，在"全覆盖、保基本"的基础上，"按劳动贡献分配"也应该为主体，而"按身份分配"不能居主体地位。

2. 更深刻更全面理解按生产要素分配的含义

生产要素又称生产力要素，指进入生产过程并最终发挥作用的各种资源与条件。生产要素的具体构成，学界颇多争议，但主要包括土地、资本、劳动力、技术、管理等，这是共识。除按劳动力要素分配之外，按生产要素分配的实质，就是其他生产要素所有者参与剩余价值的分割，这也是市场经济的必然要求。

理论界对"按生产要素分配"的含义，有两种解读。一种解读为按各种生产要素在价值形成与实现中所作的"贡献"进行分配；另一种解读为按生产要素的"所有权"进行分配。此争议意义极其重大。因为，如果将"所有权"等同于"产权"的话，按生产要素分配，就会被理解为不考虑这些要素对价值形成与实现的具体贡献，而仅凭其占有权本身，就获得社会的财富。例如，某经济主体购买的一片土地闲置时日，本身并无任何额外贡献，仅因周边开发而升值，就靠"产权"获得升值收益，这与"按贡献分配"的意义就有天壤之别了。而且，"劳动是财富之父，土地是财富之母"[③]，资源性生产要素的升值，

---

① 夏波光：《社会保障制度改革仍需深化——访全国人大财经委副主任委员乌日图》，《中国社会保障》2008年第12期。

② 《北京户口被指可享80余项福利 绑定利益超百万元》，中国网（http://big5.china.com.cn/gate/big5/finance.china.com.cn/money/cfsh/20130905/1788393.shtml）。

③ ［英］威廉·配第：《赋税论》，商务印书馆1972年版，第71页。

本质上仍是劳动创造的结果，因此按要素分配与按劳分配有着联系的纽带，但“按生产要素所有权分配”，实际上是斩断了这根纽带，将按要素分配与按劳分配完全割裂开来，并且是践踏着按劳分配向上攀爬，势必造成两极分化。

明确了“按生产要素分配”的二重性，尤其是明确了片面地任由“按生产要素所有权分配”泛滥成灾的危害性，就引出对“按生产要素分配”进行“再认识”的一个基本观点了：前文概括的我国社会贫富鸿沟形成与加深的深层根源，是基于劳动要素长期“富余”而其他生产要素长期“短缺”的特殊国情和工业化、城镇化、市场化快速跃进的发展阶段，“我国劳动力价值不断相对贬值，而其他生产要素不断迅速升值，尤其是城市的土地、改制企业的资本、矿物资源等特殊生产要素的价值不断疯狂升值”的结论，并不完整，还应该有另一部分内容——其他生产要素不断迅速升值，尤其是城市的土地、改制企业的资本、矿物资源等特殊生产要素的价值不断疯狂升值形成的社会财富，没有以“按劳分配为主体”，而是以“按生产要素所有权分配为主体”，因而没有被广大的劳动者所共享，而是为少数的（非劳动）生产要素尤其是上述疯狂升值的生产要素的所有者、占有者、经营者等所独享。

3. 怎样认识按劳分配与按生产要素分配相结合

党的十五大提出按劳分配与按生产要素分配相结合的方针后，理论界对二者如何结合的问题，提出了很多有意义的观点，有刘萌芽的“板块结合”说（认为公有制企业实行按劳分配，非公有制企业实行按生产要素分配），蔡继明的“一般和特殊结合”说（按要素分配是市场经济的共有分配原则，按劳分配是社会主义的特殊分配原则），蒋学模的“统一式结合”说（生产要素中已经包含了劳动要素，而按生产要素分配是按生产要素的贡献分配，所以，二者的结合，实际上是指把按劳动要素的贡献分配与按非劳动要素的贡献分配结合起来，也就是说，按贡献分配是按劳分配和按生产要素分配的有机统一），杨明洪的“内容和形式结合”说（与按要素分配具有同一性的按劳分配是外在形式，与按要素分配具有差异性的按劳分配是特殊内容），简新华的“整体和部分结合”说（按生产要素分配是更高一个层次、更全面的收入分配原则，按劳分配则是其中的一个重要组成部分）①，等等。而理论界多数赞同昆明理工大学课题组提出的“三层次结合”说——按劳分配与按生产要素分配相结合应具体从社会、企业、个人三个层次进行：从社会层次上讲，按劳分配的要求是个人消费品的获得要以劳动者的劳动贡献为依据，劳动是绝大多数劳动者的主要收入来源；从企业层次上讲，有的以按劳分配为主，亦可以兼而有之，也可以实行单一的分配方式（纯公有制经济中可

① 参见黄锟《试论按劳分配与按生产要素分配结合的实质和具体方式》，《经济研究导刊》2006年第4期。

以实行单一的按劳分配，混合公有制经济中可同时兼有按劳分配与按生产要素分配，非公有制经济中则可以单一地按生产要素分配）；从个人层次上讲，个人可以通过劳动所得得到工资，也可以通过投资入股获得股息、利息，还可以由个人技术专利折价入股参加收益分配，等等。[①]

然而，笔者认为，包括“三层次结合”说在内的诸多关于“把按劳分配和按生产要素分配结合起来”的观点，都有两个缺陷。一是未抓住上文揭示的按劳分配本身在社会主义市场经济条件下所具有的二重性这个矛盾——“按劳动贡献分配”的属性和“按劳动要素（即劳动力价值）分配”的属性之间的矛盾。二是未重视“按生产要素分配”的二重性，尤其是未强调片面地任由“按生产要素所有权分配”泛滥成灾的危害性。所以，尽管自党中央明确提出“把按劳分配和按生产要素分配结合起来”以来，各实践主体努力将按劳分配与按生产要素分配相结合，调动了各方面、各要素的积极性，激发了我国社会主义的生机与活力，成绩是主要的。但是，客观上由于我们处于社会主义初级阶段，除劳动之外，其他生产要素都极为短缺，主观上则正是由于我们忽视了按劳分配和按生产要素分配各自的二重性，所以，将按劳分配“操作”成了“按劳动要素分配”，将按生产要素分配“操作”成了“按生产要素产权分配”；进而，将“按劳分配和按生产要素分配相结合”“操作”成了“按劳动要素分配和按生产要素产权分配相结合”。于是，“按劳分配”的社会主义特殊因素就在相当大范围（不但在非公有制企事业，而且在很多公有制企事业中）被边缘化了，而其应有的广阔“领地”，却被“按劳动要素分配”这个市场经济的普遍因素所占有，而国家与社会却听之任之。其结果，就只能是在劳动要素最为丰富且长期“过剩”的中国，劳动力的价值不断相对贬值，劳动者的收入和地位不断相对下降。另一方面，“按劳分配和按生产要素（贡献）分配相结合”这个社会主义市场经济的特殊因素，则在相当大的范围（不但在市场经济微观主体的经营活动中，而且在各级政府的干预活动中）被边缘化了，而其应有的广阔“领地”，被“按生产要素（产权）分配”这个市场经济的普遍因素所占有，而国家与社会也听之任之。其结果，就只能是在非劳动类生产要素尤其是自然资源类要素最为稀缺且较长期疯狂升值的中国，拥有非劳动类生产要素所有权、占有权、经营权的各类经济主体，拥有的财富不断迅速膨胀。这两方面的因素，是我国分配不公的主流和实质。它们导致仅仅占有劳动要素的相对贫穷阶层，与较多占有其他生产要素的富裕阶层的差距，愈来愈大。而社会关注度与学界关注度颇高的“收入流量”方面分配问题，如城乡收入差距、地区收入差距、

---

① 参见昆明理工大学课题组《按劳分配与按生产要素分配相结合的思路》，《工资研究通讯》1998年第6期。

行业收入差距等，尽管也都是分配不公的重要内容，尽管也要尽力缩小，但它们反映的主要是以劳动者为主体的不同地域与行业的社会群体的收入差距，确实只是我国分配不公的支流和现象。甚至如社会千夫所指、舆论大加挞伐的贪污腐败、欺诈经营等暴富现象，尽管确也都是分配不公的重要内容，但确实也只是我国分配不公的支流和现象。

（二）使科学的按劳分配与按生产要素分配的结合成为公平与效率相统一的基本途径

改革开放30多年来，经济效率已大大提高，“先富”的目的已经达到，“更加注重公平”、“逐步走向共富”的阶段已经降临。解决缩小贫富差距、促进共同富裕，在更高层次上实现公平与效率统一的问题，已经成为全面深化改革新阶段的历史性新课题，成为中国特色社会主义新的时代召唤。从科学的按劳分配与按生产要素分配真正相结合的角度看，针对上述之分配不公尤其是其重要认识根源——对按劳分配和对按生产要素分配的误读问题，笔者认为，在社会分配领域，应强调以下思想观点和实践方针。

1. 要做马克思主义者而不要做普鲁东主义者，从生产资料所有制这个根本层次上将按劳分配与按生产要素分配结合起来

马克思主义认为生产资料所有制关系决定分配关系，生产方式决定分配方式；普鲁东主义则幻想避开所有制关系改变分配关系，避开生产方式改变分配方式。既然习近平总书记强调中国特色社会主义“是科学社会主义理论逻辑和中国社会发展历史逻辑的辩证统一”①，那么，搞社会主义市场经济，就必须坚持以公有制为主体，使社会最主要的生产要素掌握在代表人民大众的国家手中，掌握在劳动者集体手中，从而，使全社会能按生产要素分配的新增财富，也主要掌握在国家与集体手中，以便它们能主要根据劳动者的劳动贡献进行分配。

2. 践行孙中山“土地涨价归公”的基本思想，全面开征财产税，从财产分配这个核心层次上将按劳分配与按生产要素分配结合起来

孙中山先生在阐述其著名的“土地涨价归公”思想时指出：“比方地主有地价值一千元，可定价为一千，或多至二千；就算那地将来因交通发达价涨至一万，地主应得二千，已属有益无损；赢利八千，当归国家。这于国计民生，皆有大益。少数富人把持垄断的弊窦自然永绝，这是最简便易行之法。”② 这一思想的要旨，就是反对和防止片面地“按生产要素所有权分配”，让劳动创造

---

① 《习近平谈治国理政》，外文出版社2014年版，第21页。

② 转引自柳士发《孙中山与中国国民党土地政策的变迁》，文化发展论坛网（http：//www.ccmedu.com/bbs38_126520.html）。

的相对地租等资源性生产要素升值而形成的财富，主要归社会所得，而“非少数人所得而私也”。

在开征财产税的问题上，中央早有想法，但各方面因素的拖延、抵制，致使迟迟无法启动，大大延误了时机。以遗产税为例，早在1990年，党的十三届七中全会通过的中央关于“八五”计划的建议中，就明确提出要通过遗产税和赠与税等税收，对过高的收入进行必要的调节；1993年，党的十四届三中全会通过的关于建立社会主义市场经济体制的决定中，更明确要求“适时开征遗产税和赠与税”。但特殊利益集团以“必然造成资本外流，影响经济发展”为由抵制，至今尚无实施计划。其他税种的情况，大体相似。在改革开放、市场经济快速发展的时期，居民财产差距已列世界前茅的今天，中国再不全面开征财产税，包括房屋税、土地税、地价税、土地增值税、遗产税、赠与税等，确实说不过去了。

3. 领导干部与社会精英带头公布财产与收入，为全面开征财产税和有效征收个人所得税创造条件

要全面开征财产税和有效征收个人所得税，就必须建立全面而公开的财产登记制度、财产公布制度、财产评估制度、彻底的储蓄存款实名制等相关制度，建立居民个人财产交易及收入的监控体系。正因为这些制度和体系远未建立健全，所以不但早已开征的个人所得税方面逃税问题严重，而且新开征的二手房交易税，也多被转嫁至买家，反而推高了房价，根本未达到遏制房价、调节收入的目的。而上述制度与体系未能建立健全的主要原因，就是领导干部的财产公布制度未能推出。而只要牵住这个“牛鼻绳”，政治精英一带头，经济、文化等方面的精英随后响应，上述制度与体系的整条“牛”就会跟着走了。水到渠成，全面开征财产税，让生产要素“涨价”形成的财富，相当部分能分配给劳动者，从而在“财产”这个核心层次上将按劳分配与按生产要素分配结合起来。

4. 促进按劳分配理论的与时俱进，并将其与从“土地涨价归公”到“涨价归民”的转化相结合，使二次分配也体现按劳分配为主体的原则，从而在社会保障和公共服务这个重要层次上将按劳分配与按生产要素分配结合起来

如前所述，我们认为按劳分配本身应有“二重性内容”，但我们却习惯性地将按劳分配的内容，局限在初次分配范围内，使社会保障以及公共服务等二次分配的重要内容，与广大劳动者尤其是广大农村劳动者的“劳动贡献”脱了钩，极大地加深了社会贫富鸿沟，尤其是加深了城乡贫富鸿沟。总结经验教训，我们现在就应该从按劳分配具有“二重性”的高度上，来看待二次分配问题，来看待社会保障以及公共服务体系的建构问题。从这个高度就会看到：农村进城务工经商大军的劳动贡献，早已足够大到使他们能享受“城里人”的权利和福利的程度，国家和社会应该根据其劳动贡献给予其相应的、即与“城里人”同等的社会保障以及公共服务。从这个高度看问题，就会看到：以前我们离开劳动者的劳动贡献看待社会保障以及公共服务问题，将其压到最低程度，尤其是离开农村进城务工经商大军的劳动贡献看待其社会保障以及公共服务问题，将其排斥于城市化之外等做法，都违背了按劳分配的原则，犯了历史性错误。

亡羊补牢，怎么补救？基本途径，就是要在明确强调两次分配都要贯彻按劳分配原则的前提下，自觉地将前述之践行“土地涨价归公”原则而征收的财产税的相当部分，用来建立健全城乡一体化并逐步均等化的社会保障体系和公共服务体系，从而，实现城乡居民权力与福利的平等。也就是说，将与时俱进的按劳分配理论和原则，与从“土地涨价归公”到“涨价归民”的转化相结合，是在社会保障和公共服务这个重要层次上，将按劳分配与按生产要素分配结合起来的基本途径。

5. 在国民收入分配关系中，要较大幅度地增加居民收入，尤其是要积极稳妥地逐步提高劳动报酬在初次分配中的比重，同时努力缩小城乡、区域、行业三大差距

在整个国民收入分配中，初次分配的数额要比再分配大得多，涉及面也广得多。初次分配出了大问题，就很难通过政府主导的再分配达到公平。事实上，衡量国民收入初次分配公平与否的重要指标——劳动分配率（劳动报酬在GDP中所占比重），在我国确实较低。劳动报酬低，有积极作用。一是大大增强产品竞争力，大幅度增加出口，促进经济增长，增加就业；二是大量吸引外资，并带来先进技术和管理，促进经济发展，提高综合国力。但劳动报酬低，更有消极影响。一是“弱劳动”过度依附“强资本”，劳动力大国的劳动者积极性却难以充分发挥；二是导致消费需求严重不足，难以扩大内需，特别是简单劳动收入过低，使劳动者自身无法发展，子女也无法发展，致使贫穷代际转移；三是只能用大量劳动密集型产品占领国际市场，一方面出现巨额贸易顺差，产生大量国际摩擦，另一方面消耗了大量资源，严重污染环境；四是维持了粗放增长条件下的高回报率，使企业和社会都缺乏转变经济增长方式的动力。因此，党的十八大报告和党的十八届四中全会决定都强调，要“努力实现劳动报酬增长和劳动生产率提高同步，提高劳动报酬在初次分配中的比重”。

提高劳动报酬在初次分配中的比重，缩小劳动要素与非劳动要素的收入差距，是深化分配体制改革的热点。一要平衡劳动报酬与资本收益的关系，建立比较和谐的劳资关系。在维护雇主的合法权益的同时，要着重维护劳动者的合法权益，因为现在的主要问题是资本收益大量挤占劳动收益。应纠正“为富人做事，为穷人说话”的不正常现象，提倡既敢于“为富人说话”，又乐于“替穷人办事”。二要建立政府支持、媒体关注的决定劳动报酬的集体协商谈判机制，从根本上改变单个劳动者与用人单位在谈判中的不利地位。三要建立职工正常的增资机制，使劳动者报酬能够与企业利润同步增长。四要规范收入分配。市场经济肯定会使人们收入不均，群众会认可，群众反对的是由于垄断、行政管制而产生的分配不均。因此一方面要限制垄断。实行较高数额的累进税，平抑分配差距，制定垄断行业的企业工资指导线，加强对工资福利过高、增长过快行业的职工收入调控，缩小和取消凭借行业垄断获得制度外的个人收入。另一方面要遏制权力渗入市场，加强对公权力的监督，推进公共资源的产权界定，大幅度减少名义上归公、实际上由少数权力机关和人物控制、受益的资源的数量。打击通过“寻租”活动和内部人控制以及权钱交易行为获得的非法收入。五要清除市场准入壁垒。各行业收入水平之所以差异较大，主要原因就是行业、职业间的流动性很差。为了实现按劳分配原则，应当进一步开放市场，使每个劳动者都能获得平等竞争的机会空间，自食其才、自食其力。

缩小城乡、区域、行业等三大收入差距，既要进一步统筹城乡、区域和行业发展，着力为农民、中西部地区居民和低收入行业从业人员提高收入创造条件，也要加快财税体制改革，建立健全合理且行之有效的财政转移支付制度，促进基础设施和公共服务向农村、中西部地区延伸，使农民和中西部地区居民也能够分享经济发展成果，保障农民和中西部地区居民能享受同一国民的平等的社会保障和公共服务。尤其重要的是，要探索一条工业化、城镇化、信息化与农业现代化相融合的发展新路子，在城市，建立城乡劳动者较平等的就业、分配与居住、生活制度，努力消除“同命不同工”、“同工不同酬”、“同城不同保（社会保障）”等歧视现象；在农村，建立能实现农业产业化、规模化、机械化、现代化的生产经营新制度，努力消除农村的贫穷、落后、散乱肮脏现象。

6. 在公有制企事业单位和党政机关领域，更要主要按劳动贡献分配，保持合理、适度的差距，解决部分领域差距过大的问题

改革开放尤其是国企建立现代企业制度以来，高管阶层收入增长偏快、收入水平过高，使企业内部分配的结构性问题日益突出——上市公司高管年薪平均值由2005年的29.1万元增加到2010年的66.8万元，平均每年递增18.1%，其中2007年高管年薪平均递增速度达到57.19%，平安公司总经理年薪为6616万元，是当年全国企业在岗职工平均工资的2751倍，相当于农民工平均工资的4553倍[①]。这样大的收入差距，是社会主义的异化，是公有制企业的异化，完

① 《人保部最新报告称部分行业工资过高拉大收入差距》，中财网（http://www.cfi.net.cn/newspage.aspx?id=20121016001560&p=0）。

全打破了工人群众的心理平衡，使他们对党离心离德；也打破了党政干部的心理平衡，使其中不少人追求畸高的职务消费、灰色收入乃至黑色收入。因此，在公有制经济领域与社会政治、文化、教育、科技等领域着重以按劳分配为原则进行分配改革，也是消除分配不公，实现公平与效率相统一的重要方面。

综上所述，要实现公平与效率的辩证统一，必须坚持以马克思主义公平观及其中国化的理论成果，尤其是邓小平的“社会主义本质论”、“先富带后富逐步实现共同富裕论”和包含着“人民幸福”重要内容的中国梦为指导，通过重新认识与实现“按劳分配与按生产要素分配的结合”这一基本途径。通过全面深化改革，发展和完善社会主义市场经济，中国共产党一定能够实现公平与效率的辩证统一这一历史创举。

全面依法治国篇

关于“依法治国”十个理论问题的思考

——学习习近平总书记系列讲话精神和党的十八届四中全会精神的体会

李慎明

【作者简介】李慎明，第十二届全国人大常委会委员，第十二届全国人大内务司法委员会副主任委员。中国社会科学院原副院长、党组副书记，世界社会主义研究中心主任，研究员、博士生导师。

中央马克思主义理论研究和建设工程咨询委员会委员、首席专家。全国哲学社会科学评审委员会国际问题组组长，国务院学位委员会第六届学科评议组政治组成员。中国政治学会会长、全国党的建设研究会副会长、中国中共文献研究会副会长、中共党史研究会副会长、中国科学社会主义学会会长、中国国际战略学会顾问等。1978 年任解放军报社记者。1983 年任中共中央办公厅、中央军委办公厅王震同志处秘书。1994 年任军事医学科学院副院长。1997 年被授予少将军衔。

主要研究方向：党的建设、民主政治、国际战略。主要著作：《对习近平总书记所讲社会主义的体悟——科学社会主义理论与实践、机遇与挑战》、《忧患百姓忧患党——毛泽东关于党不变质思想探寻》、《居安思危——苏共亡党二十年的思考》、《全球化背景下的中国国际战略》、《全球化背景下的中国大党建》、《王震传》（合著，上、下册），六集 DVD 党内教育参考片《苏联亡党亡国 20 年祭——俄罗斯人在诉说》总撰稿（2013 年 9 月 2 日，中央党的群众路线教育实践活动领导小组办公室向全党县处以上领导班子干部和领导干部发出《关于组织观看党内教育参考片〈苏联亡党亡国20年祭——俄罗斯人在诉说〉的通知》)，数部作品获国家有关奖项。

习近平同志2014年10月23日在党的十八届四中全会第二次全体会议上的讲话中明确指出："全面推进依法治国，必须走对路。如果路走错了，南辕北辙了，那再提什么要求和举措也都没有意义了。全会决定有一条贯穿全篇的红线，这就是坚持和拓展中国特色社会主义法治道路。"他还说："一个政党执政，最怕的是在重大问题上态度不坚定，结果社会上对有关问题沸沸扬扬、莫衷一是，别有用心的人趁机煽风点火、蛊惑搅和，最终没有不出事的！所以，道路问题不能含糊，必须向全社会释放正确而又明确的信号。"[①] 2015年2月2日，习近平在省部级主要领导干部学习贯彻十八届四中全会精神全面推进依法治国专题研讨班上又强调："全面推进依法治国，方向要正确，政治保证要坚强"；"我们要坚持的中国特色社会主义法治道路，本质上是中国特色社会主义道路在法治领域的具体体现；我们要发展的中国特色社会主义法治理论，本质上是中国特色社会主义理论体系在法治问题上的理论成果；我们要建设的中国特色社会主义法治体系，本质上是中国特色社会主义制度的法律表现形式"。[②] 这个三段论述十分重要。

什么是中国特色社会主义法治道路？其本身是中国特色社会主义道路的重要组成，又与中国特色社会主义理论和制度紧密相连。党中央特别强调道路、理论和制度这三个自信。笔者认为，从一定意义上讲，"三个自信"中，最为基础、最为重要和最为关键的是理论自信。没有正确的理论指导，也就不会有正确的行动，就不会找到正确的道路和建立正确的制度。没有正确的理论自信，道路和制度自信也会变成盲目的自信。因此，在学习贯彻党的十八届四中全会精神、全面推进依法治国之时，亟须结合学习马克思主义经典作家相关论述和习近平同志系列讲话精神，进一步弄清对全面推进依法治国中一系列基本理论问题的认识，这既可以加深对中央作出的关于全面推进依法治国若干重大问题决定的认识，又可以在坚持和拓展中国特色社会主义法治道路上向全党、全社会释放正确而又明确的信号。

---

① 习近平：《加快建设社会主义法治国家》，《求是》2015年第1期。

② 《领导干部要做尊法学法守法用法的模范，带动全党全国共同全面推进依法治国》，《人民日报》2015年2月3日。

一 党的领导、人民当家作主与依法治国三者关系

在党的领导、人民当家作主与依法治国三者有机统一中，党的领导是关键，人民当家作主是目的，依法治国是途径。

在党的领导、人民当家作主与依法治国三者有机统一中，我们为什么反复强调坚持党的领导是关键呢？习近平同志明确指出："中国共产党是领导和团结全国各族人民建设中国特色社会主义伟大事业的核心力量，肩负着历史重任，经受着时代考验，必须坚持立党为公、执政为民，坚持党要管党、从严治党，全面加强党的建设"。[①]这也就是说，我们特别强调党的领导的根本原因不仅在于这是历史和人民的选择，而且主要在于党的宗旨是全心全意为人民服务；党的性质是工人阶级的先锋队，同时又是中国人民和中华民族的先锋队；党的指导思想是马克思主义；最高纲领是实现共产主义即最终目的是解放全人类，实现每一个人自由而全面的发展。这是迄今为止人类历史上已经开始的但远未完成的最深刻彻底、最完整系统、最伟大壮丽的一次变革，这就是我们特别强调坚持共产党领导和执政的最根本、最重要和全部的合法性所在。最终实现每一个人自由而全面的发展，这就是对全人类中每个人的真正的公平、公正。这是一个多么美好、崇高而又宏伟的理想呀！而我们的对手，利用无产阶级政党领导人民在探索解放全人类实现美好社会的道路上所犯过的错误甚至是他们钻到我们的内部所蓄意制造的罪孽，把共产党和共产主义歪曲、攻击为"独裁"、"暴政"，其本质是为了维持或恢复资本对劳动的永久的独裁和暴政。

正因为党的领导是中国特色社会主义最本质的特征，是社会主义法治最根本的保证，是社会主义法治的根本要求，是党和国家的根本所在、命脉所在，是全国各族人民的利益所系、幸福所系，所以我们在强调依法治国的时候，必须更加重视和强调坚持党的领导。2014 年 12 月 13 日，习近平同志在调研时把全面从严治党与协调推进全面建成小康社会、全面深化改革、全面推进依法治国相并列，形成了"四个全面"的战略布局。从一定意义上讲，全面从严治党是"四个全面"的灵魂与关键。

从另一种意义上讲，党的领导、人民当家作主与依法治国三者的有机统一，归根结底都是为什么人即人民当家作主的问题；党的领导和依法治国都是手段，

---

① 《习近平谈党要管党、从严治党》，人民网（http：//cpc. people. com. cn/n/2014/0806/c164113-25415570. html）。

但这两个手段不是并列关系，依法治国是在党领导下的依法治国。依法治国是人民民主专政的国家政权行使职能的具体反映和体现，是推进国家治理体系和治理能力现代化的治国理政的重大方略，是为实现人民当家作主这一目的万万不能或缺的手段，但这决不等于人民当家作主的本身。比依法治国更高一个层次的，还有一个性质即方向道路的问题。所以，依法治国所依据的法和所要实施的法治，必须是"良法"、"良治"，即真正体现人民意志、维护人民利益的法律和治理，也就是确保人民当家作主的法和治。

我们常说，法律高于一切，但这是相对于任何个人和组织的行为而言；任何法律都是统治阶级意志的体现，在社会主义中国，我们所做的一切其中包括所制定的法律，都是为了维护人民群众的根本利益。当社会环境发生了变化，法律需要适应新的重大情况时，党就要依靠人民，通过立法机关和一定的法律程序，及时地制定、修改或废除相关法律，以更好地维护最广大人民群众的根本利益。什么是最广大人民群众的根本利益？就是最广大人民群众的眼前与长远，局部与全局，个人、集体与国家利益的有机有效统一。所以，从根本上和最终说来，不是法律高于一切，而是人民的利益高于一切；最广大人民群众的利益，是我们宪法和法律合法性的根本来源，也是其得以永葆活力的动力和源泉。正因如此，习近平在十八届四中全会的讲话中指出："改革要于法有据，但也不能因为现行法律规定就不敢越雷池一步，那是无法推进改革的，正所谓'苟利于民不必法古，苟周于事不必循旧'。需要推进的改革，将来可以先修改法律规定再推进。"①

正确理解和处理党的领导、人民当家作主与依法治国这三者有机统一的关系十分重要。鉴于党内和社会上出现的十分严重的腐败现象，有的人主张应该借鉴西方通常做法，在我国也实行共产党的两党制甚至多党制；也有的人主张应尽快实行多个政党参与，多名候选人竞争的直选制。他们认为，只要在我国实行多党制或在全党和全国实行"一人一票"的竞选制，就可以从根本上解决腐败问题。笔者认为，这仅仅是良好的个人愿望而已。要回答我国为什么不能实行多党制和当今中国不能实行"一人一票"的直选制，都需要写出专门文章论述。这里，笔者仅概略述要如下。

习近平指出："我们治国理政的根本，就是中国共产党领导和社会主义制度。"我们之所以反复强调要坚持党的领导，除了党的性质、宗旨、指导思想和纲领是世界上政党中最先进的之外，还由于我国是工人阶级领导的、工农联盟

---

① 习近平：《加快建设社会主义法治国家》，《求是》2015 年第 1 期。

为基础的人民民主专政的社会主义国家这一根本制度性质所决定的，这一制度性质决定在当今我国实行的必须是生产资料公有制占主体和对人民的民主与敌对势力的专政。因此，在工人阶级和广大人民群众内部，不存在根本利益的冲突。工人阶级通过共产党这一先锋队的领导，通过党内和国家的民主集中制这一组织原则，通过人民代表大会、共产党领导的多党合作、民族区域自治这些组织形式，把工人阶级和整个国家民族高度团结统一起来，从而更好地代表和体现着最广大人民群众的根本利益与要求。大规模的社会竞选活动，必然需要大量的金钱作支撑。如果在工人阶级队伍中组建几个政党竞选，就可能造成国内外资本的介入甚至操纵，造成人民力量的削弱乃至阶级的分裂，造成经济的停滞不前和社会的动荡不安，还可能会使党和政权很快改变自己的性质。党的十八大后，中国共产党在反对腐败方面所取得的显著成就，已经充分证明共产党领导的多党合作和民主协商制度同样可以有效遏制并逐步消灭腐败现象。而在资本家和私人占有生产资料的资本主义社会，资产阶级内部虽然在整体利益上是一致的，但存在着不同的利益集团，从而需要不同的资产阶级党派作为他们的政治代表。多党竞选轮流执政这一资产阶级民主专政的一种形式，与三权分立相配合，既可以调节具有不同经济利益和要求的阶层和集团之间的矛盾，又可以防止工人阶级政党通过议会的办法夺取政权。我们需要借鉴人类文明中包括资产阶级文明的一切成果，但是，绝对不能照搬资本主义多党竞选轮流执政制度。

在新民主主义革命时期的革命根据地，我们曾经实行一人一票（豆）的选举制度，人民群众用一粒粒大豆选举出自己的村长、乡长，效果很好。原因之一，是因为直选的范围很小，选举者和被选举者彼此了解和熟悉。笔者认为，在经济社会全面发展的将来，在广大人民群众思想认识水平和物质文化水平极大提高的将来，我们最终必然要实行充分体现民主的“一人一票”的直接选举制度。但是，我国是一个大国，经济社会和物质文化的发展，现在并且在今后相当长的一段时间内，将处于发展中国家的水平，还不具备实行“一人一票”选举制度的条件。如果当今在全党全国范围内直接选举出党和国家的领导人，绝大多数选举人对被选举者根本不可能有充分的了解和熟悉，这样只能靠各种媒体和媒介的评价来对被选举者打出“印象分”，投出十分盲目的一票。另外，特别需要注意的是，西方“一人一票”的竞选制度，不仅与总统制、两院制、三权分立、多党制紧密相连，还必然与所谓的“新闻自由”紧密相连。爱因斯坦在1949年的《为什么要社会主义?》一文中便指出：“立法机构的成员由政党挑选，政党的大量经费由私人资本家提供，其他方面也受私人资本家的影响。

这样，资本家实际上就把立法机构和选民分离开来。结果，人民的代表不能充分保护没有特权的那部分人的利益。还有，私人资本家必然直接或间接地控制着报纸、电台和教育等重要信息来源的载体。一个公民想要得出客观结论和理智地运用他的政治权利，是极端困难的，在大多数情况下是完全不可能。"[①] 爱因斯坦绝不仅仅是伟大的物理学家。当今世界的经济全球化是以西方世界为主导，我们国内现在实行的又是市场经济，更何况还有着西方以强大互联网霸权为主要工具的意识形态的渗透。从我国已经实行的村级选举看，金钱交易、黑社会势力、非法宗教势力、家族宗法势力都已经介入不少。在当今我国经济社会文化发展现状和以西方为主导的经济全球化的条件下，如果把这种直选制度从村级直往上推，并在全党全国铺开，我国则有可能很快进入混乱甚至动乱。这正是国内外敌对分子给我国设置的与西方资本主义制度尽早"接轨"的具体的"路径图"。国内外各种敌对势力企图引导我国的政治体制改革，让我国国体、政体都要与西方接轨，本质上是要把我国重新变成它们的殖民地或半殖民地。在已经被推行"一人一票"直选竞争制度的非洲、南亚诸多国家以及2011年春以来不少阿拉伯国家乱局的残酷现实也证明，不顾本国实际而盲目推行"一人一票"直选竞争制度，结果就是金钱操控选举、官员贪污腐化、经济停滞倒退、政权频繁更迭、民众遭殃受难。

二　坚持中国特色社会主义制度与建设社会主义法治国家的关系

十八届四中全会通过的《中共中央关于全面推进依法治国若干重大问题的决定》（以下简称《决定》）指出："全面推进依法治国，总目标是建设中国特色社会主义法治体系，建设社会主义法治国家。这就是，在中国共产党领导下，坚持中国特色社会主义制度。"请注意上述论述中的后两句话，也就是说，全面推进依法治国，建设中国特色社会主义法治体系，建设社会主义法治国家，这都不是我们目的的本身，而是手段和途径，根本目的则是坚持中国特色社会主义制度，也就是为了确保人民当家作主。

什么是中国特色社会主义制度？它首先体现在《中华人民共和国宪法》（以下简称《宪法》）总纲第一条："中华人民共和国是工人阶级领导的、以工农联盟为基础的人民民主专政的社会主义国家。社会主义制度是中华人民共和国的根本制度。"这就是我们的国体。在这一根本制度之下，有经济、政治的根本制度、基本制度及体制等。人民代表大会制度是我国的政体，这是我国的根

① 《爱因斯坦文集》第3卷，商务印书馆1979年版，第272页。

本政治制度。

那么，什么叫国体，什么叫政体？1954 年，在制定中华人民共和国第一部宪法时，范文澜问："主席，您总讲国体、政体，我对此还不甚明白。"毛泽东回答说："国体就是内容，政体就是形式"。范文澜当即说："主席，我明白了。"毛泽东用哲学中形式与内容这一对基本范畴把十分抽象的国体与政体的关系讲得清清楚楚、明明白白。

国体讲的是内容即各个阶级在国家经济政治生活中的不同地位，是为什么人的问题，而政体讲得则是形式或者形态即如何为的问题。国体这一内容决定政体这一形式，而政体这一形式也必然反作用于国体这一内容，并在一定条件下起着决定性的反作用。这就是国体和政体相互联系又相互区别的辩证统一的关系。至于中国共产党领导的多党合作和政治协商制度、民族区域自治制度以及基层群众自治制度则是我国的基本政治制度所不可或缺的、非常重要的内容。因此，在论述我们的制度自信时，首要应该讲的是对社会主义这一根本制度即人民民主专政这一国体的自信，其次是对人民代表大会这一根本政治制度即我国政体的自信。我们的政治体制必须随着情况的不断变化而不断进行改革，根本制度和根本政治制度以及基本政治制度的实现方式可以随着条件的变化而变化，但制度本身的根本原则和根本性质决不能改变。这也就是说，一方面我们一定要勇于改革创新，决不能僵化保守；另一方面，我们也要勇于坚守真理，坚守真理不是僵化保守。我们要勇于改革创新陈旧过时的，以适应新的情况，同时我们也要坚持固守正确本质的，以最终达到自己的目的地。只讲一面和一点，就不是唯物辩证法。国内外有些人想利用我们的政治体制改革来引导改变我们的国体和政体，对此应尤为警惕。

现在，有的文件在讲制度时，仅讲人民代表大会这一政体，而不讲工人阶级领导的、以工农联盟为基础的人民民主专政的国体，这是很不准确、很不全面的，是把第一位重要和本质的东西忽视了。从理论上弄清国体与政体的关系，才能有助于我们正确实施依法治国的方略。

习近平同志作为党的总书记，带头遵守宪法，在涉及以上问题的表述时，都十分准确、科学和严谨。比如，2012 年 12 月 4 日，他在首都各界纪念现行宪法公布施行 30 周年大会上的讲话中明确指出：我国宪法中确认和体现了"国家的根本制度和根本任务，国家的领导核心和指导思想，工人阶级领导的、以工农联盟为基础的人民民主专政的国体，人民代表大会制度的政体，中国共产党领导的多党合作和政治协商制度、民族区域自治制度以及基层群众自治制度，爱国统一战线，社会主义法制原则，民主集中制原则，尊重和保障人权原则，等等，这些宪法确立的制度和原则，我们必须长期坚持、全面贯彻、不断发展”。[①]这样的表述是很值得我们认真学习、准确理解、深刻领会和遵循执行的。

三　依宪治国与西方宪政的关系

十八届四中全会《决定》指出：“宪法是党和人民意志的集中体现，是通过科学民主程序形成的根本法。坚持依法治国首先要坚持依宪治国，坚持依法执政首先要坚持依宪执政”，“一切违反宪法的行为都必须予以追究和纠正”。

有人说，依宪治国就是接受了西方宪政的提法。这是极大的误解，或是极少数人的故意歪曲。

我们所讲的依宪治国与西方宪政至少在以下五点有根本的不同：（1）领导力量不同。我们是在以全心全意为人民服务为宗旨的共产党领导下的依宪治国，而西方宪政本质是掌握着国家政权的资产阶级主导的。（2）宪法的性质根本不同。我们是人民民主专政的社会主义性质的宪法，而西方宪法是资产阶级专政的资本主义性质的宪法。（3）经济基础不同。在社会主义初级阶段，我们是以公有制为主体、多种经济成分共同发展为基本经济制度，而西方宪政是以生产资料私有制为经济基础。（4）运行机制不同。我国人民代表大会是最高权力机关，而西方是三权分立。（5）根本目的不同。我们的依宪治国的根本目的是人民当家作主，是为占人口绝大多数的人民服务；而西方宪政则是资本当家作主，是为极少数人服务的。

西方宪政是一个伴随西方资本主义产生而发展起来的政治范畴，发源形成于欧美等国，后演变成为西方资产阶级的主流政治和自由主义的制度安排，这不仅涉及国家宪法、政体、政权组织方式等内容，而且也根本体现包括国体即国家性质等一系列基本的政治问题，是为着资本当家作主服务的，其中包括“一、二、三、多、‘两杆子’、一独立”，即“一个总统”、“两院制”、“三权分立”、“多党制”、“新闻自由”即笔杆子、“军队国家化”即枪杆子、“司法独立”等一整套资产阶级的国家理念、政治模式和制度设计。当然，不可否认，这样逐渐形成的一整套资产阶级的国家理念、政治模式和制度设计，在资产阶级民主制取代封建等级特权制的过程中，当然是一种大的历史进步，也曾为人类文明作出过重要贡献。但现在西方资本主义国家这样的制度安排，既有维护整个资产阶级统治有用的一面，也有欺骗广大人民群众的一面。正如列宁所指出的：“资产阶级民主同中世纪制度比较起来，在历史上是一大进步，但它始终

① 习近平：《在首都各界纪念现行宪法公布施行 30 周年大会上的讲话》，《人民日报》2012 年 12 月 5 日。

是而且在资本主义制度下不能不是狭隘的、残缺不全的、虚伪的、骗人的民主，对富人是天堂，对被剥削者、对穷人是陷阱和骗局。”“无产阶级民主比任何资产阶级民主要民主百万倍；苏维埃政权比最民主的资产阶级共和国要民主百万倍。只有自觉的资产阶级奴仆，或是政治上已经死亡、钻在资产阶级的故纸堆里而看不见实际生活、浸透资产阶级民主偏见、因而在客观上变成资产阶级奴才的人，才会看不到这一点。”①我国现在已经是社会主义国家，实现的是对绝大多数人的民主和对极少数人的专政，是在为最终实现每个人的自由全面发展而准备条件，这是人类文明的重大进步。如果在当今的我国推行西方宪政，其实质是想让人民民主专政即人民当家作主的国家倒退为资产阶级专政即资本当家作主的国家，则必然带来如苏联亡党亡国般的灾难。

2013 年中办 9 号文件发出后，在我国公开提倡“西方宪政”的人不多了。但讨论“社会主义宪政”的人还有不少。有的好心人认为，“宪政就是落实宪法、依宪治国，这不挺好吗？”其实，制定并落实宪法的国家，既可能是资产阶级专政国家，也可能是无产阶级专政国家，还可能是个人独裁国家，是某教派专政的国家。因此，不能笼统说，这个国家有宪法并依宪治国就是一个宪政国家。从一定意义上讲，宪政，已经是资产阶级建立和治理国家的特定的专用和专有名词。

其实，一些人在讲宪法时，只讲宪法中的个人权利与自由而不顾其他。例如，（1）不讲公民应尽的爱国等各项义务。（2）更不讲我国是工人阶级领导的、以工农联盟为基础的人民民主专政的社会主义国家这一社会主义根本制度，即我国的国体。（3）不讲生产资料的社会主义公有制这一中华人民共和国的社会主义经济制度。（4）不讲在社会主义初级阶段，坚持公有制为主体、多种所有制经济共同发展的基本经济制度。（5）不讲坚持按劳分配为主体、多种分配方式并存的分配制度。（6）不讲国有经济，即社会主义全民所有制经济，即国民经济中的主导力量等。

多年以来，我们一直沿用并为广大干部群众所熟知的马克思主义国家学说中的科学用语即“人民民主专政”或“人民民主政治”或“社会主义民主”，其本质内涵是党的领导、人民当家作主与依法治国三者有机统一。这与“社会主义宪政”的表述一样，都很简洁，都是六个字，但“社会主义宪政”却囊括不了“人民民主专政”或“人民民主政治”或“社会主义民主”的全部，特别是本质。一些人所理解的“社会主义宪政”则仅仅是“依宪治国”，而且其中还不包括除宪

① 《列宁选集》第 3 卷，人民出版社 2012 年 3 月版修订版，第 601、606—607 页。

法之外的其他各项法律，这一提法的本身甚至连“依法治国”的全部内涵都没有包括，为什么要用“社会主义宪政”这一提法来代替内涵十分丰富厚重的“人民民主专政”或“人民民主政治”或“社会主义民主”提法呢?

更为重要的是，现在有人所讲的“宪政”并不是要依据中华人民共和国的宪法治国，它的本质是不要党的领导、社会主义制度和人民当家作主，实质上是要抛弃我国社会主义宪法中的最为根本和本质的东西，是要照搬西方的政治经济制度。“宪政”已是有着特定的约定俗成的内涵，不是在其前面添加一个“社会主义”的名词就能轻易改变其性质和特定的内容的。例如，有“社会主义的资本主义”这样的提法吗?

西方要用“软实力”解决中国问题，在理论上是费了不少心思的。从一定意义上讲，“新自由主义”即私有化是其经济纲领，“社会民主主义”亦即“民主社会主义”是其社会纲领，“普世价值”是其理论纲领，而“宪政”其实已经成为西方颠覆我国国体政体的政治纲领，而“历史虚无主义”则是推行其经济、政治、社会和理论纲领的总的开路先锋。“宪政”的鼓吹者是让你先行接受“社会主义宪政”这一提法，之后再引导你说，宪政本身没有阶级性，资本主义可以用，社会主义也可以用，去掉“社会主义”这四个字得了，他们是要把有着特定内涵的“宪政”变为似乎是不分国家和阶级都可以共用的“普世价值”，从而诱导我们的政治体制改革，进而推翻共产党的领导，改变我国的社会主义制度，实行资本主义。这正如同一些人所说的“改革”一样，先不说到达的目的地为“天津”，而先说是到“廊坊”；到了“廊坊”，再说到“天津”的事，其最终目的是要搞资本主义。

习近平同志在四中全会上明确指出：现在，社会上对我国法治建设应该走什么样道路不是没有争议，而是噪音还不小。一个时期以来，围绕“宪政”等问题，不是国内外都有些人吵得不可开交吗?有些人把法治作为招牌，大肆渲染西方法治理念和法治模式，目的就是企图从法治问题上打开缺口，进而否定中国共产党的领导和我国社会主义制度。总书记这一论述具有强烈的现实针对性。

马克思在1848年就指出：“资产阶级从自己的物质利益出发，必然要提出参与政权的要求。只有它自己才能利用各项法律来满足它的商业和工业的要求。它必然要从既不学无术而又妄自尊大的腐朽的官僚手中把照管它的这些‘最神圣的利益’的权力夺取过来。它必然要要求监督国家财政的权利，因为它认为自己是财富的创造者。资产阶级在剥夺了官僚对所谓教育的垄断权以后，在意识到它在真正理解资产阶级社会要求方面优越于官僚以后，它也想获得同它的社会地位相称的政治地位。"[①]从一定意义上讲，说到底，国内外资本提出"宪政"的根本目的，就是想要在社会主义中国，获得监督国家财政的权力，获得自认为同它的社会地位相称的政治地位。重温马克思167年前的这段论述，有助于我们深刻理解习近平同志的上述话语，有助于我们深刻理解当今国内外敌对分子为什么要竭力在我国推行所谓"宪政"的本质了，也会知晓我们的不少人的思维在何处走了弯路。

四　人治和法治的关系

要透彻理解人治与法治的关系，决不能沉迷于当今的西方话语体系。马克思主义话语体系与西方话语体系中的"人治"与"法治"的内涵和本质有着根本的不同。

首先应厘清法与法治的内涵。马克思主义认为，法不是从来就有的，是在私有制产生以后阶级矛盾不可调和的产物，是阶级和有阶级社会的特有现象。法与法治是统治阶级意志的体现，是维护社会秩序的工具。一定的法律与法治由一定的物质生活条件决定并为一定的经济基础服务，即一定的法律与法治对一定的经济基础起着反作用，甚至在一定条件下起着决定性的反作用。任何国家都有自己的法并以法治之，只是法与法治的根本性质不同而已，还有法的完善程度与治理力度和治理方式有所区别而已。法与法治并不是超阶级、超国家、超社会的永恒现象，它既随着私有制、剥削、阶级和国家等现象的产生而产生，也必将最终随着私有制、剥削、阶级和国家的消亡而消亡。因此，法与法治和自由、平等、博爱、民主、人权等概念一样，在阶级和有阶级社会里，总是有着特定的阶级性和具体内容的，抽象的超阶级、超国家的所谓有着"普世价值"的法与法治并不存在。

其次应厘清人与人治的内涵。马克思主义认为，在阶级和有阶级的社会里，每个人总是在特定的阶级地位中生活；人既能动地认识客观世界，同时又能动地改造客观世界；在马克思主义的理论视野中，根本的问题是，人为什么而活着和怎样做人的问题。因此，"良人"、"良法"、"良治"应该是一个辩证的统一体，三者缺一不可。如果只有"良法"而没有"良人"，"良法"就不可能贯彻执行，"良治"也就无从谈起。1959年4月，毛泽东在谈到浮夸现象和高指标时说："现在人们胆子太大了，不谋于群众，不谋于基层干部，不考虑反面意

---

① 《马克思恩格斯全集》第6卷，人民出版社1961年版，第121页。

见，也不听上级的，就是他一人能断，实际上是少谋武断。”[①]习近平在十八届四中全会的讲话中尖锐地指出：“一些党员、干部仍然存在人治思想和长官意识，认为依法办事条条框框多、束缚手脚，凡事都要自己说了算，根本不知道有法律存在，大搞以言代法、以权压法。这种现象不改变，依法治国就难以真正落实。”[②]2015年2月2日，习近平在省部级主要领导干部学习贯彻十八届四中全会精神全面推进依法治国专题研讨班上又明确指出：“每个党政组织、每个领导干部必须服从和遵守宪法法律，不能把党的领导作为个人以言代法、以权压法、徇私枉法的挡箭牌。”[③]因此，在马克思主义的语境下，在社会主义国家里，我们党所要坚决反对的“人治”已经有着特定的含义，这就是置党和国家的民主集中制原则、群众路线与党纪党规、社会主义法律法规于不顾，以言代法、以权压法，甚至搞团团伙伙、结党营私、拉帮结派，从而干出违背最广大人民群众根本利益之事的个人专断或极少数人专制。我们社会主义国家坚持法治、反对人治与西方国家坚持法治、反对人治的本质内涵是根本不同的。说到底，我们在自己的国家坚持法治、反对“人治”是要反对任何个人或极少数人忽视甚至企图剥夺绝大多数人即人民群众的民主权利和主宰人民群众的命运；西方在自己的国家坚持法治、反对“人治”则是要反对人民的逐步觉醒，并企图更好地维护资本永久统治的法律秩序和社会秩序，而它们在社会主义国家则既反对我们的法治又反对我们的“人治”，其本质上则是反对和破坏共产党领导人民为着人民自己根本利益的发展相适应的社会秩序的建立和生产关系的不断完善，反对和破坏共产党领导人民对绝大多数人民主的完善和对极少数人专政的加强。这也就是说，不仅我们所倡导的法治与西方所说的法治的标准和本质内涵不同，而且我们所反对的人治与西方所说的人治的标准和本质内涵同样根本不同。我们不能用西方所谓的“普世价值观”作为我们衡量、介定人治与法治的标准。

从一定意义上讲，相同的客观条件，不同的历史主体和主观能动性，就可能有着完全不同的历史进程和结果。古希腊哲学家柏拉图曾竭力主张“贤人政治”，他认为人治优于法治。而亚里士多德在批评柏拉图的“人治论”的基础上建立起“法治论”，认为“法治应当优于一人之治”。其实，亚里士多德所主张的法治，只不过是指绝大多数的奴隶被极少数奴隶主所治的“法治”，而不

① 《毛泽东年谱（1949—1976）》第4卷，中央文献出版社2013年版，第16页。

② 习近平：《加快建设社会主义法治国家》，《求是》2015年第1期。

③ 《领导干部要做尊法学法守法用法的模范，带动全党全国共同全面推进依法治国》，《人民日报》2015年2月3日。

是我们现在所说的为着人民当家作主的“法治”。

综上所述，在马克思主义的理论视野里，从更广阔的历史角度看，从另一种比较广阔的意义上讲：

一是人治强调的是群众、阶级、政党和领袖等社会治理主体的自觉性、能动性和权变性；法治强调的则是社会治理规则（主要是法律形式的规则）的稳定性、权威性和连续性。因此，无论人治还是法治都是相对的；广义的人治要达到其所要达到的最佳效果，必然要立法、用法；法治的各个环节，如立法、执法、司法、守法，也都离不开人这一核心要素，没有人这一核心要素在各个环节起决定性作用，法治则无从谈起。即使在法制健全的资本主义国家，也往往要通过一定的人治形式来进一步加强和改善其对外的霸权主义和强权政治，加强和改善其内部对广大劳动人民群众的有效统治。西方国家几年一次的议会和总统的选举，不就是要发挥其中的人治的作用吗？2015 年 2 月 2 日，习近平在省部级主要领导干部学习贯彻十八届四中全会精神全面推进依法治国专题研讨班上强调：“各级领导干部的信念、决心、行动，对全面推进依法治国具有十分重要的意义”；“各级领导干部在推进依法治国方面肩负着重要责任，全面依法治国必须抓住领导干部这个‘关键少数’”。这就抓住了这个“关键少数”的人。这也可以叫作“改造人”或“治人”。因此，我们反对专断专制的“人治”，而决不是反对广大人民群众其中包括各级领导干部的正确的主观能动性即积极性、主动性和创造性的发挥。所以，我们可以理直气壮地说，我们要的是为着人民当家作主的“法治”和人民群众积极性、主动性、创造性的发挥，反对的是为着资本当家作主的“法治”和专断专制的“人治”。

二是在阶级和有阶级社会里，人与法和人治与法治，都有着鲜明的阶级性，不存在抽象的“人”与“人治”和抽象的“法”与“法治”。在各种剥削阶级社会，无论“人治”还是“法治”，本质上都是极少数人对绝大多数人的统治和对统治阶级内部的民主即治理。封建皇帝的所谓“一人治”，其实是作为地主阶级的总代理人统治着广大农民并协调其内部关系。资本主义国家的总统和议会制其实是作为资产阶级的总代理人对广大劳动人民专政并协调其内部关系，只不过是穿上了宪法和宪政的制服，打着为全民的自由、平等、博爱的口号在欺骗中进行而已。而人民民主专政，则是绝大多数人对极少数人的统治和人民的民主与人民内部矛盾的恰当处理。西方话语体系总是把人民民主专政的社会主义国家称之为“人治社会”和“专制社会”与“前现代社会”和“前现代国家”，而把资产阶级专政的西方国家称之为“法治社会”和“民主社会”与“现代社会”和“现代国家”。这样来定义“人治社会”和“法治社会”的根本目的，是企图把人民民主专政的社会主义国家演变倒退为资产阶级专政的资本主义国家。

有人认为，我国只有人治、没有法治传统。这是误解。我国原始社会末期以祭祀祖先仪式逐渐形成了“礼”这一“习惯法”。自公元前21世纪的夏王朝跨入奴隶社会开始，直到封建制的各个朝代的统治者，都在不断加强立法和司法，以维护他们的政治和经济的统治。研究发现，我国迄今所见最早的诉讼判决书是青铜器铭文，叙述了西周晚年一场诉讼案件的始末。目前已知的、我国最早的封建成文法典是由魏国李悝集当时各国法律编制而成的《法经》。公元前359年，秦孝公重用商鞅对政治、经济诸方面进行了一次卓有成效的改革，史称“商鞅变法”。商鞅变法之初“徙木立信”的故事大家都较为熟知。因为商鞅变法符合历史发展的潮流，《史记》中记载，“商君虽死，而秦卒行其法”。泱泱中华，光辉璀璨。在中华文明中，不仅有上述先进的典章制度、礼仪文化，还有蕴含其中的制度文明、政治文明、法治文明及其人本思想。习近平在十八届四中全会的讲话中指出：“我国古代法制蕴含着十分丰富的智慧和资源，中华法系在世界几大法系中独树一帜。要注意研究我国古代法制传统和成败得失，挖掘和传承中华法律文化精华，汲取营养、择善而用。”①在我国古代，一般说来，儒家主张以人治为主，其代表性言论是：“为政在人，……其人存，则其政举；其人亡，则其政息”。②道家主张“无为而治”也是以人治为主的一种思想，但从整体上说，儒家与道家仅仅是一种主张而已，在当时的国家政治生活中并不起决定性的主导作用。这也就是说，无论在古代的我国还是在古代的西方，都有着法治的传统；只是适应当时的经济与社会的发展，不如现在的依法治国健全而已。有学者认为，我国古代的法治实际上是刑治，而西方古代的法治则民法起的作用比较大。③笔者赞成这一看法。

一个国家的治理体系和治理能力是与这个国家的历史传承和文化传统密切相关的。解决中国的问题只能在中国大地上探寻适合自己的道路和办法。我们推进国家治理体系和治理能力现代化，当然要学习和借鉴全人类文明的一切优秀成果，但决不是照搬其他国家的政治理念和制度模式，而是要从我国的现实条件出发来创造性前进。

中华法系影响深远，源远流长。中国古代政治也决不是专制这一个概念所能概括的。比如，中国古代的“礼法合一”、“德主刑辅”等法治主张，中国古

---

① 习近平：《加快建设社会主义法治国家》，《求是》2015年第1期。

② 《礼记·中庸》。

③ 张光博：《坚持马克思主义法律观》，吉林人民出版社2005年版，第249页。

代治理中的"仁孝"思想、"恤老爱幼"等具体规定，无不体现着当时我国法治治理中的智慧与艺术。又如，"水则载舟，亦能覆舟"这一体现君民辩证关系的"舟水论"更是维护封建制国家安定的核心治理思想，是悬挂在君主头顶的一把无形的利剑。再如，在体制机制上，汉朝有内外朝治理，明朝有内阁治理，至于"明德慎刑"、"用法务在宽简"，还有诉讼上的"登闻鼓直诉制度"，史官的"秉笔直书"，"不杀言官"，等等，这些虽然其阶级属性是封建的，但却属于中华法系中的优秀传统。还如，现在的所谓利用各种私人关系为犯罪人的求情，是我国古代法律规定所严格禁止和严加处罚的；我国古代关于监察监督制度的法律规定，也一直为外国学者所称道。以孔子为代表的早期儒家，虽然倡导"人治"，但并非不重视规则制度的作用，孔子也说："礼乐不兴，则刑罚不中；刑罚不中，则民无所措手足。"儒家的"礼治"也是一种规则治理，汉朝以后，作为我国主导的统治思想的儒家和封建统治者，更不轻视"法治"，只不过是"儒表法里"而已。

有人说，毛泽东只讲人治，不讲法治。这同样也是误解。早在1920年，毛泽东在湖南"省宪运动"中就曾倡导制定一部反映民意的省宪法。后又亲自领导参与拟定了1931年的《中华苏维埃共和国宪法大纲》、1941年的《陕甘宁边区施政纲领》、1946年的《陕甘宁边区宪法原则》和1949年的《中国政治协商会议共同纲领》等。更为重要的是毛泽东亲自主持起草了新中国第一部宪法即1954宪法。1954年10月17日，毛泽东在批阅中共中央统战部的一份材料时，批示道："从宪法的规定看，中央和地方颁布的法令中有问题的不少，对这些有问题的法令，由全国人大常委会处理还是由政府处理，应加以确定"。[①] 1954年4月初，毛泽东在修改《关于无产阶级专政的历史经验》时明确指出：斯大林在晚年特别"欣赏个人崇拜，违反党的民主集中制"，不可避免地犯了一些重大错误，如肃反扩大化；反法西斯战争前缺乏必要的警惕；对农业的发展和农民的物质福利缺乏应有的注意；在国际共产主义运动中出了一些错误的主意，特别是在南斯拉夫问题上作了错误的决定；等等。毛泽东接着说："我们要是不愿意陷到这样的泥坑里去的话，也就更加要充分地注意执行这样一种群众路线的领导方法，而不应当稍为疏忽。为此，我们需要建立一定的制度来保证群众路线和集体领导的贯彻实施，而避免脱离群众的个人突出和个人英雄主义，减少我们工作中的脱离客观实际情况的主观主义和片面性。"[②]毛泽东在这里所说

① 《毛泽东年谱（1949—1976）》第2卷，中央文献出版社2013年版，第300页。

② 《毛泽东文集》第7卷，人民出版社1999年版，第19页。

的建立一定的制度来保证群众路线和集体领导的贯彻实施，其中的“制度”既包括了国家法律又包括了党内法规。1962年3月22日，毛泽东听取谢富治、汪东兴关于公安工作的汇报。听完汇报后，毛泽东指出：“刑法需要制定，民法也需要制定，没有法律不行，现在是无法无天。不仅要制定法律，还要编案例，包公、海瑞还是注重亲自问案，进行调查研究的”。[①] 1963年5月5日，毛泽东在会见朝鲜法律工作者代表团时说：“社会主义的法律工作是一项新的工作，至今我们还没有制定出社会主义的民法和社会主义的刑法，需要积累经验”。[②]这就是说，毛泽东主张，必须制定社会主义的民法和社会主义的刑法，但不能操之过急，应当通过实践，“积累经验”后才能制定。这说明，一定的法律，是一定社会发展到一定水平的产物。“社会主义的法律工作是一项新的工作”，当经验的积累达到一定程度之时，民法典和刑法典才能制定出来，否则，则是揠苗助长，甚至适得其反。

毛泽东同志犯过错误，我们当然不能为毛泽东的错误辩护，但谁又是不犯一点错误的“圣人”呢？认真研究之后，就可以发现，毛泽东同志有着自己的法治思想和法律体系构想。轻易断言毛泽东只讲人治，不讲法治，显然有些轻率。我们要正确总结前人的经验教训，但不能苛求前人。正因如此，我们也不能要求党的十一届三中全会上就专题研究中国特色社会主义法治问题；因为在那时，纠正阶级斗争扩大化的错误，把全党全国的工作重心迅速转移到经济建设上来，是更为重要和更为迫切的历史任务。

为什么人的问题，是根本的问题、原则的问题。用历史唯物主义的视野看，把其放到对人类社会和人类文明是起促进还是“促”退的角度去度量，在特定的条件下，真理在一开始的时候，往往是掌握在少数人手中。1959年4月，毛泽东在党的八届七中全会上说：“多数时候是多数人胜过少数人，但是有些时候，个别的人要胜过多数人”；“一个人有时胜过多数人，这是因为真理在这个人手里，而不在多数人手里”。[③]因此，我们在强调党内法规和法律法治权威性的同时，也要兼顾群众、阶级、政党和领袖的正确的主观能动性的发挥。另外，无论人治还是法治，都有“善法”、“善治”或是“恶法”、“恶治”之分。所以，习近平在讲话中引用了“立善法于天下，则天下治；立善法于一国，则一国治”这一我国的古训。这也说明，不仅一国的法律法规，就是国际法律法规，都有善法和恶法之分。这就是阶级分析方法在国际国内法治问题上的具体运用。

---

① 《毛泽东年谱（1949—1976）》第5卷，中央文献出版社2013年版，第94页。

② 《毛泽东年谱（1949—1976）》第5卷，中央文献出版社2013年版，第215—216页。

③ 《毛泽东年谱（1949—1976）》第4卷，中央文献出版社2013年版，第10页。

正如《决定》所指出的，我们坚持走的是中国特色社会主义的法治道路，建设的是中国特色社会主义法治体系。我们的原则是：坚持中国共产党的领导；坚持人民主体地位；坚持法律面前人人平等；坚持依法治国和以德治国相结合；坚持从中国实际出发。说到底，“人治”与“法治”，并不是区分“善治”或是“恶治”的根本标准。环视当今世界，两制并存，此消彼长，在各种人治与法治中，都有一个为人民当家作主还是为资本当家作主的问题，这才是区分善治还是恶治的根本标准。也就是说，在当今时代，无论在人治还是法治中，不是劳动治资本，就是资本治劳动。一般来说，从整体上讲，剥削阶级处于上升时期的“法治”多是“良法”；而处于没落阶段，其“法治”都逐渐堕入“恶法”。

笔者认为，从严格意义上讲，所谓“法治”与“人治”不是对应关系，与法治相对应的应该是礼治、德治、宗教治、习俗治等治理的社会规范、原则标准；与人治相对应的应是鬼治、神治等治理主体。各种“治”其中包括各种法制或法治都是以人为主体和依据什么原则、规则治理的问题。

封建君主国家实行的依法治国是对地主阶级的民主和对广大农民阶级的专政。资本主义国家实行的是对资产阶级的民主和无产阶级及其广大劳动人民群众的专政。而宪政不过是资产阶级的政治理念、制度框架、体制机制和对资本民主与对劳动专政的代名词而已。社会主义国家的诞生和建设，废除了资产阶级的国家机器及其法制，并把资本主义法制的形式，与它所结合的为着极少数人谋利益的资本主义剥削制度剥离开来，汲取其中所有有价值的东西，建立了对广大劳动人民群众的民主和对极少数敌对分子的专政，从而为最终消灭一切剥削制度为基本功能和目标的法治，使依法治国的水平达到了人类历史上从未有过的高度。当然，在建立和发展依法治国的过程中，无论在苏联还是在我国，都曾出现过个人迷信和个人专断的错误，干扰了社会主义法治的进程。特别是在苏联，出现了戈尔巴乔夫领导集团极少数人代表国内外垄断资本的利益，严重破坏社会主义法治，实行极少数人对广大劳动人民群众的独裁，从而葬送了社会主义制度。沉舟侧畔，千帆驶过；病树前头，万木葱茏。中国特色社会主义的依法治国和全面推进，正在以习近平同志为总书记的党中央领导下开创新的局面。

五 依法治国与以德治国的关系

依法治国是实现党领导人民当家作主的基本途径和法治保证，意义重大。无论是坚持和完善党的领导，还是坚持和完善我国的国体、政体或是基本政治制度，切实保障人民群众的民主权利，都离不开社会主义法治。

但依法治国不是党领导人民实现自己当家作主的唯一方式和途径，也不是党的领导的全部内容。党的领导中很重要的是靠正确的理论武装，靠共产主义的远大理想和中国特色社会主义共同信念，靠党员的先锋模范作用，靠基层党组织的战斗堡垒作用，靠各级党组织和各级领导对群众的思想政治工作。正因如此，习近平同志特别强调："革命理想高于天"。因为最高理想是最终目的地，而任何法律法规则总是体现其一定的阶段性。从这个意义上讲，革命理想管长远，管全局，管根本；革命理想高于法并贯穿于法治的全过程。

一般来说，依法治国主要是他律，以德治国主要是自律。而"德主刑辅"则是我国一种优秀的法律文化传统。

1958年毛泽东同志指出："法律这个东西，没有也不行，但我们有我们这一套，调查研究，就地解决，调解为主。不能靠法律治多数人，多数人要靠养成习惯。我们每个决议案都是法。治安条例也靠成了习惯才能遵守，成为社会舆论。"①

习近平同志明确指出："法律是成文的道德，道德是内心的法律，法律和道德都具有规范社会行为、维护社会秩序的作用。"②

一些人认为人的本质是自私。其实，人之初，性本不善，也本不恶。人的本质是当时社会关系的总和。人的生理特征是有遗传性的，但善恶观念并不会遗传。不是人的本质是自私的，而是资本的本质及其所形成的观念是自私的。马克思说："如果按照奥日埃的说法，货币'来到世间，在一边脸上带着天生的血斑'，那么，资本来到世间，从头到脚，每个毛孔都滴着血和肮脏的东西。"③所以，马克思在《资本论》中又引用了英国经济学家托·约·登宁所说的话："资本逃避动乱和纷争，它的本性是胆怯的。这是真的，但还不是全部真理。资本害怕没有利润或利润太少，就像自然界害怕真空一样。一旦有适当的利润，资本就胆大起来。如果有10%的利润，它就保证到处被使用；有20%的利润，它就活跃起来；有50%的利润，它就铤而走险；为了100%的利润，它就敢践踏一切人间法律；有300%的利润，它就敢犯任何罪行，甚至冒绞首的危险。如果动乱和纷争能带来利润，它就会鼓励动乱和纷争"。④

现在我国的反腐败形势依然严峻，反腐倡廉仅靠法治行不行？如果仅靠法

---

① 《毛泽东年谱（1949—1976）》第3卷，中央文献出版社2013年版，第421页。

② 习近平：《加快建设社会主义法治国家》，《求是》2015年第1期。

③ 《马克思恩格斯文集》第5卷，人民出版社2009年版，第871页。

④ 见《资本论》第一卷，人民出版社2004年版，第871页。

律这唯一准绳，那也就是说，“有300%的利润，它（资本）就敢犯任何罪行，甚至冒绞首的危险”。从一定意义上讲，这也是一条铁的经济、社会法则。换言之，如果超过300%利润的话，法律就可能失去作用。再说，那些贪赃枉法的人其中包括一些领导干部，“利润额度”何止300%呀！有一些简直是无本以万利亿利计。这也就是说，反腐倡廉不能只讲法治，不讲德治。如果只讲法治，不讲德治，这是不教而诛，既与我们党的光荣传统不相容，也与中华民族优秀法律文化传统所相违。在西方的制度设计中，资本主义法治设计了资本代理人上台的渠道，官员与资本、腐败与资本主义制度本身，是没有根本性冲突的，资本家的代理人上台，从一定意义上说，是“名正言顺”的“合法”腐败，而在社会主义的制度理念中，腐败与社会主义，与党的宗旨是根本对立、水火不容的。只不过在资本主义社会中，某些官员的贪腐行为触犯了资本主义法律的底线，危及到资本主义社会制度的生存，为了维护资产阶级的整体利益，也为了更好地统治、欺骗人民群众，所以也提倡反腐，例如大多数资本主义国家所实行的“官员财产申报”制度就是在维护资本主义根本制度统治下的反腐倡廉的重要、有效的举措。我们当然也必须借鉴资本主义社会反腐的经验，但资本主义社会的反腐与社会主义社会的反腐有着本质和根本上的区别。拒绝借鉴其经验，是僵化保守，断然不可取；但如果全盘照搬，则无疑是缘木求鱼，甚至带来灾难。

其实，我国宪法也把以德治国的实质内容赫然载入其中。《宪法》第24条规定：“国家通过普及理想教育、道德教育、文化教育、纪律和法制教育，通过在城乡不同范围的群众中制定和执行各种守则、公约，加强社会主义精神文明的建设。国家提倡爱祖国、爱人民、爱劳动、爱科学、爱社会主义的公德，在人民中进行爱国主义、集体主义和国际主义、共产主义的教育，进行辩证唯物主义和历史唯物主义的教育，反对资本主义的、封建主义的和其他的腐朽思想。”《宪法》第53条强调：“中华人民共和国公民必须遵守宪法和法律，保守国家秘密，爱护公共财产，遵守劳动纪律，遵守公共秩序，尊重社会公德。”这实质上是分别从国家和公民两个不同层面所强调的德治。坚持依法治国和以德治国相结合，这不仅是《决定》所强调的全面推进依法治国中必须坚持的一个基本原则，更是宪法本身所明确载入的规定和要求。奇怪的是，有的人很赞成以宪治国，但又很反对提依法治国与以德治国相结合，这不是把整部宪法规定的基本原则按照自己的意愿给割裂开来甚至对立起来了吗？

笔者认为，反腐倡廉要预防为主，关卡前设，至少要有四道防线，第一道是正确的理想信念。习近平同志特别强调共产党员要牢固树立共产主义远大理想，公民要坚定中国特色社会主义共同信念。第二道是道德。因此，中华人民共和国公民都应该学习践行社会主义核心价值观。而共产党员则必须按照《党章》所要求的那样，具有共产主义的道德修养和品质。第三道是狭义上的制度规章，即党规和行政纪律。第四道才是法律。中央提出要建立领导干部“不想腐、不能腐、不敢腐”的防线。从一定意义上讲，这是反腐倡廉成套制度的设计。正确的理想信念和高尚的道德，是不想腐的防线，这两道防线，是反腐倡廉的思想防线；制度规章是不能腐的防线，而法律则是不敢腐的防线，这两道防线是反腐倡廉的制度防线；而法律则是反腐倡廉的最后一道防线。在经济社会生活中，我们万万不能只讲法律这一道防线，从而在整个社会领域特别是政治和文化领域提倡所谓“法无禁止皆可为”，最终的结果则极可能是连法律这最后一道防线也守不住。取乎其上，往往才能得乎其中。腐败的最终结果，必然是亡党亡国。四道防线健全，腐败现象才能得到有效遏制，并随着经济社会的发展，使其得到逐渐减少。但腐败现象及其观念，从根本上来说是私有制的产物。要真正完全根除，必须等到与私有制及其观念实行彻底决裂、共产主义制度完全建立之时。

1980年8月，邓小平在《党和国家领导制度的改革》的讲话中明确指出：“领导制度、组织制度问题更带有根本性、全局性、稳定性和长期性。这种制度问题，关系到党和国家是否改变颜色，必须引起全党的高度重视。”[①] 1992年1—2月间，邓小平在其著名的南方谈话中说：“中国的事情能不能办好，社会主义和改革开放能不能坚持，经济能不能快一点发展起来，国家能不能长治久安，从一定意义上说，关键在人。”[②]从根本上说，制度是人制定的，又要靠人来执行。因此，德治与法治同样重要。

2014年1月20日，习近平总书记在群众路线教育实践活动第一批总结会与第二批动员会上指出：“对共产党人来说，理想信念是精神之‘钙’。精神上缺了‘钙’，就会得‘软骨病’，就会导致政治上变质，经济上贪婪，道德上堕落，生活上腐化”，“‘四风’问题归根到底就是理想信念出现动摇所致”。这样的论述，习近平同志有过多次。这说明，有的同志想仅仅依靠法律就想彻底解决腐败问题，这是很不现实的。

在当今世界和我国，法，都是阶级意志的体现，都有“良法”和“恶法”之分。不强调德，连一部良法也制定不出来，就更谈不上依法治国了。只有树

① 《邓小平文选》第2卷，人民出版社1994年版，第333页。
② 《邓小平文选》第3卷，人民出版社1993年版，第380页。

立了社会主义核心价值观，在司法过程中，才能公正司法，防止不当的“权力”与“金钱”的干预。

既然德治与法治同样重要，为什么我们党现在就法治问题专门召开全会并作出决定呢？这是因为我们党面临的国内外的机遇与挑战都是前所未有的，由于国际国内各种因素影响，社会各种群体中的价值观又多元多样，一些人其中包括党政领导干部正确的理想信念动摇，也就是说“自律”明显减弱，反腐面临着前所未有的局面。在这种情势下，以习近平同志为总书记的党中央一方面特别重视抓好党的意识形态工作，强调广大党员、干部坚定正确的理想信念，强调党的宣传纪律、政治纪律和组织纪律，强调全社会学习践行社会主义核心价值观，亦即强调德治，另一方面，又及时提出坚定不移走中国特色社会主义法治道路，更多地用“他律”规范人们和市场的行为，这极具重大的现实意义。

六　依法治国与经济社会全面发展的关系

马克思曾指出：“选举是一种政治形式，在最小的俄国公社和劳动组合中都有。选举的性质并不取决于这个名称，而是取决于经济基础，取决于选民之间的经济联系。”[①]

我们应时刻牢记，依法治国是手段，决不是目的，而人民当家作主才是目的。我们不会也不能重复伯恩施坦的“运动就是一切，最终目的是微不足道的”的错误，也决不会也不能搞“依法治国是一切，目的是没有的”那一套。

说到底，依法治国的根本目的是为了社会主义的中华人民共和国经济社会的协调、全面发展，是为了广大人民群众逐步实现共同富裕。

依法治国的活动属于上层建筑的范畴，它一方面是为了巩固和完善我们人民民主专政的国体和人民代表大会制度的政体服务，另一方面与国体、政体一起，被中国特色社会主义经济基础所决定并为之服务。

另外，依法治国是我们的治国方略，正因如此，我们就必须把它贯彻到经济、政治、文化、社会、生态和党的建设等社会系统之中，切忌仅仅是为了社会建设尤其仅仅为了保持社会稳定。但是经济、政治、文化、社会、生态和党的建设并不是并列关系，这几方面中，经济又是基础，是重中之重。所以，依法治国，最为重要的是首先贯彻到经济领域。《宪法》第6条：“中华人民共和国的社会主义经济制度的基础是生产资料的社会主义公有制，即全民所有制和

---

① 《马克思恩格斯选集》第3卷，人民出版社2012年版，第340页。

劳动群众集体所有制。社会主义公有制消灭人剥削人的制度，实行各尽所能、按劳分配的原则。国家在社会主义初级阶段，坚持公有制为主体、多种所有制经济共同发展的基本经济制度，坚持按劳分配为主体、多种分配方式并存的分配制度。”

《决定》明确写道：“坚持依法治国首先要坚持依宪治国，坚持依法执政首先要坚持依宪执政。”依宪治国，首先是要在经济领域“坚持公有制为主体、多种所有制经济共同发展的基本经济制度”；在政治领域，必须坚持党的领导和人民民主专政；在意识形态领域，必须坚持以马克思主义为指导。但在经济领域坚持公有制为主体、多种所有制经济共同发展的基本经济制度，更具根本性。依法治国的原则之一就是坚持法律面前人人平等。法律面前人人平等，仅仅是就法律适用环节而言的，作为体现统治阶级意志和利益的法制定出来了，谁都要严格执行，在这里，无论对于统治阶级还是被统治阶级，没有任何政党、团体和个人能够例外。但就立法环节而言，没有也决不可能有人人的平等，法总是统治阶级的意志和利益的体现，不可能既反映统治阶级的意志和利益，又反映被统治阶级的意志和利益。因此，我们在讲“法律面前人人平等”时，无疑是讲法律适用过程中的人人平等。人人平等是我们最终实现的崇高理想，而平等的最深厚基础是生产资料占有权的平等。它通过生产资料所有制及分配而体现，最根本应是对生产资料占有的平等。因此，对生产资料占有平等权应该是社会主义国家公民的最基础和最根本的权利，这是每个公民都拥有的权力和权利。对生产资料占有权的平等是人与人社会平等的基础，没有对生产资料占有的平等，就没有真正的平等，也无法根本实现其他各方面的平等。只是因为现在我国还处于社会主义初级阶段，生产要素中还必须保留资本，我们也需要且必须在一定范围内调动资本的积极性。但对资本也必须实行必要的节制。连孙中山先生都提出要节制资本。如果不节制资本，公有制为主体的所有制结构很快就会被动摇，人们价值观念不仅会多元化，而且私有观念，即“为人民币服务”而不是“为人民服务”的观念就会逐渐占据甚至主导整个社会，还会逐渐侵蚀我们的各级干部队伍甚至高级干部队伍，并在党和国家各级政权决策时起这样那样甚至是主导的作用。有的人甚至置党的起码的政治纪律于不顾，被国内外资本所左右。这样下去，党和政权就会逐渐脱离、背离乃至背叛人民，人民最终就会作出其他选择。苏联亡党亡国就是这样一路走下来的。正因如此，在贯彻依法治国的过程中，社会主义初级阶段的基本经济制度必须不折不扣地坚持，否则，社会主义的经济基础就必然遭到破坏，最终则是国家衰败，社会动乱，人民遭殃，我们的一切包括依法治国都无从谈起。

现在，不少同志关注着国有企业管理中出现的腐败现象。也有不少同志担心，我们要坚持公有制为主体，但如何有效遏制公有制企业中的腐败现象呢？有的人还把国有企业中出现的腐败现象作为全盘私有化的理由。1960 年 2 月 9 日，毛泽东在读完苏联《政治经济学教科书》下册的结束语时说："所有制问题基本解决以后，最重要的问题是管理问题，即全民所有的企业如何管理的问题，集体所有的企业如何管理的问题，这也就是人与人的关系问题。这方面是大有文章可做的"。[①]毛泽东又说："生产关系包括所有制、劳动生产中人与人之间的相互关系、分配形式三个方面。经过社会主义改造，基本上解决了所有制问题以后，人们在劳动生产中的平等关系，是不会自然出现的。"[②]毛泽东的这一判断完全正确。我们体味，所有制性质在一定时期可以处于相对稳定的阶段，劳动生产中的人与人之间关系却处于不断变化之中。这种变化存在着两种可能：一是沿着社会主义公有制的要求，不断完善和发展人与人在劳动生产中的关系；二是也存在着违背社会主义公有制要求的逆向发展的可能。这两者都会对社会主义公有制的性质产生影响。所以，在所有制问题基本解决以后，管理问题即人与人的关系问题就突出出来了，核心问题是如何防止管理人员由社会公仆变为官僚老爷，如何确保已经建立起来的新的生产关系能够适应和促进生产力的发展。所以，毛泽东明确要求："等级森严，居高临下，脱离群众，不以平等待人，不是靠工作能力吃饭而是靠资格、靠权力，干群之间、上下级之间的猫鼠关系和父子关系，这些东西都必须破除"；[③] "如果干部不放下架子，不同工人打成一片，工人就往往不把工厂看成自己的，而看成干部的。干部的老爷态度使工人不愿意自觉地遵守劳动纪律，而且破坏劳动纪律的往往首先是那些老爷们"。[④]这样下去，企业的社会主义性质就有可能受到损害甚至变质，结果名义上是国有企业或集体企业，实质上是资本主义企业。这也就是说，企业的管理权与所有权是密切相关、相辅相成、互相作用的。所谓管理问题，首先是管理权掌握在谁手里的问题，群众应不应该参加管理的问题。这样，在马克思主义的发展史上，毛泽东第一个从理论上提出了社会主义所有制的生产资料管理权问题，并且把它和所有权的变化、发展放在一起来说明社会主义所有制问题"大有文章可做"，从而找到了社会主义革命成功以后，资本主义还有可能复辟

---

① 《毛泽东年谱（1949—1976）》第 4 卷，中央文献出版社 2013 年版，第 325 页。

② 《毛泽东读社会主义政治经济学批注和谈话》（上）（清样本），中华人民共和国国史学会，1998 年 1 月，第 67 页。

③ 同上。

④ 《毛泽东年谱（1949—1976）》第 4 卷，中央文献出版社 2013 年版，第 285—286 页。

的物质基础和经济基础。虽然毛泽东也犯过错误，包括在领导经济工作中犯过错误，但只要是他发现了自己的错误，他就会坦诚地进行自我批评，并尽可能及时纠正。同时，他还批评那些不向基层传达而隐瞒他作自我批评的同志，说："有了错误，一定要作自我批评，要让人家讲话，让人批评。去年（笔者注：1961年）六月十二号，在中央北京工作会议的最后一天，我讲了自己的缺点和错误。我说，请同志们传达到各省、各地方去。事后知道，许多地方没有传达。似乎我的错误就可以隐瞒，而且应当隐瞒。同志们，不能隐瞒。凡是中央犯的错误，直接的归我负责，间接的我也有份，因为我是中央主席。我不是要别人推卸责任，其他一些同志也有责任，但是第一个负责的应当是我。"①纵观毛泽东的一生包括在瑞金和延安时期特别是在新中国成立以后对经济特别是对马克思主义政治经济学理论所作出的新的重大贡献（笔者认为，这一重大贡献，集中反映在1958—1960年在读斯大林《苏联社会主义经济问题》、苏联《政治经济学教科书》时的批注和谈话，新中国成立后的《毛泽东年谱》作了较为详尽的论述），我们完全可以把毛泽东称之为伟大的马克思主义的经济学家。只是我们现在对他在马克思主义政治经济学上的伟大贡献认识和理解得还远远不够罢了。通过毛泽东以上一系列论述，我们完全可以说，国有企业中出现的腐败现象，并不是公有制自身存在的问题，而是私有观念对公有制侵蚀的结果。这也充分说明，公有制企业，要求必须培育和树立相应的公有观念才能搞好。国有企业中出现的腐败现象，并没有为全盘私有化和资本的永久统治提供任何理由，反而印证马克思、恩格斯在《共产党宣言》中所说的必然与传统的所有制关系和传统的所有制观念实行"两个彻底决裂"的正确，说明以习近平同志为总书记的党中央强调牢固树立正确理想信念的迫切性和重要性。

讲依法治国，不仅要依法管理经济、依法管理政治，还要依法管理文化。思想文化领域也应讲依法办事。思想无禁区，实事求是讲，也无法设定禁区。依法管理文化，必须首先做到宪法中要求的那样，坚持以马克思主义为指导，把意识形态领域的领导权牢牢掌握在马克思主义者的手中。对于表现出来的思想问题如何处理？毛泽东说："对于思想问题采取粗暴的办法、压制的办法，那是有害无益的"；"我们一定要学会通过辩论的方法、说理的方法，来克服各种错误思想"。②其实，辩论、说理的办法就是争论。有人说，邓小平对思想问题不主张争论。其实，这是误解。1992年春，邓小平在南方讲话中强调："不搞

① 《毛泽东文集》第8卷，人民出版社1999年版，第296页。

② 《毛泽东文集》第7卷，人民出版社1999年版，第279页。

争论，是我的一个发明。不争论，是为了争取时间干。一争论就复杂了，把时间都争掉了，什么也干不成。”[①]当党的思想政治路线确立后，邓小平坚决明确地反对就一些具体方针政策和探索性、实验性的改革举措进行无休止的、无原则的争论。但对重大原则和大是大非问题，邓小平历来主张必须争论清楚。比如，大家都知道的对1978年的真理标准问题讨论，邓小平多次高度称赞：“这个争论很有必要，意义很大……是个政治问题，是个关系到党和国家的前途和命运的问题。”[②] 改革开放以后，针对资产阶级自由化思潮，邓小平不断强调要旗帜鲜明地加以批判，指出：“某些人所谓的改革，应该换个名字，叫作自由化，即资本主义化……我们讲的改革与他们不同，这个问题还要继续争论的。”[③]对公开反对四项基本原则的言论如何办？在这里，不应误读邓小平“不争论”的思想，而采取“不炒热”的“鸵鸟政策”。我们一是旗帜鲜明地倡导“理论研究无禁区，宣传教学有纪律，具体行为守法律”。二是敢于和善于通过辩论即争论的办法力争教育当事人，同时通过争鸣有效提高广大干部群众辨别大是大非的能力。特别是现在网络发达，搞好网上的舆论引导，至关重要。网上的舆论，绝对不能让国内外资本所主导，否则，就有亡党亡国之可能。这不是危言耸听。这就更加需要依靠人民，特别是培养和依靠忠诚于党、忠诚于人民、忠诚于社会主义祖国的青年一代。三是依纪依法处理当事人，并不再为其提供阵地和讲坛。从一定意义上讲，依法管理文化，也是为以德治国创造良好的环境。

七　依法治国与紧紧依靠人民群众的关系

依法治国的主语和主体是人民群众，而不能仅仅只是司法机关，特别仅仅是几个法学家（当然，人民的法学家，人民会永远尊敬和依靠）。人民当家作主不仅应体现在立法的全过程，而且应完全体现在依法治国的全过程。

习近平同志在四中全会讲话中说：“我国社会主义制度保证了人民当家作主的主体地位，也保证了人民在全面推进依法治国中的主体地位。这是我们的制度优势，也是中国特色社会主义法治区别于资本主义法治的根本所在。”[④]

抗日战争胜利前夕的1945年7月，毛泽东主席在延安与黄炎培那段著名的“窑洞对”，值得我们永远铭记。黄炎培说，一部历史，“政怠宦成”的也有，

---

① 《邓小平文选》第3卷，人民出版社1993年版，第374页。

② 《邓小平文选》第2卷，人民出版社1994年版，第143页。

③ 《邓小平文选》第3卷，人民出版社1993年版，第297页。

④ 习近平：《加快建设社会主义法治国家》，《求是》2015年第1期。

"人亡政息"的也有，"求荣取辱"的也有，总之没有能跳出"兴也勃焉，其亡也忽焉"的周期率。毛泽东说："我们已经找到新路，我们能跳出这周期率。这条新路，就是民主。只有让人民来监督政府，政府才不敢松懈。只有人人负起责来，才不会人亡政息。"[①]这就明确地告诉我们，人人负起责来，就是人民群众自己要为自己当家作主，而不是在人民范畴之外，选出另外一个管理集团来管理。工人阶级及其政党，是人民群众中最先进的部分。共产党和政府的各级领导是人民中的先进分子，而不是人民范畴之外的"精英集团"。坚决相信、紧紧依靠最广大人民群众当家作主与坚持工人阶级及其政党的领导，具有内在的高度的一致性，这才是彻底的历史唯物主义。人人负起责来，负什么责？20 世纪 50 年代末 60 年代初，毛泽东在读苏联《政治经济学教科书》的谈话时说："劳动者管理国家、管理军队、管理各种企业、管理文化教育的权利，实际上，这是社会主义制度下劳动者最大的权利，最根本的权利。没有这种权利，劳动者的工作权、休息权、受教育权等等权利，就没有保证"；"社会主义民主的问题，首先就是劳动者有没有权利来克服各种敌对势力和它们的影响的问题。像报纸刊物、广播、电影这类东西，掌握在谁手里，由谁来发议论，都是属于权利的问题"[②]；掌握在马克思列宁主义者手里，绝大多数人民的权利就有保证了。毛泽东的看法极富远见，他似乎在 50 多年前就预见到我们今天的更为繁重的任务。现在有的报刊、网站、文艺作品等问题不少，这都存在一个是不是人人负起责来的问题。人人负起责来是内容，而总要找到一种或几种好的形式来体现和实现才行。

列宁曾明确指出："苏维埃的法律是很好的，因为它使每一个人都有可能同官僚主义和拖拉作风作斗争"；但"就连相当多的共产党员也不会利用苏维埃的法律去同拖拉作风和官僚主义作斗争，或者去同贪污受贿这种道地的俄国现象作斗争"；"法律制定得够多了！那为什么这方面的斗争没有成绩呢？因为这一斗争单靠宣传是搞不成的，只有靠人民群众的帮助才行。"[③]

20 世纪 60 年代初，浙江省诸暨市枫桥镇干部群众创造了"发动和依靠群众，坚持矛盾不上交，就地解决。实现捕人少，治安好"的"枫桥经验"。1963 年毛泽东亲笔批示"要各地仿效，经过试点，推广去做"。2013 年 10 月 11 日，习近平总书记为纪念毛泽东批示"枫桥经验"50 周年纪念大会作出批示，充分肯定浙江枫桥"依靠群众就地化解矛盾"的经验，要求各级党委和政

① 《毛泽东年谱（1893—1949）》中卷，中央文献出版社 2013 年版，第 611 页。

② 《毛泽东年谱（1949—1976）》第 4 卷，中央文献出版社 2013 年版，第 266—267 页。

③ 《列宁全集》第 42 卷，人民出版社 1987 年版，第 196、197 页。

府要充分认识“枫桥经验”的重大意义，并要求根据形势变化不断赋予其新的内涵，以把党的群众路线坚持好、贯彻好。

在党的十八届四中全会上，习近平同志特别强调，人民权益要靠法律保障，法律权威要靠人民维护。要充分调动人民群众投身依法治国实践的积极性和主动性，使全体人民都成为社会主义法治的忠实崇尚者、自觉遵守者、坚定捍卫者，使尊法、信法、守法、用法、护法成为全体人民的共同追求。习近平同志的这一论述，完全是相信人民群众、依靠人民群众、为了人民群众的历史唯物主义观点在依法治国战略中的运用。

从根本上说，依法治国，是亿万人民群众自己的事业。只有全心全意依靠群众，才能确保依法治国的正确的政治方向，依法治国才可能取得应有的成效。

八 我国依法独立公正行使审判权检察权与西方司法独立的关系

应当承认，当前我国司法领域突出存在司法不公和司法公信力不高等问题。这与司法领域内部出现的腐败等直接相关，但这些腐败现象又往往与外部的不法分子的腐蚀和少数领导干部干预司法依法独立公正行使职权有关。《决定》明确指出：“完善确保依法独立公正行使审判权和检察权的制度。各级党政机关和领导干部要支持法院、检察院依法独立公正行使职权。建立领导干部干预司法活动、插手具体案件处理的记录、通报和责任追究制度。”

《决定》的上述精神，并不是新的制度规定，而是我们宪法相关条款的具体化。我国《宪法》第 126 条规定：“人民法院依照法律规定独立行使审判权，不受行政机关、社会团体和个人的干涉”；第 131 条指出：“人民检察院依照法律规定独立行使检察权，不受行政机关、社会团体和个人的干涉”。这充分说明，审判机关检察机关依法独立公正行使审判权检察权是我国法治建设的一项重要原则。

依法公正行使审判权检察权比较好理解，审判机关检察机关为什么要独立行使审判权和检察权呢？这是因为一个案件的发生，往往有着多种复杂的因素，其中有不少表面现象，恰恰是案件当事者甚至是背后指使者的蓄意所为；这就往往需要具有很高的职业素养和专业水平的司法人员进行深入调查，根据每一个案件具体的事实、性质、情节等各种因素依法给予综合考量，然后给予科学认证，这决不是其他任何人的行政命令就能替代和解决的，所以审判机关、检察机关在处理案件时，决不能受到任何行政机关、社会团体和个人的干涉。在法治实践中，有的地方党政领导基于个人关系和利益干预司法案件，有的地方部门和机关基于地方保护主义插手干预司法案件，这就必然影响到案件的公正处理。所以，我国的《宪法》及《决定》，庄严地把审判机关检察机关独立行使审判权和检察权写入其中。

但是，审判机关检察机关依法独立公正行使审判权检察权，决不是不要党的领导。首先，审判机关检察机关及其工作人员在独立行使审判权和检察权的过程中，必须接受党在思想政治上的领导。这是因为，法律规定要通过一定的人去落实，而一定人的行为，总是由其所持有的一定的世界观、人生观和价值观为指导。为了确保独立行使审判权检察权后结果上的公正，《决定》明确指出："建设高素质法治专门队伍。把思想政治建设摆在首位，加强理想信念教育，深入开展社会主义核心价值观和社会主义法治理念教育，坚持党的事业、人民利益、宪法法律至上，加强立法队伍、行政执法队伍、司法队伍建设。"其次，审判机关检察机关独立行使审判权检察权，是体现在各个具体案件中的审判权检察权，但是审判工作检察工作决不仅仅是对各个具体案件的审判检察，而且体现在机关和人员建设的方方面面。再次，各级和不同职能的司法机关积极主动地、独立负责地、协调一致地工作，也必须在党的统一领导下进行。最后，党的性质宗旨和执政地位决定其必须领导社会主义法治建设的全过程和各方面，审判机关检察机关是人民民主专政国家机器的重要组成部分，承担着巩固人民民主专政的政权、党的执政地位的重大政治责任；审判机关检察机关的社会主义性质也决定了必须坚持党对审判工作检察工作的领导。因此，绝不能把依法独立公正行使审判权检察权与坚持党的领导对立起来。笔者在这里想强调的是，在苏联法治建设的过程中，最终取消了司法机关中党组织的设立。事实证明，此举不但没有保证司法机关独立公正地行使职权并最终建设成社会主义法治国家，反而为苏联解体和苏共亡党埋下了伏笔。前车之鉴，令人深思。

笔者个人认为，审判机关检察机关依法独立公正行使审判权检察权，在理解此处"独立"行使的问题时，还必须注意这一"独立"仅仅是相对的独立，这一权力在整个行使过程中，也必须接受方方面面的监督：一是人民的监督。在我国，一切权力属于人民，所有审判机关和检察机关及其工作人员必须依靠人民的支持，倾听人民的意见和建议，接受人民的监督，努力为人民服务。我国的公民对审判机关和检察机关及其工作人员，有提出批评和建议的权利；对审判机关和检察机关及其工作人员的违法失职行为，有向有关国家机关提出申诉、控告或者检举的权利，并且这一权利是载入宪法的我国公民的基本权利。二是国家权力机关的监督。在我国，各级人大及其常委会根据宪法和法律的规定，有权对审判机关和检察机关的工作实施监督，以促进司法公正。各级人大及其常委会还享有对审判机关和检察机关工作人员进行任职和撤职的权力。最高审判机关和最高检察机关作出的属于审判、检察工作中具体应用法律的司法解释，应当向全国人大常委会备案，若该解释与法律规定相抵触的，全国人大常委会有权进行审查并作出决定。三是国家其他机关的监督。其中最为典型的，便是检察机关作为享有法律监督权的国家机关，有权对审判机关的审判行为进行法律监督。

正因如此，我们完全可以说，确保依法独立公正行使审判权检察权的制度，是实现我国人民当家作主在司法制度上的安排，也是社会主义制度对司法的基本要求，而决不是让司法独立于党的领导和人民的监督之外。

我国依法独立公正行使审判权检察权的制度与西方的司法独立有着根本的不同。独立公正行使审判权检察权与司法独立，也完全是两个概念。

司法独立是西方国家经常自我炫耀其司法制度的最大特点。应当承认，司法权与行政权和立法权分立，是维护资本当家作主的十分成熟的制度之一。“司法独立”在新兴资产阶级反抗封建帝王的专制统治时，也无疑起过进步的作用。但它对社会和人民群众具有一定的欺骗作用。恩格斯明确指出：“资产阶级的力量全部取决于金钱，所以他们要取得政权就只有使金钱成为人在立法上的行为能力的唯一标准。他们一定得把历代的一切封建特权和政治垄断权合成一个金钱的大特权和大垄断权。”[①]在资本主义国家，资本总是用金钱明里暗里操纵行政权和立法权的选举，而表现在三权分立中的司法权上，在美国是由九名大法官组成的联邦最高法院所体现的，大法官直接由总统任命，且是终身，并有推翻议会立法的最高裁定权。而英国没有独立的司法体系，其司法制度仍保留许多封建痕迹，其最高上诉法院的职能由上院行使，法官一律采用任命制。大法官、法官上院议员、上诉法院法官由首相推荐，英王任命。无论是在美国还是英国，大法官的产生，就连形式上的选举这一程序也被完全免除，美国甚至赋予这些大法官以宪法解释权即“违宪审查权”或“司法审查权”这一最高最终的裁决职能。美英这些法官终身享受高薪，既不受议会控制，也不受民众监督，更不对民众负责，唯一听命的，就是在其后操纵的资本。这就为确保代表极少数人的垄断资本统治又加上了一道可靠的保险。

有人说，司法独立虽然产自资本主义但并非一定姓“资”，它所揭示的是现代法治的共同规律，已成为人类政治文明的有益成果，理应为我所用。这不是糊涂，就是想误导我国的依法治国与司法改革。

法院、检察院是国家机器的重要组成，社会主义中国的司法是共产党领导

---

① 《马克思恩格斯全集》第2卷，人民出版社1957年版，第647页。

人民依法治国的一项极为重要的活动，把依法独立公正行使审判权和检察权的制度解释甚至偷换成“司法独立”，就是要把司法权从共产党和人民的手里夺走，并把其偷梁换柱到国内外资本手中。现在，共产党在执政，人民还在当家作主，并且有着较为健全的监督体制机制，一些人就胆大妄为、贪赃枉法、贪贿无度，如果放弃了党的领导和人民的监督，实行司法独立，那些人不是更无法无天了吗？更为严重的是，如果实行所谓的“司法独立”，他们就会在国内外资本的操控下，假借所谓合法的司法途径，修改我们既定的宪法和各种法律，甚至把共产党全心全意为人民服务的各种战略举措宣布成为“非法”，如此办理，没有硝烟的战争导致的亡党亡国则不需要多少时日。

九　宪法的实施与宪法实施的监督的关系

我国宪法以国家根本法的形式，确立了中国特色社会主义道路、中国特色社会主义理论体系、中国特色社会主义制度的发展成果，反映了我国各族人民的共同意志和根本利益，成为历史新时期党和国家的中心工作、基本原则、重大方针、重要政策在国家法制上的最高体现。习近平同志在新任党的总书记后不久，即十分强调：“宪法的生命在于实施，宪法的权威也在于实施。我们要坚持不懈抓好宪法实施工作，把全面贯彻实施宪法提高到一个新水平。”

宪法的实施简而言之就是要将宪法文本上的抽象的权利义务关系转化为实际生活中具体的权利义务关系。在法治实践中，宪法的实施通常会有四种具体的表现形式：国家立法机关在立法活动中对宪法的贯彻和落实、国家行政机关在依法行政过程中对宪法的贯彻和落实、国家司法机关在从事司法活动时对宪法援引和适用、其他一切组织和个人在作出行为时对宪法的遵守。而以上每一种表现形式都是全面推进依法治国所不可或缺的、至关重要的方面或环节。实施宪法的上述四种情形，对于全面推进依法治国具有十分重要的意义。

在我国，谁来监督宪法的实施最为科学和合理呢？我们是中华人民共和国，我国的宪法是维护最广大人民群众根本利益的根本大法。宪法实施的监督，首先是人民的监督。只有让人民来监督政府，政府才不会懈怠；只有人人起来负责，才不会人亡政息。所以，《决定》指出：“全国各族人民、一切国家机关和武装力量、各政党和各社会团体、各企业事业组织，都必须以宪法为根本的活动准则，并且负有维护宪法尊严、保证宪法实施的职责。一切违反宪法的行为都必须予以追究和纠正。”

除了人民的监督之外，还需要专门机关的监督。所以，《决定》又明确指出：“完善全国人大及其常委会宪法监督制度，健全宪法解释程序机制。”《决定》的这一表述十分正确和准确。我国《宪法》第62条全国人民代表大会行使的职权中，有“监督宪法的实施”的职能；《宪法》第67条全国人民代表大会常务委员会行使的职权中，有“解释宪法，监督宪法的实施”的职能。有人说，中国没有宪法监督制度和宪法解释程序机制，亟须建立一个跨越任何党派利益之上的专门机构，比如“宪法法院”或“宪法审查委员会”或“宪法监督委员会”等来承担这一任务。这一说法，完全不对。宪法已经明确规定，在我国，监督宪法的实施和解释宪法的权力与职能归全国人民代表大会及其常委会。不需要在此之外，成立一个独立的既不接受党的领导，又不接受全国人民代表大会及其常务委员会监督的专门机构来承担这一使命。当然，随着经济全球化和我国社会主义市场经济的深入发展，也出现了不少新的情况和新的问题迫切需要加以解决。正因如此，《决定》提出的是“完善全国人大及其常委会宪法监督制度，健全宪法解释程序机制”，这一方面完全排除一些人关于设立与人大常委会并列的新的“宪法法院”或者“宪法委员会”或者“宪法监督委员会”等来监督宪法实施与解释的设想；另一方面又提出，在全国人民代表大会及其常务委员会的框架内积极探讨完善和健全新的办法和方法。除了宪法实施的监督外，全国人大及其常委会还应加强备案审查制度和能力建设，把所有规范性文件纳入备案审查范围，依法撤销和纠正违宪违法的规范性文件。

全国人民代表大会及其常委会是我国的最高权力机关及其常设机关。任何人都不能剥夺全国人民代表大会及其常委会的宪法解释权和监督权，不能再设立一个与全国人民代表大会及其常委会相并列的“宪法法院”或“宪法委员会”或“宪法监督委员会”。若如是，这就等于我国有了两个最高权力机构，这本质上是西方“三权分立”政治制度的框架，是西方司法独立的翻版。若如是，我国现有的行之有效的政体必将遭到破坏，国家的政治稳定也必将化为泡影。

十　党大还是法大即党与法的关系

习近平在对《决定》所作的“说明”中特别强调：“党和法治的关系是法治建设的核心问题。”因此，处理好党与法的关系，事关法治建设的制度属性和前进方向，事关社会主义法治建设能否成功。

究竟是党大还是法大？笔者个人认为，这要具体分析，不能一言以蔽之。其实，关于党与法的关系，习近平同志在省部级主要领导干部学习贯彻十八届四中全会精神全面推进依法治国专题研讨班上已经讲得十分清楚。他明确指出：“中国共产党是中国特色社会主义事业的领导核心，处在总揽全局、协调各方的地位。社会主义法治必须坚持党的领导，党的领导必须依靠社会主义法治。法是党的主张和人民意愿的统一体现，党领导人民制定宪法法律，党领导人民实施宪法法律，党自身必须在宪法法律范围内活动，这就是党的领导力量的体现。党和法、党的领导和依法治国是高度统一的。”[①]结合这一论述，联系学习十八届四中全会《决定》精神，就可以清晰认清党与法在不同情况下的相互关系。

习近平指出：“中国共产党是中国特色社会主义事业的领导核心，处在总揽全局、协调各方的地位”；“党领导人民制定宪法法律，党领导人民实施宪法法律”。《决定》指出“党的领导是中国特色社会主义最本质的特征，是社会主义法治最根本的保证。把党的领导贯彻到依法治国全过程和各方面，是我国社会主义法治建设的一条基本经验。我国宪法确立了中国共产党的领导地位”。从党领导人民制定并修订宪法法律的意义上讲，可以说党比法大。但是，这里所指的党，是党中央，并不是指地方党委。

习近平指出：“党自身必须在宪法法律范围内活动。”《决定》也指出：“宪法是党和人民意志的集中体现，是通过科学民主程序形成的根本法”；“各政党和各社会团体、各企业事业组织，都必须以宪法为根本的活动准则，并且负有维护宪法尊严、保证宪法实施的职责。一切违反宪法的行为都必须予以追究和纠正”。从任何政党都必须在宪法和法律范围内活动的角度讲，法又比党大。

这也就是说，在立法过程中，法为党领导人民所制定，因此，法不是高于一切的，而是党和人民大于法律；法律制定出来后，在法的适用过程中，任何政党和人民中的任何分子，又必须遵守法律，在法律范围内进行活动，法律又大于任何政党和个人。

习近平指出：“社会主义法治必须坚持党的领导，党的领导必须依靠社会主义法治。法是党的主张和人民意愿的统一体现”，“党和法、党的领导和依法治国是高度统一的”。《决定》还指出：“把党领导人民制定和实施宪法法律同党坚持在宪法法律范围内活动统一起来。”从党领导人民制定和实施宪法法律同党坚持在宪法法律范围内活动都是为了人民当家作主这一根本目的的角度讲，不存在谁大谁小问题，党和法应该高度统一，党和人民的意志是法的核心，法是党和人民意志的体现、贯彻和落实。

一些干部群众在党与法的关系问题上有模糊认识并不奇怪。我们的一些干部甚至是有的高级干部，把自己置于法律之外甚至之上，法治观念不强，决策

---

① 《领导干部要做尊法学法守法用法的模范，带动全党全国共同全面推进依法治国》，《人民日报》2015年2月3日。

不讲程序，办事不依法依规，甚至以言代法、以权压法、徇私枉法，严重损害和败坏了党的声誉。但也绝不能排除少数别有用心之人利用党内的一些腐败现象，人为制造党与法之间本不存在的对立，进而为否定推翻党的领导和社会主义制度制造舆论。

在党与法的关系之中，还嵌入一个国家法律与党内法规的关系。有同志提出，既然要依法治国，那么，要不要依法治党？也有同志提出，国家法律与党内法规哪个大？党内法规如果违背国家法律怎么办？

其实，国家法律与党内法规既有联系，又有明显的不同。其相互联系是，党内法规既是管党治党的重要依据，也是建设社会主义法治国家的有力保障。国家法律与党内法规都是为了维护最广大人民群众的根本利益。因此，在经济社会发展中，我们要十分注意党内法规同国家法律的衔接和协调，通过提高党内法规执行力，把党要管党、从严治党落到实处，才会有力促进党员和干部带头遵守国家法律法规。正如《决定》所指出的那样，国家法律与党内法规之所以能够有机地统一在一起，最直接的原因便是党依法执政的根本要求，即“依法执政，既要求党依据宪法法律治国理政，也要求党依据党内法规管党治党”。没有更严格的党内法规，党就不能始终保持其独有的工人阶级和中华民族先锋队的作用。

当然，国家法律与党内法规也有明显的不同。

第一，制定主体和适用范围不同。国家法律是指有立法权的国家机关根据《宪法》和《立法法》及有关法律的规定所制定的具有普遍约束力的规范性法律文件的总称。它的制定主体有全国人大及其常委会、国务院及其各组织机构（各部、委员会、中国人民银行、审计署和具有行政管理职能的直属机构）、省（自治区、直辖市）人大及其常委会和人民政府、较大的市的人大及其常委会和人民政府、民族自治地方的人大、中央军事委员会及其各组织机构（各总部、军兵种、军区）；它的渊源或具体表现形式有宪法、法律、行政法规、地方性法规、自治条例和单行条例、国务院部门规章、地方政府规章、军事法规和规章等。根据法治建设的具体实践，最高人民法院和最高人民检察院所作出的司法解释通常也被归入国家法律的范畴之内。国家法律适用于国家主权范围内的全体组织（包括一切国家机关和武装力量、各政党和各社会团体、各企事业组织）和所有个人。党内法规是指有制定权的党组织根据《党章》和《中国共产党党内法规制定条例》制定的规范党组织的工作、活动和党员行为的党内规章制度的总称。它的制定主体有党的中央组织以及中央纪律检查委员会、中央各部门和省、自治区、直辖市党委；它的渊源或具体表现形式有党章、准则、条例、规则、规定、办法和细则。通常认为，有关党组织对党内法规所作的、与相应党内法规具有同等效力的解释也属在党内法规的范围之内。党内法规则适用全体党员和各级党的组织。由此可见，国家法律与党内法规在制定主体和适用范围上存在着明显的不同。

第二，价值观念的层次不同。依法治国要求全体公民弘扬社会主义核心价值观："富强、民主、文明、和谐，自由、平等、公正、法治，爱国、敬业、诚信、友善。"而《党章》中明确要求："中国共产党党员是中国工人阶级的有共产主义觉悟的先锋战士。中国共产党党员必须全心全意为人民服务，不惜牺牲个人的一切，为实现共产主义奋斗终身。"法律不仅是每一位公民价值观的底线，而且是必须遵守的行为准则；而党章不仅是每一位共产党员价值观的凝结，而且是必须遵守的行为准则。要依法治国，必须从严治党。1937年10月，毛泽东在为黄克功案件致雷经天的信中曾明确指出："共产党与红军，对于自己的党员与红军成员不能不执行比较一般平民更加严格的纪律。"1941年5月1日，由中共边区中央局提出，中共中央政治局批准的《陕甘宁边区施政纲领》第8条规定："共产党员有犯法者从重治罪。"有的党员甚至是党员领导干部，误认为自己只要遵守法律便可以，早把党的性质与宗旨忘到了一边。这种状况亟待改变。所以对于全党和全国来说，仅仅讲依法治国还远远不够，还必须严肃提出从严治党问题。从一定意义上讲，依法治国中存在的所有问题，都可以从党的建设特别是党风中存在的问题找到影子甚至是根源。其根子都在于理想信念动摇和价值观发生变化。党与社会不是"两张皮"。从一定意义上讲，党风决定着民风。党风不正，民风必堕。

第三，宽严层次程度不同。在同时适用国家法律和党内法规时，党员特别是党员领导干部具有双重身份，既是国家公民，更是执政党的一分子，既要遵守国家法律，又必须服从党内法规。中国共产党不同于一般意义上的政党团体，中国共产党党员也不同于一般意义上的国家公民，他们所肩负的带领全国各族人民实现共产主义社会的伟大历史使命，决定了他们较一般意义上的政党团体和国家公民承担更多的义务和责任，享有更少的权利和权力。因此，党规党纪严于国家法律，党的各级组织和广大党员干部不仅要模范地遵守国家法律；而且要按照党规党纪以更高标准严格要求自己，坚定理想信念，践行党的宗旨。当然，党内法规严于国家法律，也并不意味着党员不享有国家法律所规定的公民权利和党章所规定的党员权利，国家法律和党内法规依法依规保障党员的公民权利和党员权利不受剥夺，并保证党员合法合规的权益不受侵犯。

第四，承担的责任不同。党的各级组织和全体党员都应当遵守和维护党的纪律，对于违犯党纪的党组织和党员，必须严肃处理；党内不允许有任何不受纪律约束的党组织和党员，凡是违犯党纪的行为，都必须受到追究；应当受到党纪处分的，必须给予相应的处分。全体公民、一切国家机关和武装力量、各政党和各社会团体、各企业事业组织都必须遵守宪法和法律，一切违反宪法和法律的行为，必须予以追究。违反或违犯国家法律和党内法规的监督处理在主体、程序、后果等方面有着明显的不同。在主体方面，违反国家法律的，因违反法律（民事法律、行政法律、劳动法律、刑事法律等）的性质的不同，分别由不同的主体（民事权利人、行政主体、人民法院）追究其法律责任；违犯党内法规的，则由具有不同检查和处理权限的党组织作出处分决定。在程序方面，违反国家法律的，分别依照相关法律承担法律责任；违犯党内法规的，则应依相关党纪党规给予相关纪律处分。在后果方面，违反国家法律的，依照国家法律、法规和规章承担相应的法律责任；违犯党内法规的，党员应承担警告至开除党籍的纪律处分，党组织应承担改组或解散等纪律处分。在理解国家法律和党内法规在责任承担方面的不同时，还必须注意对违犯党内法规的行为进行处理，应坚持防止违纪行为演变为违法行为的原则。

第五，在国家政治生活中的地位与作用不同。从根本上说，党内法规是为了保持党的鲜明的无产阶级性质和全心全意为人民服务宗旨的制度安排。而国家法律则是为了保障我国社会主义国家的性质进而确保人民当家作主的制度安排。

毛泽东说："领导我们事业的核心力量是中国共产党。"邓小平说："中国要出问题，还是出在共产党内部。"所以，只有首先严格党内法规，进而从严治党，依法治国才能有坚定正确的政治方向。正是从这一意义上讲，党内法规严格执行了，国家法律才能严格执行。但是，国家法律与党内法规的执行状况，不可能绝缘，而是相辅相成，相互影响。只有严格党内法规，才能厉行法治；而严格执法，也可以反作用于从严治党。党内风气与社会风气的好坏，紧密相连，甚至是党风决定民风。

从以上可以看出，国家法律与党内法规，既有高度的一致性，又有鲜明的区别，是相辅相成的，但决不能相互代替，缺了哪一方面都不行。国家法律与党内法规，不存在谁大谁小的问题。党和国家的宗旨都是全心全意为人民服务，如果国家法律和党内法规有违背这一宗旨的现象，党领导人民都有权加以纠正。同样也根本不存在用国家法律来匡正党内法规的问题。有人想误导我们，说到底，是为了改变我们党和国家的性质，重新回到资本统治劳动的天下罢了。

正确认识和处理依法治国与坚持党的领导的关系

朱佳木

【作者简介】朱佳木，1946 年生，汉族，江苏南通人，中共党员，研究员，博士生导师。1970 年毕业于中国人民大学中共党史系。历任中共中央文献研究秘书长，中共中央党史研究室副主任，中国社会科学院副院长兼当代中国研究所所长。现任中华人民共和国国史学会常务副会长、国家社科基金学科评审组专家。是中共十四大、十五大代表，中国人民政治协商会议第十届、十一届、十二届全国委员会委员。主要研究方向为中华人民共和国国史和陈云生平与思想。主要著作有《陈云年谱》、《我所知道的十一届三中全会》、《中国工业化与中国当代史》、《论陈云》等。

［编者按］2014 年 9 月 16 日，由中华人民共和国国史学会、中国政治学会与中国社会科学杂志社联合主办的纪念新中国第一部宪法颁布60 周年学术座谈会在京举行。中国社会科学院原副院长、中华人民共和国国史学会常务副会长朱佳木主持座谈会并致辞。参加会议的国史学界、政治学界、法学界的学者，围绕依法治国与坚持党的领导的关系等问题进行了热烈讨论，一致认为，宪法以国家根本法的形式，规定了新中国的政体及根本政治制度，具有深远历史意义和重要现实意义。60 年来，五四年宪法尽管经过三次修改和多次修正，但它作为我国宪法的基础地位始终没有变过。会议达成的共识和取得的成果，对于当

前学习贯彻党的十八届四中全会精神，加强依法治国相关问题研究具有一定意义。

再过4天就是新中国第一部宪法，即1954年宪法在第一届全国人民代表大会上通过60周年的日子。这部宪法以国家根本法的形式，确认了近代100多年来中国人民为反对内外敌人、争取民族独立和人民自由幸福进行的英勇斗争，也确认了中国共产党领导中国人民夺取新民主主义革命胜利、中国人民掌握国家权力的历史变革；规定了新中国实行工人阶级领导的以工农联盟为基础的人民民主专政的国体和人民代表大会制度的政体，也规定了中国共产党领导的多党合作和政治协商制度以及民族区域自治制度等根本政治制度。它的颁布和实施，在中华人民共和国历史上具有划时代意义，在新中国政治制度史上具有奠基意义，在新中国政治生活中具有深远意义。今天，中华人民共和国国史学会、中国政治学会和中国社会科学杂志社在这里联合召开学术座谈会，邀请国史学界、政治学界、法学界的部分专家学者围绕“依法治国与坚持党的领导”的问题进行研讨，就是为了纪念1954年宪法颁布60周年。

会上，专家学者们的发言从不同角度阐释了1954年宪法的人民民主原则和社会主义原则以及它的深远历史意义和重要现实作用，论述了依法治国与坚持党的领导的历史的和逻辑的一致性，剖析了资本主义宪法与我国宪法的本质区别，以及当前“宪政”思潮的反社会主义制度、反共产党领导的实质，指出了发展社会主义民主政治的关键是坚持党的领导、人民当家作主和依法治国的有机统一，强调了深化政治体制改革的方向是要把坚持党的领导与审判和检察机关依法独立公正行使审判权、检察权有机统一起来，批判了把依法治国与坚持党的领导割裂和对立起来的各种错误观点。这些发言体现了党的十八大和十八届三中全会精神，反映了国史研究、政治学研究、法学研究关于我国民主政治发展史、政治制度建设、法制建设等研究领域前沿问题的研究成果，发出了学术界响应以习近平同志为总书记的党中央号召、坚定走中国特色社会主义政治发展道路的声音。

党的十八大后，习近平总书记在2012年12月首都各界纪念现行宪法公布施行60周年大会、2013年2月中共中央政治局第四次集体学习、2014年1月中央政法工作会议，以及不久前的中共中央、全国人大常委会庆祝全国人民代表大会成立60周年大会等不同场合，就依法治国问题多次发表重要讲话。在每次讲话中，习总书记总是强调要全面推进科学立法、严格执法、公正司法、全民守法，坚持依法治国、依法执政、依法行政共同推进，坚持法治国家、法治政府、法治社会一体建设，不断开创依法治国新局面；强调不断完善以宪法为统帅的中国特色社会主义法律体系，加强宪法和法律的实施，维护社会主义法制的统一、尊严、权威，形成人们不愿违法、不能违法、不敢违法的法治环境，做到有法必依、执法必严、违法必究；强调要努力让人民群众在每一个司法案件中都感受到公平正义，确保审判机关、检察机关依法独立公正行使审判权、检察权；强调要使民主制度化、法律化，使这种制度和法律不因领导人的改变而改变，不因领导人的看法和注意力的改变而改变，任何组织和个人都必须在宪法和法律范围内活动，任何公民、社会组织和国家机关都要以宪法和法律为行为准则，依照宪法和法律行使权利或权力、履行义务或职责。同时，他也总是强调，发展社会主义民主政治的关键是要坚持党的领导、人民当家作主、依法治国的有机统一，其中最根本的是坚持党的领导，中国共产党领导就是支持和保证人民实现当家作主，坚持中国共产党领导是中国特色社会主义最本质的特征、是中华民族的命运所系，坚持党总揽全局、协调各方的领导核心作用才能保证党的路线方针政策和决策部署在国家工作中得到全面贯彻和有效执行；强调要加强和改善党的领导，善于使党的主张通过法定程序成为国家意志，善于依法执政，善于通过国家政权机关实施党对国家和社会的领导。这些论述是对我国社会主义民主政治建设历史经验的总结，是对世界社会主义运动成败得失的借鉴，也是对我们党执政规律进一步探索的成果。党的十八届四中全会，要着重研究全面推进依法治国重大问题。可以肯定，它必将对进一步落实和细化上述精神发挥重要作用，为提高党的执政能力、执政水平以及党和国家的长治久安作出新的贡献。

通过学习宪法和习近平总书记的有关论述，笔者认为要正确认识和处理依法治国与坚持党的领导之间的关系，应当着重明确以下几点：第一，依法治国的实质是将党的主张和人民意志法律化。宪法和法律是在党领导下制定的，体现的当然是党的主张和人民的意志。因此，二者在本质上是完全一致的。第二，依法治国本身就包含承认共产党领导的合法性。宪法在序言部分以历史叙事方式规定了中国共产党的领导地位，这是坚持党的领导的法律依据。因此，二者在法治精神和法治原则上是完全一致的。第三，依法治国与实行党的领导互为需要。历史经验证明，党对国家的领导需要依据法律，否则会有失方寸；同时，法律的实施也离不开党的领导，否则会寸步难行。因此，二者在实践上是完全一致的。第四，党要在宪法和法律的范围内活动。党员和党的各级领导干部无疑要贯彻执行党的路线、方针、政策，而依法治国方略正是党在现阶段路线、方针、政策的重要体现，党员和党的各级干部带头学法、懂法、遵法、守法，本身就是在模范执行党的路线、方针、政策。因此，二者在对党员和党的各级干部的要求上是完全一致的。第五，坚持党的领导和实施依法治国方略，既要防止“以言代法”、“以党代法”的错误倾向，也要防止“法治至上”、“司法独立”的错误倾向。

当前，我国已进入全面建成小康社会的决定性阶段和深化改革的攻坚期、深水区，国际关系也出现许多复杂变化。面对国内外的新形势，要在2020年全面建成小康社会、基本实现工业化，在本世纪中叶达到中等发达国家水平、基本实现现代化，必须进一步增加和扩大我国社会主义民主政治的优势和特点，其中最核心最根本的一条，就是把依法治国和坚持党的领导更自觉更紧密地统一起来，更坚定地走中国特色社会主义政治发展道路。同样的原因，国内外敌对势力要遏制中国的发展，也总是把中国共产党领导和社会主义政治制度视为它们的眼中钉、肉中刺，总是制造种种理论，鼓吹所谓“宪政民主”，把西方多党轮流执政、三权鼎立的制度说成是“普世”的，把共产党的领导和依法治国加以割裂和对立，并把攻击的矛头集中对准共产党的领导，对共产党领导横加指责。习近平总书记在纪念全国人民代表大会成立60周年大会上的讲话中指出：“以什么样的思路来谋划和推进中国社会主义民主政治建设，在国家政治生活中具有管根本、管全局、管长远的作用。古今中外，由于政治发展道路选择错误而导致社会动荡、国家分裂、人亡政息的例子比比皆是。”新中国60多年的历史说明，在中国共产党领导下依法治国，是人民当家作主、实现社会主义民主的最可靠保证，是集中力量办大事、有效促进社会生产力解放和发展的最可靠保证，是形成安定团结政治局面和维护国家主权、安全、发展利益的最可靠保证。对此，我们要倍加珍惜，防止重蹈有些国家由于错误选择发展道路而遭致解体的覆辙。

宪法和任何事物一样，只有不断适应新形势、吸纳新经验、确认新成果，才能具有持久生命力。截至目前，1954年宪法已进行了3次修改，现行的1982年宪法也作过4次修正，今后肯定还会在保持稳定性、权威性的基础上，紧跟时代前进步伐，不断与时俱进。但无论任何时候任何情况下，坚持依法治国与坚持党的领导的一致性原则都不会也不可能有任何改变。我们要坚持党的“一个中心、两个基本点”的基本路线不动摇，坚定中国特色社会主义政治制度的自信，增强走中国特色社会主义政治发展道路的信心和决心，为实现“两个一百年”的奋斗目标和中华民族的伟大复兴而继续奋斗。

全面推进依法治国是国家治理领域的伟大变革

李　捷

【作者简介】李捷，研究员，博士生导师。现任求是杂志社社长。曾任中共中央文献研究室副主任、中国社会科学院副院长。李捷是中国共产党第十六次、第十七次全国代表大会代表，马克思主义理论研究和建设工程咨询委员会委员，中国中共文献研究会副会长，中国中共文献研究会毛泽东思想和生平研究分会会长，中国中共文献研究会朱德思想和生平研究分会会长，中国毛泽东诗词研究会会长，中国史学会副会长，中华人民共和国国史学会副会长，中国科学社会主义学会副会长，中国延安精神研究会副会长，中国马克思主义研究基金会副理事长。

党的十八届四中全会，作为首次以全面推进依法治国为主题的历史性会议载入史册。全会通过的决定，是十八届三中全会的姊妹篇。如果说，党的十八届三中全会的一个重要贡献，是把完善和发展中国特色社会主义制度、推进国家治理体系和治理能力现代化确立为全面深化改革的总目标；那么，党的十八届四中全会则在全面推进依法治国的战略部署下，进一步把依法治国同国家治理领域的深刻变革紧密联系起来，并为全面深化改革找到了稳固的法治基石。

一　充分认识十八届四中全会作出全面推进依法治国战略决策的重大意义，更好发挥法治的引领和保障作用

法治是治国理政的基本方式，在中国特色社会主义整体布局、改革开放和现代化建设全局中具有引领和保障作用。党的十一届三中全会以来，我们党深刻总结我国社会主义法治建设的成功经验和深刻教训，提出为了保障人民民主，必须加强法治，必须使民主制度化、法律化，把依法治国确定为党领导人民治理国家的基本方略，把依法执政确定为党治国理政的基本方式，积极建设社会主义法治，取得历史性成就。当前，全面建成小康社会进入决定性阶段，改革进入攻坚期和深水区，我们党面对的改革发展稳定任务之重前所未有，矛盾风险挑战之多前所未有，人民群众对法治的要求越来越高，党和国家的各级组织和领导干部比以往任何时候都更加需要运用法治思维和法治方式开展工作、解决问题，依法治国在党和国家工作全局中的地位更加突出、作用更加重大。面对新形势新任务，我们党要更好统筹国内国际两个大局，更好维护和运用我国发展的重要战略机遇期，更好统筹社会力量、平衡社会利益、调节社会关系、规范社会行为，使我国社会在深刻变革中既生机勃勃又井然有序，实现经济发展、政治清明、文化昌盛、社会公正、生态良好，实现我国和平发展的战略目标，必须更好发挥法治的引领和规范作用。

二　深刻领会全面推进依法治国的指导思想和总目标，在法治轨道上扎实推进国家治理体系和治理能力现代化

全会《决定》明确了全面推进依法治国的指导思想。这个指导思想告诉我们：（一）党的十八届四中全会精神同党的十八大、十八届三中全会精神是完全一致的，全面建成小康社会、全面深化改革同全面推进依法治国重大决策是一脉贯通的；（二）全面推进依法治国的思想旗帜是中国特色社会主义伟大旗帜，理论指导是马克思列宁主义、毛泽东思想、邓小平理论、“三个代表”重要思想、科学发展观，以及习近平总书记系列重要讲话精神，而不是其他的旗帜和理论；（三）全面推进依法治国的基本出发点是坚持党的领导、人民当家作主、依法治国的有机统一，而不是削弱甚至放弃党的领导和人民当家作主；（四）全面推进依法治国所走的道路，只能是中国特色社会主义法治道路，而不是其他别的道路；（五）全面推进依法治国的落脚点是“四个维护”，即坚决维护宪法法律权威、依法维护人民权益、维护社会公平正义、维护国家安全稳定，为实现“两个一百年”奋斗目标、实现中华民族伟大复兴的中国梦提供有力法治保障。

全会《决定》还明确了全面推进依法治国的总目标，即“两个建设”并举：建设中国特色社会主义法治体系，建设社会主义法治国家。具体来说就是：（一）中国共产党领导、坚持中国特色社会主义制度、贯彻中国特色社会主义法治理论，既是建设中国特色社会主义法治体系的前提条件，也是中国特色社会主义法治道路的核心要义，必须始终坚持，并贯彻到法制建设的方方面面；（二）中国特色社会主义法治体系的基本内涵包括五大体系建设：完备的法律规范体系、高效的法治实施体系、严密的法治监督体系、有力的法治保障体系以及完善的党内法规体系，这五个体系环环相扣、紧密联系，形成了一个完整严密的法治体系；（三）建设中国特色社会主义法治体系的基本方法和基本路径，是坚持依法治国、依法执政、依法行政共同推进，坚持法治国家、法治政府、法治社会一体建设；（四）建设中国特色社会主义法治体系的最终目标，是要实现科学立法、严格执法、公正司法、全民守法，促进国家治理体系和治理能力现代化。总之，这个总目标，向国内外表明我们将坚定不移走中国特色社会主义法治道路，以建设中国特色社会主义法治体系为总抓手，在法治轨道上推进国家治理体系和治理能力现代化。

三　深刻领会贯穿全会《决定》的一条红线，坚定不移走中国特色社会主义法治道路

全面推进依法治国，必须坚持正确道路，否则就会南辕北辙。全会《决定》有一条红线贯穿全篇，这就是坚持和拓展中国特色社会主义法治道路。这是新中国成立以来特别是党的十一届三中全会以来社会主义法治建设全部成就的结晶。中国特色社会主义法治道路，是在党的坚强领导下经过艰辛探索开创的。新中国成立初期，党在废除旧法统的同时，积极运用新民主主义革命时期根据地法制建设的成功经验，初步奠定了社会主义法治的基础。党的十一届三中全会以来，我们党牢牢记取“文化大革命”的深刻教训，把依法治国确定为党领导人民治理国家的基本方略，把依法执政确定为党治国理政的基本方式，始终把社会主义法治建设放在党和国家工作大局中来考虑、来谋划、来推进。中国特色社会主义法律体系已经形成，国家和社会生活各方面总体上实现有法可依，中国特色社会主义法治道路成为实现全面推进依法治国总目标的必由之路。我国的法治实践证明，中国特色社会主义法治道路是中国特色社会主义道路的重要组成部分，是实现国家长治久安的必由之路，是创造人民美好生活的必由之路。只有沿着这条道路前行，才能解决中国法治建设中的重大问题，更好发挥法治的引领和规范作用，更好发挥法治在统筹社会力量、平衡社会利益、

调节社会关系、规范社会行为中的建设性作用，使我国社会在深刻变革中既生机勃勃又井然有序，实现经济发展、政治清明、文化昌盛、社会公正、生态良好，实现我国和平发展的战略目标。

能否坚持这条道路，关系到全面推进依法治国这件大事能不能办好，关系到全面推进依法治国方向是不是正确，关系到全面推进依法治国政治保证是不是坚强有力。这就必须深刻把握中国特色社会主义法治道路的三个核心要义。党的领导是中国特色社会主义最本质的特征，是社会主义法治最根本的保证；中国特色社会主义制度是中国特色社会主义法治体系的根本制度基础，是全面推进依法治国的根本制度保障；中国特色社会主义法治理论是中国特色社会主义法治体系的理论指导和学理支撑，是全面推进依法治国的行动指南。还必须始终坚持五个基本原则，即坚持中国共产党的领导，坚持人民主体地位，坚持法律面前人人平等，坚持依法治国和以德治国相结合，坚持从中国实际出发。三个核心要义和五个基本原则，规定和确保了中国特色社会主义法治体系的制度属性和前进方向。这些都是坚定不移走中国特色社会主义法治道路的定海神针，犹疑不得、动摇不得、丢弃不得。

四　深刻领会全面推进依法治国的重大部署，下决心将这场在国家治理领域广泛而深刻的革命进行到底

全会《决定》明确了全面推进依法治国的重大任务，这就是：完善以宪法为核心的中国特色社会主义法律体系，加强宪法实施；深入推进依法行政，加快建设法治政府；保证公正司法，提高司法公信力；增强全民法治观念，推进法治社会建设；加强法治工作队伍建设；加强和改进党对全面推进依法治国的领导。以上六个方面的重大任务，充分体现了全面推进依法治国指导思想和总目标中关于坚持依法治国、依法执政、依法行政共同推进，坚持法治国家、法治政府、法治社会一体建设，实现科学立法、严格执法、公正司法、全民守法，促进国家治理体系和治理能力现代化的总体要求。

具体来说，这六项任务又从不同侧面各自承担着全面推进依法治国的重大使命。从科学立法看，法律是治国之重器，良法是善治之前提。建设中国特色社会主义法治体系，必须坚持立法先行，发挥立法的引领和推动作用，抓住提高立法质量这个关键。要恪守以民为本、立法为民理念，贯彻社会主义核心价值观，使每一项立法都符合宪法精神、反映人民意志、得到人民拥护。从严格执法看，法律的生命力在于实施，法律的权威也在于实施。各级政府必须坚持在党的领导下、在法治轨道上开展工作，加快建设职能科学、权责法定、执法

严明、公开公正、廉洁高效、守法诚信的法治政府。从公正司法看，公正是法治的生命线。司法公正对社会公正具有重要引领作用，司法不公对社会公正具有致命破坏作用。必须完善司法管理体制和司法权力运行机制，规范司法行为，加强对司法活动的监督，努力让人民群众在每一个司法案件中感受到公平正义。从全民守法看，法律的权威源自人民的内心拥护和真诚信仰。人民权益要靠法律保障，法律权威要靠人民维护。必须弘扬社会主义法治精神，建设社会主义法治文化，增强全社会厉行法治的积极性和主动性，形成守法光荣、违法可耻的社会氛围，使全体人民都成为社会主义法治的忠实崇尚者、自觉遵守者、坚定捍卫者。从人才保障看，全面推进依法治国，必须大力提高法治工作队伍思想政治素质、业务工作能力、职业道德水准，着力建设一支忠于党、忠于国家、忠于人民、忠于法律的社会主义法治工作队伍。从领导保证看，党的领导是全面推进依法治国、加快建设社会主义法治国家最根本的保证。必须加强和改进党对法治工作的领导，把党的领导贯彻到全面推进依法治国全过程和各方面。总之，全面推进依法治国是一个系统工程，是国家治理领域一场广泛而深刻的革命，需要形成全党全社会的合力，需要付出长期艰苦努力。

五　深刻领会全面推进依法治国中的重大关系，始终做到全面准确、坚定不移

一是必须准确把握全面深化改革与全面推进依法治国的关系。党的十八届三中全会开启全面深化改革新征程，党的十八届四中全会开始全面推进依法治国新阶段，两次全会、两个决定、两件大事，有着紧密的不可分割的内在联系，是同一个总体战略部署在同一时间轴上的顺序展开，体现了以习近平同志为总书记的党中央统筹大局、精密谋划、周密部署、依次推进的智慧和能力。全面深化改革，需要依法治国提供保障，需要在法治轨道上不断深化改革，切实提高运用法治思维和法治方式推进改革的能力和水平。全面推进依法治国，建设中国特色社会主义法治体系，建设社会主义法治国家，同样需要全面深化改革来助力，需要在全面深化改革总体框架内推进各项工作。全面深化改革的总目标同全面推进依法治国的总目标，在根本方向上是一致的，落脚点都在完善和发展中国特色社会主义制度、推进国家治理体系和治理能力现代化上。

二是必须准确把握坚持中国共产党领导与依法治国的关系。党的领导和依法治国的关系是法治建设的核心问题。坚持依法治国首先要坚持依宪治国，坚持依法执政首先要坚持依宪执政。我国宪法以国家根本法的形式反映了党领导人民进行革命、建设、改革取得的成果，确立了在历史和人民选择中形成的中

国共产党的领导地位。党的领导是中国特色社会主义最本质的特征，是全面推进依法治国、加快建设社会主义法治国家最根本的保证。把坚持党的领导、人民当家作主、依法治国有机统一起来，把党的领导贯彻到依法治国全过程和各方面，是我国社会主义法治建设的一条基本经验。坚持党的领导，必须加强和改进党对法治工作的领导。要坚持依法治国基本方略和依法执政基本方式，健全党领导依法治国的制度和工作机制，完善保证党确定依法治国方针政策和决策部署的工作机制和程序，加强对全面推进依法治国统一领导、统一部署、统筹协调，完善党委依法决策机制。依法执政，既要求党依据宪法法律治国理政，也要求党依据党内法规管党治党。只有坚持依据党内法规从严管党治党，才能不断巩固党的执政地位，提升党的执政能力，使党始终成为总揽全局、协调各方的坚强领导核心。我们要不断提高党员干部法治思维和依法办事的能力，努力推动形成办事依法、遇事找法、解决问题用法、化解矛盾靠法的良好法治环境，在法治轨道上推进各项工作。

三是必须准确把握人民当家作主与依法治国的关系。人民是依法治国的主体和力量源泉，是社会主义民主政治的本质和核心。人民民主是社会主义的生命，人民代表大会制度是保证人民当家作主的根本政治制度。必须坚持国家一切权力属于人民，坚持人民主体地位，坚持法治建设为了人民、依靠人民、造福人民、保护人民，以保障人民根本权益为出发点和落脚点，保证人民依法享有广泛的权利和自由、承担应尽的义务，维护社会公平正义，促进共同富裕。必须使人民认识到法律既是保障自身权利的有力武器，也是必须遵守的行为规范，增强全社会学法尊法守法用法意识，使全体人民都成为社会主义法治的忠实崇尚者、自觉遵守者、坚定捍卫者。

四是必须准确把握依法治国与以德治国的关系。国家和社会治理需要法律和道德共同发挥作用。对国家治理和社会治理来说，法治与德治，犹如车之两轮、鸟之两翼，相辅相成、缺一不可。法治以其权威性和强制性规范社会成员的行为，德治以其约束力和规劝力支配社会成员的品行。必须坚持一手抓法治、一手抓德治，大力弘扬社会主义核心价值观，弘扬中华传统美德，培育社会公德、职业道德、家庭美德、个人品德，既重视发挥法律的规范作用，又重视发挥道德的教化作用，以法治体现道德理念、强化法律对道德建设的促进作用，以道德滋养法治精神、强化道德对法治文化的支撑作用，实现法律和道德相辅相成、法治和德治相得益彰。

五是必须准确把握坚持从中国实际出发与学习借鉴世界优秀法治文明成果的关系。独立自主是中华民族的优良传统，是中国共产党、中华人民共和国立党立国的重要原则。在中国这样一个人口众多和经济文化落后的东方大国进行革命和建设的国情与使命，决定了我们只能走自己的路。中国特色社会主义不是从天上掉下来的，是党和人民历尽千辛万苦、付出各种代价取得的根本成就。必须从我国基本国情出发，同改革开放不断深化相适应，总结和运用党领导人民实行法治的成功经验，围绕社会主义法治建设的重大理论和实践问题，推进法治理论创新，展现符合中国实际、具有中国特色、体现社会发展规律的社会主义法治理论，为依法治国提供理论指导和学理支撑，并划清依法治国与西方所谓“宪政”的根本区别。同时，我们也要高度重视汲取中华法律文化精华，借鉴国外法治有益经验，但决不照搬外国法治理念和模式。

拓宽对法治中国的认识视野

——学习习近平总书记关于推进依法治国、建设法治中国重要论述的体会

张英伟

【作者简介】 张英伟，中央纪委驻中国社会科学院纪检组组长、中国社会科学院党组成员。内蒙古突泉县人，1973 年 12 月加入中国共产党，1974 年 8 月参加工作，中央党校在职研究生学历。1982 年 2 月至 1988 年 3 月，在内蒙古自治区农牧学院（现内蒙古农业大学）马列主义教研室任教（讲师）。1988 年 4 月至 2003 年 7 月，在内蒙古自治区党委宣传部工作，任思想政治工作研究会办公室副主任，精神文明建设委员会办公室副主任、主任，宣传部副部长、文明办专职副主任等职。2003 年 7 月至 2004 年 7 月，任中国思想政治工作研究会专职副秘书长；2004 年 7 月至 2009 年 9 月，在中央精神文明建设指导委员会办公室工作，任未成年组副组长、秘书组组长、未成年组组长。2009 年 10 月至 2013 年 10 月，任中共中央宣传部办公厅副主任兼机关服务中心主任，副秘书长兼全国宣传干部学院常务副院长、党委书记。2013 年 10 月 9 日，到中国社会科学院工作。

党的十八大以来，习近平总书记高度重视并始终坚持依法治国基本方略，从战略和全局高度对依法治国作了深刻的阐述，提出了建设法治中国等一系列崭新的理念，形成了在全面深化改革新阶段加强法治建设的整体思路和基本原则。在此基础上，刚刚闭幕的十八届四中全会专门研究了全面推进依法治国的

若干重大问题，习近平总书记进一步深刻阐述了法治中国的重要思考，审议通过了《中共中央关于全面推进依法治国若干重大问题的决定》，对当前和今后一个时期我国的法治建设作出了战略部署，并号召全党同志和全国各族人民积极投身于全面推进依法治国伟大实践中，为建设法治中国而奋斗！实现建设法治中国的奋斗目标，迫切要求我们深入学习和全面领会习近平总书记关于依法治国、建设法治中国的重要论述，从党和国家事业发展的全局、国家治理体系建设的内在和外在要求、当代中国的国家形象等方面拓宽对法治中国的认识视野，形成对法治中国的科学认识。

一　从党和国家事业发展的全局看，法治中国，不是就法治谈法治，而是以习近平同志为总书记的党中央提出的崭新的治国方略，是如何治党治国治军的重大战略思考

自从习近平总书记提出建设法治中国以来，建设法治中国的内涵不断拓展丰富，逐步提升为新的治国方略。习近平总书记最早提出建设法治中国，是在2013年年初。2013年1月7日全国政法工作电视电话会议召开前，他就对新形势下政法工作作出重要指示，要求全国政法机关全力推进法治中国建设。这是自党的十五大提出建设社会主义法治国家以来首次提出“法治中国”概念。最初提出建设法治中国，还只是对政法系统的要求。党的十八届三中全会《决定》主要从深化司法体制改革方面专门对“推进法治中国建设”作了阐述，把法治中国建设与全面深化改革，完善和发展中国特色社会主义制度，推进国家治理体系和治理能力现代化有机结合起来，凸显了法治中国建设在推进国家治理体系和治理能力现代化中的关键作用。十八届四中全会把“建设中国特色社会主义法治体系，建设社会主义法治国家”作为全面推进依法治国的总目标，号召全党同志和全国各族人民为建设法治中国而奋斗。四中全会提出的建设法治中国的内涵除包括深化司法体制改革的内容外，把涉及国家治理的各有关方面都纳入了其中，形成了包括五个子体系的中国特色社会主义法治体系，成为以习近平同志为总书记的党中央治国理政的新方略。8月19日，中共中央召开党外人士座谈会，习近平总书记主持并发表重要讲话时指出“我们必须坚定不移贯彻依法治国基本方略和依法执政基本方式，坚定不移领导人民建设社会主义法治国家”。依法治国基本方略，就是坚定不移地建设法治中国的方略。这是我们必须准确把握的基本政治方向。

这就要求，我们必须按照中央的精神从战略和全局的高度来定位法治中国建设，而不能单纯从深化司法体制改革的角度认识。2014年7月29日，习近平

总书记主持召开中央政治局会议时提出，依法治国，是坚持和发展中国特色社会主义的本质要求和重要保障，是实现国家治理体系和治理能力现代化的必然要求，事关我们党执政兴国、事关人民幸福安康、事关党和国家长治久安；依法治国在党和国家工作全局中的地位更加突出、作用更加重大，必须更好地发挥法治的引领和规范作用。十八届四中全会对法治中国的定位，其实是适应总书记提出的“依法治国在党和国家工作全局中的地位更加突出、作用更加重大”的要求而定位的。党的十八届四中全会指出，全面建成小康社会、实现中华民族伟大复兴的中国梦，全面深化改革、完善和发展中国特色社会主义制度，提高党的执政能力和执政水平，必须全面推进依法治国。所以，不能离开党和国家事业发展的全局，不能离开全面深化改革的大局，不能离开全面建成小康社会的目标，不能离开治国理政的总体思路，理解法治中国。否则，就不能从战略和全局的高度把握其重大意义和深刻内涵。

我们可以清晰地看到，党的十八大以来各领域各方面的工作都始终贯彻着依法治国、建设法治中国的总要求。一是紧紧围绕全面加强党的建设、提高党的执政能力，强调党领导立法、保证执法、带头守法，党自身必须在宪法和法律范围内活动，出台了《中国共产党党内法规制定条例》、《中国共产党党内法规和规范性文件备案规定》、《中央党内法规制定工作五年规划纲要（2013—2017 年）》、《党政机关厉行节约反对浪费条例》等相关党内法规，审理了一批大案要案，快速查处了一批党员领导干部腐败案件，等等。二是紧紧围绕依法行政，强调要规范政府行为，强化权力运行制约和监督体系，把权力关进制度的笼子，领导干部要提高运用法治思维和法治方式处理问题的能力，在整治领导干部特权、不正当消费、不良行为，以及完善相关法律法规、纠正冤假错案，就司法制度改革作出具体部署等方面取得了显著成效。三是紧紧围绕军队建设，强调依法治军、从严治军，依法打击和处理军队中的各种违法犯罪行为。四是紧紧围绕规范社会行为，出台相关法律，加大立法及司法解释力度，着力解决旅游、环境保护、互联网管理、食品安全、大气污染治理等存在的突出问题，有效地维护了良好的社会秩序。这些都充分体现了用法治理念和法治精神立党兴国、治国理政、强军富民的基本方略，为法治中国建设开创了崭新的局面。

二　从国家治理体系建设的内在和外在要求看，法治中国，不仅是为了治标，更重要的是为了治本，是标本兼治，从根本上更加坚定地推进和发展中国特色社会主义事业的重大战略思想

按照医学上的解释，治标，是消除表面的病征；治本，是清除引发病症的

源头。习近平总书记在论述依法治国、建设法治中国时，既强调治标，又重视治本。他始终强调把依法治国和以德治国相结合，高度重视和发挥道德对公民行为的规范作用，培育和践行社会主义核心价值观。2012年12月4日，他在首都各界纪念现行宪法公布施行30周年大会上的讲话中指出，“法律是成文的道德，道德是内心的法律。”这就清晰地阐明了法律与道德的本质联系，为正确认识和处理法治建设与道德建设的关系、建设法治中国提供了理论依据。党的十八届四中全会强调，全面推进依法治国，建设中国特色社会主义法治体系，建设社会主义法治国家，必须坚持依法治国和以德治国相结合；要恪守以民为本、立法为民理念，贯彻社会主义核心价值观。这些都充分地体现了习近平总书记强调既要治标又要治本的基本思想。

从治本看，价值中国建设实际上是法治中国最根本的建设。党的十八大以来，习近平总书记一手抓法治中国建设，一手抓社会主义核心价值观建设，我们可以称后者为价值中国建设。其实，法治中国建设与价值中国建设分别是国家治理的外在和内在方面，法治中国主外、价值中国主内，法治中国与价值中国在本质上的内外统一，是国家治理的最高境界，而在制度和机制方面的具体体现，则是中国特色社会主义法治体系。没有二者的内外统一，法治中国建设就失去了根本的遵循，就不可能成功。法学界有一句名言，“法律如果不被人们所信仰，它就是一纸空文。”十八届四中全会提出，法律的权威源自人民的内心拥护和真诚信仰。其实，信仰并不是对法律条文的表面认同，而是对法律条文蕴含的价值标准的真心服膺和自觉遵从，这说明，对法律蕴含的价值的认同是法律信仰的基础。价值中国建设，实际上是为法治中国建设深植根基、强基固本。因此，法治中国与价值中国是一个有机的整体，不能离开价值中国建设看待法治中国建设，加强法治中国建设必须把加强价值中国建设作为根本内容，大力弘扬和培育社会主义核心价值观。这就是以习近平同志为总书记的党中央一手抓法治中国建设，一手抓社会主义核心价值观建设的根本原因所在。

应该看到，在全面深化改革的新阶段，法治中国建设在内外两个方面都面临十分繁重的任务。从外在方面看，中央关于全面深化改革的重大决策深得人心，但这些政策的贯彻落实，必须经过相应的法律法规的调整和完善才能真正落地。因此，习近平总书记在主持召开中央全面深化改革领导小组第二次会议时强调“凡属重大改革都要于法有据”。因此，当前我们必须按照十八届四中全会提出的建设中国特色社会主义法治体系的要求，按照全面深化改革、实现“两个一百年”奋斗目标、实现中华民族伟大复兴中国梦的实际需要，落实全面推进依法治国的各项重大任务，横向拓展和覆盖，纵向深化和创新，任务十分繁重。从内在方面看，人们普遍感到，价值多元多样多变给社会治理带来了前所未有的挑战，在全社会形成最广泛的价值共识、为法治中国建设提供坚实的价值基础的现实要求越来越急迫。同时随着利益更加多元、社会分化不断加剧，以社会主义核心价值观凝聚人民群众的任务极其繁重。这两方面的现实，迫切需要我们在建设法治中国的实践中，既要注重治标，又要注重治本，在加强立法、执法、司法、守法的同时，更要注重培育社会主义核心价值观，加强法治宣传教育，建设法治文化，把提高全体人民的道德素质、价值共识与法治意识、法治素养紧密结合并有机统一起来。

三　从国际视野和当代中国的国家形象看，法治中国，不仅推动着当下的国家治理，而且塑造着当代中国的国家形象，是引领中国与世界和谐发展和平发展有序发展的重大战略思想

理解法治中国，不能局限于中国，需要开阔的国际视野和世界眼光。当代中国向何处去？当代中国以一个什么样的形象展现给世界？当今世界通过什么样的角度观察和认识当代中国？这些问题归结起来，就是中国应树立什么样的国家形象。这是进入21世纪以来，中国与世界热议的共同话题，也是中国与世界共同面临的课题。对于这一问题，人们一直在积极探索，但认识还不够统一。目前，对于中国的国家形象，大致有这样几种的看法：有的国家对中国的国家形象感到模模糊糊，内心存有疑惑；有的国家给出了带有偏见的错误答案，譬如，2012年美国国务院发布的人权报告指责中国为“专制国家”；近年来，随着中国快速和平崛起，综合国力和国际影响力大幅提升，有的国家认为中国要复兴曾经的“中华帝国”，也有的国家借领土争端鼓噪“中国威胁论”，指责中国“霸权”；有的学者善意地尝试着描述中国的国家形象，如“淡色中国”，等等。与这些疑惑、错误的认识以及不准确的描述不同，习近平总书记提出的法治中国，鲜明地表达了当代中国的国家形象。

认识这一问题可以从两方面看：一是从中国的国情看，法治中国明确了当代中国的社会属性和治理特点。当代中国正处在从传统向现代的深刻转型之中，这是我们所处的历史方位。从传统向现代的转型，就国家和社会治理而言，意味着传统的人治因素逐步减少，代之以人们对法治的信仰和遵从。法治，是社会主义核心价值观的重要内容，与其他核心价值理念紧密联系在一起，共同构成当代中国的核心价值追求。具体说，法治表现为人们的法治信仰、法治精神、法治理想、法治标准、法治行为等，这一核心价值观体现到治国理政的方方面面，具体呈现的就是法治中国。所以，法治是中国特色社会主义的根本属性，

是国家治理的基本方式，法治中国展现的是中国特色社会主义的本质和特征。毋庸讳言，尽管我国已经建立了以宪法为统帅的中国特色社会主义法律体系，但我国还处于从传统向现代转型的进程之中，在有些方面法律还不够健全，在有的地方还存在有法律无法治的现象，特别是在现代化进程中新延展出来的一些尚未完全定型的领域，无论法律法规还是法治都没有完全跟上。加之，我国社会主义法治体系还不够健全和完善，封建主义的残余还没有彻底根除，全面推进依法治国任重道远。尤为可喜的是，党的十八届四中全会已经作出了战略部署，法治中国建设正在路上，法治中国建设正在加速，法治中国的发展方向和趋势不可改变。法治，正在越来越深刻地展示着国家治理的质量和水平，正在成为国家治理体系和治理能力现代化的根本标尺，正在越来越清晰明确、生动有力地为中国的形象代言。

二是从世界发展的潮流看，法治中国顺应了人类文明发展的大势。法治是现代文明的结晶，是现代社会的基石，是现代国家的象征，是世界上任何国家走出人治、走向理性的善治的根本路径。尽管世界各国基于各自的国情，采取了不同的法治方式，但中国的法治只能基于中国的国情、符合中国的实际，而不是采用西方的法治。法治作为现代社会和当今世界基本的治理方式，是公认和不容置疑的事实。法治中国既是适应中国从传统向现代转型的需要和现代化建设需要作出的战略选择，又是顺应当今世界发展的潮流作出的战略选择，既展现着当代中国社会内生的价值需求和独特的价值表达，又展现着文明交流互鉴的结晶。所以，法治中国从来就不是与世界割裂开来的，而是与世界的发展紧密相连。从推动全球治理体系变革说，法治中国是对价值中国生动有力的说明和表达，对于我国在价值观方面积极为人类提供正确的精神指引和强大的精神动力，在积极参与并推动全球治理体系变革中发挥建设性作用，推动国际秩序朝着更加公正合理的方向发展，为世界和平稳定提供制度保障，具有深远的影响。

党的领导是建设法治国家、依法治国的根本保证和根本要求

邓纯东

【作者简介】邓纯东，男，1957年10月出生，马克思主义研究院院长、党委书记，编审，硕士研究生。1974年12月—1978年12月，解放军87467部队文书；1978年12月—1979年9月，解放军86215部队分队长。1979年9月考入中国人民大学中共党史系本科，1983年9月入该系攻读党史党建专业硕士学位。1986年7月硕士研究生毕业后，先后在中共中央书记处研究室、中组部党建研究所、中央政策研究室工作。1988年8月起任中组部党建研究所理论组副组长，1991年12月起任中共中央政策研究室正处级调研员，1997年5月起任中共中央研究室党建组副局级调研员、中央政策研究室信息研究局副局长。

2001年4月—2003年4月，任中央政策研究室信息局副局长、广西桂林市委副书记（挂任2年）。2003年4月—2003年11月，任中央政策研究室信息局副局长、正局级巡视员、广西桂林市委副书记。2003年11月—2006年9月，任广西桂林市委副书记（正厅长级）。2006年9月—2006年11月，任广西桂林市人大常委会党组副书记（正厅长级）。2006年11月—2007年9月，任广西桂林市人大常委会党组副书记、书记、常务副主任（主持工作，正厅长级）。2007年9月—2012年7月，任广西新闻出版局、版权局党组书记、局长、广西壮族自治区“扫黄打非”领导小组副组长（其间，2009年7月—2009年9月，参加

中组部第七期公共管理高级班赴美国哈佛大学培训）。2008年1月当选广西壮族自治区政协委员、常委。2008—2012年，任广西壮族自治区编辑出版系列高级职称评委会主任。

刚刚落幕的十八届四中全会，描绘了法治中国建设的宏伟蓝图。全会强调，党的领导是全面推进依法治国、加快建设社会主义法治国家最根本的保证。必须加强和改进党对法治工作的领导，把党的领导贯彻到全面推进依法治国全过程。宪法和法律是国之重器、镇国之纲，能否维护宪法法律权威、能否维护人民权益、能否维护社会公平正义、能否维护国家安全稳定，是国家治理能力现代化的重要表征。而这一切都必须在党的领导下进行，只有坚持党对全局事业的领导，对依法治国的统领，才能立“良法”行“善治”。

一　近代历史表明，中国建成法治国家，只有在中国共产党领导下才有可能

我们党成为执政党，是历史的选择、人民的选择。邓小平指出：“没有共产党的领导，肯定会天下大乱，四分五裂。历史事实证明了这一点。……没有党的领导也就不会有社会主义制度。”[①] 党的领导，是中国特色社会主义最本质的特征，也是社会主义法治最根本的保证。

晚清政府和民国的法治实践之所以失败，归根到底是因为缺乏一个真正代表人民意志的有力的政党。晚清政府开国会、立宪法的宪政实践，败在皇族内阁追求“皇权永固”，而非民生第一，是一场皇族内阁的政治骗局，本质上是自保的新借口，无法拿到选票的人民，自然就拿起了枪炮对准皇权。民国政府的宪政实践从开始就意味着失败，从1912年的倡导“主权在民”的《中华民国临时约法》，到1914年袁世凯授意的《中华民国约法》，到1919年段祺瑞执政期间提出的《中华民国宪法草案》，再到1923年曹锟宪法，即《中华民国宪法》，1925年段祺瑞再次执政时又提出《中华民国宪法草案》。宪政实践几易其手，因人立法、因人修法、因人废法，原本严肃的《宪法》像玩具一样任意捯饬。不管是晚清还是民国，宪政失败原因很多，其中有政府背弃承诺的原因，也有社会认同程度极低的原因，但最重要的是缺乏一个强有力的政党的领导，没有人民的主心骨，宪法不是为了人民，而是为了迎合政治家权谋和贿选交易的需要。

没有一个真正代表最广大人民利益的强有力的政党的领导，要推行宪法，

---

① 《邓小平文选》第2卷，人民出版社1994年版，第391页。

其结果要么是遭到顽固派抵制而出现宋教仁流血事件，要么是生出无数“小皇帝”、大军阀打着宪法的幌子强奸民意，致使国家四分五裂；要么是沦为国民党代表的大地主、大买办阶级独裁专政的工具。只有在中国共产党，这个代表先进阶级，以马克思主义科学理论为指导，按照民主集中制组织起来，能够代表全体中国人民根本利益的党的领导下，中国才有可能建设社会主义法治国家。现在我们发展社会主义市场经济，面对各种问题和挑战，只有在党的领导下，才能确保社会主义法治原则的贯彻，才能确保司法机关正确执法，才能通过法治有力地保障全体人民的根本利益。

法治是治国理政的基本方式，党的领导是治国理政的核心。离开了党的领导，人民真实意志就无法集中体现，更没有办法上升为国家意志。在法治中国建设中，必须坚持发挥党总揽全局、协调各方的领导核心作用。新中国法治建设的成功在于，党领导人民制定法律，遵循人民利益高于一切，妥善处理党的领导和依法治国的关系，坚持依法执政。一方面，党的领导更多是把握法治建设的政治方向，为依法治国提供指导思想，不是干预具体的执法和司法行为，正如习近平总书指出，要善于运用法治思维和法治方式领导司法工作，各级党组织和领导干部支持法院、检察院依照宪法和法律独立行使职权。另一方面，对于司法机关而言，依照宪法和法律办事，以事实为依据、以法律为法律，伸张正义、维护公平，就是党的领导的具体体现。

二　坚持党对立法工作的领导，才能确保良法可立

立“良法”才能行“善治”。坚持党对立法工作的领导，这是党的领导在依法治国上的首要要求。中国共产党坚持是工人阶级的先锋队和中国各族人民的先锋队，没有自己的特殊利益，能够代表中国最广大人民的根本利益。坚持党对立法工作的领导，使党的主张上升为国家意志、法律条文，有利于使宪法和法律体系更好地把党的主张和人民意志统一起来，既切实巩固党的执政地位，又充分保障人民当家作主的权利，坚持恪守以民为本、立法为民的理念，破除立法工作中的部门化倾向，使每一项立法都符合宪法精神、反映人民意志、得到人民拥护。

中国共产党把马克思主义作为自己的指导思想，坚定社会主义信念。坚持党对立法工作的领导，立法工作才不会迷失方向，才能确保法律体系的社会主义性质，深入贯彻社会主义核心价值观。坚持党的领导，建设中国特色社会主义法治体系，必须坚持立法先行，发挥立法的引领和推动作用。

加强党对立法工作的领导，要完善党对立法工作中重大问题决策的程序。

凡立法涉及重大体制和重大政策调整的，必须报党中央讨论决定。党中央向全国人大提出宪法修改建议，依照宪法规定的程序进行宪法修改。法律制定和修改的重大问题由全国人大常委会党组向党中央报告。这些充分体现了我们党坚持依宪治国、依宪执政的决心和信心。当然，依宪治国和依宪执政，绝不是搞资产阶级的宪政，而是在坚持党的领导和中国特色社会主义制度前提下的社会主义法治模式。

党领导立法工作，要求我们在立法工作的实践中，决不能简单照搬西方国家的原则、内容和程序，而是必须从中国社会主义社会治理的需求出发，在党的领导下进行，这是立法工作的第一个关键环节。我们制定的法律，是适用的还是不适用的，是善法良法还是恶法，由谁领导、以什么样的理念作指导，这是基本前提，决不能含糊。我们的立法工作，必须是有利于加强党的领导而不是削弱甚至否定党的领导，必须是有利于实现人民当家作主而不是否定、破坏人民当家作主，必须是有利于推进社会主义法治国家建设而不是延迟、阻碍法治建设进程。

三　坚持党对执法工作的领导，才能确保良法善治可为

法律的生命力在于实施，法律的权威也在于实施。建设社会主义法治国家，必须在党的领导下，切实推进依法行政。国家政权机关依法治国的各项实践，都应体现党的领导、监督、支持和保证作用。坚持党对执法工作的领导，不是以党代政、干预司法，而是在法治建设的各个环节中发挥各级党组织的领导、保证、支持和监督作用，确保公正、确保规范、保护人权。没有党对法治工作的有力领导，让每一个部门、每一个地方、每一个执法者，自由裁量、自行其是、无组织、无纪律，就会离依法治国越来越远，国家和社会就会一团糟。事实一再表明，我们现实中的许多错案，都是离开党组织监督或司法人员离开党性原则做出来的。坚持党的领导，才是避免冤假错案最有效的方式。

党必须加强对政府执法工作的领导，加快建设职能科学、权责法定、执法严明、公开公正、廉洁高效、守法诚信的法治政府。一些重大的、人民群众高度关注的、关系改革发展稳定的重大执法案件，必须听取党组织的意见和建议，以确保行政执法的公平公正。要加大关系群众切身利益的重点领域执法力度。党对政府执法工作的领导，首先，要体现在政府部门的执法工作，要认真学好党的路线方针政策，明确执法的内容和目的都应该体现党的意志，实现党的主张。其次，政府及其各部门的党组织，为本部门的业务工作起好保证、监督作用。最后，政府及其部门的党组织要抓好党的建设工作，管好政府工作人员，

使他们的施政行为体现党的意志和要求。

司法机关依法独立办案和党对司法工作的领导，并不是对立的。决不能把司法机关依法独立办案、公正司法，理解为司法独立。司法机关公正司法，强调的是排除干预，而不是拒斥党对司法工作的领导。不能把党对司法工作的领导理解为干预司法工作。党对司法工作的领导，包括司法机关党组织对执法过程的监督、对党员司法人员的工作提出要求与进行监督，包括由党组织依党内规范形成党组织意图，并以党组织身份而非党员干部个人提出重大司法案件的指示，确保司法人员不滥用权力等，其根本目的恰恰是为了切实体现司法公正。各级党政机关和领导干部要支持法院、检察院依法独立公正行使职权，个人不得干预司法活动、插手具体案件处理。同时，各级司法机关中的党组织，必须始终处于司法机关业务工作的领导地位，有权力、有义务及时开展对司法人员、司法活动的有力、有效监督。这些措施既体现了我们党对司法工作的坚强领导，也体现了支持司法部门公正司法的明确态度。

四　加强党对法治工作的组织领导，为依法治国提供组织保证

政治路线确定以后，干部是决定因素。加强党对法治工作的领导，从组织上确保党的领导地位是关键。党对法治工作的组织领导，包括司法机关的党组织的设立与发挥作用，包括党组织推荐的人选通过法定程序成为国家政权机关的领导人员，通过国家政权机关实施党对国家和社会的领导。要充分发挥党总揽全局、协调各方的组织优势和领导作用，使党的主张通过法定程序成为国家意志，使党组织推荐的人选通过法定程序成为国家政权机关的领导人员，通过国家政权机关实施党对国家和社会的领导，运用民主集中制原则维护中央权威、维护全党全国团结统一。同时，党员干部要自觉提高运用法治思维和法治方式深化改革、推动发展、化解矛盾、维护稳定的能力，提高把党的意志和主张贯彻到自身工作中的能力。

要健全党领导依法治国的制度和工作机制，完善保证党确定依法治国方针政策和决策部署的工作机制和程序。例如，完善党委依法决策机制，党委要定期听取政法机关工作汇报，党政主要负责人要履行推进法治建设第一责任人职责等，领导和支持工会、共青团、妇联等人民团体和社会组织在依法治国中积极发挥作用。人大、政府、政协、审判机关、检察机关的党组织和党员干部要坚决贯彻党的理论和路线方针政策，贯彻党委决策部署，党组织要领导和监督本单位模范遵守宪法法律。政法委员会必须长期坚持，政法机关党组织要建立健全重大事项向党委报告制度等。

五　坚持党的思想领导，为依法治国奠定巩固的思想基础

坚持党的思想领导，发挥党的思想政治教育优势，是坚持我国法治正确方向的保证。我们建设法治国家，在全社会树立法治意识，必须弄清的前提是，走建设有中国特色社会主义的法治道路，必须以正确的思想理论、法治理论、法治精神为指导。是以马克思主义及其中国化成果——中国特色社会主义理论为指导，还是以西方资产阶级法治理论、法治观念、法治精神为指导，决定了我们法治建设道路的方向，也决定着中国法治建设、国家民族的前途命运。历史逻辑与现实根据决定，中国的法治建设，正如中国的整个现代化建设一样，必须以马克思主义及其中国化成果为指导，才能保证正确方向，从而保证国家和民族的美好未来。

首先，全社会的法治意识是由党的意识形态而非资本主义法治精神引领的。我们党来自人民、植根人民、服务人民，党的根基在人民、血脉在人民、力量在人民。人民群众的拥护和支持，是党执政最牢固的政治基础和最深厚的力量源泉。党的性质和宗旨决定了党的各级组织和领导干部必须坚持一切权力属于人民的基本原则，牢固树立法律信仰，在宪法和法律范围内活动，决不允许有超越宪法和法律的特权，坚决维护宪法和法律的权威。全面推进依法治国，必须坚持党的领导、人民当家作主、依法治国有机统一，坚定不移走中国特色社会主义法治道路。只有社会主义才能实现最广泛的人民民主，只有党领导下的社会主义法治才能保障最广泛的人民民主。所有这些，都是决定我国法治方向与成败的根本性问题，坚持党的思想领导，必须通过党的思想领导，使这些重要原则得到贯彻，从而保证我们法治建设的正确方向。当前，一些资本主义国家把“法治”与“民主”、“人权”等资本主义核心价值捆绑在一起，大搞意识形态输出。一些别有用心的人也想利用西方的法治观、民主观来改造中国的政治法律结构，进而改变中国的发展方向。他们往往是通过强调“三权分立”或片面强调司法独立来弱化党的领导，甚至排斥、否定党的领导。坚持党对法治建设的领导，就必须对此保持高度的警惕，必须坚决抵制在法治建设上“西化”，照抄照搬别国的法治理念和法治模式的企图。

其次，加强理想信念教育，有利于促进司法人员职业精神、公正意识的养成。理想信念是道德的基础。加强法治队伍建设，要把思想政治建设摆在首位，以理想信念教育为重点，深入开展社会主义核心价值观和社会主义法治理念教育，坚持党的事业、人民利益、宪法法律至上。在立法、执法、司法机关各级领导班子建设上，强调突出政治标准，把善于运用法治思维和法治方式推动工

作的人选拔到领导岗位上来。这些措施对于进一步加强党对法治工作的领导，不断提高法治队伍正规化、专业化、职业化水平具有重要意义。

最后，国家和社会治理需要法律和道德共同发挥作用。法律是成文的道德，道德是内心的法律。我们要坚持把依法治国和以德治国结合起来，既重视发挥法律的规范作用，又重视发挥道德的教化作用，以法治体现道德理念、强化法律对道德建设的促进作用，以道德滋养法治精神、强化道德对法治文化的支撑作用，引导公民既依法维护合法权益，又自觉履行法定义务，做到享有权利和履行义务相一致。在弘扬以德治国优良传统的同时，必须加强对中国传统法律文化的研究，汲取中华法律文化精华，借鉴国外法治有益经验，加以综合创造，形成新的具有中国特色的法律制度和法律文化，使法治与德治相辅相成，相互促进，坚定不移走中国特色社会主义法治道路，建设社会主义法治国家。

总之，党对依法治国的领导不仅仅是一个口号、一个原则，而是系统全面的，是实实在在的，是贯彻在全面推进依法治国的整个过程之中和各方面的。切实坚持党对依法治国的领导，必须要有工作载体，要有体制机制保障。

历史经验·历史转折·历史跨越

——从我国法治建设历史轨迹看四中全会依法治国宣言

雷　云

【作者简介】 雷云，男，1933 年生。浙江临安人。1954 年毕业于上海华东师范大学政教科。曾任中共浙江省委宣传部主管理论工作副部长兼省委讲师团团长，浙江省社科联主席、党组书记，浙江省社科系列正高职称评委会主任。研究员。从事党的理论工作60 年，在中央级和省部级报刊上发表理论研究文章 500 余篇，约 500 万字。曾 3 次（第一、二、七届）获中宣部“五个一工程”奖，19 次获浙江省优秀理论成果一等奖。2009 年由浙江省委宣传部成立《雷云文稿》编辑委员会，于 2010 年由浙江出版联合集团出版《雷云文稿》6 卷，2014 年又出版第 7 卷。七卷文稿收入论文 274 篇和专著 2 部，约 300 万字，均为个人独立完成。

党的十八届四中全会关于全面推进依法治国的决定，是中国共产党执政以来第一个关于加强法治建设的专门决定，是一篇昭告天下的依法治国的宣言书。

在最一般意义上，法治是相对于人治而言的，是一种按照法律而不是按照长官意志治理国家的政治主张，属于上层建筑范畴。法治的理念及其实践状况，是衡量现代社会文明程度的一个关键性标尺。十八届四中全会作出这一决定，从根本理论上说，依法治国是社会主义民主政治的题中应有之义，作为社会主义上层建筑必须适应社会主义经济基础，充分发挥对经济基础在法治上的引领和规范作用；从历史借鉴意义上说，新中国成立以来法治建设有成功经验也有深刻教训，需要经过总结作出正确抉择；从直接现实性上说，是贯彻十八届三中全会全面深化改革精神的重要内容和逻辑延伸，是为了解决法治建设领域的突出问题、回应人民群众的呼声和社会关切，是全面建成小康社会和实现“两个一百年”的必然要求。

一 历史经验：根本问题是人治还是法治，是否确认宪法至上原则

民主本是马克思主义政党的一面旗帜。《共产党宣言》宣布“工人革命的第一步就是使无产阶级上升为统治阶级，争得民主”①。我们党在新民主主义革命时期，领导人民为在蒋介石政权统治下争得民主，建立一个民主国家而不懈奋斗。毛泽东在与黄炎培交谈中还指出，共产党执政后将依靠民主、由人民监督政府而跳出历史上各朝各代人亡政息的周期律。新中国建立后，党也确实狠抓了一下民主法制建设，在1954年产生了第一部宪法，对我国人民民主专政的国体、人民代表大会制度的政体、民主集中制的组织原则、公民的基本权利和义务等，作出明文规定，并在一个时期内广为宣传，付诸实践，成效显著，深得民心。尤其是执政党对自身从严约束，谨慎用权，妥善处理党与人大、政府、各民主党派等之间的关系，赢得良好口碑，树立崇高威望。这是社会主义民主法制建设中的一个重大成就。

但是，不久即随着“左”倾思想的滋长发展，从1957年开始的整整20年中，连绵不断的群众政治运动，大规模的阶级斗争，把民主法制建设抛到一边了，造成严重的灾难性后果。归结起来，最突出的问题有两个。

第一，不依宪治国、依宪执政，宪法徒具形式，丧失权威。宪法是国家的根本法，它的权威和生命力在于实施。而在“左”的思想指导下，党的最高领导人缺乏这一观念，甚至表示：“要人治，不要法治。《人民日报》一个社论，全国执行，何必要什么法律?”② 于是以党的名义随心所欲，只凭一次讲话，一个通知，一篇社论，就可以把宪法的重要条文改变或废弃。在“文化大革命”中，更是以领袖的“最高指示”取代宪法，而“最高指示”又是不断更新的，党和国家的全部工作，全党全国人民的一切言行，只能围绕“最新最高指示”

---

① 《马克思恩格斯选集》第1卷，人民出版社1995年版，第293页。

② 参见《董必武法学思想研究文集》第4辑，人民法院出版社2005年版，第426—427页。

转。人大的正常工作很受干扰，政协停止活动，各民主党派名存实亡。那时到处可以宣布造反夺权，打砸抢抄抓、私设公堂、任意揪斗、剥夺人身自由等严重违宪的恶行被誉为“革命行动”，连全国人大依宪合法选举产生的国家主席也不能幸免，真所谓“和尚打伞，无法无天”。这既是“文革”狂潮的突出表征，也是“文革”惨祸的深刻缘由。

深究起来，发生这种现象的一个根本原因，是把党权和法权的关系搅浑了。邓小平在1941年4月的《党与抗日民主政权》一文中，就提出要“反对‘以党治国’的观念”，指出“假如说中国是一个半封建的缺乏民主的国家，则反映到党内的是：共产党员一般缺乏民主的习惯，缺乏民主政治斗争的常识与锻炼。假如说西欧共产党带有若干社会民主党的不良传统，则中国党或多或少带有一些国民党的不良传统。某些同志的‘以党治国’的观念，就是国民党恶劣传统反映到我们党内的具体表现”。他还分析了产生这种观念的主要原因，一是误解了党的优势，以为党员包办就是绝对优势，不了解真正的优势要表现在群众拥护上，把优势建筑在权力上是靠不住的；二是误解了党的领导，把党的领导解释为“党权高于一切”，遇事干涉政府工作；三是尚简单避复杂，以为一切问题只要党员占多数，一举手万事皆迎刃而解。最后强调说：“总之，‘以党治国’的国民党遗毒，是麻痹党、腐化党、破坏党、使党脱离群众的最有效的办法。”① 这些话讲得何其犀利和透彻，真正说到了点子上。比照1957年开始那段“左”的历史，特别是十年“文革”中无法无天的历史，这正是在党与法的关系上严重错位的症结所在。

第二，不依党规党法治党管党，以领袖个人意志取代民主集中制。我们党是执政党，治国必先治党。治国要以宪法至上，同理，治党要以党规党法至上。在历史上，我们的党规党法虽然很不完备，但以民主集中制为根本制度和根本原则从来是明确的并载入党章。民主集中制是民主基础上的集中与集中指导下的民主相结合。党的领导人对此屡有阐述，对坚持民主集中制的极端重要性也一再强调。尤其是毛泽东在1962年“七千人大会”上的讲话，对它作了精辟的阐发。但他讲是讲了，却没有很好实行。正是那时以后，早已存在的党内高层政治生活不正常现象变本加厉地发展起来，所谓民主仅是手段，集中才是目的。随着个人崇拜的盛行，“一言堂”、“家长制”、个人专断终于取代了民主集中制。在“文革”年代，更是掀起个人迷信狂热，领袖的意志就是一切，领袖的话“句句是真理”，理解的或不理解的都要执行。领袖不仅可以在党内、还可

---

① 《邓小平文选》第1卷，人民出版社1994年版，第10—12页。

以在国家大事上决定一切。比如关于国家领导层人事安排，他可以绕过全国人大直接指定谁当总理，只以中央政治局决议的名义公布。人们往往不解：党的核心领导是一个由有很高共产主义觉悟和政治理论水平的精英们组成的集体，但为什么会有那么多决策失误，为什么都是“完全同意”、“一致通过”，为什么发现错误后又不能制止呢？其实就是因为民主只是形式，实质是一切都由一个人说了算。在“家长制”下，谁也难以坚持真理，谁也无法制止错误。

1981 年十一届六中全会历史决议，对这种现象作了深刻剖析：“党在面临着工作重心转向社会主义建设这一新任务因而需要特别谨慎的时候，毛泽东同志的威望也达到高峰。他逐渐骄傲起来，逐渐脱离实际和脱离群众，主观主义和个人专断作风日益严重，日益凌驾于党中央之上，使党和国家政治生活中的集体领导原则和民主集中制不断受到削弱以至破坏。”我们党“在反封建斗争中养成了优良的民主传统；但是长期封建专制主义在思想政治方面的遗毒仍然不是很容易肃清的，种种历史原因又使我们没有能把党内民主和国家政治社会生活的民主加以制度化、法律化，或者虽然制定了法律，却没有应有的权威”，这就“使党和国家难于防止和制止‘文化大革命’的发动和发展”①。党是国家的领导核心，在党内尚且不能依党规党法治党，遑论在国家层面依法治国？

以上两个突出问题是相互联系、相互制约的，而第二个问题更具根本性。可见历史经验昭示我们，能不能依法治国，说到底关键还是在党能否坚持正确领导。

二　历史转折：通过总结经验拨乱反正，确立依法治国基本方略

历史是最客观的见证，也是最明亮的镜子。2014 年 10 月 24 日《人民日报》评论员文章说得好：“实践证明，什么时候重视法治、法治昌明，什么时候就国泰民安；什么时候忽视法治、法治松弛，什么时候就国乱民怨。”1978 年十一届三中全会前后，党对过去在民主法治道路上的坎坷曲折和经验教训痛定思痛，把使之回归正轨提到重要议事日程。此后三十多年的历史，大体可分为两个阶段。

第一个阶段，是实现思想理论上的拨乱反正。最初一个具有标志性的大事，是邓小平在全会前夕《解放思想，实事求是，团结一致向前看》的著名讲话，指出在过去一个相当长的时期内，民主集中制没有真正实行，离开民主讲集中，民主太少，当前特别需要强调民主。他提出：“为了保障人民民主，必须加强法

① 《十一届三中全会以来重要文献选读》上，人民出版社 1987 年版，第 325 页。

制。必须使民主制度化、法律化，使这种制度和法律不因领导人的改变而改变，不因领导人的看法和注意力的改变而改变。现在的问题是法律很不完备，很多法律还没有制定出来。往往把领导人说的话当做‘法’，不赞成领导人说的话就叫做‘违法’，领导人的话改变了，‘法’也就跟着改变。所以，应该集中力量制定刑法、民法、诉讼法和其他各种必要的法律……，经过一定的民主程序讨论通过，并且加强检察机关和司法机关，做到有法可依，有法必依，执法必严，违法必究。”他还强调：“国要有国法，党要有党规党法。党章是最根本的党规党法。没有党规党法，国法就很难保障。各级纪律检查委员会和组织部门的任务不只是处理案件，更重要的是维护党规党法，切实把我们的党风搞好。”① 这番论述点出了历史经验教训的要害，从国家和执政党两个层面上提出加强民主法制的迫切任务，为我国社会主义民主法制建设指明了大方向和总思路，实际上已蕴含着依法治国重要思想，对于我国后来治理理念的进步和法治实践的发展，有着划时代的开创性意义。

1980年8月，邓小平在中央政治局扩大会议上所作并由政治局讨论通过的《党和国家领导制度的改革》的讲话，是又一个关于民主法制问题的经典性文献。讲话指出：“我们过去发生的各种错误，固然与某些领导人的思想、作风有关，但是组织制度、工作制度方面的问题更重要。这些方面的制度好可以使坏人无法任意横行，制度不好可以使好人无法充分做好事，甚至会走向反面。即使像毛泽东同志这样伟大的人物，也受到一些不好的制度的严重影响，以至于对党对国家对他个人都造成了很大的不幸。我们今天再不健全社会主义制度，人们就会说，为什么资本主义制度所能解决的一些问题，社会主义制度反而不能解决呢?”“斯大林严重破坏社会主义法制，毛泽东同志就说过，这样的事件在英、法、美这样的西方国家不可能发生。他虽然认识到这一点，但是由于没有在实际上解决领导制度问题以及其他一些原因，仍然导致了‘文化大革命’的十年浩劫。这个教训是极其深刻的。”他由此得出的结论是：“领导制度、组织制度问题更带有根本性、全局性、稳定性和长期性。这种制度问题，关系到党和国家是否改变颜色，必须引起全党的高度重视。”② 这些论述是对三中全会前夕那篇讲话的深入发挥，对过去犯错的根子作了更深刻的揭示，对制度问题的决定性作用作出了鞭辟入里的论证，对我国的民主法治建设有重大而长远的指导意义。

---

① 《邓小平文选》第2卷，人民出版社1994年版，第146—147页。

② 《邓小平文选》第2卷，人民出版社1994年版，第333页。

1981年的历史决议，据此进而指出“逐步建设高度民主的社会主义政治制度，是社会主义革命的根本任务之一”，强调“完善国家的宪法和法律并使之成为任何人都必须严格遵守的不可侵犯的力量，使社会主义法制成为维护人民权利，保障生产秩序、工作秩序、生活秩序，制裁犯罪行为，打击阶级敌人破坏活动的强大武器”[①]。决议的突出贡献在于首次明确摒弃把民主只当作手段和形式的错误观念，庄严宣布民主建设是社会主义革命的一个根本任务。至此，党关于民主法治问题在思想理论方面的拨乱反正基本完成。

第二个阶段，是从十二大开始实现一个历史转折。十二大党章史无前例地首次作出“党必须在宪法和法律的范围内活动”的规定，大会的报告强调这是一项极其重要的原则，从中央到基层，一切党组织和党员的活动都不能同国家的宪法和法律相抵触，党领导人民制定宪法和法律，一经国家权力机关通过，全党必须严格遵守。十三大提出必须一手抓建设和改革，一手抓法制，法制建设必须贯穿于改革的全过程，这是防止“文化大革命”重演，实现国家长治久安的根本保证。十四大提出同经济体制改革和经济发展相适应，必须按照民主化和法制化紧密结合的要求，积极推进政治体制改革，其目标是建设有中国特色的社会主义民主政治，绝不是搞西方的多党制和议会制。十五大进一步提出实行依法治国，宣布“依法治国，是党领导人民治理国家的基本方略”，并对依法治国的内涵作了初步界定。十六大重申依法治国基本方略，并指出发展社会主义民主政治，最根本的是要把坚持党的领导、人民当家作主和依法治国有机统一起来，还提出“以德治国”新理念，依法治国和以德治国相辅相成。十七大强调人民民主是社会主义的生命，依法治国是社会主义民主政治的基本要求，提出了全面落实依法治国基本方略、加快建设社会主义法治国家的目标和任务。十八大提出法治是治国理政的基本方式，要全面推进依法治国，加快建设社会主义法治国家，发展社会主义政治文明。

与此同时，以新的法治理念为指导，在实践方面，集中力量制定各种必要的法律并为之落到实处付出巨大努力。一个明显的事实是：20世纪70年代末，我国仅有一部宪法和一部婚姻法等极少数法律，而改革开放三十多年来，陆续制定了242部现行有效法律、7000多部行政法规、近9000部地方性法规，形成了比较完备的以宪法为核心的中国特色社会主义法律体系。在执政党层面，不断完善作为党内根本法的党章，并以党章为总依据，制定了大量党内规章制度、行为准则和工作条例，光是廉政建设方面的规范性文件就有2000余项。这就是

---

① 《十一届三中全会以来重要文献选读》上，人民出版社1987年版，第348页。

说，无论是国家还是执政党，“无法可依”的问题已基本解决，“有法必依”上也有明显进步，法治建设取得重要进展，实现重大历史转折，为今天在新的起点上全面推进依法治国奠定了良好基础，准备了必需条件。

三　历史跨越：从民主法制化到建设法治体系，从局部改革到全面推进

中国共产党的马克思主义性质、先锋队性质，决定了它是永远不满足于现状不停滞僵化的党，是始终力求开拓创新而与时俱进的党。十八届四中全会作出全面推进依法治国的决定，就是要使法治建设在历史转折中取得重大成就的基础上，围绕中国特色社会主义事业总体布局实现历史的跨越。历史跨越的内涵极为丰富，最主要的是：

其一，明确全面推进依法治国的总目标。这就是建设中国特色社会主义法治体系，建设社会主义法治国家。它为全面推进依法治国规定性质和方向，突出工作重点和总抓手。这里有两个关键词需要着重理解和把握：一是“法治体系”。以前讲的“法制”，譬如民主的制度化法律化，主要是指法律制度的制定即立法，还没有充分体现法律制度的实施即执法。“法治”则不仅指法律的制定，还包括法律的遵守和贯彻。从强调制定法律到强调依法治理，从“法制体系”到“法治体系”，是党在治国理政上认识的重要突破、方式的重大转型。“法治体系”的具体内容，是完备的法律规范体系、高效的法治实施体系、严密的法治监督体系、有力的法治保障体系、完善的党内法规体系这“五大体系”，它们有机统一于一个十分完整的总体系。其中的“实施”、“监督”、“保障”，明显超越了“法制体系”的内涵。二是“社会主义”。这是对我国要建设的法治国家在性质和方向上的定位。它不是中国古代法家们鼓吹的封建主义的法治国家，也不是近现代西方资本主义式的法治国家，而是社会主义的法治国家，而“社会主义”最本质的特征是共产党的领导，正如全会指出的：“把党的领导贯彻到依法治国全过程和各方面，是我国社会主义法治建设的一条基本经验”，“坚持党的领导，是社会主义法治的根本要求”。

其二，确认宪法作为国家根本法的至高无上地位。强调依法治国首先要依宪治国，依法执政首先要依宪执政，维护法律权威首先要维护宪法权威。党领导人民制定宪法，也要带头遵守宪法，带头依法办事。这也就是邓小平1941年所说的不能搞“党权高于一切”的“以党治国”的意思。与此同理，在执政党内，党章是根本法，依党规党法治党，首先要依党章治党。全会指出：“党的领导和社会主义法治是一致的，社会主义法治必须坚持党的领导，党的领导必须依靠社会主义法治。……依法执政，既要求党依据宪法法律治国理政，也要求

党依据党内法规管党治党。”这表明把党内法规也纳入法治体系，体现了治国必先治党、治党务必从严的精神，回答了党与法治的关系这一法治建设的核心问题。

其三，制定全面推进依法治国的路线图。确定了六个重点任务：完善以宪法为核心的中国特色社会主义法律体系，加强宪法实施；深入推进依法行政，加快建设法治政府；保证公正司法，提高司法公信力；增强全民法治观念，推进法治社会建设；加强法治工作队伍建设；加强和改进党对全面推进依法治国的领导。还提出了“三个共同推进”，即依法治国、依法执政、依法行政共同推进；“三个一体建设”，即法治国家、法治政府、法治社会一体建设；“十六字方针”，即科学立法、严格执法、公正司法、全民守法。所有这些，都是为了促进国家治理体系和治理能力的现代化。根据以上重点任务和基本原则、基本要求，全会制定了180多项重要改革举措，涵盖了依法治国的各个方面，描绘了“全面推进”的路线图，凸显了它的整体性和全局性。

其四，强调从中国实际出发走中国特色社会主义法治道路。“中国特色社会主义”是当代中国的最大实际。我们建设法治国家，必须走自己的道路，既不丢科学社会主义的基本原则，又从初级阶段的实际出发具有中国特色，决不照搬外国模式。其中最重要的是坚持党的领导、人民当家作主、依法治国三者的有机统一。这是我国法治与西方所谓“宪政”的根本区别。在那种“宪政”里，绝不可能有马克思主义政党的领导，也绝不容许人民当家作主，它们的宪法和法律归根到底是为资本主义经济基础服务的上层建筑，因而它们的所谓“法治”终究不能摆脱资本主义的属性。在当代中国，中国特色社会主义是我们的总道路，中国特色社会主义法治道路是这条总道路的重要组成部分。方向决定道路，道路决定命运。在道路问题上只能有唯一抉择，别无他途。

其五，提出“贯彻中国特色社会主义法治理论”。全会把这列为全面推进依法治国总目标的内涵之首。理论是行动的指针，没有科学的法治理论的指导，就不会有成功的法治实践。事实上，从改革开放新时期伊始邓小平的那两篇著名讲话到十一届六中全会历史决议，从十二大到十八大历次党代大会报告，已经勾勒了这一理论的基本框架和轮廓，这次四中全会又在此基础上提出一系列有突破意义的新思想、新观点、新论断，标志着这一理论已经或正在形成为一个体系。中国特色社会主义法治理论是中国特色社会主义理论这一总的理论体系一个不可或缺的重要内容，它的发轫、酝酿、逐渐形成的过程，反映了我们党对人类社会发展规律、社会主义建设规律和执政党建设规律的认识的日益深化，而在十八届四中全会上达到一个新的水平，成为社会主义法治体系的学理支撑和全面推进依法治国的行动指南。

十八届四中全会在依法治国上的历史跨越，使我国社会主义法治国家建设步入全面推进的新阶段。这是十八届三中全会关于全面深化改革的目标任务在治理领域的充分展开和贯彻落实，顺理成章、逻辑使然。全面深化改革是全面依法治国的动力源泉，全面依法治国则为全面深化改革提供法治保障，它们都为全面建成小康社会创设前提条件。这就是“三个全面”之间的内在联系和辩证关系。从长远说，“三个全面”都是服从和服务于奔向“两个一百年”、实现中华民族伟大复兴恢宏目标的。

坚持依法治国是保证社会主义旗帜不倒的最后一道防线

——学习十八届三中、四中全会精神有感

丁　冰

【作者简介】 丁冰，男，重庆人，汉族，1930 年 4 月出生。1961 年毕业于四川大学经济系，同年分配到北京经济学院（现为首都经济贸易大学）任教，现为首都经贸大学经济学院教授，兼任中华外国经济学说研究会总顾问、中国社会科学院马克思主义研究院顾问等职。1992 年 10 月起享受国务院政府特殊津贴。

主要著作（按出版时间排序）有：《马克思主义政治经济学简史》（1983 年）、《资产阶级古典政治经济学》（1984 年）、《圣西门、傅立叶和欧文》（1986 年）、《当代西方经济学原理》（1988 年初版，2012 年 4 月第 6 版）、《当代西方经济学流派》（1993 年）、《现代西方经济学说》（1995 年主编）、《瑞典学派》（1996 年）、《战后科技革命与现代资本主义经济》（1998 年）、《资本主义国家市场经济研究》（1999 年）、《丁冰学术文选》（2004 年）、《原凯恩斯主义学派》（2006 年）、《我国利用外资和对外贸易问题研究》（2006 年，由丁冰牵头四人合著）、《中国经济热点问题研究》（2010 年 9 月）、《国内外若干经济热点问题探析》（2013 年 11 月）等 14 本；加上其他担任主编、副主编和参与合著的著作共 90 余部；在各重要杂志发表重要论文 230 余篇。

党的十八大前，我国改革开放事业的发展进程，依其不同特点大体可分为三个时期：第一，是从党的十一届三中全会到20世纪80年代末的“摸着石头过河”时期；第二，是90年代和世纪之交的改革框架初步形成发展时期；第三，是从世纪之交到2012年党的十八大前的改革深入发展和“反思”时期。在这30多年间，在经济建设方面所取得的巨大成就有目共睹。统计资料表明，在国际金融危机爆发前的2007年，我国GDP已增至246619亿元，按不变价格计算，较1978年增长13.9倍，年均增长9.8％，远高于同期世界经济年均增长2.8％的增长速度。其中2003—2007年每年都在10％以上，分别为10％、10.7％、10.4％、11.1％、11.4％。2008年到2012年间，虽受国际金融经济危机影响，各年GDP仍分别增长9％、9.2％、10.4％、9.3％、7.7％。从2010年开始，我国已跃居为世界第二大经济体。

但事物总是一分为二的，改革开放在取得巨大成就的同时，也带来许多新的问题和深深的隐患，有的甚至还危及社会主义的根本前途和命运。其实，这种情况的出现，并不奇怪。主要原因在于，我国是处在帝国主义包围之中建设社会主义的。帝国主义者从来就妄图把社会主义国家掐死在“摇篮”里。20世纪50年代，当他们眼见不能用武力达到其罪恶目的情况下，便作出了更加阴险的“和平演变”战略；20世纪70年代末以后，他们更乘我国改革开放之机，提出了“十条戒令”并输出全面私有化、市场化、自由化的新自由主义思想和政策纲领，国内应声附和者还积极鼓吹腐败“次优论”，认为腐败是推行新自由主义改革的润滑剂；进入新世纪以后，帝国主义势力又大肆散布所谓“普世价值”，积极为我国设计出进一步私有化改革的蓝图；不仅如此，他们还通过各种渠道、各种形式积极培植为自己“和平演变”战略服务的“精英”，以收里应外合之效。不难想象，在这种复杂的国内外恶劣环境下，我国的改革开放要想不出一点问题，甚至严重问题，确是难乎其难了。因此，我们还必须在党中央领导下，在坚持走中国特色社会主义的道路上，端正方向，继续改革，舍此别无选择。习近平同志说得好，“改革开放只有进行时没有完成时”。

2012年11月党的十八大确定了以习近平同志为总书记的党中央集体。全国人民在新一届党中央的坚强领导下，大刀阔斧地厉行整风肃纪，反腐倡廉，成效显著，在短短的一两年之间，就风气大变、人心大振。十八届三中全会和十八届四中全会又分别作出了具有历史里程碑意义的《全面深化改革若干重大问题的决定》、《全面推进依法治国若干重大问题的决定》，使中国特色社会主义的道路越走越坚定，越走越亮堂，大大增强了人们的道路自信、理论自信、制度自信。当然同时也免不了有不同杂音，混淆视听，需要我们时刻提高警惕。

2013年11月，十八届三中全会作出的全面深化改革《决定》，遵循十八大重申要“坚持社会主义市场经济的改革方向……不断推进我国社会主义的自我完善和发展”的精神，在提出要“紧紧围绕使市场在资源配置中起决定性作用深化经济体制改革，坚持和完善基本经济制度”的同时，还强调指出：“公有制为主体、多种所有制经济共同发展的基本经济制度，是中国特色社会主义制度的重要支柱，也是社会主义市场经济体制的根基。”“必须毫不动摇巩固和发展公有制经济，坚持公有制主体地位，发挥国有经济主导作用，不断增强国有经济活力、控制力、影响力。”并说“国有资本、集体资本、非公有资本等交叉持股、相互融合的混合所有制经济，是基本经济制度的重要实现形式”。这就把我国在目前全面深化改革的社会主义方向和混合所有制的地位作用规定清楚了。但在现实舆论中有些人却有意无意地作了不同解读，认为“全面深化改革”就是朝着私有化方向发展。诸如：

有的说：“李总理的《政府工作报告》（2014年3月）取消了‘坚持公有制主体地位’的提法，标志着开启了消灭权贵资本主义（这是本引文作者对我国国有企业的蔑称。——引者注）的历史进程。”[①] 2014年6月23日某大报在对“国企再造”系列文章的编者按语中也说“我们要坚持公有制在国民经济中的主导地位”，即用“主导”来代替“主体”，避免了“公有制主体地位”的提法。这些企图唱衰、淡化公有经济主体地位的说法，就是意欲使改革倾向于私有化的一种表现，明显与十八届三中全会“决定”要坚持“公有制主体地位”的精神不符。

有的借口国企腐败（还有的说国企是“权贵资本主义”等）、产权模糊、效率低下、根本搞不好，甚至“建议应把国企放到博物馆”。在实际上，历史已曾证明国企与腐败并无必然联系，现在纵然有腐败，只要认真清除，并不能成为废除或“取消国有企业”的理由；如果国企有产权模糊之处，通过改革即可清晰，根本没有必要废除国有产权；所谓效率低下，更是一个似是而非的不实之词，因为国企从历史上、本质上、总体上、长期来看，是高效率的；如果真的把国企放到博物馆，那还不是说要彻底消灭国企吗？

有的借口国企垄断，妨碍公平竞争，主张取消国企。其实经济上的垄断，可以分为经营行为的垄断和生产资源的垄断两种形式。就前者而言，当然应该反对；就后者而言，乃是市场竞争的必然产物，与其让私企、外企垄断，还不

① 辛子陵：《〈从政府工作报告〉取消“坚持公有经济主体地位”说起》，2014年3月15日（http://blog.sina.cn./s/blog.bdf76f960101iap6.html）。

如让国企垄断对中国的前途和广大劳动人民更为有利。

有的主张国企应退出一切竞争性领域和营利性领域。明眼人一看即知，这种观点无异于要国企基本上实行全面私有化。因为真正作为市场经济主体的企业，其主要特征就是：既要营利，又离不开竞争。

有的主张在混合所有制企业里反对国有资本“一股独大”，要“尽可能降低国企股权比例”，同时相当一部分国企可以采取参股形式，或者全部退出。某官员甚至公开表示14.5万多家国企中有13万多家不是在基础行业，“完全没有必要去绕一个弯子搞混合所有制，可以彻底的民营化”[①]。这些都更是毫无道理、明白无误地要使国企基本全面私有化的意见。

因为在这些人眼里，混合所有制只不过是使国企“绕一个弯子”来逐渐最终实现私有化目标的工具，而不是作为以公有经济为主体、多种经济共同发展的“基本经济制度的重要实现形式”。

笔者认为，十八届三中全会《决定》把混合所有制视为基本经济制度的重要实现形式是十分正确的。因为它是公有经济与非公有经济的混合体，按基本经济制度的要求，既然公有制经济处于主体地位，因而混合所有制就能有效地充实壮大国有经济的实力；而且因融公、私于一企，可以优势互补，从而可以更好地“发挥国有经济主导作用，不断增强国有经济活力、控制力和影响力”。然而这一切积极作用，都必须是以“坚持公有制经济主体地位”这条根本原则为前提的，即在混合所有制企业中，国有资本必须处于绝对控股，至少也是相对控股才能实现；同时按事物的性质取决于事物矛盾的主要方面的原理，在混合所有制企业里，如果国有资本不占控股地位（或“一股独大”），国企实际也就基本上转化为私企的性质了。因此上述主张“尽可能降低国企股权比例”、反对国有资本“一股独大”等观点，或者让国企绕一个混合所有制的弯子逐渐退出的观点，都不过是要使国企私有化的馊主意，与十八届三中全会的上述精神相背离。

这里还需强调指出的是，在吸收私企、外企组建混合所有制企业时，必须坚持以不出卖、更不能贱卖国有资产或股权，坚持增量“混合”、不动存量为原则，否则就有可能重蹈过去在“改革”的名义下造成大量国有资产流失和被非法私吞的覆辙。

十八届三中全会后不久，习总书记在2014年2月省部级干部学习班讲话中就严厉批评有些人片面解读十八届三中全会《决定》的精神，“只讲积极发展

① 转引自夏小林《国有资本“一股独大”何错之有》，和讯网2014年7月1日。

混合所有制经济，不讲推动国有企业完善现代企业制度，甚至认为国有企业根本搞不好，应该消灭”的错误倾向；接着同年3月在“两会”期间，先后参加上海、安徽代表团审议时，又强调指出：“深化国企改革是大文章，国有企业不仅不能削弱，而且还要加强”；“要吸收过去国企改革的经验和教训，不能在一片改革声浪中把国有资产变成谋取暴利的机会”；同年8月19日，第四次中央全面深化改革领导小组会议上习总书记还不厌其烦地说：“国有企业特别是中央管理企业，在关系国家安全和国民经济命脉的主要行业和关键领域占据支配地位，是国民经济的重要支柱，在我们党执政和我国社会主义国家政权的经济基础中也是起支柱作用的，必须搞好。”同时要求“中央企业负责同志肩负着搞好国有企业、壮大国有经济的使命……”。

至此，问题的是非已泾渭分明了。关于我国是否要坚持以公有经济为主体、多种经济共同发展的基本经济制度，是否要发展壮大国有经济和发挥国有经济的主导作用或支配作用的问题，十八届三中全会《决定》和习总书记有关一系列讲话已说得再清楚不过了。但遗憾的是，言者谆谆，听者藐藐，甚至置若罔闻，我行我素。看来，最后只有用“法治”的办法，“把权力关进”法律的“笼子”里，才能扭转局势了。

2014年10月十八届四中全会作出了依法治国的决定。这是我党历史上第一个关于加强法治建设的决定，因而在建设社会主义法治国家的征程中树起了一座新的里程碑。它不仅为我国的法治建设规定了正确方向和完备而丰富的内涵，而且彻底否定了多年来某些公知“精英”为迎合国内外敌对势力“和平演变”中国的需要，在追求所谓“法治国家”的口号下，极力鼓吹西方资产阶级的所谓普世价值、宪政民主、议会制等谬论，从而也就有助于彻底粉碎他们企图否定共产党领导和社会主义制度的幻想。

十八届四中全会《决定》首先指出：“坚持党的领导、人民当家作主、依法治国有机统一，坚定不移走中国特色社会主义法治道路。”特别强调“党的领导是中国特色社会主义最本质的特征，是社会主义法治最根本的保证。把党的领导贯彻到依法治国的全过程和各方面，是我国社会主义法治建设的一条基本经验”。这就与资产阶级的以“普世价值”为指导的企图摆脱党领导的宪政、议会制、民主、法治划清了界限。

十八届四中全会《决定》还指出：“坚持依法治国首先要依宪治国，坚持依法执政首先要依宪执政。”同时针对以往某些领导人在某些问题上把宪法当作摆设，有法不依的缺陷，还强调完善贯彻落实宪法的监督机制，明确要求“完善全国人大及其常委会宪法监督制度，健全宪法解释程序机制；加强备案审查制度和能力建设，把所有规范性文件纳入备案审查范围、依法撤销和纠正违宪违法的规范性文件……”。同时还要“建立重大决策终身责任追究制度及责任倒查机制……严格追究行政首长、负有责任的其他领导人员和相关责任人员的法律责任”。

毛泽东同志说：世界上怕就怕“认真”二字，共产党就最讲“认真”。为了认真贯彻落实十八届四中全会的《决定》，当务之急，就是要以宪法为准绳来检查我国现行的某些国企改革举措是否与宪法一致。因为生产资料公有制是社会主义的经济基础，是党的执政之基，劳动人民的安身立命之所。在当前，坚持公有经济的主体地位乃是坚持中国特色社会主义的生命线。现行《宪法》第6条规定：“国家在社会主义初级阶段，坚持公有制为主体、多种所有制共同发展的基本经济制度，……”第7条规定：“国有经济，即社会主义全民所有制经济，是国民经济中的主导力量。国家保障国有经济的巩固和发展。”

然而据媒体报道，目前某些国企改革举措或正准备出台的方案，却与以上宪法规定的精神脱节，即在公有经济主体地位已明显削弱或丧失的情况下，国家的某些政府部门或机构不但不“保障国有经济的巩固和发展”，而且还在继续朝着削弱公有经济的方向发展。如有的省已制定在竞争性领域的国企，不再设定国有持股比例限制，鼓励企业充分进行市场化的混合所有制改革。这不过是前述有的企图把混合所制视为“绕一个弯子”搞私有化观点的具体措施，实际就是要使竞争性领域里的国企全盘私有化；有的还提出对具有保障性功能的领域，其中包括许多本应由或已由国家掌控经营的公共基础设施建设项目，以及甚至有关国民经济命脉部门和支柱产业与关键领域，也要实行PPP（Public Private Partnership）模式，鼓励私人资本进入并确保其获得利润；2014年12月16日国家统计局公布的《第三次全国经济普查主要数据公报》，尽管从技术层面上对各产业、行业的结构和现状作出了应有的分析，但对于最重要的涉及社会主义本质、前途、命运的经济关系，即所有制结构方面却只字未提。这与过去的全国经济普查报告有很大区别，是否意味着宪法规定的要坚持“公有制为主体”的原则已不在某些决策层的视线之内了。所有这些现象，都不能不使人们担心十八届四中全会《决定》的“依宪治国”、“依宪执政”的要求能否贯彻；十八届三中全会提出的“必须毫不动摇地巩固和发展公有制经济，坚持公有制主体地位，发挥国有经济主导作用，不断增强国有经济活力”的精神能否落实。

看来，只有十八届四中全会《决定》，如果不在监督检查环节上狠下功夫，还是远远不够的，很难贯彻落实。因此，为了认真贯彻十八届四中全会《决定》精神，建议全国人大按照十八届四中全会《决定》要“把所有规范性文件纳入备案审查范围、依法撤销和纠正违宪违法的规范性文件”的精神，对近期各级政府和有关部门出台或即将出台的有关国企改革的规范性文件（例如，网上已有学者、网友提出质疑的《国务院关于创新重点领域投资融资机制鼓励社会投资的指导意见》等），予以审查是否与宪法规定的“国家保障国有经济的巩固和发展”精神有不一致之处。

当然，为了“保障国有经济的巩固和发展”，对国有企业本身存在的种种问题也需加强改革完善。正如2014年12月9至11日中央经济工作会议指出的：“推进国企改革要奔着问题去，以增强企业活力、提高效率为中心，提高国企核心竞争力，建立产权清晰、权责明确、政企分开、管理科学的现代企业制度。”这意味着国企改革要更加务实，贴近实际，目的是要提高国企的竞争力，要搞好、加强国有企业，而不是要削弱，更不是要取消国有企业。

此外，为了“保障国有经济的巩固和发展”，对国企经营管理中存在的种种违规、腐败现象，必须加强监管也是很重要的问题。为此，习总书记在2015年1月13日，党中央第十八届纪律检查委员会第五次会议上特别强调：“要着力完善国有企业监管制度，加强党对国有企业的领导、加强对国有企业领导班子的监管、加强党对国有企业的巡视、加大审计监管力度。”接着又动情地说：“国有资产资源来之不易，是全国人民的共同财富。要完善国有资产资源监管制度，强化对权力集中、资金密集、资源富集的部门和岗位的监管。”很明显，习总书记如此重视和反复强调要加强对国有的企业、资产、资源监管，其主要目的不仅是为了防止和惩治违规、腐败，同时也更是为了要认真贯彻落实十八届四中全会《决定》的“坚持依法治国首先要依宪治国，坚持依法执政首先要依宪执政”的伟大战略决策，使那些妄图玩弄种种花招，继续搞私有化者无计可施，以确保我国伟大的科学社会主义或中国特色社会主义事业不会被中断或颠覆，而且能健康顺利地发展。在这个意义上我们可以说，坚持依法依宪治国的战略决策，乃是保证我国社会主义伟大旗帜不倒的最后一道防线。

社会主义法治与社会主义社会阶级斗争特点

梁 柱

【作者简介】梁柱（1935—），男，福建省福州市人。北京大学资深教授、博士生导师，中国特色社会主义理论体系研究中心研究员。1953 年参加工作。1960 年毕业于中国人民大学中共党史系，后分配到北京大学工作至今。曾任副校长、校务委员会副主任等职。兼任中国延安精神研究会副会长等职。被多所研究机构、高等学校聘为特邀研究员、兼职教授。长期从事马克思主义理论教学与研究工作。独著、主编的著作主要有：《毛泽东民主政治建设的思想探析》、《超越历史的伟大起步——毛泽东社会主义时期的两大探索》、《蔡元培教育思想探析》等十多部。此外，在各种报刊发表论文近300 篇，并从中选编《履冰问道集》、《毛泽东与中国社会主义事业》等论文集。

引论

在习近平总书记的系列重要讲话中，多次强调加强社会主义法治的重要性，要求不断完善以宪法为核心的中国特色社会主义法律体系，坚持党的领导、人民当家作主、依法治国的有机统一，切实做到有法必依、执法必严、违法必究，为依宪治国、依法治国指明了正确方向。加强社会主义法治，说到底，就是为了巩固人民民主专政的国家政权，保证经济文化建设和社会安定，保障人民的合法权益和主人翁地位。加强社会主义法治，符合国家发展和人民利益的需要，有充分的客观依据，而其中承认社会主义社会还存在一定范围内的阶级斗争的事实，就是它的一个重要根据。近些年来，有的人把依法治国同人民民主专政对立起来，同一定范围的阶级斗争割裂开来；只要有人讲人民民主专政，讲阶级斗争，就会有一些人神经质般地跳起来，诬之为又搞“阶级斗争为纲”，把坚持一定范围内的阶级斗争等同于阶级斗争扩大化，否定马克思主义的阶级和阶级斗争学说。如果听任这种歪理邪说泛滥下去，不但会把我国的法制建设和依法治国引向错误的方向，而且会直接危害人民民主专政的国体。因此，正确认识社会主义社会一定范围内的阶级斗争，对于法制建设和依法治国都有重要的意义。

阶级和阶级斗争，是马克思主义理论著述中讲得最多的一个问题。但是，阶级和阶级斗争问题，最早是由资产阶级的历史学家和经济学家提出的。马克思从理论上概括了自己的阶级斗争学说的新特点：“我所加上的新内容就是证明了下列几点：（1）阶级的存在仅仅同生产发展的一定历史阶段相联系；（2）阶级斗争必然导致无产阶级专政；（3）这个专政不过是达到消灭一切阶级和进入无阶级社会的过渡。”[①] 这个新特点和新贡献，集中反映了马克思主义的历史观，为科学社会主义奠定了坚实的理论基础。

唯物史观的创立，是人类认识史上的一次“壮丽的日出”，是马克思的一大历史贡献。唯物史观的科学性，在于能够帮助人们探究历史的真实，获得对历史发展的规律性认识，从而使历史成为科学，成为人们认识和改造世界的一个锐利武器。唯物史观的一个精髓，是指明了社会存在决定社会意识，而不是相反。人类社会除了原始状态外，在进入阶级社会后，阶级斗争存在于社会生活的各个领域，是社会生活、社会存在的基本内容之一。恩格斯在《社会主义从空想到科学的发展》一文中指出：“新的事实迫使人们对以往的全部历史作一番新的研究，结果发现：以往的全部历史，除原始状态外，都是阶级斗争的历史；这些互相斗争的社会阶级在任何时候都是生产关系和交换关系的产物，一句话，都是自己时代的经济关系的产物；因而每一时代的社会经济结构形成现实基础，每一个历史时期的由法的设施和政治设施以及宗教的、哲学的和其他的观念形式所构成的全部上层建筑，归根到底都应由这个基础来说明。”[②] 所以只有牢牢把握社会历史发展的这一基本事实，用阶级和阶级斗争的观点观察和分析社会问题，才能透过错综复杂、千变万化的社会现象，认识事物的本质，

---

① 《马克思恩格斯文集》第 10 卷，人民出版社 2009 年版，第 106 页。

② 《马克思恩格斯文集》第 3 卷，人民出版社 2009 年版，第 544 页。

掌握社会历史发展的客观规律，认清历史发展的趋势。列宁在《卡尔·马克思》一文中指出："马克思主义提供了一条指导性的线索，使我们能在这种看来扑朔迷离、一团混乱的状态中发现规律性。这条线索就是阶级斗争的理论。"[①] 他在《论国家》中还说："必须牢牢把握住社会划分为阶级的事实，阶级统治形式改变的事实，把它作为基本的指导线索，并用这个观点去分析一切社会问题，即经济、政治、精神和宗教等等问题。"[②] 运用阶级和阶级斗争理论分析社会历史现象，就是阶级分析的方法。这是唯物史观研究社会历史问题的基本方法。因此，在历史和社会研究中必须坚持运用这一反映客观实际的基本方法，才能够揭示隐藏在政治思想斗争背后的、最终起决定作用的阶级的物质利益。如果离开了这一基本点，就会陷入唯心主义的泥淖。

当马克思主义在中国传播的时候，李大钊就十分重视对唯物史观的介绍和运用。

他认为阶级斗争学说是唯物史观的一个重要特征，在阶级社会里各种政治活动，"其根本原因都在殊异经济阶级间的竞争"，因而在当代的解放运动中，只有用这一学说发动工人运动，人民群众的历史主动精神才有可能得到充分发挥，经济制度的变革才有可能实现。毛泽东在回忆他接受马克思主义信仰的时候说：这时，"我才知道人类自有史以来就有阶级斗争，阶级斗争是社会发展的原动力，初步地得到认识问题的方法论。可是这些书上，并没有中国的湖南、湖北，也没有中国的蒋介石和陈独秀。我只取了它四个字：'阶级斗争'，老老实实地来开始研究实际的阶级斗争。"[③] 对像毛泽东这样苦苦寻求中国出路的先进分子来说，当他接触并比较准确地了解了马克思主义的阶级斗争学说后，自然会感受到这一理论对于正确总结中国革命历史经验和回答中国革命面临问题的重要意义。当然，就是在阶级斗争的年代，也并不是所有的人都能认识到阶级斗争学说的重要性，它还需要用实践来证明。

历史记载了这样一个情节：1938 年 1 月梁漱溟访问延安时，曾同毛泽东有过彻夜长谈。当话题涉及阶级斗争问题时，两人发生了激烈的争论。梁漱溟赞赏共产党为民族奋斗的精神，但反对共产党的阶级斗争主张。毛泽东没有把自己的意见强加于人，而是表示今天的争论不必先作结论，姑且留下回分解，意思是让实践来回答。新中国成立后，梁漱溟认真思考了发生在 30 年代的这场争论，并考察了中国的变化，他在文章中坦诚地说："若干年来我坚决不相信的事

---

① 《列宁专题文集·论马克思主义》，人民出版社 2009 年版，第 15 页。

② 《列宁专题文集·论辩证唯物主义和历史唯物主义》，人民出版社 2009 年版，第 287 页。

③ 《毛泽东文集》第 2 卷，人民出版社 1993 年版，第 397 页。

情，竟然出现在我眼前。这不是旁的事，就是一个全国统一稳定的政权竟从阶级斗争中而建立，而屹立在世界的东方。我曾经估计它一定要陷于乱斗混战而没有结果的，居然有了结果，而且结果显赫，分明不虚。”事实是最好的教师，是最有说服力的。

如果说革命年代充分证明了阶级斗争理论的正确性，那么在社会主义时期还要不要坚持和如何坚持阶级斗争的理论与阶级分析的方法，这确是我们面临的一个历史的新课题。

一 一定范围内的阶级斗争仍将长期存在

在社会主义社会是不是还存在着阶级斗争？阶级斗争在社会主义社会里表现了哪些新的特点？在这个新的历史时期里还要不要运用阶级分析的方法？对这些问题的认识，是关系到像我们这样的国家能不能坚持社会主义，关系到人民民主专政的国家能不能长治久安这样一个带根本性的问题。

应当肯定，毛泽东关于社会主义时期的阶级和阶级斗争的理论，既有严重失误的方面，又有正确和基本正确的方面。就后者来说，仍然是闪耀着马克思主义的思想光辉，有的则是对科学社会主义学说作了重要的发展，因而必须加以审慎的区分和对待。对这样一个复杂而重要的问题，采取简单的全面否定或全面肯定的做法，都是不可取的和有害的。《关于建国以来党的若干历史问题的决议》指出：自1957年以来的10年间，“毛泽东同志在关于社会主义社会阶级斗争的理论和实践上的错误发展得越来越严重”，加上其他原因，终于导致了“文化大革命”的发动。但决议又公正地指出：必须区别毛泽东思想的科学理论同“毛泽东同志晚年所犯的错误”，“必须珍视半个多世纪以来在中国革命和建设过程中把马克思列宁主义普遍原理和中国实际相结合的一切积极成果”。在这积极成果中，自然也包括毛泽东关于社会主义时期阶级斗争理论的正确方面，是值得我们认真研究和继承的。

社会主义改造的基本完成和社会主义制度在中国的确立，使国内阶级关系和阶级斗争形势发生了重大变化。1956年召开的党的八大正确指出：国内主要矛盾已经不再是工人阶级和资产阶级的矛盾，而是人民对于经济文化迅速发展的需要同当前经济文化不能满足人民需要的状况之间的矛盾。这时毛泽东也对这种变化迅速作出了正确的判断，指出现在的情况是：革命时期的大规模的急风暴雨式的群众阶级斗争已经基本结束，但是阶级斗争并没有结束；还有反革命，但是不多了；我们的根本任务已经由解放生产力变为在新的生产关系下面保护和发展生产力。这是对社会主义社会阶级斗争的基本形势和主要任务的正确判断。在这里必须肯定，阶级的产生和作为完整的阶级的消灭，都是基于同生产资料的关系；正是坚持这同一个标准，所以当生产资料资本主义所有制的改造基本完成之后，资产阶级赖以获取剩余价值的生产资料已经交出，失去了藉以剥削和压迫人的手段，这使它作为一个剥削阶级已经归于消亡，所以这时阶级斗争已不再是主要矛盾，再提阶级斗争为纲的口号就失去了客观依据。也正因为这样，经济建设就成为社会主义时期的主要任务。

为了认识社会主义时期的阶级还没有最终消灭，阶级斗争仍然长期存在，毛泽东总是提醒人们要正确分析国际和国内的阶级斗争状况。他在1958年写的《工作方法六十条（草案）》就说过："现在一方面有社会主义世界同帝国主义世界的严重的阶级斗争；另一方面，就我国内部来说，阶级还没有最后消灭，阶级斗争还是存在的。这两点必须充分估计到。"① 历史和现实证明，社会主义国家内部的阶级斗争，往往是同国际上的阶级斗争互相配合、互相呼应的。这是社会主义时期阶级斗争的一个显著特点，并且也使这种斗争呈现出错综复杂的局面。毛泽东在考察社会主义时期的阶级斗争问题时，总是把国内的阶级斗争同国际的阶级斗争联系起来，并且提醒人们对这两个方面都要充分估计到，这无疑是十分正确和深刻的。

从国际范围来看，社会主义和资本主义的矛盾是当今世界的一个主要矛盾，社会主义制度和资本主义制度之间的对立和斗争，即国际范围的阶级斗争，将会长期存在。只要世界帝国主义存在，就不会停止对社会主义国家的渗透和颠覆活动，这是由矛盾的性质和帝国主义的本性决定的。而两种社会制度国家之间在国家关系上又是和平共处的，开放和交往是不可避免的。应当肯定，这是必要的，而且对双方都是有利的；但同时，这也为对方的渗透提供了可能。国际帝国主义的渗透和颠覆活动，不仅自己出马，而且十分注意在社会主义国家内部寻找代理人，扶植反共势力；而社会主义内部的敌对势力，也不仅会从国际帝国主义那里得到鼓舞力量，而且他们的活动还会直接或间接地得到国际上的支持，或者就是在国际帝国主义势力的支持和怂恿下搞起来的。因而，国内外敌对势力是互为依靠、里应外合的；国际阶级斗争和国内阶级斗争是互相呼应、配合和影响的。这是不容怀疑的严酷事实。

毛泽东还指出："在我们国内，人剥削人的制度已经消灭，地主阶级和资产阶级的经济基础已经消灭，现在反动阶级已经没有过去那么厉害了，比如说，已经没有一九四九年人民共和国建立的时候那么厉害了，也没有一九五七年资

① 《毛泽东文集》第7卷，人民出版社1999年版，第351页。

产阶级右派猖狂进攻的时候那么厉害了。所以我们说是反动阶级的残余。但是，对于这个残余，千万不可轻视，必须继续同他们作斗争。”他还指出：“在社会主义社会，还会产生新的资产阶级分子。”[①]应当肯定，所有制变更是剥削阶级作为阶级消灭的基本标志，但是，阶级的彻底消灭又是一个长期而复杂的过程。这是因为，在地主、资产阶级的所有制废除之后，作为阶级的剥削阶级虽然已被消灭，但剥削阶级思想还会长期存在，剥削阶级的残余分子还可能故态复萌，还存在着各种敌视和反对社会主义的势力，等等。这里不但存在着剥削阶级的残余分子还企图复辟，而且我们同各种敌视和反对社会主义制度分子的斗争，从本质上说，还是属于无产阶级和资产阶级斗争的范畴，因为他们的活动以及他们代表人物的政治、经济纲领，归根结底是为了在中国复辟资本主义制度。同时还应该看到，在社会主义社会，还存在着产生新的剥削分子的经济根源和思想根源，即在生产力相对低下的情况下一定范围的私营经济、个体经济和小生产的存在，以及剥削阶级意识形态遗留的影响，也还存在着这种新剥削分子得以存在和发展的外部条件，即国际帝国主义的存在及其对社会主义国家的渗透活动。由于上述原因，我国社会仍处在逐步消灭阶级的过程之中，剥削阶级的完全消亡还需要一个很长的历史时期，因此，阶级斗争还将长期地在一定范围内存在，在某种条件下还有可能激化。这正如列宁曾指出的，共产主义第一阶段，还存在着寄生虫、老爷、骗子手等资本主义传统的保护者，还存在着想保留资本主义恶习和深深受到资本主义腐蚀的人们。这些正是国际帝国主义在社会主义国家策划“和平演变”的社会基础。

在新的历史时期，邓小平的一个重大历史功绩，是带领我们党果断地停止了以阶级斗争为纲的错误口号，实现了党的工作重心的转变，但他在论述坚持人民民主专政必要性和重要性的时候，又坚决地批驳了否认阶级斗争存在的错误观点。他具体分析了社会主义社会一定范围内的阶级斗争的基本特点，他认为，我们必须看到，在社会主义社会，仍然有反革命分子，有敌特分子，有各种破坏社会主义秩序的刑事犯罪分子和其他坏分子，有贪污盗窃、投机倒把的新剥削分子，并且这种现象在长时期内不可能完全消灭。他指出，同他们的斗争不同于过去历史上的阶级对阶级的斗争，因为他们不可能形成一个公开的完整的阶级，但仍然是一种特殊形式的阶级斗争，或者说是历史上的阶级斗争在社会主义条件下的特殊形式的遗留。之所以是这样，因为这种阶级斗争不是社会主义制度本身引起的，它是广大人民同零散的而不是完整的，分散的而不是

---

① 《毛泽东文集》第8卷，人民出版社1999年版，第297页。

统一的剥削阶级的残余分子的斗争。这些残余分子，除了原有的极少数的没有改造好的仍然坚持反动立场的剥削阶级分子之外，还包括新产生的各种刑事犯罪分子和反社会主义分子，如前所述，这些人虽然是新生的，但归根结底还是旧制度的产物，如导致这些人走上犯罪道路的人生观、历史观，就是旧的意识形态的遗留。所以邓小平强调，对于一切反社会主义的分子仍然必须实行专政，这种专政是国内斗争，有些同时也是国际斗争，两者实际上是不可分的。在对社会主义社会阶级斗争的形势和特点深刻认识的基础上，邓小平强调指出："在阶级斗争存在的条件下，在帝国主义、霸权主义存在的条件下，不可能设想国家的专政职能的消亡，不可能设想常备军、公安机关、法庭、监狱等等的消亡。它们的存在同社会主义国家的民主化并不矛盾，它们的正确有效的工作不是妨碍而是保证社会主义国家的民主化。"① 在这里，对社会主义社会阶级斗争的形势和特点、民主和专政关系的深刻论述，对我们今天坚持人民民主专政仍有重要的指导意义。

二　一定范围内的阶级斗争的基本内容及其若干特点

毛泽东认为，社会主义社会长期存在的这种阶级斗争的基本内容是两条道路斗争，即走社会主义道路还是走资本主义道路，在社会主义社会仍然存在着资本主义复辟的危险性。他特别强调指出：要好好地认识这个问题，研究这个问题，要提高警惕，不然的话，我们这个国家还是会走向反面，即走向资本主义。如果我们麻痹大意，资产阶级就会夺取政权，复辟资本主义。这就是说，以两条道路斗争为基本内容的阶级斗争的中心问题仍然是政权问题，是夺取政权和巩固政权的斗争。国内外敌对势力依然是从夺取政权入手，来改变社会主义国家的社会性质。因而，在我国已建立起人民民主专政即无产阶级专政的情况下，坚持人民民主专政，维护其无产阶级专政的性质就是一项长期的根本性的任务。毛泽东正是基于此发展了马克思主义的阶级斗争学说，作为防止资本主义复辟、反对帝国主义"和平演变"战略的根本出发点。

在新的历史时期的国际环境，决定了阶级斗争的集中表现是四项基本原则同资产阶级自由化的对立。邓小平正是基于社会主义初级阶段的历史条件及其所处的国际环境，他一针见血地指出："所谓资产阶级自由化，就是要中国全盘西化，走资本主义道路。"② "自由化是一种什么东西？实际上就是要把我们中

---

① 《邓小平文选》第2卷，人民出版社1994年版，第169页。
② 《邓小平文选》第3卷，人民出版社1993年版，第207页。

国现行的政策引导到走资本主义道路。这股思潮的代表人物是要把我们引导到资本主义方向上去。”[①] 邓小平深刻洞察到了这一点，他不仅一再告诫全党要一以贯之地坚持四项基本原则，而且还特别强调，“在实现四个现代化的整个过程中，至少在本世纪剩下的十几年，再加上下个世纪的头五十年，都存在反对资产阶级自由化的问题。”[②] 显而易见，邓小平的这些论述，同毛泽东的上述观点，具有一脉相承的关系。

这种以走社会主义道路还是走资本主义道路为基本内容的、一定范围内的阶级斗争，在社会主义时期会表现如下几个特点。

其一，意识形态领域是社会主义时期一定范围内的阶级斗争的重要阵地。历史经验表明，阶级斗争往往是以意识形态领域的斗争为先导，这在社会主义时期表现得尤为明显。毛泽东曾经说过：“凡是要推翻一个政权，总要先造成舆论，总要先搞意识形态方面的工作。无论革命也好，反革命也好。”[③] 这是正确地反映了阶级斗争的一条客观规律。在社会主义条件下，那些敌视社会主义的势力总是采用“夺权先夺人，夺人先夺心”的策略，从意识形态方面人手，攻击和否定马克思主义，丑化党的领导和社会主义制度，鼓吹西方资本主义的民主、自由，蛊惑人心，煽动群众，一旦时机成熟，他们就会结成“政治反对派”，进行旨在推翻社会主义制度的政治斗争。而国际敌对势力加紧推行的“和平演变”战略，也主要是搞“攻心战”，大力强化意识形态渗透，通过各种渠道传播西方资本主义的思想观念和政治模式，动摇人们对社会主义的信念，从而导致社会动荡、政局失控，达到不战而胜的目的。我们知道，以马克思主义为指导的社会主义意识形态是有史以来最先进的社会思想体系，但它的历史还很短，与剥削阶级意识形态的成熟程度及其拥有充分的传播工具相比，与这种旧意识形态具有的某种传统优势相比，社会主义意识形态还需要一个继续加强和完善的过程。毛泽东曾经说过：“我国社会主义和资本主义之间在意识形态方面的谁胜谁负的斗争，还需要一个相当长的时间才能解决。”[④]这是从全局上分析估量了国际国内的阶级形势和阶级斗争的特点，而作出的一个符合实际的深刻的判断。因而，意识形态的阵地社会主义思想不去占领，资本主义思想就一定会去占领。这是没有调和的余地的。这个判断，不但为苏联亡党亡国惨痛的历史教训所证明，而且也为我国改革开放以来一直顽强表现自己政治诉求的

① 《邓小平文选》第3卷，人民出版社1993年版，第181页。
② 《邓小平文选》第3卷，人民出版社1993年版，第211页。
③ 《毛泽东年谱（1949—1976）》第5卷，中央文献出版社2013年版，第153页。
④ 《毛泽东文集》第7卷，人民出版社1999年版，第231页。

资产阶级自由化思潮所印证。这个历史经验，正如习近平总书记强调指出的："一个政权的瓦解往往是从思想领域开始的，政治动荡、政权更迭可能在一夜之间发生，但思想演化是个长期过程。思想防线被攻破了，其他防线就很难守得住。我们必须充分认识意识形态工作的极端重要性，把意识形态工作的领导权、管理权、话语权牢牢掌握在手中，任何时候都不能旁落，否则就要犯无可挽回的历史性错误。"

其二，这种一定范围内的阶级斗争反映到共产党内部，会突出地表现为腐败与反腐败的斗争。党取得在全国执政的地位后，面临着新的严峻的考验。因为任何权力都具有两面性，既可以用来为人民服务，为实现党的纲领而奋斗；也可以被用来谋取一己之私利，重蹈国民党反人民的老路。由于历史和现实的种种原因，有些共产党员特别是党的领导干部就有可能被腐蚀而变质，变成欺压百姓、掠夺财富的新的压迫者和吸血鬼。毛泽东不但对此多次提出了严重警告，而且进行了不懈的斗争。对于这种腐败现象，毛泽东明确指出："大贪污犯是人民的敌人，他们已经不是我们的同志或朋友，故应坚决彻底干净全部地将他们肃清，而不应有丝毫的留恋或'同情'。"[①] 他在修改《人民日报》一篇相关社论稿时，将其中关于大贪污犯"这样变质的分子，有多少就必须清除多少"一句中的"变质的分子"，也改为"叛徒和毒虫"。[②] 这种性质的认定，反映了腐败现象对党和国家的严重危害性。在新的历史时期，腐败现象的出现和蔓延，邓小平、陈云也都把它看成是关系到党的生死存亡问题。这种腐败现象，不仅是一个经济问题，而且更是一个严肃的政治问题。因为这种现象的出现，是同那些人理想信念的失落、背离密切相关，他们唯利是图，有奶便是娘。在社会主义的条件下，他们已经成为代表旧势力腐蚀新社会根基的蛀虫；一旦时期到来，他们便会迅速集合起来成为里应外合的"第五纵队"，摇身一变成为复辟的举旗易帜的人。因此，腐败与反腐败就不能不具有阶级斗争的性质。

其三，这种一定范围内的阶级斗争，除了少数表现为对抗性的敌我矛盾之外，一般情况下还主要表现为人民内部矛盾。如前所述，意识形态领域是社会主义时期一定范围内的阶级斗争的重要阵地，而意识形态领域的斗争是非常复杂的。意识形态领域不同思想理论观点的分歧和争论虽然都存在着是非之分，有的则表现或反映了阶级斗争的内容，但又决不能把这些分歧和争论都笼统地看作是阶级斗争或阶级斗争的反映。对于这种主要是人民内部的矛盾，就需要

---

① 《毛泽东文集》第6卷，人民出版社1999年版，第195页。

② 《毛泽东年谱（1949—1976）》第1卷，中央文献出版社2013年版，第461页。

我们正确处理学术问题和政治问题的关系。无疑，学术问题和政治问题是既有区别又有联系的；决不能把两者随便混淆起来。在这个问题上，我们党有过严重的教训，那种用粗暴的态度对待思想学术问题，把学术问题当成政治问题对待，既扼杀了学术的发展，又窒息了社会主义民主，后果是严重的。我们不应当重犯这种简单化的错误。但是，不可否认，在学术领域存在着真理与谬误的斗争，如果任由某些错误的、有害的学术观点泛滥，也会直接危害马克思主义理论基础和社会主义制度；特别是在现实政治生活中，种种错误思潮往往从学术领域入手，在学术讨论的名义下散布错误思想，并在一定的时机又从错误的学术观点中引出现实的政治主张。而这后者，恰恰反映了意识形态领域中阶级斗争的一个特点。所以不能否认学术问题与政治问题有相联系的一面。毛泽东提出的“百花齐放，百家争鸣”的方针，是在承认社会主义社会仍然存在着各种矛盾的基础上提出来的，是建立在马克思主义认识论基础上的。毛泽东主张在学术上要坚持“百家争鸣”，同时又要对错误思想进行正确的批评。这是完全符合马克思主义认识论的。只有正确认真地贯彻这些思想，才能处理好学术问题和政治问题的关系，处理好那些属于反映人民内部矛盾的阶级斗争的问题。

其四，一定范围内的阶级斗争在某种条件下还有可能激化。就社会主义社会长期存在的阶级斗争的基本内容来说，是走社会主义道路还是走资本主义道路，这种两条道路的矛盾和斗争，从本质上说是具有不可调和的对抗性的。因为这是关系到社会主义国家国体和发展方向的问题，是关系到人民群众的根本利益问题。如果我们忽视一定范围内的阶级斗争，缺乏有效的应对，就有可能导致阶级斗争激化。我们要清醒地看到，不但国内还存在的某些反对社会主义的政治势力，他们会通过散布种种错误思潮，制造谣言，无限扩大我们工作中的失误，企图消解人民群众对党和社会主义事业的信任感，把我们的国家引向“西化”、“分化”的道路上去；而且我们国家还存在主要因利益问题而引发的各种社会矛盾、民族矛盾，如果处理不好，也有可能被利用，发生逆向发展。特别是国际上反共反华势力绝不会放弃他们敌视和颠覆社会主义中国的立场，它们不但是国内敌对势力的依靠力量，而且往往是相互呼应和勾结，寻找和制造所谓“颜色革命”的时机。正如邓小平所指出的：“阶级斗争虽然已经不是我们社会中的主要矛盾，但是它确实仍然存在，不可小看。如果不及时地、有区别地给以坚决处理，而听任上述各种不同性质的问题蔓延汇合起来，就会对安定团结的局面造成很大的危害。”①

① 《邓小平文选》第2卷，人民出版社1994年版，第370页。

正确认识和把握这些特点，有助于我们正确处理社会主义时期长期存在的、一定范围内的阶级斗争。

三　阶级斗争扩大化和阶级斗争熄灭论都是错误的

1981年党的十一届六中全会通过的《关于建国以来党的若干历史问题的决议》正确指出："由于国内的因素和国际的影响，阶级斗争还将在一定范围内长期存在，在某种条件下还有可能激化。既要反对把阶级斗争扩大化的观点，又要反对认为阶级斗争已经熄灭的观点。"邓小平也曾经说："社会主义社会中的阶级斗争是一个客观存在，不应该缩小，也不应该夸大。实践证明，无论缩小或者夸大，两者都要犯严重的错误。"[①] 这些都是对党的历史经验的深刻总结，有重要的指导意义。

毫无疑问，马克思主义的阶级斗争理论和阶级分析方法，是无产阶级政党的看家本领。我们过去正是依据这一理论进行民主革命和社会主义革命并取得了伟大的胜利，今天我们也同样要依据这一理论去实现从有阶级社会向无阶级社会的过渡，最终达到共产主义的目标。所以对无产阶级政党来说，阶级斗争理论和阶级分析方法是不能丢弃或否定的。我们并不否认，过去我们在社会主义制度已经建立、作为完整的剥削阶级已经被消灭的情况下，继续强调以阶级斗争为纲，犯了阶级斗争扩大化的错误，也干扰了以经济建设为中心的工作重点，这是值得我们吸取的历史教训。但是，在社会主义社会一定范围内的阶级斗争还将长期存在，在一定条件下还有激化的可能，如果看不到这一点，我们同样会犯历史性的错误。现在有些人一听说阶级斗争、阶级分析，就会神经质般地跳起来，斥之为又搞阶级斗争为纲；把一定范围内的阶级斗争等同于阶级斗争扩大化，这在历史和逻辑上来说都是错误的。

对于在社会主义社会仍然必须坚持阶级、阶级斗争的理论观点和阶级分析的方法，我们不妨引用一位西方人士的看法，来说明它的重要性。在20世纪八九十年代，亲历了苏联解体全过程的美国最后一任驻苏联大使马特洛克，根据其亲身经历和体会写了一本《苏联解体亲历记》。其中记录了这样一个令人深思的情节。他说，为了改善美苏关系，需要苏联领导层转变观念，"其中最重要者莫如马克思主义的阶级斗争学说"。"在这一理论真正由官方抛弃之前，表明我们之间关系好转的任何变化都可能是虚幻的，最多也是暂时的。"当马特洛克从戈尔巴乔夫、雅可夫列夫、谢尔瓦德纳泽等苏联领导人的言论中看到了抛弃

---

① 《邓小平文选》第2卷，人民出版社1994年版，第182页。

阶级斗争理论的种种迹象，他欣喜若狂，立即向华盛顿报告。他说："如果苏联领导人真的愿意抛弃这个观念，那么他们是否继续称他们的指导思想为'马克思主义'也就无关紧要了。这已是一个在别样的社会里实行的别样的'马克思主义'。这个别样的社会则是我们大家都能认可的社会。"① 对于这种演变，布热津斯基在《大失败》一书中也以辛辣讽刺的手法，认为苏联共产党统治集团，"一直以一种历史脱衣舞的形式，一层一层地否定（或者是脱掉）他们过去的理论外衣。"这种被层层抛弃的理论，首先包括阶级斗争、无产阶级专政等等理论。他们用这样毫不掩饰的话语为我们论证了阶级斗争学说在马克思主义理论中的地位，也说明这个学说对于坚持社会主义发展方向的极端重要性。这是值得我们深思的。

改革开放以来相继出现了危害社会的各式各样的错误思潮，如新自由主义、民主社会主义、历史虚无主义、儒化中国和普世价值等，虽然他们主张各异，表现形式不同，但却有共同的政治诉求，这主要表现在：反对四项基本原则这一立国之本，力图扭转现代化建设和改革开放的发展方向，把中国纳入到西方资本主义体系中去。他们否定中国走上社会主义道路的历史必然性，散布社会主义失败论，颠倒是非，混淆视听，如果听任其发展下去，就会动摇中国人民的共同理想，摧毁近代中国所苦苦追求的国家富强、民族振兴的伟大事业，陷国家于万劫不复的境地。这是具有鲜明的阶级斗争的性质的，这是不能隐瞒和回避的问题。对于这种情况，中央虽然多次提出，但在多数情况下限于文件传达，甚至连文件传达都没有，听任泛滥，应对无力。这也造成某些人有恃无恐，我行我素，达到无所顾忌的地步。

我们一定要按照中央的要求，在各种错误思潮面前，要旗帜鲜明地敢于表明自己的态度，敢于"亮剑"。多年来在意识形态的工作中，往往表现出"骂不还口、打不还手"的软弱状态。一些似是而非的说法，捆住了我们自己的手脚，使我们在是非面前偃旗息鼓；一些反社会主义的势力已经打上门来了，我们却怕"炒热"，自动"退避三舍"，而不敢"礼尚往来"。这方面的教训很深刻，是值得我们认真总结加以改正的。我们必须坚持真理，而真理必须旗帜鲜明，只有这样，才能把群众吸引到自己的周围。如果连自己都不敢旗帜鲜明地坚持真理，群众又怎么能够相信我们呢？事实表明，不敢亮明党的马克思主义的基本理论观点，这只能弱化群众的辨别力，既不能欺骗对方，更不能阻止反社会主义势力的进攻。我们深信，只要我们敢于坚持真理，又善于表达真理，

① 《苏联解体亲历记》（上），世界知识出版社1996年版，第315页。

真理就一定会获得广大人民群众的心。

毛泽东说："真的、善的、美的东西总是在同假的、恶的、丑的东西相比较而存在，相斗争而发展的。""这是真理发展的规律，当然也是马克思主义发展的规律。"[①] 在新的历史时期，邓小平明确指出："反对资产阶级自由化，我讲得最多，而且我最坚持。"[②] 这些都说明，笔墨官司，有比无好。我们要遵循党的"双百"方针，通过摆事实、讲道理，明辨是非，坚持真理。这样做，既有利于提高广大群众的识辨能力，维护和发展中国特色社会主义的共同理想，坚持改革开放和现代化建设的社会主义发展方向，同时也有助于一些持错误观点的人通过自我批评回到正确的道路上来。我们要勤于拿起扫帚打扫好自己的庭院，不要让垃圾堆积如山，臭气熏人，污染蓝天。总之，我们不能把马克思主义的批评武器弃置不用。恩格斯曾指出："批评是工人运动的生命要素，工人运动本身怎么能逃避批评，禁止争论呢？难道我们要求别人给自己以言论自由，仅仅是为了在我们自己队伍中又消灭言论自由吗？"[③] 毛泽东在修改有关文件时特别加了这样的话："只许老爷开腔，不许小的吭气，是不行的，只许州官放火，不许百姓点灯，是不行的。自古以来也没有这样一条被公众承认的不平等的法律。""不批判唯心论，就不能发展唯物论，不批判形而上学，就不能发展辩证法。"[④] 邓小平在新时期同样主张公开讨论，他说："大家对经济问题的看法不一致，这是很自然的。……我主张采取辩论的方法，面对面，不要背靠背，好好辩论辩论。真理就是辩出来的。"[⑤] 由此可见，马克思主义是科学，是不怕论战的；如果只许错误的东西放，不让马克思主义争，后果将极为严重。对此，我们必须有清醒的认识。

① 《毛泽东文集》第 7 卷，人民出版社 1999 年版，第 230、231 页。
② 《邓小平文选》第 3 卷，人民出版社 1993 年版，第 181 页。
③ 《马克思恩格斯文集》第 10 卷，人民出版社 2009 年版，第 580 页。
④ 《建国以来毛泽东文稿》第 10 册，中央文献出版社 1996 年版，第 248、322 页。
⑤ 《邓小平文选》第 2 卷，人民出版社 1994 年版，第 201 页。

社会主义市场经济要在法治轨道上运行

卫兴华

【作者简介】卫兴华，中国人民大学荣誉一级教授，博士生导师。曾任中国人民大学经济学系主任、校学术委员会副主任、校学位委员会委员和理论经济学分会主席、《中国人民大学学报》总编辑；曾任国务院学位委员会第三届经济学科评议组成员、全国哲学社会科学规划小组成员、全国综合性大学《资本论》研究会会长、全国老教授协会社会科学专业委员会主任。现任中央马克思主义理论研究与建设工程课题主要成员、中国《资本论》研究会顾问、中国社会科学院马克思主义研究院特聘研究员、北京市中国特色社会主义研究中心学术顾问。发表论文和文章900余篇，出版著作30余本。获国家级和省部级奖20余项，其中包括两项孙冶方经济学奖论文奖、国家图书奖一等奖和二等奖、宝钢教育基金优秀教师特等奖。获世界政治经济学学会“世界马克思经济学奖”。获北京市劳动模范称号。被评为“影响新中国60年经济建设的100位经济学家”之一。其学术成就收入科学出版社2013年出版的《20世纪中国知名科学家学术成就概览》。

备受瞩目的党的十八届四中全会通过了《中共中央关于全面推进依法治国若干重大问题的决定》（以下简称《决定》），明确提出全面推进依法治国，总目标是建设中国特色社会法治体系，建设社会主义法治国家。社会主义市场经济本质是法治经济。在当前建设和完善社会主义市场经济的新形势下，用法治来为改革发展提供引导和保障，是保障社会主义市场经济健康发展的必要条件，必将为中国经济的改革和发展注入新动力。从社会主义市场经济的角度而言，为了有效处理好政府与市场的关系，推进经济转型，转变政府职能，更好发挥市场在资源配置中的决定性作用和更好发挥政府作用，都需要加快建设法治的市场经济。只有法治的市场经济，才能有效适应和促进国家治理体系和治理能力的现代化。

一　社会主义市场经济是法治经济

十八届四中全会的《决定》中指出："社会主义市场经济本质上是法治经济。使市场在资源配置中起决定性作用和更好发挥政府作用，必须以保护产权、维护契约、统一市场、平等交换、公平竞争、有效监管为基本导向，完善社会主义市场经济法律制度。"

当代市场经济，无论资本主义市场经济还是社会主义市场经济，都不再是政府只做"守夜人"的自由市场经济，而是要受到两个方面的制约：一是政府的调控；二是法治的监管。固然，法治监管也可作为宏观调控的手段，但两者又可具有相对独立的作用。有些法规如劳动法、反垄断法等本身就是宏观调控的法律手段。但惩治官员和央企高管贪污腐败，惩治官商勾结、权钱交易、权色交易，损害市场经济健康运行和人民利益的行为，就需要独立的法规。一般来说，宏观调控具有随机的一面，而法治则具有客观规律性。社会主义市场经济在这两方面所受到的制约应大于资本主义市场经济。因为在资本主义私有制下，私有主都会全力保护和发展自己的资产，维护自己的产权，即使没有政府的发力，资本主义私有制度也会内在地自生与发展。加上"私有财产神圣不可侵犯"的法治，资本主义经济制度与市场经济如鱼水关系，是完全融合、互相促进的。而社会主义经济制度的基础，如《宪法》所规定，是"生产资料的社会主义公有制，即全民所有制和劳动群众集体所有制"，"国有经济即社会主义全民所有制经济，是国民经济中的主导力量，国家保障国有经济的巩固和发展"。社会主义公有制不会自发地建立、发展和巩固。没有政府的推动、投资与支持，社会主义国有经济不可能自发发展与巩固。已经建立和发展的国有经济和集体经济，离开了政府的监管与法治的制约，也容易被侵蚀、盗取，化公为私。资本主义市场经济离开了上述两方面的制约，虽会导致市场秩序和社会秩序的混乱、矛盾的深化，但不会导致资本主义经济制度的消亡。而社会主义市场经济如果没有两方面的制约，使公有制经济任人侵蚀、化公为私，搞全面私有化，社会主义经济制度将不复存在。

市场经济必然是法治经济。因为市场经济是竞争经济，而不是道德经济。

作为市场经济主体的企业，追求利润最大化，就要进行竞争。市场不同情眼泪，不怜悯弱者，而是优胜劣败和劣汰。在追求利润最大化的竞争中，有些唯利是图的市场主体会做一些损人利己、损公肥私的事情。诸如假冒伪劣商品泛滥，有毒食品层出不穷，黄赌毒为害，废水污染河流，欺行霸市，不正当竞争，官商勾结，盗窃国有资产，损害职工权益，等等。如果没有政府调控和法治监管，社会主义市场经济是难以建立和完善的。

使市场在资源配置中起决定性作用和更好发挥政府作用，也需法治作为市场与政府关系的平衡器。政府调控市场也要依法实行，政府对市场的正常监管一定要到位，不正当干预一定要消除。权钱交易、寻租谋私，更要有法治的监管与处置。

新华社 2014 年 11 月 4 日公布了中央巡视组第二轮巡视反馈情况。“官商勾结在这轮巡视的地方和单位普遍存在。一些官员在与商人交往过程中勾肩搭背、不分彼此，为权钱交易、权色交易等腐败问题埋下了隐患。”并具体讲到，江苏一些领导干部与老板之间保持着相对稳定的关系，进行封闭式权钱交易。河北省个别领导干部与企业老板结成利益纽带。黑龙江一些领导干部官商勾结，权钱权色交易问题较为突出。

根据新华社 2014 年 10 月 18 日提供的信息，齐齐哈尔市原市委书记杨信因涉嫌严重违纪违法被立案调查，人们关注到他与女富豪刘迎霞的关系。2003 年，齐齐哈尔市打着改革的幌子，将赢利的自来水公司列入“国退民进”改制名单，被刘迎霞的私营企业翔鹰集团股份有限公司收购控股。改制后公司为降低成本，偷偷进行了管网改造，并私自改变自来水的消毒过滤技术，发生水源混浊现象。同时却大幅度提高水价，只收取不投入，引起市民不满。齐齐哈尔市政府掏腰包补偿，让公司每吨降价 1 元，然后市政府补给公司。

以上事例说明，国企进行改制，建立和发展市场经济，一定要严格地在法治轨道上进行，不能以权代法，搞权钱交易、权色交易，损害国家和人民利益。中央巡视组查办和揭露官商勾结、贪腐事例，可起震慑作用。同时表明，我们的法治还不健全，存在无法可依、有法不依、执法不严的情况。正如十八届四中全会《决定》所指出的：有法不依、执法不严、违法不究现象比较严重，一些国家工作人员特别是领导干部依法办事的观念不强，能力不足，知法犯法、以言代法、以权压法、徇私枉法现象依然存在。这些问题，违背社会主义法治原则，损害人民群众利益，妨碍党和国家事业发展，必须下大气力加以解决。十八届四中全会的《决定》提出了制约性的决策。

用法治规范社会主义市场经济，还需要依法解决市场经济关系中必然会出现的利益纠纷与矛盾。在这方面，同样需要“科学立法，严格执法，公正司法，全民守法”。习近平同志在《关于〈中共中央关于全面推进依法治国若干重大问题的决定〉的说明》中指出：“随着社会主义市场经济深入发展和行政诉讼出现，跨行政区划乃至跨境案件越来越多，涉案金额越来越大。”更需要健全法制，维护法律公正实施，平等保护当事人的合法权益。

实行市场经济，会产生收入分配的不公平和财富分配的不公平，所有资本主义市场经济国家，都存在分配不公平的现象。无论马克思主义政治经济学或西方经济学都指出了这一点。政治经济学说明：价值规律具有积极作用，它自发地分配生产资料和劳动力于不同的经济部门，它促进生产力的发展。但价值规律又有消极作用，它会导致两极分化。西方经济学也讲，市场经济会产生分配不公平。萨缪尔森的《经济学》对此讲得很明确、很深刻。

2013年9月，法国出版了托马斯·皮凯蒂的《21世纪资本论》，用系统和详实的数据揭示了自18世纪以来欧洲和北美资本主义贫富差距扩大的总趋势，在世界范围引起广泛关注，迅速成为畅销书，引起人们对资本主义制度的反思。该书作者指出：2010年以来，在大多数欧洲国家，尤其是在法国、德国、英国和意大利，最富裕的10%的人群占有国民财富的60%，在所有这些社会里，半数人口几乎一无所有：最贫穷的50%的人群占有的国民财富一律低于10%，一般不到5%。在美国，最上层10%的人群占有全国财富的72%，而底层的半数人口仅占有2%。皮凯蒂认为，财富分配不公平的原因，是由于发达国家私人资本的回报率比经济增长率高。怎样解决这必然引发政治和社会冲突的财富分配不公？作者批评“一些国家的观念仍然是市场可以解决问题，特别是在富裕国家，这种思潮已经有些过度”①，作者提出的缩小财富分配不公的办法是用法治规范财富分配，即实行资本税。认为这是较温和且更为有效的解决方案。作者主张对私有财富征收累进税，以普遍利益的名义重新控制资本主义，巨额财富的累进税可以非常大。这是法治政府对资本回报率高于经济增长率的资本所实行的民主方案。

我国实行多种所有制经济共同发展的社会主义市场经济，也出现了收入差距过大和财富分配不公的问题。据北京大学中国社会科学调查中心所发布的《中国民生发展报告（2014）》提供的统计资料：“中国财产不平等程度迅速上升”，1995年我国财产的基尼系数为0.45，2002年为0.55，2012年我国家庭净财产的基尼系数达到0.73，顶端1%的家庭占有全国1/3以上的财产，低端

① 《资本主义怎么了》，学习出版社2014年版，第74—95页。

25%的家庭拥有的财产总量仅为1%左右。中国的财产不平等程度明显高于收入不平等程度。社会主义的本质要求消除两极分化，实行共同富裕，更需要有消除分配不公的法治。十八届四中全会的《决定》对此也有规定："加快保障和改善民生"，包括依法加强和规范公共服务，完善教育、就业、收入分配、社会保障、医疗卫生、扶贫、慈善、社会救助等方面的法律法规。强调"维护社会公平正义、促进共同富裕"。同时也需要考虑通过加强和改善税收法制以缩小收入和财富的过大差距。

二　市场经济与法治具有内在契合性

市场和法治被称为是现代文明的两大基石。一般认为，市场经济具有平等性、竞争性、法治性和开放性等特征，是适应社会化大生产，推动整个经济社会发展的有效机制。

（一）市场经济与法治的内在联系

法律作为维护国家和社会稳定的行为规则，虽然在自然经济、封建经济和计划经济等形态下也已存在，但大体上可以认同：在商品交换和市场经济条件下，才形成了具有法治特征的法律制度。经济的市场化要求社会的法治化，也就是说，市场经济越发达，法治也就越发展。马克思认为"先有交易，后来才由交易发展为法制。……这种通过交换和在交换中才产生的实际关系，后来获得了契约这样的法的形式"①。这深刻地说明了法律产生于市场交换的实践，并随着市场交易实践的发展而不断发展和创新。恩格斯指出：在社会发展某个很早的阶段，产生了这样的一种需要：把每天重复着的生产、分配和交换产品的行为用一个共同规则概括起来，设法使个人服从生产和交换的一般条件。这个规则首先表现为习惯，后来便成了法律。② 由此可以看出，生产、分配和交换的经济行为及其发展形态的市场经济，是法治经济得以产生和发展的基础。在自然经济条件下，对各种社会关系的调整主要依靠诸如血亲关系、宗法关系、宗教戒律、传统习惯和道德伦理来约束，法律是维护统治阶级权力和社会治安秩序的工具。在计划经济条件下，虽然社会化大生产程度很高，但没有独立的市场主体，政府利用行政权力来管理经济、配置资源。而在商品经济和市场经济条件下，随着商品生产、交换的规模越来越大，交换过程中产生的纠纷已经超出血亲、种族、道德伦理和行政权力等调整的范围，就需要由专门的权威的行

---

① 《马克思恩格斯全集》第19卷，人民出版社1963年版，第423页。

② 《马克思恩格斯全集》第18卷，人民出版社1964年版，第309页。

为规则来约束和规范经济社会活动。可以说，市场经济的法律是以市场经济主体的权利与义务为核心的规律性法律体系。虽然在市场经济条件下，政府也要利用法律来实施控制和干预，但政府本身的权力也受到了法律的严格限定。自党的十四大提出建立社会主义市场经济体制以来，我国的社会主义法制建设就进入了一个新的阶段，我国开始朝着经济社会活动法治化的方向发展。

（二）法治是市场经济发展的内在要求

市场经济的有效有序运行，法治是基本条件。首先，市场主体地位的确立需要法治。市场经济是自主性经济，承认生产资料归不同的经济主体所有是建立市场经济的前提条件。在市场经济体制下，市场主体的资格要得到法律的确认，明确产权、充分尊重和平等保护各类市场主体的财产权，要求企业是自主经营、自负盈亏的独立的市场主体，可以在市场上按照市场规律自主表达经济利益需求。法律保证市场主体对其合法拥有的物质财富享有支配、使用和处置的权利。市场主体的独立性又与平等性相联系、相统一。市场主体的平等地位是交换正常进行的前提，“参加交换的个人就已经默认彼此是平等的个人，是他们用来交换的购物的所有者”[①]，因此，法律确认参与市场交换的所有人的平等地位。其次，市场经济公平竞争规则的形成需要法治。市场经济是公平竞争的契约经济，竞争性是市场经济的特征之一，也是市场经济正常运行的推动力。马克思说：“社会分工则使独立的商品生产者互相对立，他们不承认任何别的权威，只承认竞争的权威，只承认他们互相利益的压力加在他们身上的强制。”[②]通过竞争形成优胜劣汰，达到合理配置资源的目的，是市场经济的特点，也是其优越性之所在。但是，各市场主体在竞争中为了追求和实现自身的经济利益，如前所述，会采取一些不规范的市场行为，如欺诈、虚假广告、违约、制假售假、不正当竞争等，这势必会妨碍市场竞争的正常进行，使市场活动陷入混乱无序的状态。只有通过法律形式构建法治经济，才能建立公平竞争的规则和秩序，市场交换中的合同和信用关系也只有得到法律上的确认，才能成为一种受法律保护的契约关系，才能防止权力对市场的不正当干预，保障市场经济活动的正常运行。再次，法治是对市场经济进行宏观调控的重要手段。市场调节存在一定缺陷，存在市场失灵。市场机制有效作用的发挥离不开政府宏观调控的正确引导，但多年来的经济实践证明，对政府的宏观调控行为如果不加以规范，就会诱发对市场主体的不当行为，出现政府为了自身的一定利益，对市场经济

① 《马克思恩格斯全集》第19卷，人民出版社1963年版，第423页。

② 《马克思恩格斯全集》第23卷，人民出版社1972年版，第394页。

活动进行不当干预，侵犯企业和个人的权利和利益的现象。法律作为具有普遍、明确、稳定和强制特征的行为规范，把宏观调控纳入法治轨道，有利于提高国家宏观调控政策的科学性和客观性，保证市场经济的正常运行和健康发展。最后，社会主义法治既要确认市场经济的公平，又要确认社会主义消除两极分化，逐步实现共同富裕的公平。需要将这两种公平既区别开来，又衔接起来。在市场经济条件下，确认每个市场主体的地位是平等的，而且主张机会公平、规则公平。但市场经济的公平，是等量资本取得等量利润的公平，是按生产要素分配的公平。这实质上是资本所要求的公平，而不是劳动的公平，更不是社会主义所要求的消除两极分化、共同富裕的公平。市场经济是在价值规律自发作用下的发展过程，不同市场主体由于占有的要素资源不同，必然形成资本强势、劳动弱势从而产生资本高收入和劳动低收入的悬殊差别和分化。市场经济不仅承认这种差别，而且会自发地扩大这种差别。因此，这种分配差别是无法通过市场机制来调整的。需要国家依靠法治手段建立公平的社会主义收入分配机制和社会保障制度，自觉调节和缩小收入差距过大的趋势，否则，收入和财富分配的不公平必然会继续扩大，影响经济社会稳定和可持续发展，也影响社会主义制度的发展与完善。

三　在宪法规定的经济制度下发展社会主义市场经济

十八届四中全会的《决定》提出，要“完善以宪法为核心的中国特色社会主义法律体系，加强宪法实施”，“坚持宪法的最高法律地位和最高法律效力”，又讲：“坚持依法治国首先要坚持依宪治国，坚持依法执政首先要坚持依宪执政。……必须以宪法为根本的活动准则，并且负有维护宪法尊严保证宪法实施的职责。一切违反宪法的行为都必须予以追究和纠正”。可以说，在我国深化经济体制改革、发展和完善社会主义市场经济的过程中，宪法起着根本性的法律规范作用。

我国建立和发展社会主义市场经济，必须在宪法规定的社会经济制度下运行。

（一）弄清宪法对“社会主义经济制度”和“社会主义初级阶段基本经济制度”的不同规定

我国《宪法》规定：“中华人民共和国的社会主义经济制度的基础是生产资料的社会主义公有制，即全民所有制和劳动群众集体所有制。”又规定：“国家在社会主义初级阶段，坚持公有制为主体、多种所有制经济共同发展的基本经济制度。”这里，“社会主义经济制度”和“社会主义初级阶段的基本经济制度”是作为两个并立的规定提出的。但在理论界和实际部门中，不少人将二者相混同。把公有制和非公有制都作为“社会主义经济制度”的内容。其实，宪法明确规定，“社会主义经济制度”只以公有制为基础，包括国有经济即全民所有制经济与集体经济，不包括非公经济。社会主义经济制度存在于社会主义初级阶段、中级阶段和高级阶段，是不断发展与完善的过程。“初级阶段的基本经济制度”则既包括作为主体的社会主义公有制经济，也包括非社会主义性质的非公有制经济。

社会主义社会制度以社会主义经济制度为基础。而社会主义经济制度以公有制为基础。《宪法》又规定：“国有经济，即全民所有制经济，是国民经济的主导力量，国家保障国有经济的巩固和发展。”

《宪法》规定，我国“实行社会主义市场经济”。也就是与社会主义经济制度相结合的市场经济，就是以国有经济为主导、公有制为基础或主体的社会主义市场经济。实行和发展市场经济，应以坚持和发展社会主义经济制度和社会主义初级阶段的基本经济制度为条件。也就是应有利于“国家保障国有经济的巩固和发展”，而不是相反。应有利于巩固和促进公有制的基础和主体地位及其发展与完善，而不是相反。

（二）偏离宪法的一切私有化理论观点是错误的

然而多年来，有人借口市场经济不存在“姓社”、“姓资”的性质，反对在市场经济前面冠以社会主义一词，然而，当今世界只有两种市场经济：一是与资本主义经济制度相结合的市场经济即资本主义市场经济；二是与社会主义经济制度相结合的市场经济即社会主义市场经济。反对提“社会主义”市场经济，必然走向资本主义市场经济。市场经济本身固然没有“姓社”、“姓资”属性，但它只能与“资”或“社”的经济制度相结合，存在“资”与“社”的不同。有人主张市场经济的微观基础只能是私有制。然而，私有制的市场经济只能是资本主义市场经济。宪法明确规定我国实行的是“社会主义市场经济”。中国共产党党章也规定：“中国共产党领导人民发展社会主义市场经济。”主张去“社会主义”的市场经济或以私有制为基础的市场经济，显然是违背宪法与党章的。

更有甚者，有的学者断言：我国国有经济不是社会主义经济，而非公有制经济才是社会主义经济。他们将国有经济与希特勒的国家社会主义工人党相联系，称之为国家社会主义，而将私有制经济称作人民社会主义。主张去国家社会主义，搞人民社会主义。有的学者错解恩格斯在《反杜林论》中批判“冒牌社会主义”的论述，却把它作为依据，否定我国国有经济的社会主义性质。恩格斯曾批判有人把俾斯麦的某些国有化措施称作社会主义，将其斥之为冒牌社会主义，当然是正确的。因为资本主义国家的某些国有经济是国家垄断资本主义。俾斯麦为了军事需要将铁路国有化，当然不是搞社会主义。而劳动人民掌握政权的社会主义国家的国有经济就是社会主义经济。这是从马列主义到毛泽东思想、到中国特色社会主义理论，到我国宪法和党章一以贯之的理论共识。十八届四中全会决定中也强调“加强对国有、集体资产所有权、经营权和各类企业法人财产权的保护”。

我国宪法将“社会主义经济制度”同“社会主义初级阶段的基本经济制度”两种规定并列提出、区别开来，就是表明：以国有经济为主导的公有制经济是社会主义经济，而非公有制经济是非社会主义经济。因此，讲“社会主义经济制度”，只讲公有制经济；讲“基本经济制度”要强调公有制为主体。因为坚持公有制为主体才能保证社会主义经济制度和社会主义市场经济的存在。如果私有制经济也是社会主义性质的经济，就不需要强调公有制为主体了。有人把“非公有制经济是社会主义市场经济的重要组成部分”理解为也是“社会主义经济的重要组成部分”，同样是误解和错解。“社会主义经济”是制度范畴；“社会主义市场经济”是体制范畴，不应混同。市场是统一的，不能按不同的经济成分分割为多种市场和市场经济。例如，外资企业是资本主义经济，而非社会主义经济，但也可成为我国社会主义市场经济的组成部分。这要以公有制经济即社会主义经济为主体的存在为条件。分清这些不同的概念和规定，有利于遵守宪法，在公有制为基础或为主体的经济制度下发展社会主义市场经济。

四 用法治引领和推动市场经济改革

随着我国传统比较优势的弱化，经济发展进入一个新常态。重塑我国经济发展的新优势需要全面深化改革。在全面深化改革的过程中，就需要大力推进法治建设，构建法治的市场经济，就像习近平总书记多次强调的那样“以法治凝聚改革共识”，为市场经济的健康有序发展奠定基础，开辟道路。

（一）法治化有利于完善现代市场体系，释放市场经济新活力

市场经济既是法治经济，也是规则经济、信用经济。法治是市场经济的基石。在实际经济运行中，还存在无序竞争、信用缺失、审批过多、权力寻租、市场混乱等乱象，存在市场运行的安全风险，不利于各类市场要素活力的迸发。用法治来规范市场秩序，有助于构建统一开放、竞争有序的市场体系，打造规范有序、公平公正的市场环境。可以减少经济生活中的不确定性，从而降低市

场经济活动中的交易成本，促进商品和要素的自由流动。

依法推进改革，让改革在法治轨道上进行，是发展和完善社会主义市场经济的必要途径。党的十八届四中全会的《决定》提出要“实现立法和改革决策相衔接，做到重大改革于法有据、立法主动适应改革和经济社会发展需要”。这在一定程度上能有效避免以往改革中先推行再立法或不立法只推行所带来的法治轨道外的改革造成的损失。如20世纪最后十几年的国有企业改革中，地方官员和企业高管可以随意处置国有资产，自买自卖、半买半卖、名买实送，造成大量国有资产流失，是无法可依的改革的深刻教训。十八届四中全会全面推进依法治国的决定，将根本扭转这种情况。法治的顶层设计将为全面深化改革提供引导和保障，为进入“三期叠加”阶段的中国经济治理和市场经济改革释放新红利和动力。

（二）创新和完善产权保护制度

产权保护制度是关于产权界定、运营、保护的一系列制度安排，是社会主义市场经济存在和发展的重要条件，是坚持和完善基本经济制度的内在要求。在市场经济中，各个市场主体的资源禀赋不同，在市场竞争机制下，这种资源禀赋的差异可能导致弱势的市场主体包括弱势群体的利益或财富受到侵犯，因此，社会就需要制定一套公平的法律制度来给以保护和支持。虽然《民法通则》、《合同法》、《劳动法》、《担保法》、《物权法》等一系列法律的实施使市场主体的产权和利益的保护有了一定的法律依据，但伴随公有制实现形式的多样化和混合所有制经济的发展，对国家所有权、集体所有权、企业法人财产权、土地承包经营权等各类财产权的法律保护就显得明显滞后。

市场主体的财产权要依靠法治来得到充分的确认和维护。党的十八届三中全会的《决定》指出：公有制经济财产权不可侵犯，非公有制经济财产权同样不可侵犯。国家保护各种所有制经济产权和合法利益。投资主体多元化、多种所有制经济交叉持股的混合所有制经济已成为发展的必然趋势，各类财产权都要求有完善的产权保护制度作为保障。为此，十八届四中全会的《决定》明确表示，要使市场在资源配置中起决定性作用和更好地发挥政府的作用，“必须以保护产权、维护契约为导向”。同时十八届四中全会明确提出，要健全以公平为核心原则的产权保护制度，加强对各种所有制经济组织和自然人财产权的保护。这充分说明了平等保护不同所有制市场主体的产权的重要性。我国要“创新适应公有制多种实现形式的产权保护制度，加强对国有、集体资产所有权、经营权和各类企业法人财产权的保护”，在独立法人财产权下，“企业有权拒绝任何组织和个人无法律依据的要求”。总之，创新和完善产权保护制度，有利于维护我国公有财产权，巩固公有制经济的主体地位；同时有利于保护私有财产权，促进非公有制经济发展；有利于各类资本的流动和重组，推动混合所有制经济发展；有利于增强各类市场主体创新的动力，推动我国社会主义市场经济的创新和发展。

（三）法治经济有利于厘清政府与市场关系的边界

法治是现代市场经济有效有序运行的基本条件。尽管经过多年的探索我国的社会主义法律体系已经形成，但在当前经济社会发展过程中，有法不依、执法不严、权大于法、司法不公的现象依然存在，审批过多和监管不力并存，仍有部分地方政府运用行政权力对市场经济进行不合理干预，往往会导致资源错配和经济效率低下，制约了市场配置资源作用的发挥。执法不严让环境污染、生态破坏、有害食品事件频发，腐败问题更是令公众对公权力机关和公职人员的信任度消减，总之，我国经济改革中的诸多问题和矛盾的产生大都与法治缺失有关。

近年来，我国政府在持续推进政府职能转变，消除政府不当干预，让市场在资源配置中起决定性作用中，地方各级政府也在大刀阔斧地进行简政放权，减少审批。我国将持续推进法治经济和法治政府建设，更清晰地界定公权力与私权力的边界，用法定责任整治权力缺位和滥用，以法治精神厘清政府与市场和企业的关系，明确政府在履行政府职能过程中的“权力清单”、“负面清单”和“责任清单”，让政府做好政府的事情，市场遵循经济规律做好市场的事情。十八届四中全会的《决定》还明确指出，要依法全面履行政府职能，行政机关要坚持法定职责必须为、法无授权不可为，坚决纠正不作为、乱作为。推行政府权力清单制度，坚决消除权力设租寻租空间，决不允许任何组织和个人有超越宪法和法律的特权，真正地做到在法治轨道上开展工作。

（四）完善社会主义市场经济法治体系

我国社会主义市场经济发展已进入历史新阶段，改革进入攻坚期和深水区，依法推进市场化改革，提升国家治理能力显得更加突出。而我国目前的市场经济法律基础仍比较薄弱，法律规范仍不完善，与建设社会主义法治国家和法治市场经济的要求相比还有较大差距。法治建设与体制改革不同步等问题依然存在。例如，十八届三中全会提出发展国有资本、集体资本、非公有资本交叉持股相互融合的混合所有制经济，就需要有顶层设计与实施细则，将其纳入法治轨道，避免各行其是，造成新一轮的国有资产流失。因此，必须加快建设和完善我国社会主义市场经济法治体系。

要实现市场主体同权，就需要阻止和惩治官商勾结、权力与资本结合、搞权钱交易，损害人民利益。“良法”才能“善治”。可以说，完善社会主义市场经济法治体系，是厘清政府与市场关系边界，保障市场经济持续健康运行的现实需要。要让宪法发挥出应有的威力。要加强党对完善社会主义市场经济法律法规制度的领导。十八届四中全会的《决定》指出“党的领导是中国特色社会主义最本质的特征，是社会主义法治的最根本保证”。在推进依法治国的过程中，坚持党的领导才能确保社会主义市场经济的改革方向，维护好和实现好最广大人民的根本利益。

参考文献：

［1］陈和：《完善社会主义市场经济法律制度》，《经济日报》2014年10月31日第1版。

［2］卫兴华：《社会主义经济和有中国特色社会主义经济的几个理论问题》，《南方经济》2000年第9、10期。

［3］冯玉军：《推进科学立法完善法律体系》，《前线》2014年第10期。

［4］李永纯：《论市场经济就是法治经济》，《中国农业大学学报》（社会科学版）2000年第3期。

［5］曹敏、崔广平：《论法治与市场经济的内在契合性》，《三峡学院学报》1999年第3期。

［6］王荣：《打造以法治为基础的现代市场经济体系》，《人民日报》2014年10月27日。

［7］周人杰：《市场经济需要打好法治算盘》，《人民日报》2014年10月31日第5版。

［8］蒋梦惟：《法治经济，市场经济升级版》，《北京商报》2014年10月29日第1版。

（此文由卫兴华和黄林共同完成）

依宪治国、依宪执政必须维护公有制主体地位

何干强

【作者简介】何干强，男，1946 年 3 月生于湖南长沙，南京财经大学经济学教授；兼任中国社科院马克思主义研究院特聘研究员，中国社科院世界社会主义研究中心、中国《资本论》研究会、世界政治经济学学会、中国经济规律研究会常务理事。享受国务院政府特殊津贴；获“省先进工作者”、“省高校教学名师”等称号。研究方向：《资本论》与当代中国经济。出版《〈资本论〉的基本思想与理论逻辑》、《唯物史观的经济分析范式及其应用》、《公有制经济振兴之路》等专著，主编《当代中国社会主义经济》普通高校国家级规划教材；发表论文、调研报告和译文 220 余篇。主持国家和省部级多个科研项目；个人成果获省部级一等奖 1 项、二等奖 2 项、国际学会“21 世纪世界政治经济学杰出成果”1 项。教学获省级研究生优秀课程等多个奖项。

一　衡量依宪治国、依宪执政的基本尺度

2014 年 10 月 23 日中国共产党十八届四中全会通过并公布了《中共中央关于全面推进依法治国若干重大问题的决定》（以下简称《决定》）。在论述实现依法治国总目标必须坚持的原则时指出，“任何组织和个人都必须尊重宪法法律权威，都必须在宪法法律范围内活动，都必须依照宪法法律行使权力或权利、履行职责或义务，都不得有超越宪法法律的特权”；在论述完善以宪法为核心的

中国特色社会主义法律体系、加强宪法实施时指出，“健全宪法实施和监督制度。宪法是党和人民意志的集中体现，是通过科学民主程序形成的根本法。坚持依法治国首先要坚持依宪治国，坚持依法执政首先要坚持依宪执政。”[①]对照实际，我们深感这些论述切中时弊，极为重要！尤其是强调任何组织和个人“不得有超越宪法法律的特权”，这代表了广大人民群众的心声！

应当充分认识，现行中华人民共和国宪法是一部贯彻唯物史观指导思想的宪法，因而是维护中国各族人民根本利益和长远利益、保障广大劳动人民处于国家主人翁地位的宪法。《宪法》在总纲第1条规定：“中华人民共和国是工人阶级领导的、以工农联盟为基础的人民民主专政的社会主义国家。社会主义制度是中华人民共和国的根本制度。禁止任何组织或者个人破坏社会主义制度。”在第6条规定：“中华人民共和国的社会主义经济制度的基础是生产资料的社会主义公有制，即全民所有制和劳动群众集体所有制。社会主义公有制消灭人剥削人的制度，实行各尽所能、按劳分配的原则。国家在社会主义初级阶段，坚持公有制为主体、多种所有制经济共同发展的基本经济制度，坚持按劳分配为主体、多种分配方式并存的分配制度。”[②]宪法在唯物史观指导下的关于我国国体、根本制度、社会主义经济制度的基础和社会主义基本经济制度、分配制度的规定，相互联系，相互支撑，形成一个理论逻辑和实践逻辑紧密结合的有机整体，最为集中地体现了党和人民的意志。

宪法的所有法律规定，都是在唯物史观指导下，从现实生活的成功经验中提炼出来的。尽管宪法每个条款的内容表述十分简明扼要，但是都不是空洞虚幻的，而是符合中国具体国情客观要求的，都是各级党政机构在实践中必须遵循的指导性原则，也是每个公民应遵循的基本行为准则。各级政府机构只要在治国、执政实践的政策措施中认真贯彻这些规定，就会充分调动人民群众的积极因素，取得推动社会健康发展的效果。可以说，宪法的所有规定，都是全党全国各族人民遵法、守法的重要依据，也是监督和衡量领导机构是否依宪执政、依宪治国的重要尺度。

唯物史观基本原理告诉我们，经济基础决定上层建筑，上层建筑对经济基础有反作用。《宪法》第6条规定的“基础是生产资料的社会主义公有制”和“坚持公有制为主体”，乃是第1条规定的“人民民主专政的社会主义国家”和

---

① 《中共中央关于全面推进依法治国若干重大问题的决定（二〇一四年十月二十三日中国共产党第十八届中央委员会第四次全体会议通过）》，《光明日报》2014年10月30日。

② 《中华人民共和国宪法》，《中华人民共和国全国人民代表大会常务委员会公报》，全国人大常委会办公厅主办，2004年特刊，3月15日出版，第81页。

“社会主义制度”的基本物质支撑。而第 1 条规定又是第 6 条规定的政治制度、社会制度的经济制度保障。可以说，只有坚持社会主义公有制的经济基础和坚持公有制为主体，才能真正坚持工人阶级领导的、以工农联盟为基础的人民民主专政；而坚持人民民主专政，就能真正维护公有制的主体地位，保证我们党领导全国各族人民坚持走中国特色的科学社会主义道路。因此，衡量和判断各级党政领导干部，从而各级党政领导机构，是否做到依宪治国、依宪执政；衡量和判断任何组织或者个人，是否真正履行“维护宪法尊严、保证宪法实施的职责”，最基本的尺度就是，看其是否能够站在人民民主专政的立场，真正维护全民所有制和劳动群众集体所有制构成的社会主义公有制这个社会主义经济制度的经济基础，真正维护公有制为主体的重要规定。

二 维护公有制主体地位的迫切性

全面深化改革，是党中央提出的、摆在全党全国人民面前的重要任务之一。早在 1984 年《中共中央关于经济体制改革的决定》就明确地提出，经济体制改革是“社会主义制度的自我完善和发展”[①]。这个基本指导方针与宪法的有关规定是完全一致的。可是，在具体的经济体制改革实践中，人们却屡屡发现有的政府部门提出的经济改革政策，违背党中央关于经济体制改革的基本指导方针，违反《宪法》第 6 条规定。主要的表现就是推行私有化。由于依法治国、依宪执政不能在有的政府机构中落到实处，这导致许多地方的私有化“改制”不能得到有效制止。随着时间的延续，目前在全国公有制的比重已经越来越低。

据 2014 年 12 月 16 日发布的全国第三次经济普查数据，2013 年年末，全国第二产业和第三产业按登记注册类型分组的企业法人单位共有 820.8 万个，就所有制性质不同的企业占全部企业法人单位的比重看，其中国有企业占 1.4%；集体企业占 1.6%；内资私营企业占 68.3%；港、澳、台商投资企业占 1.2%；外商投资企业占 1.3%。[②] 私有制的内外资企业法人单位占 70.8%（68.3% + 1.2% +1.3%）。

马克思主义政治经济学的基本原理告诉我们，资本的本质是生产领域的人与人之间的社会关系，所以，按不同所有制企业中的从业人员比重，可以清晰地看出生产资料所有制结构本质关系的表现。遗憾的是，《第三次全国经济普查主要数据公报》没有给出这方面的明确数据。公报中的联营企业、有限责任公

① 《中共中央关于经济体制改革的决定》，人民出版社 1984 年版，第 10 页。

② 参见国家统计局、国务院第三次经济普查办公室《第三次全国经济普查主要数据公报（第一号）》（http://www.stats.gov.cn/tjsj/zxfb/201412/t20141216_653709.html）。

司、股份有限公司和其他企业，它们的公、私所有制属性及其在所有制结构中所占的比重，本可根据公有资本控股或私有资本控股来判断，但是公报中没有作这方面的划分。尽管如此，我们仍然可以根据现有公布的数据，通过一定的计算，对目前从业人员的所有制结构关系作基本正确的判断。

1. 第二产业从业人员的所有制结构关系。2013年年末：（1）在工业企业法人单位14025.8万从业人员中，港、澳、台商投资企业占9.6%，外商投资企业占10.1%，内资私营企业占44.7%；国有企业占3.4%，集体企业占1.2%，股份合作企业占0.4%。私有制企业从业人员占64.4%，显著超过公有制从业人员5%的比重。（2）在建筑业企业法人单位从业人员5320.6万人从业人员中，港、澳、台商投资企业占0.3%，外商投资企业占0.2%，内资私营企业占42.5%；国有企业占4.7%，集体企业占3.4%，股份合作企业占0.3%。私有制企业从业人员占43.1%，显著超过公有制从业人员8.4%的比重。[①]

2. 第三产业从业人员的所有制结构关系。2013年年末：（1）在批发和零售业企业法人单位3314.9万人从业人员中，港、澳、台商投资企业占2.7%，外商投资企业占3.2%，内资私营企业占53%；国有企业占3.1%，集体企业占1.7%，股份合作企业0.5%；私有制企业从业人员占58.9%，显著超过公有制5.3%的比重。（2）在交通运输、仓储和邮政业企业法人单位1247万人从业人员中，港、澳、台商投资企业占2.4%，外商投资企业占1.8%，内资私营企业占26.6%；国有企业占27.5%，集体企业占2%，股份合作企业0.4%。私有制企业从业人员占30.9%，超过了公有制企业29.9%的比重。（3）在住宿和餐饮业企业法人单位691.6万从业人员中，港、澳、台商投资企业占5%，外商投资企业占7.5%，内资私营企业占47.3%；国有企业占6.3%，集体企业占1.4，股份合作企业占0.6%。私有制企业从业人员占59.8%，显著超过公有制从业人员8.3%的比重。（4）在信息传输、软件和信息技术服务业企业法人单位539.4万人从业人员中，港、澳、台商投资企业占8.9%，外商投资企业占11.2%，内资私营企业占31.6%；国有企业占4.3%，集体企业占0.19%，股份合作企业占0.16%。私有制企业从业人员占51.7%，显著超过公有制从业人员4.7%的比重。（5）金融业从业人员为513.9万人，公报没有公布不同所有制的从业人员，这可能是因为目前我国金融业基本上是国有资本独资或控股。

① 有关数据根据国家统计局 国务院第三次经济普查办公室：《第三次全国经济普查主要数据公报（第二号）》（http://www.stats.gov.cn/tjsj/zxfb/201412/t20141216_653695.html）。

（6）房地产业企业法人单位的从业人员为877.2万人，公报也没有公布不同所有制成分从业人员。众所周知，房地产开发经营、房地产中介服务、物业管理等行业，基本上已经由私有资本投入运营，所以，私有制从业人员显然占主要比重。（7）在租赁和商务服务业企业法人单位1216万人从业人员中，港、澳、台商投资企业占1.9%，外商投资企业占2.6%，内资私营企业占44.5%；国有企业占9.1%，集体企业占3.9%，股份合作企业占0.76%。私有制企业从业人员占49%，显著超过公有制从业人员13.8%的比重。（8）在科学研究和技术服务业企业法人单位603.3万人从业人员中，港、澳、台商投资企业占1.9%，外商投资企业占2.5%，内资私营企业占37.3%；国有企业占9.2%，集体企业占1.2%，股份合作企业占0.51%。私有制企业从业人员占41.7%，显著超过公有制从业人员10.9%的比重。（9）在居民服务、修理和其他服务业企业法人单位266.9万人从业人员中，港、澳、台商投资企业占2.2%，外商投资企业占1.4%，内资私营企业占59.5%；国有企业占3.7%，集体企业占2.6%，股份合作企业占1%。私有制企业从业人员占63.1%，显著超过公有制从业人员占7.3%的比重。（10）在水利、环境和公共设施管理业，教育，卫生和社会工作，文化、体育和娱乐业，公共管理、社会保障和社会组织等五个行业，公报没有公布在不同所有制法人单位从业人员的结构。[①]

3. 关于第二、第三产业从业人员所有制结构关系的综合分析。根据公布的数据，2013年年末全国第二、第三产业企业法人单位从业人员的所有制结构关系，可以用下表来简要说明：

2013年年末全国第二、第三产业从业人员所有制关系的基本结构　（单位：万人）

序号	产业和行业	从业人数（万人）	公有制企业		私有制企业		股份制企业、其他企业	
			人数（万人）	比重（%）	人数（万人）	比重（%）	人数（万人）	比重（%）
1	第二产业：工业	14025.8	714.3	5.1	9038.9	64.4	4272.6	30.5
2	建筑业	5320.6	446.5	8.4	2292.2	43.1	2581.8	48.5
3	第三产业：批发和零售业	3314.9	175.5	5.3	1953.8	58.9	1185.6	35.8
4	交通运输、仓储和邮政业	1247	373	29.9	384.7	30.9	489.2	39.2
5	住宿和餐饮业	691.6	57.2	8.3	414.1	59.8	220.3	31.9
6	信息传输、软件和信息技术服务业	539.4	25	4.7	279	51.7	235.3	43.6

① 有关数据根据国家统计局国务院第三次经济普查办公室：《第三次全国经济普查主要数据公报（第三号）》（http://www.stats.gov.cn/tjsj/zxfb/201412/t20141216_653701.html）。

续表

序号	产业和行业	从业人数（万人）	公有制企业		私有制企业		股份制企业、其他企业	
			人数（万人）	比重（%）	人数（万人）	比重（%）	人数（万人）	比重（%）
7	金融业	513.9						
8	房地产业	877.2						
9	租赁和商务服务业	1216	167.8	13.8	595.4	49	452.8	37.2
10	科学研究和技术服务业	603.3	65.9	10.9	251.6	41.7	285.9	47.4
11	居民服务、修理和其他服务业	266.9	19.4	7.3	168.5	63.1	79	29.6
12	水利、环境和公共设施管理业	298.1（168.9）						
13	教育	1913.8（1795.6）						
14	卫生和社会工作	917.7（807.6）						
15	文化、体育和娱乐业	309（114.4）						
16	公共管理、社会保障和社会组织	2709.6（2693.5）						

说明：1. 本表数据根据《第三次全国经济普查主要数据公报》（一）（二）（三）中的有关数据计算得出。比重，指一定性质的企业从业人员占本行业从业人员的比重。

2. 在序号为12至16的五个行业的从业人员数字中，括号（）中的数字是其中在行政事业及非企业法人单位中的从业人员。

在上表中，从《第三次全国经济普查主要数据公报》中公布的国有企业、集体企业和股份合作企业纳入公有制企业栏目；港、澳、台商投资企业、外商投资企业和内资私营企业纳入私有制企业栏目；联营企业、有限责任公司、股份有限公司和其他企业纳入股份制企业和其他企业栏目。可以看出：

其一，有所有制结构数据的，共有九个行业。在序号为1、3、5、6、11这五个行业中，私有制企业的从业人员比重都超过了50%，其中人数最多的工业行业达64.4%；而公有制企业从业人员的比重却在4.7%和8.3%之间。这五个行业的从业人数较多，共计18838.3万人，占九个行业总人数（27225.5万人）的69.2%。

其二，公有制在从业人员比重最高的序号为4的行业，占29.9%，但是也低于该行业私有制30.9%的比重。在序号为2、9、10的三个行业中，公有制从业人员比重在 8.4% 和 13.8% 之间，而私有制从业人员比重在 41.7% 和 49%之间。

其三，序号为 7 的金融业和序号为 8 的房地产业没有公布有关所有制的数据。但是，从现实看，金融业基本上是公有制（国有资本为主）；房地产业却主要是私有制。从公布的行业从业人员数据看，房地产业从业人员明显超过金融业，这意味着，这两个行业在私有制从业的人员可能多于在公有制中从业的人员。

其四，序号为 12 至 16 的五个行业的从业人员，不属于物质生产领域的从业人员，因而在研究生产资料所有制范畴中的从业人员时，可以把他们撇开。

其五，表中的"股份制企业、其他企业"（即联营企业、有限责任公司、股份有限公司和其他企业），它们的所有制性质是由控股资本的社会性质决定的。在私有制从业人员比重超过了 50% 的五个行业中，即使把它们都算作公有制企业，公有制仍然不占主体地位。实际上，在这些企业中，由私人资本控股、应算作私有制的，不在少数，假定它们中的公、私所有制企业各占 50%，分别加到上表的公、私所有制从业人员比重的数字中，私有制从业人员的比重就全部超过了 50%，其中私有制比重较小的序号为 4 的行业，从业人员的比重也达到了 50.5%（30.9% + 39.2% ×50%）。

根据这些分析，可以明确判断，到 2013 年年末，在我国第二、第三产业的生产资料所有制结构中，公有制总体上已经不占主体地位。换句话，《宪法》关于公有制占主体地位的"底线"，在第二、第三产业已经被突破了。其中的"工业"和"批发和零售业"，从业人数众多；"信息传输、软件和信息技术服务业"，主要应用高新技术；"房地产业"，直接关系广大群众切身利益，这些行业的公有制从业人员比重已经明显低于私有制，这对于我国坚持走中国特色的科学社会主义道路，对于坚持人民民主专政和共产党的执政地位，都是极为不利的。

4. 第一产业农业的所有制状况。我国农村坚持土地集体所有制，这在名义上没有改变。可是，不少地方在实施集体土地家庭承包制的过程中，并没有遵循党中央关于集体统一经营和家庭承包经营双层经营的规定，而是逐渐淡化、削弱、甚至取消了集体统一经营权。唯物史观的基本原理揭示出，在一定的生产方式中，经济经营权和所有权是可以分离的；但是，经营权与所有权不可绝对分离，经营权是由所有权控制的，经营权的实施必须服从所有权利益的实现，经营权的操作过程实质是所有权的实现途径；如果经营权彻底脱离了所有权的约束，所有权也就失去了。新中国建立以来，农村社会生产力的发展，证明土地集体所有制比私有制优越。因此，实行集体土地家庭承包制是在坚持土地集体所有制性质不变的前提下进行的。如果放弃土地集体所有制的集体统一经营权，家庭土地承包制就蜕化为土地私有制。现实中，这种蜕化的后果正在一些农村中表现出来。在那些集体统一经营权削弱乃至取消的乡村，村集体经济组织往往只起行政管理上的上情下达的作用，对集体经济统一经营的组织指挥作用则近乎消解，由此出现了农民对农业生产积极性下降、青壮年普遍进城打工的现象。在这些地方，还出现了收入的两极分化，农民脱贫问题得不到根本解决。同时也要看到，像河南南街村、刘庄、江苏华西村等一批全国闻名的土地集体所有制不断巩固、经济实力不断壮大的农村，都是坚持集体经济统一经营为主的。应当说，我国农村土地集体所有制巩固的程度如何，是与集体经济组织能否适应生产力发展要求，在集体土地上自觉有效地发挥统一经营权的作用紧密联系的。

综上所述，从三大产业的所有制状况来看，目前公有制被削弱的状况已是不可低估的事实。可以说，坚决贯彻党的十八届四中全会关于依宪治国、依宪执政的精神，下决心振兴公有制经济，恢复公有制的主体地位，已经刻不容缓！

三　用宪法尺度辨析经济改革政策

依宪治国、依宪执政，最重要的是党政各级领导要以身作则，自觉用宪法的原则性条款指导制定治国执政实践中的各种具体政策措施。只有遵循宪法关于社会主义基本经济制度的有关规定，制定经济体制改革的政策措施，才能在改革中维护公有制的主体地位。可是，公有制不断被削弱的现实告诉人们，党政机构的某些关于经济改革的具体政策措施，并不是都遵循了宪法规定的。因此，广大干部和人民群众，很有必要遵循党的十八届四中全会关于“健全宪法实施和监督制度”的要求，提高用宪法尺度衡量经济改革的具体政策措施的自觉性。这将有助于及时发现问题，帮助领导机构纠正失误，共同维护好公有制的主体地位。

以不久前有关领导机构公布的两个深化经济体制改革的具体政策性文件为例。一个是关于农村土地经营权有序流转和发展农业适度规模经营方面的；一个是关于鼓励社会资本到重点领域投资方面的。[①] 对这两个文件提出的有关经济

---

① 参见中共中央办公厅、国务院办公厅印发的《关于引导农村土地经营权有序流转发展农业适度规模经营的意见》（http：//news. xinhuanet. com/2014-11/20/c_ 1113339197. htm）和《国务院关于创新重点领域投融资机制鼓励社会投资的指导意见》（国发〔2014〕60 号）（http：//www. gov. cn/zhengce/content/2014-11/26/content_ 9260. htm）。

政策，就值得我们根据党中央依宪治国、依宪执政的重要精神和“坚决维护宪法法律权威”的要求，用宪法尺度作一番辨析。

1. 发展农业适度规模经营应坚持土地集体所有制。先分析关于农村土地经营权有序流转和发展农业适度规模经营方面的文件。该文件正确地提出了“坚持农村土地集体所有”的“总体要求”。但是，这个总体要求，却比较笼统，并没有在具体的政策措施中得到鲜明体现。

人们在这个专门推动发展农业适度规模经营的文件中，看不到邓小平同志关于集体经济要适应适度规模经营实现“第二个飞跃”的重要战略思想；文件只提发展农业适度规模经营“以农民为主体”，却没有提以集体农民为主体；在加快培育新型农业经营主体方面，只提集体土地“实现所有权、承包权、经营权三权分置”，却没有对长期坚持“三权”统一的全国农村先进集体经济组织作出应有的肯定，也没有提出对他们的鼓励政策。实际上，像南街村、刘庄、华西村等一批分布在全国各地农村的先进集体经济组织，尽管没有“三权分置”，但是在实践中，却坚持科学发展、共同富裕，创造出适应社会主义市场经济举世瞩目的业绩，理应把他们作为“坚持农村土地集体所有”的榜样。

该文件与宪法的矛盾主要表现在，所提经济改革政策措施并不能促进农村土地集体所有制的巩固和发展，反而会起相反的作用。我们知道，目前农村土地经营和借助土地经营的主体主要有六种：（1）统一经营的集体经济组织（包括集体企业）、（2）合作经济组织（包括集体资本控股的股份合作企业）、（3）家庭农场、（4）专业大户和其他大户、（5）“龙头企业”和涉农企业、（6）单个家庭承包户。如果遵照宪法关于“国家保护城乡集体经济组织的合法的权利和利益，鼓励、指导和帮助集体经济的发展”的规定，文件本该鼓励广大农民群众向（1）（2）方向发展；但是，这个文件却明显地把（3）（4）（5）放在优先的位置。文件提出，“鼓励各地整合涉农资金建设连片高标准农田，并优先流向家庭农场、专业大户等规模经营农户”，而没有提出优先流向集体经济组织和合作社；提出“鼓励地方扩大对家庭农场、专业大户、农民合作社、龙头企业、农业社会化服务组织的扶持资金规模”，“鼓励种粮大户、农机大户和农机合作社开展全程托管或主要生产环节托管，实现统一耕作，规模化生产”，在这些经济政策中，都把家庭农场、专业大户等各类单个农民大户，放到了农民合作社的前面；在农业技术培训方面，也把专业大户、家庭农场经营者放到了优先于合作社的地位。

众所周知，农村在推行集体土地家庭承包制过程中出现家庭农场、专业大户和其他大户的经营方式，是与集体经济组织统一经营权的淡化、削弱相联系的；这种经营方式与雇工相联系，包含资本主义性质的雇佣劳动关系，也就是包括剥削关系的。虽然有的电台在新闻报道中采访有的家庭农场，农场主说自己年收入达到三百多万元，这确实非常富裕，但是，新闻报道却没有报道在这个家庭农场打工的雇佣劳动者的收入。其实，这些雇佣劳动者的收入是不高的，农场主的高收入是以剥削他们的剩余劳动创造的剩余价值为前提的。用马克思主义政治经济学的基本原理分析，把发展家庭农场、专业大户放在首位，只会进一步削弱土地集体所有制，因为一旦这类经营主体发展起来，大量的集体所有制土地的经营权就逐步集中到私人手中，集体土地所有制也就会随着集体统一经营权的丧失而瓦解；而且，家庭农场、专业大户经营，各自为政，实行雇佣劳动，很难对他们的土地适度规模经营实行统一的规划和引导，也会进一步扩大农村收入的两极分化，这对在中国国情下推进农业现代化、共同富裕，都是很不利的。

还要看到，多年来在新自由主义影响下，私有化的“改制”已导致目前大部分涉农企业和带动农副业生产的“龙头企业”变成了私营企业。为了减少私有制“龙头企业”在生产和流通领域占有农民的剩余价值，理应提出鼓励和支持农民组织起来，发展集体经济性质的“龙头企业”，但是有关文件却没有提出这方面的经济政策，反而把私有制性质的经济主体放到受鼓励和优先享有扶持政策的地位，这就等于在助长农村工业领域的资本主义因素。

可见，有关文件提出的关于农村土地经营权有序流转和发展农业适度规模经营的具体政策主张，显然与《宪法》第8条关于“国家保护城乡集体经济组织的合法的权利和利益，鼓励、指导和帮助集体经济的发展”[①]的规定相矛盾，是应当根据十八届四中全会决定中关于“依法撤销和纠正违宪违法的规范性文件”精神予以纠正的。

2. 必须增强公有资本尤其是国有资本在整个经济领域中的投资。再分析关于鼓励社会资本到重点领域投资的文件。这个文件提出的政策重在“鼓励社会投资特别是民间投资，盘活存量、用好增量，调结构、补短板，服务国家生产力布局，促进重点领域建设，增加公共产品有效供给”。不难看出，文件虽然提到发挥“政府投资”的引导作用，却不从公有制主体地位已经严重削弱的实际出发，完全不提如何组织增加国有资本和集体资本投资，恢复社会主义基本经济制度要求的所有制结构；完全不提如何搞活有助于振兴国有资本、集体资本

---

① 《中华人民共和国宪法》，《中华人民共和国全国人民代表大会常务委员会公报》，全国常委会办公厅主办出版2004年特刊，3月15日出版，第81页。

的融投资机制；完全不提如何发挥公有资本尤其是国有资本在调结构、补短板等中的主体、主导作用。文件强调“创造平等投资机会”，也不符合宪法关于社会主义基本经济制度的规定。这是因为，公有制为主体，实质上就规定了国民经济中公有资本总量必须大于或显著大于私有资本总量，因而公私资本的投资机会是不平等的，这种公私之间的不平等是广大人民群众成为社会主人翁的基本条件，是绝大多数人享有按劳分配的平等的基本条件；坚持公有制为主体，就只能允许私人资本的投资居于受国家控制、受国有资本引导的附属地位。

该文件使用了宪法上没有的“社会资本”范畴作为政策鼓励对象。要求“鼓励社会资本投资运营农业和水利工程”、“积极推动社会资本参与市政基础设施建设运营”、“鼓励社会资本参与水运、民航基础设施建设”、“鼓励社会资本加强能源设施投资”“参与油气管网、储存设施和煤炭储运建设运营”、吸引社会资本投入“公路投融资”、“鼓励电信业进一步向民间资本开放”、“吸引民间资本加大信息基础设施投资力度”、“鼓励社会资本参与公立机构改革”等。但是，“社会资本”究竟是指什么性质的资本？文件中没有表明。在马克思主义经济学中，“社会资本”的含义有多种解释，如：“社会资本即有社会平均构成的资本”、“社会资本（即资本家全体）”（引者按：也可以从一般角度理解为全社会的总资本）、“社会资本（即那些直接联合起来的个人的资本）”（引者按：如股份制企业的众多股东投入一个企业的资本）、“很大一部分社会资本为社会资本的非所有者所使用”（引者按：可以理解为借用的别人的资本）等。[①]可见，社会资本主要不是指单个所有者的资本或投资主体具体明确的资本。这样，作为政策性文件把社会资本作为鼓励对象就具有极大的含糊性。要明确政策鼓励对象，最重要的就是应当明确投资主体的社会性质，也就是要明确指出，要鼓励的到底是宪法上已经明确的何种经济成分。

该文件使用了“政府投资”的概念，可见文件制定人是把“社会资本”理解为与“政府投资”相对的概念的。我们的政府是人民政府，是作为人民民主专政的国体的职能机构，所掌握的资本只能是国有资本，投资主体应当是目前国务院的国资委。这意味着，文件中与“政府投资”不同的“社会资本”，这只能理解为国有资本之外的集体资本、私人资本（包括私人外资）和普通百姓在银行中的存款转化为贷款投资的资本（如果是私营企业向银行借款投资，这又转化成经营权意义上的私人资本）等。可是，经过多年私有化“改制”，目前这些“社会资本”中，集体资本所占比重已经极少，其中比重最大的是具有

---

① 《资本论》第3卷，人民出版社1975年版，第246、246、493、498页。

投资能力的私人资本。那么，鼓励“社会资本”到国民经济重点领域投资，其真实含义就不能不被理解为，鼓励私人资本即资本主义所有制性质的资本进入国民经济的重点领域。在目前国有资本和集体资本比重已经严重下降、在社会主义基本经济制度规定的公有制应当占主体地位的底线已被突破的态势下，该文件继续鼓励私人资本进入国民经济重点领域，这显然涉嫌违宪执政。

既然“社会资本”主要指私人资本，那么该文件的上述一系列鼓励政策和“推广政府和社会资本合作（PPP）模式”[①]，就难免让人提出质疑，该文件是否在主张加强政府和私人资本家的合作或联盟，主张把私人资本作为政府的依靠对象？如果真是这样的话，政府还能代表国家，依照宪法规定，行使以工农联盟为基础的人民民主专政的职能吗？还能全心全意为人民服务吗？

该文件要求，“政府投资主要投向公益性和基础性建设”，在其他投资领域，则“充分发挥政府投资‘四两拨千斤’的引导带动作用”。但是，在市场经济中，公益性和基础性建设是为各类投资主体和全体公民服务的，国有资本固然应当投在这些领域，但是，绝不能仅仅投在这些领域，因为投在这些领域的资本只能对整个社会起服务作用，而不能在国民经济运动中起主导作用。在包括重点领域在内的国民经济其他投资领域，只有国有资本在资本规模、人力资源、科学技术和经营管理等方面占有优势，才能通过在市场竞争中取胜、占主动地位，有主导这些领域经济运动的可能。因此，各级政府必须支持国资委，遵循《宪法》第7条关于“国有经济，即社会主义全民所有制经济，是国民经济中的主导力量。国家保障国有经济的巩固和发展”的规定，保障国有资本在整个国民经济领域有足够发挥主导作用的投资量。

须知，国民经济的运行逻辑毕竟不是太极拳“四两拨千斤”的运动逻辑（太极拳中应指用四两力拨倒千斤力，该文件是指四两力带动千斤力）。按照比喻，似乎政府只要拿出“四两”国有资本之力，就有可能引导“千斤”社会资本运动，从发展有利于人民利益的国民经济角度来看，这其实是一种主观臆想。在当下国有经济比重严重下降的态势下，不想方设法尽快振兴国有经济，不积极采纳马克思主义经济学者关于巩固和发展国有经济的建设性意见，仍然一味鼓励私人资本进入国民经济重点领域，这十分危险！最危险的就是将使领导我们事业的核心力量共产党，失去执政的经济基础，将使我们的国家和广大劳动

---

① 引号中的“PPP”是英文Public Private Partnership（可译为公私合作）的缩写。据国家发展改革委员会文件（发改投资〔2014〕2724号）解释：“政府和社会资本合作（PPP）模式是指政府为增强公共产品和服务供给能力、提高供给效率，通过特许经营、购买服务、股权合作等方式，与社会资本建立的利益共享、风险分担及长期合作关系。”（http：//tzs. ndrc. gov. cn/tzfg/zhxfg/201412/t20141204_ 651017. html）

人民失去人民民主专政的经济基础。

由此可见，上述两个文件一旦同时实施，在农村将助长资本主义生产关系，削弱集体所有制经济基础；在全社会尤其在城市将扩张资本主义经济力量，软化、弱化全民所有制性质的国有经济及其主导作用。两者加在一起，将会严重削弱社会主义公有制的经济基础、把中国经济全面推向资本主义。因此，这两个文件制定的人的执政行为同宪法关于公有制为主体的重要规定是明显对立的，显然违背了党中央提出的依宪治国、依宪执政的要求。

四 经济体制改革必须贯彻依宪治国的指导思想

党的十八届四中全会《决定》严肃地指出，目前“有法不依、执法不严、违法不究现象比较严重”。以上两个文件的解读说明，严重性就在于我们领导机构中一些掌握权力、制定具体政策的人，不能率先做到依宪治国、依宪执政。

政策是人来制定的，而制定政策的人是有指导思想的。制定政策要做到贯彻依宪治国、依宪执政，关键在于确立唯物史观的科学指导思想。如前所述，我们的宪法之所以能集中体现党和人民意志，就因为指导思想渗透着科学的唯物史观。为什么我们某些领导机构的文件制定人会制定出《决定》指出的“违宪违法的规范性文件”？就是因为这些违宪违法文件的制定人背离了唯物史观的科学指导思想。这种情况在经济改革领域尤为严重。

较长时间以来，有些握有经济改革决策权和政策制定权的党政干部，无视中共中央关于改革是“社会主义制度的自我完善和发展”这个正确指导方针，也不用习总书记指出的“马克思主义看家本领”来指导、推进改革实践，而是以理论“创新”名义，从名词概念到经济学原理，大量或全盘照搬西方资产阶级经济学；可以说头脑“加工厂”已经基本或完全“西化”，即西方资产阶级化。他们无视马克思主义经济学概念和原理，而搬用西方资产阶级经济学自利“经济人”（实质是资本家阶级的人格化）为大前提的经济观，来对待我国经济的改革；他们把宪法中的公有制为基础的“社会主义市场经济”，曲解为私有制为基础的所谓“现代市场经济”，认定公有制经济不可能形成自己的管理者、没有存在的合理性和现实可能性，认定国有资本只有依赖私人资本才能活命。所以，他们就在改革中，利用自己手中的权力，竭力推行私有化；设法使重点领域的国有资本让位于私人资本，这就势必制定出违宪改革的具体政策。

当然，这些人身处我们的党政机构，不敢直接讲出发展私有制、私有化的意图，于是就用“民营经济”、“社会资本”、“民间资本”等含糊不清的经济概念作伪装。但是，人民群众的眼睛毕竟是雪亮的，改革实践也实实在在地检验出，所谓“民营化”就是私有化。如今，随着我国工商领域公有制主体地位的逐步丧失，资本主义经济成分越来越大，生产过剩、两极分化等资本主义经济性质的经济现象已经出现，马克思揭示的资本主义积累规律已经在不以人的意志为转移地发生作用了。这些经济改革指导思想“西化”的政策与制定人和推行人是脱不了干系的。

问题在于，这种政策制定人何以能够进入党政高层智囊机构乃至决策层？这不能不归结为，一些掌握用人权的党政高层领导干部，对这些政策制定人缺乏识别能力，或者有的高级干部自己的思想也被“西化”了。造成用人不当的原因，其中多数领导干部主要是放松了马克思主义的理论学习，尤其是没有确立马克思主义政治经济学的理论自信，这就很容易被“西化”智囊们宣扬的号称“现代经济学”、而实质是渗透唯心史观的新自由主义经济学、凯恩斯主义经济学等资产阶级经济学吓唬住。有的领导干部误认为，如果不相信这些人鼓吹的“现代经济学”，就是不相信现代经济科学。其实，只要认真学一些马列主义经济学原著，识别这些伪科学并不是难事。在目前工商经济领域公有制主体地位丧失的经济态势下，如果我们的党政领导干部仍把“西化”人物当成指导经济改革的智囊和政策制定人，这势必犯极大的、颠覆性的错误。

马克思主义经济学可以使人们看清“西化”理论在中国的实践逻辑及其严重后果：在改革中推行新自由主义，搞私有化，这已经造成两极分化；而两极分化势必导致市场供求失衡，同时私有化的“市场化改革”必然增强生产的自发性或无政府状态，这就导致国民经济结构失衡、生产过剩。这时，用“西化”经济理论来应对困局，就会搬出凯恩斯的“储蓄 = 投资”的错误恒等式、搬用所谓投资、消费、外贸“三驾马车”理论来调整经济结构，由于这种宏观经济理论存在马克思批判过的“斯密教条”等致命错误，付诸实践就只能治标而不治本，不可能把调整所有制结构和调整产业结构结合起来，反而会在短期的救急措施下掩盖深层结构矛盾，进一步扭曲经济结构，这样，就难免发生西方发达国家出现过的“滞胀”危机，后果将极为严重。这绝不是危言耸听。因此，我们的某些党政领导干部在经济改革上不能再迷信西方资产阶级经济学了！切勿把人民群众对祖国的忧患意识也当作“唱衰中国”。不能忘记，前苏东国家改旗易帜的重要原因之一，就是放任经济学“西化”。

十八届四中全会的《决定》要求，“加强备案审查制度和能力建设，把所有规范性文件纳入备案审查范围，依法撤销和纠正违宪违法的规范性文件”；“一切违反宪法的行为都必须予以追究和纠正”。根据这些严格要求，上述两个文件当属撤销和纠正之列。但是，更重要的坚决杜绝此类与宪法抵触的文件再度出现。这就必须提高依宪治国、依宪执政的自觉性，认真端正经济体制改革的指导思想，学会用马克思主义经济学指导经济改革和管理。

从经济体制改革的角度来看，为人民利益掌权的各级干部要以实际行动坚持道路自信、理论自信和制度自信，当前要十分重视反对和纠正经济改革指导思想的“西化”。高层领导干部应带头学习马克思主义政治经济学，并在经济改革实践中积极付诸实践，并结合抓好意识形态领域的阶级斗争，主动地领导和督促各级党校、普通高校和宣传媒体，采取批评与自我批评的思想教育、必要的人事组织措施等方式，尽快扭转目前已经形成的严重的经济改革指导思想“西化”的不良态势，让马克思主义重新占领经济理论和经济实践的阵地。

只有各级党政领导干部以身作则，带领全党全国人民遵循十八届四中全会的《决定》，真正首先做到依宪治国和依宪执政，严肃追究和纠正一切违反宪法的行为，中国才会在中国特色的科学社会主义道路上，越走越宽广！

浅论依法治国和以德治国相辅相成

李成勋

【作者简介】 李成勋，男，1934 年 3 月 9 日生于河南省获嘉县。1949 年 7 月参加革命工作，中共党员。1960 年于中国人民大学经济学系毕业后留校任教，后调任中国社会科学院马列研究所基本理论研究室主任，继而又调任本院研究生院教务长，现为本院经济研究所研究员、博士生导师，享受国务院特殊津贴专家。兼任中国发展战略学研究会荣誉副理事长、中国《资本论》研究会常务理事、世界政治经济学学会顾问、新乡学院名誉院长等。主要研究领域：马克思《资本论》；经济发展战略理论与实践。撰写和主编学术专著 40 余部、发表论文 200 余篇。曾主持《1996—2050 年中国经济社会发展战略——走向现代化的构想》、《2020 年的中国——对未来经济技术社会文化生态环境的展望》等多项重大研究课题。有多种研究成果获奖。

任何一个现代国家都应当是法治国家，都应当依法治国，我们在进行社会主义现代化建设中必须坚持依法治国。同时还必须坚持以德治国，重视道德的教化作用，这更是一个社会主义国家发展的题中应有之义。那么，应如何理解依法治国和以德治国的关系以及如何发挥二者互促互补的功能、共同促进国家治理水平的提高，就成为一个需要认真研究的重要课题。本文想就此谈些粗浅的见解。

一　法治和德治的共同性

法和德作为国家治理社会和管理社会的两个不可分割的手段必然具有许多共同性。其主要有：

第一，法律和道德都是上层建筑的一部分

马克思主义认为，任何一种社会都是在一定生产力发展水平的条件下，由经济基础和上层建筑及其他相关的社会现象共同构成的。社会主义法律和社会主义道德作为上层建筑，都是工人阶级和广大人民群众意志和利益的体现，都产生于社会主义经济基础之上，是社会主义生产关系的反映，共同为社会主义经济基础服务。它们之间是一种相辅相成的关系。

社会主义法律和社会主义道德在内容上是相互融通的。法律是成文的道德，道德则是内心的法律。因而法律和道德是紧密结合的。例如，“爱祖国、爱人民、爱劳动、爱科学、爱社会主义”[①] 既是社会主义的公德，又是《中华人民共和国宪法》中的重要内容。

第二，法律和道德都具有规范人的行为的功能

社会是一个大的群体，要使社会生活有条不紊，有秩序的运转，每个人的行为必须有规矩。这种规矩的建立，就要靠法律来规范。例如，《中华人民共和国城市规划法》第 33 条规定：“禁止在批准临时使用的土地上建设永久性建筑物、构筑物和其他设施。”[②] 这就是以法律形式明文规定的人们在城市建没用地方面的行为规范。对此，人们只能遵守，不能违犯，否则将以违法论处。

除用法律来规范人们的行为外，人们大量的其他行为则要靠道德来规范。如敬老爱幼、尊师重道。除了对老者和师长有触犯刑律的行为，都要靠道德的手段即教化的手段去引导人们敬老爱幼、尊师重道。因此，对于以道德手段规范人的行为的巨大作用不可轻视。

此外，对人们行为的规范，很多要靠运用法律和道德两种手段的共同作用来实现。例如，“中华人民共和国公民必须遵守宪法和法律，保守国家秘密，爱护公共财产，遵守劳动纪律，遵守公共秩序，遵守社会公德。”这是《中华人民共和国宪法》第 53 条[③]的规定，应该说这是最高的法律规范，同时，遵纪守法、爱护公物等也是我国公民的基本道德规范，早已家喻户晓、尽人皆知。在这里，道德和法律为规范同一种行为共同发挥着作用。由上可见，法和德都具

---

① 《中华人民共和国宪法》，人民出版社 2004 年版，第 66 页。

② 《中华人民共和国城市规划法》，中国建筑工业出版社 1990 年版，第 8 页。

③ 《中华人民共和国宪法》，人民出版社 2004 年版，第 71 页。

有规范人的行为的功能。

第三，法律和道德都是治国理政的手段

法律和道德规范每个人的行为还不是它们的最高功能，它们的最高功能是规范国家的行为，也就是治国理政。法律是治国的重器，良法是善治之前提。所以必须推动全社会树立法治意识、推进多层次多领域依法治理、建设完备的法律服务体系、健全依法维权和化解纠纷机制等。在我国作为一切法律的母法的《中华人民共和国宪法》，规定着我国的国体、政体、民族关系和经济制度、公民的基本权利与义务以及国家机构等大政方针，保障我们国家在中国共产党领导下沿着人民民主专政的社会主义道路前进，保障我国的一切权利属于人民。宪法的内容充分体现了法律对于治理国家的强大作用。同时，道德不仅通过宣传教育规范人们“爱国、敬业、诚信、友善”等个人修养方面的行为，而且直接规范人们“富强、民主、文明、和谐、自由、平等、公平、法治”等治国理政方面的行为。所以，法治和德治在治国理政方面共同发挥着重要作用。这是它们的共同功能。

二　法治和德治的差异性

前面论述了法治和德治的共同性，这里我们将进一步分析法治和德治的差异性，其差异性主要表现在以下几方面：

第一，法治和德治治理的对象不同

这里有两层含义：一是法治和德治的治理目标不同。法治的目标是治法。为此就必须科学立法、严格执法、公正司法并要求全民守法，从而形成规范的法治体系。德治的目标是治人。希望人人都拥有良好的道德修养，人人都能爱国、尊法、诚信、敬业、与人为善。当然治人不仅要靠德的教化作用，也要靠法的强制作用；同时，治法不仅是为了法治的完备，其最终目的还是为了治人。

二是法治和德治作用的重点不同。如果说法治和德治都能作用于人，但其重点是不同的：法治主要是治人的行为，首先是治官的行为，因为官是主要执法者和司法者。法治要规范官与民的政治行为、从业行为、社交活动、生活作风等。德治主要是治人的思想，包括世界观、人生观、价值观、政治信仰、个人理想、追求与偏好等。也可以说，法治是治外之治，即治理人的外在表现；德治是治内之治，即治理人的内心世界，治理人的思想观念和道德素养。

第二，法治和德治作用的动力不同

法治是立法机构和执法部门以及司法组织强加给人们的，因而它是他律之治。人们接受法治是被动的、被迫的，通常是不自愿的。德治则是通过教育、示范、宣传灌输和感染给人以道德理念，从而提升人的思想觉悟，引导人自觉自愿地去从事有益于个人和社会的事情，所以它是自律之治。人们接受德治通常是自愿的。也就是说，德治是通过约束或激发人的思想，达到约束或激发人们的行为的目的。简言之，法治的动力来自外界，德治的动力来自人的内心。

第三，法治和德治的作用强度不同

法治的作用强度具有刚性，德治的作用强度具有柔性。在法治所及之处，人们只能依法办事、不得违犯，违犯就会受到法律制裁，当事人就将在物质上或人身自由方面付出代价、甚至付出生命代价。德治则不然，如果人们违犯道德规范，就会受到或轻或重的舆论谴责，即使是严重的舆论谴责，也只是精神上的负担和挫折，而不致承受物质上和人身上的损失。

当然，法治的刚性和德治的柔性，在很多情况下只是表现为二者作用的方式不同，并不等于德治的作用没有力度，更不等于没有应有的效果。在实施德治的某些情况下，如果当事人的行为受到严重的舆论谴责，甚至在没有外界谴责的情况下，由于当事人自感自身行为错误的严重性而致过度内疚，也可能由此而自觉付出重大代价甚至是生命代价。所以，德治也有刚烈的一面。

第四，法治和德治的作用范围不同

道德对人的言论和行为的规范是广泛的、无限的，不论是有关国家、民族、政治、经济等宏观层次，还是有关社会、组织和朋友等中观层次，以及个人自身的一言一行都是道德可以涉及的领域；而法治涉及的领域则是有限的，它只能规范公民可以承担民事责任和刑事责任的那些行为。也就是说，德治管的面相对较宽，法制管的面相对较窄。

第五，法治和德治的作用时序不同

法治和德治实施的时序或者说作用的时序不同。由于法治作用的着力点是惩恶，是处置那些违法和犯罪的行为，因而它必然是事后施治，并且其作用的着力侧重点必然在于如何治。德治作用的着力点是扬善，通过弘扬好人好事，使人学习好人好事，以消除社会不良现象，使社会更文明、更和谐，因而它必然是事前施治，其作用的侧重点必然在于如何防。

第六，法治和德治预期的社会效果不同

法治和德治实施的预期效果首先是社会安定有序，但如进一步提升预期效果的要求，法治和德治则存在不同的深度和高度。法治的推行，最终是要造就遵纪守法的人，如果全民都能守法，法治的预期就已满足。德治的推行，最终则是要造就“一个高尚的人，一个纯粹的人，一个有道德的人，一个脱离了低级趣味的人，一个有益于人民的人”[①]。可见，德治是更高层次的治国方略，要实现它的目标需要用更大的力量，也需要用更长的时间。

对于法治和德治的差异及其作用效果，两千多年前孔子的一段精辟概括，有助于我们提升认识。孔子说：“道之以政，齐之以刑，民免而无耻；道之以德，齐之以礼，有耻且格。”[②] 通俗地说就是，用政令来管理百姓，用刑罚来约束他们，百姓只能暂时地免于犯罪，但不知道犯罪是可耻的；用道德去教化百姓，用礼教来制约他们，百姓便不但有羞耻之心，而且能自己纠正错误。孔子的这段话使我们进一步认识到，法治是治标之治，德治则是治本之治，是深入人心的治理。

从法治和德治的差异性可以知道，法治和德治虽然都是治国安邦理政为民的基本方略，但依法治国属于政治文明建设领域的任务，以德治国则属于精神文明建设领域的任务；不仅如此，由于德治具有治本性、广延性、主动性和预防性的特点，实施这种高层次的治理，具有更长远的意义。在遥远的未来社会，即使国家和法律都退出了历史舞台，对社会成员的道德教化仍然是不可缺少的。也就是说，在未来社会里，法治消失了，但德治还会存在，还将在社会管理中发挥作用。当然在国家还存在的条件下，国家的治理、社会的发展，只有德治、没有法治是不可想象的。当道德的软约束不能奏效时，就必须用法治来应对。所以，法治和德治在相当长的历史时期内必然是共存共用的。

三　法治和德治相辅相成、同时并举

在中国特色社会主义建设中，特别是在当前实施“四个全面”的战略布局中，即在全面建成小康社会，使我们的国家更富强、人民生活更幸福；在全面深化改革中，使我们的经济体制更具活力、社会运行更有效率；在全面依法治国中，使我们的法治体系更完备，建成法治国家的任务更落实；在全面从严治党中，使我们的党更纯洁，使党的执政能力更坚强的历史性发展中，“必须坚持一手抓法治，一手抓德治，大力弘扬社会主义核心价值观，弘扬中华传统美德，培育社会公德、职业道德、家庭美德、个人品德，既注意发挥法律的规范作用，又注意发挥道德的教化作用，以法治体现道德理念、强化法律对道德建设的促进作用，以道德滋养法治精神，强化道德对法治文化的支撑作用，实现法律和道德相辅相成、法治和德治相得益彰。”[③] 这段话已经简明地回答了本文在这里

---

① 《毛泽东选集》第 2 卷，人民出版社 1991 年版，第 660 页。

② 《论语》，山西古籍出版社 1999 年版，第 10 页。

③ 《中共中央关于全面推进依法治国若干重大问题的决定》，《人民日报》2014 年 10 月 29 日。

将要阐明的基本内容，但为了更好地理解法治和德治的深刻关系，这里再对以下两个问题着重加以论述。

（一）强化法律对道德建设的促进作用

《中共中央关于全面推进依法治国若干重大问题的决定》中明确提出："全面推进依法治国，总目标是建设中国特色社会主义法治体系，建设社会主义法治国家。这就是在中国共产党领导下，坚持中国特色社会主义制度，贯彻中国特色社会主义法治理论，形成完备的法律规范体系、高效的法治实施体系、严密的法治监督体系、有力的法治保障体系，形成完善的党内法规体系，坚持依法治国、依法执政、依法行政共同推进，坚持法治国家、法治政府、法治社会一体建设，实现科学立法、严格执法、公正司法、全民守法，促进国家治理体系和治理能力现代化。"[①] 在上述依法治国的全过程中，包含着对德治建设和以德治国的重要促进作用。主要表现为：

第一，立法可以催生道德

道德是法治建设的土壤。不论是单项法律的建立还是法律体系的建立，如果群众没有一点道德基础，对颁布的法律一无所知或者根本不感兴趣，没有认同感，那么即使已经制定了法律，不管这些法律多么合乎法理而且规范有序，都难以得到贯彻落实，都会像一纸空文一样。所以，在相关立法之前，应有相应的宣传酝酿过程。这个过程就是对相关道德理念的催生过程，也就是对德治建设的促进过程。在这里法治对道德理念的形成发挥催化剂的作用。

第二，法治可以固化道德

道德表现为思想、理念、价值观等，并可转化为社会舆论。具有很大的柔性，属于软实力范畴。所以，它要转化为行动就比较缓慢，但若某些道德理念形成了法律，即形成为具有强制性的手段，道德的作用就大大增强了。例如，人人都应爱护野生动物，如果只作为一种道德规范，其对野生动物的保护作用是很有限的。人们可以保护野生动物，也可以不保护野生动物，道德的制约力是有很大柔性的。但是，如果野生动物保护法颁布了，则保护野生动物的道德观念就被固化了。保护野生动物就由一种引导力变成了一种强制力。也就是由一种软实力变成了一种硬实力。在这里法治对道德理念的形成就发挥一种固化剂的作用。

（二）强化道德对法治文化的支撑作用

法治的建设和实施，如果没有道德的支撑和配合是难以推进的，因为法治

---

① 《中共中央关于全面推进依法治国若干重大问题的决定》，《人民日报》2014 年 10 月 29 日。

文化中包含着大量的道德元素。就立法而言，需要科学和民主，反对“长官意志”、部门利益和地方保护主义作怪；就执法而言，需要严格的要求和求实的精神，反对无所作为尤其是贪赃枉法；就司法而言，需要公平、公正、公开，法律面前人人平等，反对以言代法、以权压法、徇私舞弊；就守法而言，需要学法、尊法，反对法痴、法盲和目中无法。由上可见，要建设完备的社会主义法治体系、实现法治国家，必须有道德的支撑。国无德不兴，民无德不立。没有善良的道德意愿、道德情感和正确的道德判断以及应有的法治精神，法治的推行是不可想象的。

综上所述，法律与道德对于国家的治理来说，犹如鸟之两翼、车之双轮，必须相辅相成、并驾齐驱。德刚法柔，刚柔相济，其力益强；法治标德治里，表里兼治，其治益善；法治外德法内，内外共治，其效益佳。因此，依法治国和以德治国必须紧密结合，互促互补、同时并举！

论我国法治权威的三大来源

鲁品越

【作者简介】 鲁品越（1949—），上海财经大学资深教授、现代经济哲学研究中心主任，东南大学兼职教授，1994 年起因对高等教育突出贡献享有国务院特殊津贴。2011 年入选中国校友会网“中国杰出人文社会科学家”。1981 年中国人民大学研究生毕业，历任东南大学、南京大学教授。先后主持“《资本论》的哲学思想”等五项国家社会科学基金重点项目与一般项目，多项教育部、江苏省和上海市社会科学基金项目。出版《深层本体论：自然科学的新哲学境界》（入选“国家哲学社会科学文库”）、《资本逻辑与当代现实》等专著七部，译作两部，发表论文约二百篇，其中数十篇发表于《中国社会科学》、《哲学研究》、《马克思主义研究》、《社会学研究》、《学术月刊》等权威刊物。主要研究领域为经济哲学与唯物史观，主要学术思想为深层生成论哲学、资本逻辑的社会运行机制问题。

一个国家要实现依法治国，必须树立法律与法治本身的权威性，否则必然会导致“有法不依、执法不严”，法律将会沦为一纸空文，形同虚设。我国要建立社会主义法治国家，全面实行依法治国，关键在于树立我国的社会主义法律与法治体系的权威性，使全国人民对其具有发自内心的拥护、敬畏和遵循，并且逐渐内化为全体国民的行为规则与习惯，只有如此，才能真正实现依法治国。

由人类社会中一部分人所制定的法律，为什么能够成为全社会每个人都要遵循与服从的准则？法律的权威性究竟从何而来？这是值得深思的历史之谜。当代中国应当从哪些方面着手，建立起法律与法治体系对于全国民众的合法性与权威性？这是我们推进依法治国面临的首要的现实问题。在我们看来，法律的权威性来自三个相互联系的方面：一是法律基于正义的神圣性：法律本身的正义性获得全体社会成员的公认，能够占据意识形态的制高点，使民众对它产生至高无上的神圣感；二是基于对社会传统习惯的认同的世俗基础性：法律由所处社会的历史进程逐渐生成，具有深厚的历史积淀，能够自然地被社会成员的心理结构与行为模式（由该社会的历史所塑造）所接受，从而使民众对法律产生认同感，从而法律本身具有认同性；三是基于严格立法、司法、执法和守法的威信力，使法律在实施过程中执法如山，违法行为得到应有惩处，合法行为得到应有保护，由此产生强大的威信力，从而使民众对法律有敬畏感，对试图违法者产生威慑力。上述三者相互结合而形成的整体，构筑起法律与法治体系的权威性，从而为依法治国创造基础条件。一旦缺乏这三者中任何一项因素，社会的法治便会发生危机，社会成员的行为方式将难以纳入到有序的社会秩序中而形成富有团结力的整体，最后有可能导致整个社会秩序陷入无政府状态，从而陷入危机。

那么，上述三者又是如何形成的？当代中国应当如何建立起由它们所构成的法律的权威性？这是我们需要研究的问题。

一　法律神圣性的来源和当代中国法律神圣性基础

法律所具有的神圣光环究竟从何而来呢？这需要对历史进行深入的哲学分析寻求其答案。

（一）神圣性的外在形式——作为“天意”的宗教与永恒理性

在古代，法律一般是通过宗教教义与教规的“神授”过程而获得神圣性的。通过对教义的信仰，教条与教规的训诫、宗教仪式的遵循，而将其崇拜对象奉为神圣化，以塑造社会成员的共同灵魂，培育其共同的价值观念和行为法则。一旦法律由这种宗教所制定，或者按照宗教的原则来制定，便会树立其在人们心目中的神圣性，而神性确立了法律的正义性。例如，作为犹太民族乃至整个古代西方社会立法的基础是“摩西十诫”和“摩西五经”，被说成是由上帝所授，并且按照上帝的旨意将“十诫”刻在石片上，放入神圣的“约柜”中（见《旧约·出埃及记》）。作为西方法典主要来源的《罗马法》，其神圣性则来源于古代神话中的法律之神。“如果说古希腊的神话影响了西方人的法律思维，那么古罗马的神话则影响了西方人的立法技术和法律实践。与希腊人追求‘公正、合理’的观念相比，罗马人更追求成文法中的平等原则和法的效力，并将平等原则视为法律的基础。古罗马的神法女神阿库维塔斯（Aequitas）相当于古希腊代表‘神法’的忒弥斯。”① 这种来源于宗教的法律神圣性是文艺复兴之前西方社会法律神圣性的最主要来源。直至今天，其影响仍未消弭，并且通过法律条文、司法程序和司法仪式，承袭着宗教的庄严与神圣。

文艺复兴之后，随着资产阶级走上历史舞台，神学权威受到挑战，重视人类自身价值的人文精神开始觉醒，于是启蒙思想家们开始在人类自身中寻找法律神圣性的来源。洛克提出：人类的永恒本性自然地产生出保护其个人自由（消极性自由）的“自然法”，政府的责任是将这种自然法以立法的形式表述为成文法，用来裁判个人的行为，使之得到公正的执行和实现。卢梭提出人生而平等，因此具有平等的“自然权利”（积极的自由），由此作为公民的一份子而行使其主权，法律正是人民主权意志的体现。可见在这些启蒙思想家那里，法律的神圣性来自于人类的“普世价值”，来自于实现这些“普世价值”的“永恒理性”，这种“永恒理性”作为上帝的化身，获得了令全社会每个成员必须崇拜与服膺的巨大精神力量。

综上所述，法律的神圣力量来自宗教，以及作为宗教化身的“永恒理性”，一言以蔽之，即来自“天意”，它是一切宗教的灵魂。美国著名法学家伯尔曼说，“法律不只是一整套规则，它还是人们进行立法、裁判、执法和谈判的活动。它是分配权利与义务、并据以解决纷争、创造合作关系的活生生的程序。宗教也不只是一套信条和仪式；它是人们表明对终极意义和生活目的的一种集体关切——它是一种对于超验价值的共同直觉与献身。”② 伯尔曼将这种宗教关切归结为人们内心世界对人类生命的神秘主义体验，这种体验说到底是把人的存在价值归结为某种超人类的客观精神力量，实质上是源于上帝，用中国文化的语言体系来说，来源于“天意”。那么，这种“天意”到底是什么？需要我们进行深入的实事求是的分析。

（二）历史必然性——作为神圣性来源的“天意”的本质

历史事实告诉我们，在阶级社会中，法律所要建立与维护的社会秩序，乃是剥削阶级统治被剥削阶级的社会秩序。旨在建立和维护这种不平等的社会秩

---

① 戴启秀：《从古希腊古罗马神话看德国法律的起源与发展》，《德国研究》2009 年第 2 期。

② ［美］哈罗德·J. 伯尔曼：《法律与宗教》，梁治平译，中国政法大学出版社 2003 年版，第 11 页。

序而规范与约束全社会人们的行为的法律，必然是统治阶级意志的体现，是阶级统治的工具，具有强烈的世俗利益色彩。为了使法律具有令全社会成员服从的权威性与合法性，统治阶级必然千方百计地掩盖其背后的世俗的阶级利益，而赋予其超越阶级利益的“天意”、“天理”的神圣光环。那么，这种由剥削阶级为了自身利益而人为制造的神圣光环，在什么样的条件下、在何种程度上能够被整体社会所接受呢？这取决于它是否具有一定历史条件下的历史合理性与历史必然性。

如马克思恩格斯所说，“至今一切社会的历史都是阶级斗争的历史”，是压迫者和被压迫者进行“不断的、有时隐蔽有时公开的斗争”的历史。[①] 这种斗争不仅包含压迫者的压迫，也包含被压迫者的反抗，包括各种社会力量之间的斗争和博弈，由此形成时而动荡、时而稳定的社会秩序。而在社会经济基础所要求的社会秩序中，各个阶级与各种社会力量不可能处于完全平等的地位。在阶级社会中占统治地位的阶级必然通过法律来实现自己的阶级意志，以维护自己的统治，这是毋庸置疑的客观事实。但是我们不能因此断言被压迫阶级的反抗在法律中没有体现，因为压迫阶级的行为必然受到被压迫阶级的反抗与斗争的制约，受到一定历史条件的客观限制。因此制定法律的统治阶级为了巩固自己的统治，为了实现相对稳定的社会秩序，也要用法律形式对自身的行为进行某种规范与限制。不承认这一点，实质上就是否认被压迫阶级在法律形成过程中的历史作用，从而也就否认了他们在创造人类社会制度上的伟大历史作用。历史事实也是如此。作为现代西方法律基础之一的《罗马法》实质上是贵族与平民两大阶层之间斗争的产物。在《罗马法》产生之前，掌握司法权力的罗马贵族滥用习惯法，导致司法专横，引起平民不满。平民主动组织起来向政府施压，要求政府编纂成文法，以约束司法权。元老院被迫于公元前454年成立了十人立法委员会，终于在公元前451年制定了著名的《十二表法》，用青铜铸成，矗立于罗马广场。因此《罗马法》是罗马社会各个阶级博弈的结果，其归根到底体现了统治阶级意志，建立了长期而稳定的罗马奴隶制的社会秩序。现代西方社会的法律同样是资产阶级压迫与无产阶级斗争的结果，当然在总体上维护了资产阶级对全社会的统治。

因此，在以一定的物质生产方式为基础的历史条件下，逐渐产生了与这种历史条件相适应的社会秩序的客观要求，这种客观要求作为具体历史环境下的历史规律，形成引导社会建构道德与法律的无形之手，不断克服社会生存与发

---

① 《马克思恩格斯文集》第2卷，人民出版社2009年版，第31页。

展所遇到的各种问题与危机，以建立符合该社会生存发展客观需要的社会秩序。因此这种社会秩序具有一定历史条件下的合理性，尽管在阶级社会中它是维护阶级压迫的社会秩序。这种历史合理性导致人类为了其自身的生存发展只能作如此选择，否则将会面临解体。马克思说："我的研究得出这样一个结果：法的关系正像国家的形式一样，既不能从它们本身来理解，也不能从所谓人类精神的一般发展来理解，相反，它们根源于物质的生活关系，……"① 这就是说，一定历史条件下的经济基础决定了符合该社会生存与发展要求的社会秩序，决定了该社会的"法的关系"。因此法律归根到底是社会历史发展的客观要求，是历史规律的客观体现。

由此可见，特定历史条件下的社会为了自身生存和发展，需要规范人们的行为以确立某种社会秩序。建立与维护这种社会秩序成为全体社会成员的共同关切，并通过宗教形式而上升为神圣的社会集体意志。然后人们再根据这种宗教精神形成法律，使法律具有了神圣性光环，每个社会成员对其产生了"神圣感"。这种神圣感乃是一定历史条件下由历史发展规律所决定的社会生存与发展的客观需要在人们心中的表现。这种历史必然性产生出伯尔曼所说的人们的"终极意义和生活目的"。而对这种由经济基础所决定的、实现社会生存与发展的目的所要求的社会秩序的"集体关切"，作为一种无形力量支配着人们，经过宗教的伪装而以"天意"的形式出现，形成该社会人们用来判断世俗社会的是非曲直的法律观念。因此，作为"神圣性"来源的"天意"的本质，乃是世俗社会中符合特定社会中人们生存与发展、从而具有合理性的社会秩序，它是特定历史情境中历史发展规律的体现。这就是历史唯物主义对"天意"的实质的揭秘。

（三）中华民族伟大复兴的中国梦——当代中国法法治神圣性的来源

那么，这种历史必然性在当代中国表现为什么？毫无疑义，是实现中华民族伟大复兴的中国梦。中华民族在几千年古代历史中创造了灿烂的文化，是人类历史中唯一以独立的统一国家的形式保存下来，并且在当代世界发挥着巨大历史作用的文明。而在近代，由于受到帝国主义侵略扩张而饱受民族灾难，因此必须通过走社会主义道路来实现中华民族的伟大复兴，这由中国和全球人类历史发展的客观规律所决定。② 这种历史发展的客观规律的简洁而深刻的形象化表述，即中华民族伟大复兴的中国梦。因此，中国梦是我们民族历史赋予当代

① 《马克思恩格斯文集》第2卷，人民出版社2009年版，第591页。

② 参见鲁品越《国际体系与中国现代化道路的两个阶段》，《马克思主义研究》2014年第10期。

中国人民的神圣使命，是由世界历史进程与中华民族历史发展的客观规律所决定的“天意”，从而具有最高的神圣性。

从客观规律上如此，从中国人民的价值取向上更是如此。对当代中国人民来说，难道还有比实现中华民族伟大复兴，从而为全球人类作出更伟大贡献的更加神圣的事业吗？当然没有！任何人能够提出反对把中华民族的伟大复兴作为当代中国的最高价值的正当理由吗？没有！“再没有什么使命，比引领一个民族走向复兴更光荣；再没有什么事业，比团结十几亿人民共圆梦想更崇高。”①因此，中国梦是当代中国最普遍、最崇高的价值。

因此，这种作为历史规律与当代中国人的最高价值取向的辩证统一的中国梦，是当代中国人对国家命运、家庭命运和个人自身命运的“集体关切”，由此形成了我们时代的时代精神。每个时代都有作为其灵魂的时代精神，它是历史规律与价值取向的辩证统一：它由历史发展的客观规律所决定，并且作为一种涌动在人民心中的强大价值追求驱动着人们创造历史的实践活动。当代中国正处在中华民族发展史上最伟大的时代，我们的时代精神是什么？许多年来，人们深切而鲜活地感触到它的伟大力量，不断自发地被它所激励而奋起，同时也被它作为客观规律的力量所支配，但它却隐藏在历史的深处而若隐若现。以习近平为总书记的党中央领导下的中国人民，在中国特色社会主义建设的伟大实践中，通过对时代精神的反思，终于找到了答案：当代中国的时代精神原来就是“中国梦”——“实现中华民族伟大复兴，就是中华民族近代以来最伟大的梦想。这个梦想，凝聚了几代中国人的夙愿，体现了中华民族和中国人民的整体利益，是每一个中华儿女的共同期盼。历史告诉我们，每个人的前途命运都与国家和民族的前途命运紧密相连。”② 因此，这种作为历史规律与价值统一的时代精神具有最高的神圣性。

而为了实现中国梦的神圣价值，必须全面依法治国，建设社会主义法治国家。当代中国法律应当以中国梦作为最根本的立法指导思想，作为实现中国梦的基本手段与路径，这样的法律与法治必然具有神圣性。这种神圣性区别于剥削阶级社会法律的“神圣性”，因为那只是在特定历史环境限制下维护剥削阶级统治的合法性。而中国梦的神圣性，来自于世界历史发展趋势中的中国社会发展趋势，来自于每一个中国所承担的历史使命与价值追求，来自于全人类的历史发展要求中国人承担的历史使命。因此，这样的神圣性无须宗教的伪装，

① 《“四个全面”总论》，载于《“四个全面”学习读本》，人民出版社2015年版。

② 习近平：《在参观“复兴之路”展览时的讲话》，《人民日报》2012年11月30日。

无须抽象的“普世价值”的渲染，而直截了当地直接具有其至上的无可置疑的神圣性。当代中国法律与法治体系必须以中国梦为灵魂，必须以中国梦作为一切法律条文、司法判决、执法行为的最根本的出发点和至上的原则。符合这一神圣使命的法律体系必然会激起中国人民内心的无上的神圣感，从而能够具有至上的权威性。相反，如果我们离开中国梦的神圣价值，把法律仅仅看成是维护既有社会秩序的一种治理工具，那么这样的法律就会失去神圣性，从而成为僵死的法律条文。人们就会不断地挑战法律的权威，质疑法律的合理性，最后只能用强制性力量来勉为其难地维护法律，法治国家最终将沦为空谈。

二 法律认同力来源与中国法律的社会历史基础

一个具有权威性的法律体系，不仅要符合所谓“天意”，即符合历史发展规律对该社会的法治秩序的客观要求，而且也要符合“地气”，即符合该社会的实践基础，符合广大民众的心理结构与行为模式。一种法律不论在理论上如何头头是道，怎样“伟大神圣”，但如果与该社会历史所塑造的广大民众心理结构与行为模式格格不入，那就很难具有“认同力”——被全社会广泛认同、接受和遵循，因而最终将会因“法不责众”而成为一纸空文，法律的权威性将会受到严重损害，法治社会就难以建立。例如，中国秦代与古罗马都曾因为国土的迅速扩张而需要依靠法律来建立社会秩序。而秦始皇制定的法律单纯地从维护秦王朝的统治出发，没有顾及刚刚被武力征服的各诸侯国的风土人情与民间习惯，一味地实行严刑峻法，结果导致秦王朝二世而亡。而《罗马法》则是在罗马平民的斗争下，将罗马人的习惯法编纂为成文法，同时吸收了被其臣服的希腊人的法律，最后制定了《十二表法》，对传唤、审理、索债、家长权、继承和监护、所有权和占有、土地和房屋、私犯、公法、宗教法进行了一系列的明文规定，因而被民众接受的程度相对较高，成为罗马统治世界的有力工具，也创造了地中海世界长达200多年的和平秩序。

社会民众的心理结构与行为模式，是由该社会的民众在长期的历史发展进程中，由世世代代积淀而成。作为社会历史记忆积淀在人们的心理与行为之中，其以习俗与习惯的形式保存下来，并且随着社会的发展而不断生长。伯尔曼说过，西方法律的基本原则“在作为整体的西方人看来，它们首先是历史的产物，主要产生于基督教会在其历史的各个阶段中的经验”[①]。并且肯定“法律生长原则”——“法律学说和法律制度被自觉地建立在以往权威的基础上，同时又要

① ［美］哈罗德·J. 伯尔曼：《法律与宗教》，梁治平译，中国政法大学出版社2003年版，第64—65页。

被自觉用来适应现在和将来的需要”[①]。只有建立在社会历史基础、符合民众心理结构与行为模式，并且能够适应现在和将来需要的法律，才能使人们在心目中产生对法律的认同感，从而具有权威性。

当代中国法律应当吸收全世界各国法律中有利于实现中华民族伟大复兴的因素，但不能原封不动地照搬西方法律条文。那些不符合中国人民的心理结构与行为方式的法律条文，一旦写入中国的法律体系，无论我们能够对其“合理性”作出怎样的论证，终究会因为“水土不服”而不被认同与遵循，最终将因“法不责众”或扭曲变形，而沦为一纸空文。

中华民族在自己的历史进程中，逐步积累与形成了中华民族的三大心理结构与行为模式：第一是中国几千年来的古代传统模式，第二是近代在推翻三座大山过程中形成的光荣革命传统；第三是现代改革开放新建立的最新心理结构与行为模式。中国法律不能简单地照搬西方法律，而应当具有鲜明的民族特色，充分吸收这三大历史时期形成的积极因素，从而使我国的法律具有世俗基础，如此才能产生中国民众对法律的认同感，在此基础上产生出法律的权威性。

中华古代文明是以大河为纽带的定居的农业文明，在此生产方式基础上产生了两大社会治理体系：一个是以血缘关系为本位、以血缘伦理为准则的社会治理体系；另一个则是中央集权的政治权力体系。在此基础上，形成了以德治国为基础、以人治体系为骨架的文明古国。每个人都由其血缘关系和在政治权力系统中的地位，决定了他所处的社会角色。全社会以血缘伦理（仁）为基础，确定每一种社会角色的行为准则（礼），由此形成“君君、臣臣、父父、子子”的社会秩序，并且通过由不同等级的社会角色构成的人治体系来使这些准则得到实行，建构了“礼教社会”。这种人治体系适合于由定居的农耕社会构成的国家体系，而不适合于具有高度流动性的现代社会。因此，随着我国社会主义现代化事业的发展，从传统的人治社会发展为法治社会，乃是中国社会历史发展的大趋势。但是我们决不能因此而彻底丢弃中华民族的传统，而要在新的法治框架内吸收这些传统中符合实现中华民族伟大复兴的中国梦的积极因素。其中最重要的是下述两个方面的积极因素：一是追求家庭团结与和谐包容的社会秩序的因素，以此作为中国各种民法的民族特色；二是维护国家统一的政治架构（《中华人民共和国反国家分裂法》等法律便是其集中体现），以此作为中国公法的鲜明特征。

近代以来，中国人民在推翻帝国主义、封建主义和官僚资本主义三座大山

---

① ［美］哈罗德·J. 伯尔曼：《法律与宗教》，梁治平译，中国政法大学出版社 2003 年版，第 55 页。

的革命斗争中，形成了光荣的革命传统，其中最核心的是建立了中国共产党领导的国家治理体系，这是中华民族实现中国梦的根本保证。在此基础上，建立了社会主义制度，确保了工人阶级与广大人民群众的利益。社会主义价值观念已经深入到我国公民的心目中，成为我国人民衡量各种社会现象是非曲直的基本价值标准。我国的法律应当在这些方面，符合我国民众的心理结构与行为模式，建立具有中国特色社会主义鲜明特征的法律体系。

改革开放以来，我国人民在建立社会主义市场经济的历史进程中，正在形成具有积极意义的新的心理模式与行为方式。例如，实事求是、解放思想的心理特征，大胆吸收和借鉴世界各国一切先进生产力和先进文化的开放心态，对损害国家利益和民众利益的资本扩张行为的反对与愤怒的情感，对生态环境的珍惜与爱护，等等。我们在制定法律中应当将这些具有积极意义的社会心理与行为模式提升到法律的高度，建设起具有时代特征的新型法律体系。

总之，法律必须接“地气”，必须有本民族历史进程中所形成的民族心理与行为特征。只有这样接“地气”的法律与法治体系，才能具有强大的认同力——激起社会民众对法律的广泛的认同感，从而具有权威性。只有这样的法律，才能有效地付诸实施，成为人民群众活生生的行为规范，而不是僵死的法律条文。

三　法律的威信力的来源与中国法律的威信建设

《易经·系辞下》云：“有天道焉，有人道焉，有地道焉，兼三才而两之。”《说卦》云：“立天之道曰阴与阳，立地之道曰柔与刚，立人之道曰仁与义，兼三才而两之。”中国古人用“天地人”三才概括宇宙万物，具有深刻的哲理性。而《荀子·王霸篇》云：“农夫朴力而寡能，则上不失天时，下不失地利，中得人和而百事不废”，则把“天时、地利、人和”作为成事的三大条件。历史唯物主义可以对中国古代哲学的这一范畴进行新的解释，赋予新的含义，这或许是唯物史观中国化的一条路径。在历史唯物主义看来，所谓“天”者，指的是客观规律（包括自然规律与历史规律），因为其不以人的意志为转移；所谓“地”者，指由历史形成的现实基础（包括自然界的现实状态与社会现实基础），因为它是社会历史活动的实践基础与条件；所谓“人”者，指生活于一定历史条件下的人们所进行的实践活动，它是人的活着的历史实践活动本身。这样解释下的“天、地、人”就成为各种社会历史实践的三大要素。在这样的解释之下，本文开头所说的法律权威性的三大来源也可以概括为“天、地、人”三者：其神圣性来源于客观的历史规律（天）的必然要求，它使民众对法律产生神圣感；其认同力来源于民众由历史积淀而形成的心理结构与行为习惯（地），使民众对法律产生认同感；其威信力来源于立法、司法和执法部门（人）的威信，它使法民众对法律产生依赖感与敬畏感，对违法行为产生威慑性。而这三者共同构成了法律的权威性。

中国法律体系的权威性也是如此。它以中华民族伟大复兴“中国梦”为灵魂而具有至上的神圣性（天）；以适应中华民族历史发展进程中所凝结的民族心理结构与行为模式为世俗基础，从而具有最广泛的认同力（地）。而这种神圣性与认同感最终必须通过“人”来实现：通过立法者形成法律，通过司法者得到公正裁判，通过执法者得到公正实施，通过全民守法，尤其是党和政府官员的模范守法而得到实现。因此由人所组成的法律组织是法律权威性的关键。

首先，中国特色的立法体系最能够将法律神圣性与认同性体现于法律条文中。区别于西方议会制的全国人民代表大会制度，具有密切联系群众的优势，从而使全国人民意志能够在立法中得到体现，避免西方议会政治中代表特殊利益集团的政客作风，同时也避免了民粹主义。中国共产党领导的多党合作制和政治协商民主可以广泛地征寻社会各界对法律的意见，使法律不断生长，趋向于全面与完善，避免西方社会中的政党利益之争干扰立法。在保持国家法令统一的前提下，各省和自治区保留一部分立法权，使法律更加“接地气”，更能获得认同感，避免西方社会因法令不统一而造成的法律漏洞。总之，充分发挥中国特色社会主义制度优势，能够在立法实践中不断使法律的神圣性与认同性得到实现。

其次，在司法与执法中做到公正严明，具有公信力，是法律威慑力的根本保证。否则再好的法律都会变成一纸空文，因为违法者得不到应有惩处，守法者的利益得不到合法保护。必须坚守“法律面前人人平等”的基本原则，反对选择性司法执法。而要做到司法和执法的公正严明，必须加强党内党外监督体制、政权机构内部与外部的监督体制、群众举报与新闻媒体监督、互联网监督等中国特有的一系列全面而深入的社会监督方式，确保司法执法队伍的纯洁性，保持其行为的公正性与合法性。正在进行的反腐行动，生动地表明了中国监督机制的高效性与严格性。在这样的监督体制下，我国的司法执法体系一定会具有越来越高的公信力，将会产生出我国公众对法律的敬畏感，对试图违法的人产生威慑力。

最后，法律的权威性还需要通过全民的守法习惯，特别是掌握权力的团体与个人，以及对社会具有影响力的人士的模范守法来培育。要树立“法律面前人人平等”的观念，反对权力任性。一切政党、团体、机关、个人都要在法律的框架内活动，依法办事、遵守法律的规定。党和国家的各级各类领导人和公职人员不应代替法律、改变法律、违反法律，不能有与法律规定相冲突的行为。一旦发生这样的行为，必须依法追究。只有掌握权力者带头守法，才会培育出全民守法的社会习惯，使法律的神圣性植入到每个人的心目中。

依宪治国、依宪执政与西方宪政分属两条根本不同的法治道路

梅荣政

【作者简介】梅荣政，男，1941年生，湖北秭归人。二级岗位教授，博士生导师，享受国务院政府特殊津贴。曾任武汉大学邓小平理论与“三个代表”重要思想研究中心副主任、武汉大学马克思主义基本原理国家重点学科带头人，马克思主义理论一级学科博士点负责人之一（原为马克思主义理论与思想政治教育国家重点学科），同时兼任教育部高校“两课”教学指导委员会委员。现任教育部邓小平理论与“三个代表”重要思想研究中心兼职研究员，中国社会科学院马克思主义研究院特聘研究员，中国社会科学院世界社会主义研究中心常务理事，中国高等教育学会全国马克思主义研究会副会长，研究生教育与学位通讯评审专家，中央实施的马克思主义理论研究与建设工程《马克思主义发展史》教材编写组首席专家，中国科学社会主义学会常务理事，湖北省科学社会主义学会副会长、民族法制学会副会长。出版过《中国特色社会主义基本问题研究》、《用马克思主义引领社会思潮》等20部专著、译著（含合著）；发表论文《〈资本论〉中的辨证矛盾在科学抽象中的作用》、《经济全球化的特征、实质与中国特色社会主义》等180余篇。多次获得省部级以上奖项，其中专著《有中国特色社会主义政治与经济》一书获第12届中国图书奖。

在意识形态领域，错误思潮对待马克思主义最常见、最普遍的现象，通常是借助于折中主义把两种不同的东西结合起来，无原则地或诡辩式地抽出这个或那个论述，表达自己真正想说的观点。因为“用折衷主义冒充辩证法最容易欺骗群众，能使人感到一种似是而非的满足，似乎考虑到了过程的一切方面、发展的一切趋势、一切相互矛盾的影响等等”[①]，但实际上并没有说明不同事物的本质。无独有偶，党的十八届四中全会通过的《中共中央关于全面推进依法治国若干重大问题的决定》刚刚公布，自由宪政派就把依宪治国、依宪执政与西方宪政硬扯在一起，他们说：“所谓依宪治国、依宪执政，它蕴含的精神就是宪政。”对于这个问题我们究竟应该如何看，事关我国法治的根本性质、法治建设的方向道路，必须辨明是非。习近平总书记指出，观察问题必须坚持马克思主义政治立场。马克思主义政治立场，首先是阶级立场，进行阶级分析。我们以此为钥匙来观察这个政治现象，事情很清楚，依宪治国、依宪执政与西方宪政，前者走的是中国特色社会主义法治道路，后者走的是西方“宪政民主”道路，两者判若水火，风马牛不相及。

首先，理论基础不同。依宪治国、依宪执政的理论基础是马克思主义关于法的基本原理。这是运用辩证唯物主义和历史唯物主义世界观和方法论观察社会，在法律方面所确认的原理。西方宪政的理论基础，是自由主义思想和西方人文主义精神。这是用历史唯心主义观察社会，根据资产阶级法学观确认的核心的理论。仅就法的起源来说，有神意说、父权说、社会契约说、暴力说、心理说、发展说、管理说，等等[②]，具体形态较多，但主要是“天赋人权论”和“契约社会论”。

马克思主义关于法的基本原理与“天赋人权论”、“契约社会论”的对抗，表现在多个方面。如在法的本质和起源上，前者认为：“法律就是取得胜利并掌握国家政权的阶级的意志的表现。”[③]社会主义国家的法，是取得胜利、掌握国家政权、作为统治阶级的工人阶级的意志的表现。中华人民共和国的法是以工人阶级为领导、以工农联盟为基础的人民意志的表现。这是由消灭了剥削制度，实行公有制或者公有制为主体的物质生活条件所决定的。而后者则大多遵循自然状态和自然法发展的逻辑进路，将法和宗教胶黏在一起，标榜法是一种自由、平等的神奇的、超自然的规则力量，是类似宗教神明一样拯救人类于邪恶混沌的自然状态的“救世主”。

---

① 《列宁选集》第3卷，人民出版社1995年版，第127页。

② 《法理学》，人民出版社、高等学教育出版社2010年版，第47—48页。

③ 《列宁全集》第16卷，人民出版社1988年版，第292页。

在法同权利义务以及权利同义务的关系上，前者认为，国家是法的主体，公民是权利的主体。权利义务关系直接从属于法，是法的本质的具体表现，可称为法的权利和义务。权利义务的性质内涵于法的性质之中。在阶级社会中，国家总是通过法"几乎把一切权利赋予一个阶级，另方面却几乎把一切义务推给另一个阶级"①，即几乎把一切权利赋予一个阶级，几乎把一切义务赋予被统治阶级。后者从"天赋人权"、"自然权利"出发，抛开国家和法来谈权利义务，认为"权利决定权力""权利与权力之间是权利本位"。又据此以权利意志论为核心立场，断言"权利是本体，义务是派生"。

在法与国家的关系上，前者认为，法与国家不可分。法是国家意志即掌握政权的统治阶级意志的反映，国家组织是法的载体，法作为国家权力的实现形式，由国家制定或认可并依靠国家的强制力保障实施。法的性质决定于国家的性质。离开国家就没有法及其功能作用。如列宁所说："如果没有政权，无论什么法律，……都等于零"②。后者相反，视法为第一性的自然存在物。所谓人们主观世界的理性反映或自然权利的产物。法律由人们行使自然权利制定契约而成，进而结成社会，组织政府执行法律。攻击国家理论主导法学理论的观点，鼓吹法学有"独立学科的资格、地位和价值"。

在法与经济基础的关系上，前者认为，经济是人类社会生存和发展的基础。同一定生产力相适应的生产关系的总和即经济基础，是决定包括政治法律制度、意识形态在内的上层建筑的根源和基础。法随着经济基础的变化而变化。而法一经形成，又反过来为其他赖以产生的经济基础服务；后者则相反，认为法是自然法或神法，是神为人类社会制定的规则发展而成的自然理性，其存在的基础便是对人的邪恶、自私的本性的预防和抑制。显然，这种自然规则与经济基础之间的关联性甚微。

从我国实际出发进行法治建设与学习外国法治文明的关系上看，前者立足于中国的基本国情，突出中国特色、实践特色、时代特色。注重总结和运用我们党领导人民实行法治的成功经验，重视研究、挖掘和批判地吸取中华民族法律文化的精华，择善而从。同时又要注意学习世界优秀法治文明成果，为我所用，认真鉴别，合理吸取，但绝不搞简单的拿来主义；后者则离开我国实际，搞"全盘西化"、"全面移植"，照搬照抄。

第二，宪法依据不同。依宪治国、依宪执政与西方宪政依据不同的宪法。

---

① 《马克思恩格斯文集》第4卷，人民出版社2009年版，第197页。

② 《列宁全集》第13卷，人民出版社1987年版，第309页。

前者依据的是《中华人民共和国宪法》。这是高于资本主义历史类型的社会主义性质的宪法。它以法律的形式确认了我国各族人民奋斗的成果，规定了国家的根本制度和根本任务，是国家的根本法，具有最高的法律效力。规定了领导中国人民进行社会主义建设事业的核心力量和指导思想。规定了全国各族人民、一切国家机关和武装力量、各政党和各社会团体、各企事业组织，都必须以宪法为根本的活动原则，并负有维护宪法尊严、保证宪法实施的职责。充分反映了我国以工人阶级为领导、以工农联盟为基础的各族人民的共同意志和根本利益，生动体现了社会主义民主的本质和内在要求。

后者所依据的是资本主义的宪法。这是低于社会主义的一个历史阶段的宪法。它是资产阶级革命的胜利成果。资本主义宪法是自由主义意识形态的法律形态，西方宪政是自由主义理念的制度设计。透过“自由主义宪政”派对英美宪政模式的颂扬，可以看清资本主义宪法的特征和实质：“现代市场经济的兴起，为他们的宪政实施奠定了坚实的经济基础。中产阶级的兴起和政治自觉，为他们的宪政实践奠定了坚实的社会基础。权利哲学的兴起，为他们的宪政实践奠定了坚实的政治理论基础。分权学说的兴起，为他们的宪政实践奠定了坚实的权力布局方案。启蒙文化的发展，为他们的宪政实践奠定了坚实的社会心理基础。科学技术的发展，为他们的宪政实践奠定了坚实的经验取向思路”，等等。这些浸透了资产阶级一切观点和全部科学的七零八落说，实际上都未点明要义。从根本上说，资本主义的宪法归结到一点，就是私有财产神圣不可侵犯。英国《权利法案》第 4 条，法国《人权宣言》第 2、17 条，《美国宪法》特别是 1791 年通过的宪法修正案第 5 条，以不完全相同的表述，确定了这个根本的共同原则：资产阶级私有财产神圣不可侵犯。

第三，国家制度不同。依宪治国、依宪执政与宪政都由自身的国家制度规定。依宪治国、依宪执政所依赖的国家是中华人民共和国，这是以工人阶级为领导、以工农联盟为基础的人民民主专政的社会主义国家。社会主义制度是中华人民共和国的根本制度。人民民主专政制度是国体，人民代表大会制度是政体。国家机构实行民主集中制的原则。中华人民共和国的社会主义经济制度的基础是生产资料的社会主义公有制，即全民所有制和劳动群众集体所有制。社会主义公有制消灭了人剥削人的制度，实行各尽所能、按劳分配的原则。国家在社会主义初级阶段，坚持公有制为主体、多种所有制经济共同发展的基本经济制度，坚持按劳分配为主体、多种分配方式并存的分配制度。社会主义的公共财产神圣不可侵犯。国家实行社会主义市场经济体制。中华人民共和国的立国基础是马克思主义。坚持立德树人，注重培育和践行社会主义核心价值观。

坚持依法治国与以德治国相结合，既重视发挥法律的作用，又重视发挥道德的教化作用，实现法律和道德相辅相成、法治和德治相得益彰。国家的根本任务是：沿着中国特色社会主义道路，集中力量进行社会主义现代化建设，把我国建设成为富强、民主、文明、和谐的社会主义国家。

西方宪政所依赖的是资本主义国家。这是作为统治阶级即掌握国家政权的资产阶级的国家。“现代的国家政权不过是管理整个资产阶级的共同事务的委员会”。[①] 集中体现了资产阶级的意志。它依赖于资产阶级存在的社会物质生活条件，维护着以资本主义私有制为基础的雇用剥削制度，保护着资本家对劳动者所创造的剩余价值的无偿占有。美国第二十任总统詹姆斯·加菲尔德（James Garfield）称：“谁操控了货币谁便是这个国家工商业的绝对主人”。

第四，领导核心不同。依宪治国、依宪执政的领导核心是中国共产党。实现民主法治，建设高度的社会主义民主国家，是共产党高扬的一面光辉旗帜和不懈追求的一个目标。毛泽东说：“自由是人民争来的，不是什么人恩赐的。”[②] 我国人民业已获得的当家作主的权利，是中国共产党领导中国人民通过坚苦卓绝的斗争取得的。今天，党的领导是中国特色社会主义最本质的特征，是社会主义法治最根本的保证。坚持中国特色社会主义法治道路，最根本的是坚持中国共产党的领导。加强和改善党的领导，巩固党的执政地位，完成党的执政使命，是社会主义法治的根本要求，是全面推进依法治国的题中应有之义。依宪治国、依宪执政同西方“宪政民主”的分水岭，就在于中国特色社会主义法治建设坚持党的领导与人民当家作主、依法治国的有机统一，中国共产党是领导核心。中国共产党的这种领导核心地位，一是由共产党的先进性、根本宗旨和历史使命决定的。只有坚持共产党的领导，才能坚持和发展中国特色社会主义，进而向共产主义发展。没有共产党的领导，就无中国特色社会主义可言。二是中国共产党领导人民治国理政的理论和实践双重探索发展的必然。依法治国是我们党提出来的，把依法治国上升为党领导人民治理国家的基本方略也是我们党提出来的。而且我们党一直带领人民在实践中推进依法治国，加快建设社会主义法治国家。依宪治国、依宪执政，是从宪法在法治体系中的根本大法、总章程的地位上，突出了依法治国落实到位的关键所在。在实质上还是共产党通过我国宪法确定的这种治国理政的基本方略、执政方式，领导人民坚持和发展中国特色社会主义。坚持党的领导，要具体落实到党领导立法、保证执法、支

---

① 《马克思恩格斯选集》第1卷，人民出版社2012年版，第402页。

② 《毛泽东选集》第3卷，人民出版社1991年版，第1070页。

持司法、带头守法上。其中包括坚持党总揽全局、协调各方的领导核心作用，将依法治国方略统筹到各个领域的工作中去，确保党的主张贯彻到依法治国全过程。还包括要改善党对依法治国的领导，不断提高党领导依法治国的能力和水平。依据党章从严治党，依宪治国理政，自身在宪法和法律的范围内活动，发挥好各级党组织和广大党员在治国理政中的核心作用和先锋模范作用。

宪政理念和制度模式，其法律在字面上规定多党竞争、轮流执政，实质上独掌和运用国家政权的核心力量是资产阶级政党。这里起决定作用的是以私有制为核心的资本主义经济基础。主流政党、媒体、智库、教育和学术机构，都是“金钱政治”的产物，具有强烈的资本属性，在垄断资本控制和操纵下进行各种活动。所以多党竞争、轮流执政等，无非是资产阶级政党内部不同派别的一种权力分配、交换和平衡，实际上都代表资产阶级的利益，维护着资产阶级的政治统治。对于资产阶级整体来说并不存在分权的问题。关于这个问题，恩格斯讲得很清楚。他曾一针见血地指出：对于西方政党制度，“正是在美国，同在任何其他国家中相比，‘政治家们’都构成国民中一个特殊的更加富有权势的部分。在这个国家里，轮流执政的两大政党中的每一个政党，又是由这样一些人操纵的，这些人把政治变成一种生意，拿联邦国会和各州议会的议席来投机牟利，或是以替本党鼓动为生，在本党胜利后取得职位作为报酬。……我们在那里却看到两大帮政治投机家，他们轮流执掌政权，以最肮脏的手段来达到最肮脏的目的，而国民却无力对付这两大政客集团，这些人表面上是替国民服务，实际上却是对国民进行统治和掠夺。”①

将依宪治国、依宪执政解释为宪政，最根本、最核心的要求，就是反对共产党的领导，在中国搞资产阶级的多党制，让真正的马克思主义执政党下台，资产阶级政党上台执政。

第五，权力主体不同。依宪治国、依宪执政确认的国家权力所属主体，是共产党领导下的以工农联盟为基础的广大人民群众。我国宪法明确规定：“中华人民共和国的一切权力属于人民。人民行使国家权力的机关是全国人民代表大会和地方各级人民代表大会。人民依照法律规定，通过各种途径和形式，管理国家事务、管理经济和文化事业，管理社会事务。”这些规定，鲜明反映了我国社会主义制度所确保的人民当家作主的地位。它符合中国人民的根本利益和实际需要。它向世人宣示：人民的主体地位，只有在人民有了自己的国家政权、建立自己的法律制度之后，才能转化为现实的制度保障；在人民当家作主的社

---

① 《马克思恩格斯选集》第3卷，人民出版社2012年版，第54页。

会主义中国，法治是为了人民、造福人民、保护人民的，而不是为少数人服务的。在法律面前人人平等的原则体现在立法、执法、司法、守法各个方面，任何组织和个人都没有超越宪法和法律的特权；同时人民也是全面推进依宪治国、依宪执政的主体和力量源泉。坚持法治，必须确保人民在全面推进依法治国中的主体地位。宪法法律的权威靠人民维护，其全面实施必须依靠人民。依宪治国、依宪执政之谓良法善治，正是在于它把体现人民利益、反映人民愿望、维护人民权益、增进人民福祉落实到依法治国的全过程，使法律及其实施充分体现中国人民的意志，又依靠人民维护法律的权威和全面实施。

西方宪政论者认为，权力的主体是个体和个人。其论证路径是，自由与平等是人的天性、不可剥夺的基本人权。“个人既是社会的细胞、分子，又是权利结构的基本单位，个人利益和个体权利自然成为其他形式的利益和权利（集体的、社会的、国家的）的基础和立足点。”法的价值仅在于满足个人和个体的主体需要。然而，几乎人所共知，世界上没有超历史超社会的人的存在。西方宪政论者的所谓个体和个人，不过是掩盖资本家集团的代名词。个人利益和个体权利只是资产阶级的利益和权利（所有权）。按“历史终结论”者福山的说法，美国是“由法院和政党治国”。仅就普选制说，对于工人阶级，只起到测量其“成熟性的标尺”的作用①。美国的亚历山大·汉密尔顿（开国元勋和宪法起草人之一，美国首任财政部长、美国政党制度的创建者）讲得明确：社会本身分成多个部分、利益集团和公民阶级，为“使少数阶级（富人和出身名门之士）在政治上享受特殊的永久的地位”，才设计美国宪法和宪政制度。这些话应该说是很坦诚的。

第六，国家机构实行的原则不同。依宪治国、依宪执政，国家机构实行民主集中制的原则。民主集中制作为党和国家生活的内在要求，是社会主义社会人民根本利益一致的反映。其科学内涵是在高度民主的基础上实行高度集中。民主是集中指导下的民主，集中是民主基础上集中。其主要表现是，全国人民代表大会和地方各级人民代表大会都由民主选举产生，对人民负责，受人民监督；国家行政、审判、检察机关都由人民代表大会选举产生，对它负责，受它监督；中央和地方国家机构职权的划分，遵循在中央统一领导和国家法制统一的前提下，充分发挥地方积极性和主动性的原则。民主集中制原则及作为重要体现的社会主义协商民主制度，把坚持党的领导与发扬人民民主、严格依法办事、尊重客观规律，把广大人民的意愿与全体人民的统一意志，把国家机关协

① 《马克思恩格斯选集》第4卷，人民出版社2012年版，第190页。

调高效运转与集中力量办大事，把人民群众广泛参与与集中领导、把社会进步与国家稳定、把充满活力与富有效率高度统一起来。按民主集中制原则处理中央与地方关系、民族关系和各方面的利益关系，有利于巩固和发展民主团结、生动活泼、安定和谐的政治局面；有利于形成了治国理政的强大合力；有利于切实防止出现相互掣肘、内耗严重的现象；有利于防止和克服个人独断专行与软弱涣散现象；从而为推进国家治理体系和治理能力现代化提供了实践经验、制度优势、现实路径和光辉前景。

西方宪政的政权是实行多党制、议会制民主、三权分立的组织形式。现在，以美国为代表的西方国家，分权体制僵化，政党分歧尖锐，相互掣肘和内耗现象严重，国家机关运转不灵，效率低下。近些年来，多党制、议会制民主、三权分立那一套被移植到非西方国家和地区，造成社会分裂、族群对立、政治纷争、政局动荡等严重后果。无怪乎“历史终结论”者福山哀叹地说：“美国政治制度日渐腐朽……未能体现美国主权公民的意志。”

可见，依宪治国、依宪执政与西方宪政的对立，作为中国特色社会主义与资本主义两种法治建设道路的对立，界限是非常清楚的。如果听任一些错误思潮搅混两者界限，就意味着在法治建设道路上向资本主义全面倒退。就像有些观点所说的，我国宪法的核心内容和关键性条款将被废除。西方宪政派将重新“制宪”和“立宪”。这包括删除我国宪法的序言，取消人民民主专政；实行总统制，取消共产党的执政地位和领导权；把全国人大改造成众议院，政协变成参议院，实行资产阶级的两院制；用三权分立的西方议会制度全面取代人民代表大会制度；把全国人民代表大会的宪法监督，变成美国式的司法监督；取消社会主义公有制，在财产所有权的掩护下，全面恢复资本主义的剥削制度；启用资产阶级人权的概念，代替公民的基本权利和义务，把资本主义的政治制度和经济制度全面装扮起来；实行联邦制，分裂统一的多民族国家，并取消“一国两制”；用自由主义的权利哲学，权力分立和制衡的学说代替马克思主义的国家学说和法的学说，实行军队的中立化，进而改变国体和政体，等等。这是怎样一种可怕的局面啊！我们党和人民能容忍这种情况的发生吗！

综合篇

关于当前经济理论发展的四个问题

刘国光

【作者简介】刘国光，1923年11月23日出生于江苏省南京市。1946年毕业于云南昆明国立西南联合大学经济系，旋即转到天津南开大学经济系任助教。1948年9月转到南京中央研究院社会研究所任助理研究员。1951年被派往苏联莫斯科经济学院国民经济计划教研室当研究生，1955年获副博士学位。回国后，入中国科学院（后为中国社会科学院）经济研究所从事研究工作，历任助理研究员、研究员、所学术秘书、研究室主任、《经济研究》杂志副主编和主编、副所长、所长等职务。1975—1980年被借调参与中国国家计划委员会经济研究所工作。1981—1982年期间，兼任中国国家统计局副局长。1982—1993年11月任中国社会科学院副院长，在中国共产党第十二次和第十三次全国代表大会上，当选为中央委员会候补委员。1993年11月起，任中国社会科学院特邀顾问。1993—1998年任全国人民代表大会第八届常务委员会委员。兼任北京大学、浙江大学、东北财经大学、上海财经大学等大学教授。曾任国家学位委员会委员；中国城市发展研究会理事长；中国生态经济学会会长；中国经济规律研究会顾问；全国社会保障基金理事会理事等职。1988年5月27日被波兰科学院院士大会选为该院外国院士。2001年9月20日被俄罗斯科学院院士大会选为该院荣誉博士。2006年7月选为中国社会科学院学部委员；2005年3月荣获首届“中国经济学杰出贡献奖”；2010年5月荣获全球学术团体——世界政治经济学学会颁发的首届“世界政治经济学奖”。

一　关于经济领域的阶级斗争

王伟光同志在《红旗文稿》2014年第18期发表的《坚持人民民主专政，并不输理》一文引起巨大关注，并遭到“右翼公知”的围攻。王伟光同志在文章中所讲的内容，都是在宪法和党的文件中明确阐明的，讲一讲“阶级斗争”，谈一谈“人民民主专政”，这本是很正常的，却遭到如此之多的人，进行如此恶毒的攻击，这恰恰说明“阶级斗争”是存在的。一些“右翼公知”闻见“阶级斗争”和“人民民主专政”就暴跳如雷，恰恰因为触动了他们的阶级敏感神经。笔者在2009年写的《经济建设与阶级斗争》一文中，就对新时期的阶级矛盾和阶级斗争进行了分析。经过改革开放30年的演变，中国的阶级结构是否起了变化？剥削阶级作为阶级是否又已重现？这个问题应该实事求是地判断。即使还认为阶级斗争现在不再是国内主要矛盾，但在我国“文化大革命”后，阶级斗争事实上此伏彼起，长期存在，包括政治和意识形态领域的阶级斗争，有时还非常激烈突出，如20世纪80年代几次学潮动荡、西山会议、“〇八宪章”等事件；西方宪政民主、新自由主义、历史虚无主义等思潮，在思想文化领域的渗透和蔓延，无一不是各派政治力量的较量，或者是意识形态领域阶级斗争的反映。所以说，阶级斗争扩大化和阶级斗争熄灭论，都不可取，这是十一届六中全会关于历史问题的决议中讲得非常明白的。

在社会主义初级阶段，阶级斗争存在于哪些领域？毛泽东早已指出，在所有制的社会主义改造基本完成后，各派政治力量之间的阶级斗争，无产阶级和资产阶级在意识形态方面的阶级斗争，还是长期的、曲折的，有时甚至是很激烈的。政治和意识形态等上层建筑领域存在阶级斗争，已经为前述改革开放以来各项事实所证明。

阶级斗争不仅在上层建筑领域，而且在经济基础领域也有表现。目前，不仅在私有企业存在着劳动和资本的矛盾，劳动人民受到中外私人资本的盘剥、压榨，劳资纠纷此起彼伏；而且在某些异化了的国有企业中，也可以看到，随着工人阶级重新被雇佣化，高管阶层与普通员工之间也存在矛盾。在经济领域中，还存在着马克思主义与新自由主义的激烈斗争，其主要表现在对“社会主义市场经济”认知上的对立。我国市场取向政策的目的是社会主义经济制度的自我完善，而不是演化转变为资本主义。因此，社会主义市场经济要区别于资本主义市场经济，它有三个基本特征：第一，在所有制结构上，社会主义市场经济是以公有制经济为主体，多种所有制经济共同发展的社会主义基本经济制度为其制度基础的；第二，在经济运行机制上，社会主义市场经济是有计划的，即在国家宏观计划调控下，发挥市场在资源配置中的决定性作用；第三，在追求目标上，社会主义市场经济力求效率与公平并重，更加重视社会公平，最终实现共同富裕。

十分明显，多年来在这三个方面的纷争是很激烈的。同“社会主义市场经济”的上述内涵正好相反，从反对方向来的意见也是三条：第一，反对以公有制经济为主体，主张私有化；第二，反对国家宏观计划调控和政府对经济的监督管理，主张完全的自由化和市场化；第三，反对共同富裕，主张两极分化。当然，这是就其实质倾向而言。可想而知，没有人敢于公开提出反对共同富裕，宣扬两极分化。但是确有某种既得利益集团势力及其在政界的代理人和学界的代言人，变相宣扬他们抵制共同富裕和推行两极分化的理论和政策。

针锋相对的纷争，当然有理论是非问题，需要辨别清楚。但是更大程度上这是当今中国社会不同利益集团势力的对决。反对市场经济与社会主义相结合，主张私有化、自由化和两极分化的声音，虽然有雄厚的财富和权力的实力背景，但毕竟只代表剥削阶级少数人的利益。而主张“市场经济”与“社会主义”相结合，以公有制为主体，以国家宏观调控为指导和以共同富裕为目标的声音，则代表了工农大众和知识分子群体的期望。所以，这场争论明显具有阶级分歧的性质。中国经济改革的前景，不取决于争论双方一时的胜负，最终将取决于广大人民群众的意志。

二　正确认识市场与政府的关系

党的十八届三中全会通过的《中共中央关于全面深化改革若干重大问题的决定》（以下简称《决定》）提出，“使市场在资源配置中起决定性作用”。这一提法代替了以前“市场在资源配置中起基础性作用”的提法，新的提法和原来的提法只有“两字”之差，却被一些资改派解读为中央要全面推进市场化、私有化改革。实际上，《决定》在“使市场在资源配置中起决定性作用”的后面，紧随着跟上“更好发挥政府作用”，保留了“健全以国家发展战略和规划为导向、以财政政策和货币政策为主要手段的宏观调控体系”，其实就是表达了“计划导向”的意思。值得注意的是，习近平总书记在《关于〈中共中央关于全面深化改革若干重大问题的决定〉的说明》中指出：“市场在资源配置中起决定性作用，并不是全部作用。”可见，市场的“决定性作用”是有限制的。根据这个精神，《决定》在写出市场的“决定性作用”的同时，也强调了政府和国家的计划的作用，就是说政府和国家计划要在资源配置中起“导向性作用”。这样，市场与政府、市场与计划在资源配置中的“双重调节作用”的思想就凸现出来了。[①]

那么，在资源配置的调节中，市场和政府应如何分工？依笔者看，按照资源配置的微观层次和宏观层次，划分市场与政府或计划的功能，大体上是可以的。市场在资源配置中起决定性作用，应该限制在微观层次，即多种资源在各个市场主体之间的配置。而政府职能如行政审批等的缩减，也主要在微观领域。至于宏观层次上的资源配置，以及微观经济活动中对宏观产生重大影响的资源配置问题，如供需总量平衡、部门地区比例、自然资源生态保护、社会资源的公平分配，以及教育、医疗、住房等问题，政府都要加强计划调控和管理，不能让市场这只“看不见的手”盲目操纵，自发“决定”。当然，对市场提供服务、实施监管、做“守夜人”的责任，政府还是责无旁贷的。

习近平同志说得好：“在市场作用和政府作用的问题上要讲辩证法、两点论，‘看得见的手’和‘看不见的手’都要用好。”“看得见的手”和“看不见的手”都要在资源配置中发挥重要作用。这样理解社会主义市场经济中“政府”与“市场”或“计划”与“市场”的关系，符合马克思主义经济学原理，更加有利于坚持既是“市场经济”的又是“社会主义”的改革方向。在全面深化改革中处理好政府和市场的关系，不是照搬现代发达资本主义国家的政府职能，而是结合生产资料所有制关系来分析政府和市场之间的关系，通过转换政府的经济职能，实现服务人民利益和适应市场社会分工制度的统一。[②] 只有在社会主义公有制经济基础上研究和实践政府职能的转变，才能更好地体现出习近平同志所说的两点论。

党的十八届三中全会《决定》指出：“市场决定资源配置是市场经济的一般规律”，也就是市场价值规律，这是不错的。市场价值规律通过价格机制、供求机制、竞争机制来发挥作用。每一种机制的失灵都会导致资源配置的无效，所以绝不能迷信市场。以公有制为基础的社会主义经济，决定资源配置的就不是市场价值规律，而是有计划按比例发展规律，这就是马克思所讲的，劳动时间在不同生产部门之间有计划的分配和劳动时间的节约，是共同生产（即社会主义经济）基础上的首要经济规律。有计划按比例发展就是人们自觉安排的持续、稳定、协调发展，它不等同于传统的行政指令性的计划经济，更不是某些人贬称的“命令经济”。“有计划”主要是指导性、战略性、预测性的计划，用以从宏观上引导国家资源的配置和国民经济的发展，当然，也包括某些必要的

---

① 参见程恩富《完善双重调节体系：市场决定性作用与政府作用》，《中国高校社会科学》2014年第6期。

② 参见何干强《政府职能、所有制和市场关系的整体协同性》，《管理学刊》2014年第2期。

指令性指标，也并不排除国家计划的问责功能。

改革后，我们革除传统计划经济的弊病，适应初级阶段的国情，容许了市场经济的运行，建立了社会主义市场经济体制，尊重市场价值规律，但是不能丢掉公有制下有计划按比例的经济规律。

我们必须以代表劳动人民利益的马克思主义的经济理论观点，而不能以代表资本利益的哈耶克之流的自由主义经济观点，来理解社会主义市场经济中市场与政府、市场与计划的关系，这样我们才能掌握好中国改革航船的舵盘，驶向实现中国梦的美好未来。

三 正确理解中央关于发展混合所有制经济的精神

党的十八届三中全会通过的《决定》明确指出："积极发展混合所有制经济。国有资本、集体资本、非公有资本等交叉持股、相互融合的混合所有制经济，是基本经济制度的重要实现形式，有利于国有资本放大功能、保值增值、提高竞争力，有利于各种所有制资本取长补短、相互促进、共同发展。"十八届三中全会突出用混合所有制的办法进行国企改革，但混合所有制不是新事物，新中国成立初期我们就有"公私合营"，这其实就是混合所有制的一种方式。那是以公有经济掺进私有经济，将私营经济改造成国营经济，是过渡的所有制形式，时间很短，很快便完成改造。这次的"混合所有制"形式上类似于"公私合营"，实质上完全不同。它是倒过来，以私有经济参与国有经济的改革，但这是不是意味着也倒过来，把国有经济逐步改造成为私有经济，成为向资本主义过渡的一种暂时的所有制形式呢？笔者觉得不应当是这样的。党的方针意不在此，混合所有制经济是社会主义初级阶段基本经济制度的重要实现形式之一，不是短时间的。社会主义初级阶段要向高级阶段过渡，而向高级阶段过渡当然不能是向私有经济过渡，而且这个过渡时间很长，所以混合所有制经济不应当是一种短暂的向资本主义私有制经济过渡的形式。社会主义初级阶段的基本经济制度是公有制为主体，多种所有制经济共同发展，公有经济和私有经济都是社会主义市场经济的重要组成部分，现阶段必须坚持"两个毫不动摇"，无论在宏观国民经济层面，还是微观混合经济实体方面，我们都要坚持"公进私也进，国进民也进"，不能是单纯的"国进民退或者民进国退"，但无论如何都要守住公有制为主的底线和国有资本控股的底线。"国进民退或民进国退"争论的实质，是坚持和完善中国特色社会主义基本经济制度，还是反对和削弱这个基本经济制度；是坚持和发展社会主义公有制，还是动摇和削弱公有制。在这个问题上，党的十八大重申要加快完善公有制为主体、多种所有制经济共同发展的基本经济制度，强调要坚持“两个毫不动摇”的政策主张，应当说已经对所谓“国进民退”炒作作出了明确的回应。[①]

发展混合所有制经济的目的是什么？习近平同志说过，国企在深化改革中不仅不能削弱，而且要加强，十八届三中全会的文件也说，“混合所有制经济要有利于放大国有资本的功能，实现国有资本的保值增值”。不能随着混合所有制经济的发展，使国有经济越来越萎缩，非公有经济越来越扩张；也不能随着混合所有制经济的发展，国有资本越来越小，国有资产最后都“混”没有了。

国企改革和发展混合所有制经济，一定要坚持社会主义的方向，坚持社会主义基本经济制度的根本原则，防止财富和收入分配通过所有制结构的变化向少数人手中集中，强化两极分化的倾向。在目前国有经济在国民经济占比已经大大缩减的情况下（已经缩减到20%），如果继续对所剩不多的大中型国有企业进行国有股减持，那么我国公有制为主体的基本经济制度将更加难以维持，“社会主义市场经济”将摇摇欲坠，就会变成“资本主义市场经济”。因此，搞混合所有制经济不能是简单地进行国有股减持，而是要放大国有资本的功能；不能是把国有企业一卖了之，而是要确保国有资产的保值增值；不能是只允许私有资本参股甚至控股国有企业，而是同样允许国有资本参股甚至控股私人企业；不能是削弱公有制经济的主体地位，而是要加强社会主义的经济基础。[②]

四　防止“经右政左”导致社会分裂

现在，海内外对中国政治经济形势有一种流行的说法，叫“经右政左”，即经济上更加趋于自由化、市场化，放开更多管制领域；同时，政治上更加趋于权威化，高举马克思列宁主义、毛泽东思想的旗帜，收紧对意识形态的控制。似乎我国在经济领域上偏右，而在政治和意识形态领域偏“左”。姑且不论“经右政左”说法是否准确，从理论上讲，这是一对矛盾的概念。按照历史唯物主义的基本原理，政治、意识形态与上层建筑是由经济基础决定的。如果上层建筑与经济基础方向一致，就可以巩固经济基础；如果经济基础与上层建筑偏离，那么就会使经济基础发生变异，原来的上层建筑也会有坍塌之虞。

有人分析，“经右政左”的局面难以长久持续，可能会导致社会分裂。社会主义经济如果长期受到西方新自由主义经济思想的侵蚀，使自由化、私有化倾向不断上升，计划化、公有经济为主体的倾向不断弱化，社会主义经济基础

① 参见冷兆松《“国进民退”争论的兴起与升级、焦点与实质》，《海派经济学》2013年第3期。

② 参见程恩富、谢长安《论资本主义和社会主义的混合所有制》，《马克思主义研究》2015年第1期。

最终就要变质，变成与社会主义意识形态和上层建筑不相容的东西。而随着私有经济的发展，资产阶级力量壮大，其思想如西方宪政民主的影响也在扩大，迟早他们会提出分权甚至掌权的要求，那时即使在政治思想上为坚持科学社会主义作出多大的努力，恐怕终究也难以为继。这是由经济基础决定上层建筑所决定的，不以人的意志为转移。对此，我们一定要有清醒的认识。

当前，在意识形态领域中的斗争形势严峻，各种反马克思主义思潮甚嚣尘上，比如新自由主义、民主社会主义、历史虚无主义、“普世价值”、西方宪政民主等。意识形态领域的混乱状况，必须引起我们的高度重视。毛泽东同志曾指出：“凡是要推翻一个政权，总要先造舆论，先做意识形态方面的努力，革命的阶级是这样，反革命的阶级也会是这样。”龚自珍说过“灭人之国，必先去其史”。苏联的解体就是鲜明的事例，对此我们应当提高警惕，深刻认识到意识形态工作的阶级性、长期性、复杂性、艰巨性，巩固马克思主义在意识形态领域的指导地位。

上层建筑意识形态领域和经济基础领域的上述种种问题，都与阶级、阶级矛盾、阶级斗争的存在有关。我们不能视而不见，淡化置之，走向阶级斗争熄灭论。美国原驻苏大使马特洛克在《苏联解体亲历记》一书中说到苏联领导人抛弃阶级斗争学说时指出：“须要出现转变，其中最重要的莫如马克思的阶级斗争学说。如果苏联领导人真的抛弃了这个观点，那么，他们是否继续称他们的思想为‘马克思主义’也就无关紧要了，这已是别样的‘马克思主义’，这个别样的社会主义制度是我们大家都可以接受的。”如果我们淡化阶级观念，走向阶级斗争熄灭论，使“马克思主义”和“社会主义”蜕变为资产阶级“可以接受的”东西，这样发展下去，必然重蹈苏联亡党灭国的覆辙。

改革开放前三十年，我们并不是只搞阶级斗争，而不搞经济建设，经济领域是取得了巨大成就的；改革开放后三十年，我们也不是只搞经济建设，而闭眼不见阶级斗争，阶级斗争在很多领域还是客观存在的。但我们现在不是要搞“以阶级斗争为纲”，而是要反对国内外敌对势力对我国进行私有化、自由化、西方化、资本主义化的图谋。要粉碎国内外敌对势力的这种图谋，我们必须在坚持一个中心的同时，坚持两个基本点，坚持人民民主专政，这是我们的底线，也是我们斗争的法宝。

“四个全面”：实现中华民族伟大复兴中国梦的总方略

——学习习近平总书记关于“四个全面”的战略思想

李殿仁

【作者简介】 李殿仁，国防大学原副政委兼纪委书记，中将军衔，1945 年 11 月出生，山东省滨县人，1964 年 1 月入伍，历任战士、班长、秘书、副科长、办公室副主任、军校政治部主任、政治委员等职。第十一届全国人大代表。曾担任中国二战史学会副会长、中国战略管理学会常务副会长、中国墨子学会顾问、中国老子国际研究会顾问、中国孙子兵法研究会高级顾问、中国军事教育学会副会长、毛泽东思想研究会顾问。现任国家政策咨询研究院顾问、中国国史学会顾问、中国政治学会顾问、中国“两弹一星”历史研究会顾问、中国军事文化研究会顾问。著有《军旅中的思考》、《实践与思考》、《李殿仁同志讲党课》、《思考与解读》、《学解孙子兵法》等著作，并有多部诗集出版。主编《跨世纪旋律》、《文图并说中国人民解放军大事聚焦》、《风驰虎跃一江山》、《世界军事形势分析》、《孙子兵法通论》、《我与改革开放三十年》、《中外军事训练思想精粹》、《孙子兵法谋略新解》、《中国特色军事变革研究》等。

一个民族要屹立于世界民族之林，一刻也不能没有理论思维；一个政党要站在时代的前列，一刻也离不开科学理论的指导。对于执政党来说，只有把科学理论转化为治国理政的方略，才能使之真正成为引领人民共同奋斗的行动指南。战略布局是党治国理政总方略。历史证明，战略布局正确，党和国家各项事业的发展就比较顺利。反之，就会出现这样那样的失误和挫折。党的十八大以来，以习近平同志为总书记的新一届中央领导集体，从坚持和发展中国特色社会主义全局出发，提出并形成了全面建成小康社会、全面深化改革、全面依法治国、全面从严治党的战略布局。“四个全面”反映了历史的要求，回应了时代的呼唤，是我们党治国理政方略与时俱进的新创造、马克思主义与中国实践相结合的新飞跃，是在新的历史起点上坚持和发展中国特色社会主义，实现“两个一百年”奋斗目标和中华民族伟大复兴中国梦的总方略，是一整套结合实际、继往开来、勇于创新、独具特色的系统思想，闪耀着辩证唯物主义和历史唯物主义的理论光辉。我们要深刻理解“四个全面”的重大意义和科学内涵，正确把握“四个全面”的相互关系，以高度的政治自觉，协调推进“四个全面”，在这个总方略引领下，奋力实现中华民族伟大复兴的中国梦。

一 全面建成小康社会：实现中华民族伟大复兴中国梦的关键一步

习近平总书记指出，实现中华民族伟大复兴，就是中华民族近代以来最伟大的梦想。这个梦想，凝聚了几代中国人的夙愿，体现了中华民族和中国人民的整体利益，是每一个中华儿女的共同期盼。21 世纪的中国梦，就是在建党一百年全面建成小康社会，在新中国成立一百年全面实现中国社会主义现代化，在本世纪实现中华民族的全面复兴，把中国建设成为富强民主文明和谐的社会主义现代化强国。

全面建成小康社会是实现中华民族伟大复兴的中国梦的基石。习近平总书记指出：“中国已经进入全面建成小康社会的决定性阶段。实现这个目标是实现中华民族伟大复兴中国梦的关键一步。”全面建成小康社会是“三步走”战略的中点，是 2050 年实现富强民主文明和谐的社会主义现代化国家的台阶，是中华民族复兴的重要里程碑，也是实现中国梦的基础。党的十八大就实现全面建成小康社会这一核心目标系统地设计了经济建设、政治建设、文化建设、社会建设、生态文明建设“五位一体”的目标体系，即经济持续健康发展，人民民主不断扩大，文化软实力显著增强，人民生活水平全面提高，资源节约型、环境友好型社会建设取得重大进展。这既是对党的十六大、十七大确立的全面建设小康社会目标的承接和提升，也奠定了实现中国梦这一奋斗目标的前提和基础。全面建成小康社会，不仅是我们当前的奋斗目标，更是我们实现中国梦的第一阶梯。

全面小康社会的核心在“全面”。“全面”就是要更加注重小康社会建设的系统性、协调性，实现各领域的齐头并进，稳中求进，提高质量。这个“全面”主要从两个维度来体现：一个是覆盖的人群要全面。就是说，全面小康既是不落下一个地区的小康，又是不让一个人掉队的小康。另一个“全面”就是涉及社会生活的各个领域。它不仅包括物质生活方面的内容，也包括政治、精神文化和生态环境方面的内容。两年多来，习近平总书记一再强调，“小不小康，关键看老乡”、“最艰巨最繁重的任务在农村、特别是在贫困地区”、“一个民族都不能少”、“决不能让一个苏区老区掉队”，等等。习总书记的这些论述，充分体现了我们党把13亿多人全部带入全面小康的坚定决心和使命担当。这个“全面”涉及社会生活领域全面性体现在，我们要建成的全面小康，是“干部清正、政府清廉、政治清明”“找到全社会意愿和要求的最大公约数”的全面小康，是“破除城乡二元结构，建设农民幸福生活的美好家园”的全面小康，是“国家物质力量和精神力量都增强，全国各族人民物质生活和精神生活都改善”的全面小康，是“让人民群众在每一个司法案件中都感受到公平正义”的全面小康，是“望得见山、看得见水、记得住乡愁”的全面小康，是“以改革创新精神开拓国防和军队建设新局面”、“为实现中国梦提供坚强力量支撑”的全面小康。全面建成小康社会，就是社会各领域协同发展，就是补齐短板，提升社会总体水平的全面小康。

全面建成小康社会，从根本上说是发展问题。按照十八大报告所提出来的，坚持发展是硬道理的本质，以科学发展为主题，以加快转变经济发展方式为主线，是关系我国全局的战略选择。加快形成新的经济发展方式，就是把推动发展的立足点转到提高质量和效益上来，着重激发各类市场主体发展新活力、着力增强创新驱动发展新动力，着力构建现代产业发展新体系，着力培育开放型经济发展新优势，不断增强长期发展的内功和后劲。在发展进入新阶段、经济进入新常态的今天，习近平总书记关于全面建成小康社会的论述，抓住发展中存在的突出矛盾，瞄准的是经济、社会和人的素质的全面提升。发展是当今世界潮流，发展是当今中国主题。无论是“工业化、信息化、城镇化、农业现代化同步发展”，还是“坚持发展是硬道理的战略思想”，全面建成小康社会的战略目标，体现的正是中国特色社会主义的根本属性和必然要求。

在“四个全面”的战略布局下，全面建成小康社会的战略意义更加凸显，是处于引领地位的战略目标。然而，要把一个人口比欧盟、美国、日本加起来还多的发展中国家带入全面小康，这是人类历史上从未有过的伟大壮举，不可能一蹴而就。全面建成小康社会需要清除通往小康之路的各种利益樊篱的重重阻碍，只有全面深化改革，破除利益藩篱，实现全面小康才有动力；需要确保社会建设发展过程公平正义，只有全面依法治国，建立规则秩序，实现全面小康才有保障；需要锻造领导核心，只有全面从严治党，清除腐败分子，确保党的先进性、纯洁性，才能为全面实现小康提供政治保证。

二　全面深化改革：实现中华民族伟大复兴中国梦的强大动力

习近平同志深刻指出："实现党的十八大描绘的全面建成小康社会、加快推进社会主义现代化、实现中华民族伟大复兴的宏伟蓝图，要求全面深化改革。坚持和发展中国特色社会主义，不断推进中国特色社会主义制度自我完善和发展，进一步解放和发展社会生产力、继续充分释放全社会创造活力，要求全面深化改革。解决我国发展面临的一系列突出矛盾和问题，实现经济社会持续健康发展，不断改善人民生活，要求全面深化改革。"习近平总书记关于改革的论述的核心要义是，必须以全面深化改革为动力，抓住机遇、迎接挑战，实现更大发展，实现中华民族伟大复兴的中国梦。

一方面，全面深化改革调动了人民群众的积极性、主动性，激发了人民群众的创造、创业活力，促进了全国各族人民的团结，为实现中国梦积蓄了强大力量。全面深化改革的推进，使我们取得了举世瞩目的成就，这是对中国梦的最好诠释，进一步激发了我们党和人民对中华民族伟大复兴的追求和探索。由此可见，全面深化改革为实现中国梦奠定了精神、力量基础，提供了多方面的条件支撑和保障。另一方面，只有依据实现中国梦的总体要求不断全面深化改革，才能破解发展难题、创新发展模式，构建系统完备、科学规范、运行有效的制度体系，进一步释放体制机制活力，协调各种利益关系，化解社会矛盾，助推社会文明进步。正如习近平总书记指出的，改革开放是决定当代中国命运的关键一招，也是决定实现"两个一百年"奋斗目标、实现中华民族伟大复兴的关键一招。实践发展永无止境，解放思想永无止境，改革开放也永无止境，停顿和倒退没有出路。只有全面深化改革，才能为实现中国梦提供不竭动力。

全面深化改革重在"全面"与"深化"。全面深化改革必须着力于"深化"，着眼于"全面"。要协调推进经济体制、政治体制、文化体制、社会体制、生态文明体制和党的建设制度等方面的改革；要着力解决影响我国经济社会发展、影响全面建成小康社会和基本实现现代化、影响实现中华民族伟大复兴中国梦的各种突出矛盾和问题，进一步解放思想、解放和发展社会生产力、解放和增强社会活力，在协同配合中攻坚克难，使中国道路越走越宽广，努力开拓中国特色社会主义事业更加广阔的前景。我国改革已进入攻坚期和深水区，面临的各种问题和深层矛盾千头万绪、错综复杂。党的十八届三中全会对全面深化改革作出总体部署，改革方向更加明确，改革思路更加清晰，改革策略更加系统，我们对中国的改革充满信心，对实现中国梦充满期待。

当前，全面深化改革已从“开局之年”进入“关键之年”，习近平总书记强调：“要巩固改革良好势头，再接再厉、趁热打铁、乘势而上，推动全面深化改革不断取得新成效。”增强改革的系统性、整体性、协同性，是新一轮改革的重要特点，也是提升改革质量的难点。经济改革由单项和局部突破转向全方位系统设计和整体推进；改革内涵由经济领域拓展到政治、文化、社会、生态及党的建设各个领域；国内改革拓展到参与和应对全球化及全球治理，这是改革系统性、整体性、协同性的重要体现。习近平总书记在2015年2月27日主持召开中央全面深化改革领导小组第十次会议时强调，要处理好改革“最先一公里”和“最后一公里”的关系，突破“中梗阻”，防止不作为，把改革方案的含金量充分展示出来，让人民群众有更多获得感。一是坚持用法治思维和法治方式引领和推进改革。要坚持立法先行，发挥立法的引领和推动作用，做到重大改革于法有据。二是坚持以督察促进改革落实。2014年，中央改革办成立督察局，专司改革方案督检之责；中办、国办联合派出8个督察组赴16个省区市，对中央重大决策部署落实情况开展督察；中国政府网还推出关于政策落实的网上调查，公开征询公众对重大改革的评价。三是坚持以不断提高改革质量来释放发展动力。过去出台的有些改革措施，往往由于配套没跟上、前景不明朗等因素，影响了改革效果。比如，在户籍改革中，有的地方进城落户条件非常宽松，但因户口涉及的计生、就业、医疗等待遇得不到及时落实，直接导致农村人口落户城镇的意愿不强。因而要对改革进行阶段性评估，及时跟踪研判，并不断完善改革方案，只有改革更接地气、更有实效，才能更好调动群众投身改革的积极性。四是将改革共识化为强大正能量。推进改革需要勇于担当，然而一些干部对全面深化改革存在观望心态，也出现了一些“为官不为”的情况。唯改革者进，唯创新者强，唯改革创新者胜。党中央和习总书记要求各级领导干部要“勇于担当”，正在进行的全面深化改革是对各级领导干部的考验，只有以高度的历史责任感和担当精神积极推进改革，带动多人成为改革的弄潮儿，才能使激发和汇聚改革正能量，在各领域全面形成不可逆转的改革之势。

三　全面依法治国：实现中华民族伟大复兴中国梦的法治保障

对法治认识的不断深化，是我们党对人类社会发展规律、社会主义建设规律和共产党执政规律认识的深化，是我们党在推进国家现代化进程中的自我超越和自我提升。习近平总书记明确指出："我们要实现党的十八大和十八届三中全会作出的一系列战略部署，全面建成小康社会、实现中华民族伟大复兴的中国梦，全面深化改革、完善和发展中国特色社会主义制度，就必须在全面推进依法治国上作出总体部署、采取切实措施、迈出坚实步伐。"全面依法治国是坚持和发展中国特色社会主义的本质要求和重要保障，是实现国家治理体系和治理能力现代化的必然要求，是实现中国梦的法治保障。

法治作为现代国家治理的基本方式，在实现中国梦的伟大征程中具有不可替代的重要作用。治理一个国家、一个社会，关键是要立规矩、讲规矩、守规矩。法律是治国理政最大的规矩，法治是国家治理最基本的手段。法治与人治的关系问题是人类政治文明史上的一个基本问题，也是世界各国在实现现代化进程中必须面对和解决的一个重大问题。不管是社会主义国家还是资本主义国家，要实现现代化，都必须经过法治国家建设这个坎。从世界近现代史看，凡是顺利实现现代化、经济社会比较发达的国家，没有一个不是较好解决了法治与人治关系的。走好"中国道路"、实现党和国家长治久安，必须以法治提供根本性、全局性、长期性的制度保障。唯有依靠法治，依靠宪法和法律体系才能凝聚全国各族人民的共识，保证中国社会可持续发展与稳定，才能维护人民群众的根本利益，才能为实现中国梦凝聚民族奋进的力量。党的十八届四中全会专题研究部署全面推进依法治国重大问题，为我国法治建设的发展描绘了新的蓝图。只有全面推进依法治国，才能为建设法治中国开辟康庄大道，引领中国进入发展新境界，才能为实现"两个一百年"奋斗目标、实现中华民族伟大复兴的中国梦提供最坚实的法治保障。

全面依法治国与全面深化改革，在推进全面建成小康社会的进程中，犹如鸟之两翼、车之双轮。党的十八届三中全会和四中全会作出的两个《决定》是姊妹篇，两者的主题可以说是"破"和"立"的关系。改革就是革新、创新，相对来说更多体现为"破"；法治则以建立维护规则为要旨，更多体现为"立"。当然，改革过程中有破也有立，法治建设进程中有立也有破，须辩证地去认识和对待。"破"是为了消除束缚发展的思想观念和体制机制障碍，是手段，其目的是"立"，即建立起运转良好的制度体系和有利于发展的体制机制，建设社会主义法治国家。"破"与"立"的有机统一，必将为实现中国梦奠定坚实基础。在"四个全面"中，全面依法治国这一战略举措，与全面深化改革、全面从严治党相辅相成，共同为实现民族复兴中国梦提供基本动力、基本保障、基本支撑。重大改革需要于法有据，改革成果需要法治固化，全面依法治国为全面深化改革提供稳定性、规范性；依法治国首先要依规治党，依规治党才能依法治国，全面依法治国与全面从严治党本质一致、辩证统一。

习近平总书记指出，要把全面依法治国放在“四个全面”的战略布局中来把握，深刻认识全面依法治国同其他三个“全面”的关系，努力做到“四个全面”相辅相成、相互促进、相得益彰。要全面建成小康社会、实现中华民族伟大复兴的中国梦，全面深化改革、完善和发展中国特色社会主义制度，就必须在全面推进依法治国基础上作出总体部署、采取切实措施、迈出坚实步伐。为此，我们还必须继续开拓进取，在党的领导下认真实施依法治国方略，树立法治观念，逐步把政治活动、经济活动、文化活动和社会活动纳入法治轨道。一是要提高实施依法治国的自觉性，提升依法治国水平，时刻保持高度的使命感和历史责任感。二是要正确、有效地行使国家权力，严格规范和监督国家权力的运行，从根本上铲除各种依靠权力违法违纪现象，维护党和国家形象。三是在依法治国的基础上发展社会民主，促进人民民主循序渐进发展，使人民真正当家作主。四是要把党的领导、人民当家作主和依法治国有机统一起来，加强党对依法治国的领导，从制度上、法律上保证党的路线、基本方针政策的贯彻实施，发挥好党对依法治国基本方略步骤实施的组织领导作用。特别需要强调的是，今年是全面依法治国的开局之年，我们必须抓住领导干部这个“关键少数”，通过领导干部切实践行法治的模范行动，把法治思维、法治方式贯彻到治国理政的全过程、落实到改革发展的各方面，全面推进科学立法、严格执法、公正司法、全民守法，坚持依法治国、依法执政、依法行政共同推进，坚持法治国家、法治政府、法治社会一体建设，真正使法治成为中国前进的坚强保障，不断开创依法治国新局面。

四　全面从严治党：实现中华民族伟大复兴中国梦的根本保证

近代以来的中国历史证明，领导中国实现中国的现代化和民族复兴的伟大任务，除了中国共产党，没有任何其他政治组织能够完成。一个管理严格、制度执行力强的中国共产党，是实现中华民族伟大复兴的重要保证。著名政治学家亨廷顿在历史比较的基础上得出结论，在处于现代化进程之中的国家，一党制度较之多元政党体制更趋向于稳定，多党制是脆弱的政党体制；就政治发展而言，重要的不是政党的数量而是政党制度的力量和适应性。处于现代化转型的中国，目前的政党制度是合适的，是符合国家演进一般规律的。政治学者佛兰西斯·福山也认为，良好秩序的首要条件便是强大政党领导下的强国家。因此，只要坚持从严治党、制度治党，中国的现代化进程就是有序稳定的，就是可以实现的。

我们党90多年的发展实践证明，办好中国的事情，关键在党，重点在党；加强党的建设，关键是从严治党。如果党内不纯洁，缺乏正气，被团团伙伙、利益集团充斥，制度和规矩成为软约束，是不可能引领国家走向复兴的。习近平总书记强调，全面从严治党是推进党的建设新的伟大工程的必然要求。从严，是党做好一切工作的重要保障，作风建设如此，党的建设如此，党和国家一切工作都如此。以“党要管党、从严治党”为重要内容的党的建设是我们党取得政权的重要法宝，还是我们取得改革开放巨大成就的重要前提，更是我们实现中国梦的坚强保证。

2014年以来，习近平总书记反复强调“三严三实”，要求严肃党内政治生活，把党建作为最大政绩。历史和实践都表明，越是面对艰巨复杂的形势和任务，越要坚持从严治党方针，始终保持党的先进性、纯洁性，增强党的凝聚力、战斗力。实现中华民族伟大复兴的中国梦，需要党团结带领全国各族人民攻坚克难，不懈奋斗。唯有从严“管”好党、“治”好自身，锻造坚强的领导核心，充分发挥党员干部队伍在推进中国特色社会主义伟大事业中的骨干作用，才能从根本上保证国家富强、民族振兴、人民幸福。

全面从严治党既是党的建设特别是党风廉政建设的重大理论创新，也是对近两年“打虎拍蝇”新常态、作风建设新状态、廉洁从政新生态的系统总结和规划指引。实践已经并将继续证明，高压惩治腐败正是全面从严治党的基础和保证。党的十八大以来，中央立案查处中管干部84人，处分63人，移送司法机关38人，其中2014年立案查处154人。正如习近平总书记在中纪委十八届五次全会讲话中指出的，在贪腐问题上，没有人能当“铁帽子王”。2014年，国家统计局在22个省市开展入户调查，结果显示，88.4%的群众对党风廉政建设和反腐败工作成效表示很满意或比较满意。中国社会科学院一项问卷调查显示，91.5%的领导干部、87.8%的普通干部、84.8%的企业人员、75.8%的城市居民对反腐败效果有信心或比较有信心。反对腐败是党心民心所向，由党心民心作力量源泉，反腐败斗争必定胜利。实践证明，我们党加强党风廉政建设和反腐败斗争的决策是完全正确的，措施是有力的，成效是明显的，有利于保持党同人民的血肉联系，有利于使我们党更加强有力。

全面从严治党，首要是“全面”，要害在于“严”，关键在于“治”。“全面”就是从严治党没有不受党纪国法约束的“特区”和“铁帽子王”。从国家机关到基层单位，从“大老虎”到“小苍蝇”，不管居何职位、地位多高、权力多大，不论涉及腐败问题、作风问题、干部任用问题还是其他违纪违规问题，都是全面从严治党要覆盖的方面，不留一点死角。“严”就是严格党纪，党纪要严于国法。对腐败问题，继续坚持零容忍的态度不变、猛药去疴的决心不减、刮骨疗毒的勇气不泄、严厉惩处的尺度不松。“严”不仅要体现在惩治腐败上，还应成为整个党建工作的常态，体现在党的思想建设、组织建设、作风建设、反腐倡廉建设、制度建设等各个方面。习近平总书记强调：要严肃责任追究，强化党风廉政建设主体责任；要横下一条心纠正“四风”，常抓抓出习惯、抓出长效，在坚持中见常态，向制度建设要长效；要保持高压态势不放松，把反腐利剑举起来，形成强大震慑。全面从严治党，关键在“治”，制度对于管党治党具有根本性、全局性的重要作用。只有着力加强党的基层组织建设，着力健全党内监督制度，着力健全选人用人管人制度，着力深化体制机制改革，用更加严密完备、严格执行的制度巩固全面从严治党成果，才能筑牢拒腐防变的制度堤坝，增强抵御侵蚀的免疫能力。不久前，中央完成了历史上首次党内法规清理工作，健全和完善党内法规体系是当前最大的治本之策，随着全面从严治党持续深入，要更加注重依规管党治党，使党的建设有章可循。

在“四个全面”战略布局中，全面从严治党体现了伟大事业与伟大工程的统一，体现了党的建设与治国理政的统一。我们国家和民族的发展必须有一个主轴，中华民族走向繁荣、富强和文明，必须有一个坚强的领导核心，这个领导核心无可替代，就是执政的中国共产党。协调推进“四个全面”，最根本的是坚持党的领导不动摇。党的领导是“四个全面”之魂，全面从严治党，锻造坚强领导核心，就能为协调推进“四个全面”提供方向指引，防止在大的问题上出现颠覆性错误；就能不断加强和改善党的领导，使党始终成为全国人民的主心骨，为协调推进“四个全面”提供政治保证，为实现“两个一百年”奋斗目标凝聚意志和力量。当前，中国的发展既有巨大机遇，也面临新的挑战，实现中华民族伟大复兴任重而道远。只要我们紧密团结在以习近平同志为总书记的党中央周围，锐意进取，攻坚克难，协调推进“四个全面”向纵深发展，就一定能书写中华民族伟大复兴的崭新篇章。

坚持和发展中国特色社会主义关键在党

赵　曜

【作者简介】 赵曜，中共中央党校教授、学术委员会委员。1932年生于哈尔滨市。1948年就读于东北行政学院（今吉林大学）行政系。1952年从教。1954—1955年在马克思列宁学院一部三班学习。从20世纪50年代起，先后在吉林大学、中共中央党校从事教学工作，曾任中央党校科学社会主义教研部主任，第八、九届全国政协委员，第三、四届国务院学位委员会政治学、社会学、民族学学科评议组成员、召集人，中国科学社会主义学会会长。长期从事科学社会主义和国际共产主义运动史的教学与研究。

中国特色社会主义是我们党带领全国人民长期探索的根本成就，是实现“两个一百年”奋斗目标、中华民族伟大复兴中国梦的必由之路。中国共产党是中国特色社会主义的领导核心。坚持和发展中国特色社会主义关键在党，在把党的自身建设搞好。党的十八大以后，以习近平为总书记的党中央，大力加强党的建设新的伟大工程，并进而把中国特色社会主义推进到一个新的历史阶段。党在新时期着力抓好以下四大建设。

思想理论建设

我们党一向坚持以先进理论治党治国，始终把思想理论建设摆在党的建设的首位。任何一个国家和社会的统治阶级都是以一定的思想理论治国的。北宋大臣赵普曾说，我生平所托都在《论语》书中，过去以半部《论语》定天下，今后以半部《论语》治天下。这就是后人所说的“半部论语治天下”。我国几千年的封建社会，统治阶级是以《论语》和儒家学说治天下的。我们党是一个马克思主义政党，从建党时就以马克思主义作为指导思想。马克思主义不是教条和教义，而是行动的指南。必须科学对待马克思主义。我们党在90多年的奋斗历程中，坚持把马克思主义基本原理同中国的具体实践相结合，推进马克思主义中国化，形成了毛泽东思想和中国特色社会主义理论体系两大理论成果，并在它的指导下取得了革命、建设、改革的伟大胜利。党的十八大以来，习近平总书记发表了系列重要讲话，对在新的历史条件下我们党如何治国理政，提出了许多新思想、新观点、新论断，是中国特色社会主义的最新理论成果，是我们坚持和发展中国特色社会主义的强大思想武器。我们必须加深认识思想理论建设的重大意义。理论带有根本性，实践中许多重大问题的解决，最终都得靠理论。没有革命的理论，就不会有革命的运动。没有中国特色社会主义理论体系的指导，就不会有中国特色社会主义事业的大发展。马克思主义作为科学世界观，具有多方面的功能：对过去具有总结历史经验的功能；对现时具有在实践的基础上与时俱进地进行理论创新并以其指导实践的功能；对未来具有科学预测和制定正确纲领的功能；对党的路线、方针、政策具有统领的功能；对各种社会思潮具有分辨是非和认清实质的功能；对个人具有提高本领和工作能力以及改造主观世界的功能。科学地认识世界和有效地改造世界是总的功能。它是我们党最宝贵的思想理论财富。思想理论建设包括理论创新、理论研究、理论武装三个不可分割的重要环节。

加强思想理论建设必须坚持和巩固马克思主义在意识形态领域的指导地位。其实质是坚持以工人阶级的意识形态作为社会的统治思想，以确保工人阶级在经济、政治等领域的全面统治地位。坚持马克思主义在意识形态领域的指导地位和共产党在政治领域的领导地位是党长期执政和坚持走社会主义道路的两项重要原则和保证。但其实现，前者比后者要复杂、艰难得多。在政治领域，共产党的领导地位，靠宪法规定和权力运转就能正常运行，至今几乎没有遇到任何政治力量的挑战。意识形态领域则不同，马克思主义的指导地位不能只靠宪法规定和权力运行，它要靠自身的真理性和说服力，以哲学社会科学的教学和研究机构作为阵地，以报刊和媒体等作为舆论宣传工具，在社会上广泛传播，甚至要通过个人头脑的认同和接受才能实现。自从有了互联网以后，意识形态领域的情况更加复杂严峻，它甚至成为这个领域斗争的主战场。斗争的焦点是中国走什么道路的问题。现时意识形态领域已是多样化，但指导思想只能一元化，不能多元化。如果多元化，放弃马克思主义的指导地位，改旗易帜，必然亡党亡国，这已有前车之鉴。坚持马克思主义在意识形态领域的指导地位，一要大力宣传马克思主义理论，让马克思主义占领宣传舆论阵地；二要积极引导和改造非马克思主义社会思潮，化消极因素为积极因素；三要坚持批判反马克思主义、反社会主义思潮，排除干扰，降低和削弱其影响。三者的共同目标，是使马克思主义成为主流意识形态。当前，在意识形态领域的反马克思主义思潮中影响和危害最大的是历史虚无主义、新自由主义、民主社会主义思潮。历史虚无主义不顾历史事实，肆意抹黑和否定党史国史，丑化和妖魔化党的领袖人物，其目的就是要共产党下台，改走新自由主义、民主社会主义鼓吹的资本主义邪路。党中央十分重视高校这个意识形态领域的前沿阵地，因为它肩负着培养中国特色社会主义合格建设者和可靠接班人的历史重任。在高校，必须坚持以马克思主义为指导，加强和改进政治理论课教学，使用马克思主义理论研究和建设工程编写的教材，绝不允许违反宪法和法律的言论在课堂上随意传播，搞乱学生的思想。意识形态领域的主管部门和理论工作者在原则问题上和大是大非面前，要立场坚定，旗帜鲜明，敢于亮剑，坚持批判形形色色的各种反马克思主义、反社会主义思潮。习近平同志指出："经济建设是党的中心工作，意识形态工作是党的一项极端重要的工作"。我们要大力加强思想理论建设，把意识形态工作做好。

理想信念建设

任何一个国家和民族，都需要有强大的精神支柱。理想信念就是最重要的精神支柱。过去我们党有理想信念的传统优势，广大党员干部坚信马克思主义、共产主义并为之而奋斗。但是，近些年来情况有很大变化，在资本主义的"西潮"、市场经济的"商潮"和社会主义的"低潮"的冲击和影响下，有些党员干部信仰缺失、信念动摇，这对执政党来说是一个危险的信号。党的十八大以后，以习近平为总书记的党中央，强调问题导向，坚持在全党加强理想信念建设，以解决"三信"问题。

其一是对马克思主义的信仰。马克思主义是马克思、恩格斯的观点和学说体系，是工人阶级的意识形态和科学世界观，是工人阶级及其政党认识世界、改造世界的强大思想武器。我们党老一辈无产阶级革命家和许多老党员都是通过学习马克思主义经典著作，建立起对马克思主义的信仰的。马克思主义，对党来说，是指导思想；对党员个人来说，是政治信仰。党组织要组织党员学习马克思主义，党员个人要自觉学习马克思主义著作，要真学、真信、真干，把它作为看家本领。有对马克思主义的信仰，才能有坚定的共产主义信念。

其二是对共产主义的信念。过去共产党人的一个传统优势，就是精神力量强大。我们的理想信念是最终实现共产主义。马克思、恩格斯在《共产党宣言》中提出的“两个必然”武装了一代又一代共产党人和革命者。邓小平指出：“光靠物质条件，我们的革命和建设都不可能胜利。过去，我们党无论怎样弱小，无论遇到什么困难，一直有强大的战斗力，因为我们有马克思主义和共产主义的信念。”近些年来我们失去了这个传统优势，一些党员干部出现这种那种问题，甚至走上腐败犯罪道路，首要原因就是理想信念动摇，精神崩溃，在“糖弹”面前打了败仗。习近平强调：“革命理想高于天”。“理想信念是共产党人精神上的‘钙’，理想信念坚定，骨头就硬，没有理想信念，或理想信念不坚定，精神上就会‘缺钙’，就会得‘软骨病’”。共产党员特别是党的领导干部要做共产主义远大理想和中国特色社会主义共同理想的坚定信仰者和践行者。

其三是对共产党的信赖。共产党是马克思主义、共产主义的信仰团体。中国共产党是中国社会主义事业的组织者和领导者。没有共产党就没有社会主义。现时在中国，离开共产党，任何杰出个人也干不出大事业来。党是有组织有纪律的，党员必须在思想上政治上行动上和党中央保持高度一致，对党绝对忠诚，而不允许和党中央唱反调。习近平同志强调，要加强纪律建设，严明政治纪律和政治规矩。政治规矩是我们党在长期实践中所形成的政治规则、组织约束、优良传统和工作习惯。从已出事的领导干部看，这些人不仅无视政治纪律，而且太不守政治规矩，为了个人利益，不择手段，胡作非为。守纪律是底线，守规矩靠党性和自觉。党员要爱党、忧党、兴党、护党，并身体力行把它落实到党的生活的各个环节。

党风廉政建设

党风廉政建设是党的建设的一项重要内容。它包括党风、廉政、反腐败三个相互联系、相互促进的环节。首先是党风。我们党一贯重视党风建设，在长期革命斗争中形成了理论和实践相结合、密切联系群众、批评和自我批评三大作风以及谦虚谨慎、戒骄戒躁、艰苦奋斗等优良作风。党风问题的实质始终是党和群众的关系问题。党风问题关系人心向背，而人心向背决定党的命运。陈云深刻指出：“执政党的党风问题是有关党的生死存亡的问题。”我们党在很长一段时间保持了良好的作风。但是，在新的历史条件下，有些党员干部经受不住长期执政、市场经济、改革开放和外部环境的“四大考验”，滋长和蔓延许多不良风气，如庸俗、人情、迷信、拜金、吹捧、奢靡等风，严重侵蚀了党的肌体，引起群众强烈不满。党风决定政风、民风、社风。党风不正，各项工作都会走样变形。实践证明，党风与政策不同，政策错了，通过总结经验，很快就能纠正；党风则不同，一旦出了问题，就不是短期内能够解决的，而且它具有顽固性和反弹性，稍一放松就会死灰复燃。党的十八大以后，党中央为了端正党风，在全党开展了以为民务实清廉为主要内容的群众路线教育实践活动，着力解决形式主义、官僚主义、享乐主义和奢靡之风的四个“不正之风”。这是新时期党风建设的一个重大战略举措。两期实践活动已完满结束。习近平同志在党的群众路线教育实践活动总结大会上讲话时说：“整个活动进展有序、扎实深入，达到了预期目的，取得了重大成果。”他强调，“在充分肯定这次活动取得的成绩的同时，我们也要看到存在的问题和不足”。“作风有所好转，‘四风’问题有所收敛，但树倒根存，有些是在高压态势下取得的，仅仅停留在‘不敢’上，‘不想’的自觉尚未完全形成”。“现在，广大干部群众最担心的是问题反弹、雨过地皮湿、活动一阵风，最盼望的是形成常态化，常抓不懈、保持高效”。作风建设永远在路上，永远没有休止符。

其次是廉政。党风和廉政密不可分，党风正，政治必然廉洁清明。我们党一贯强调艰苦奋斗、勤俭节约，勤俭办一切事业。为政清廉，是执政党题中应有之义。但是，近些年来，随着经济、社会的发展，某些党政机关和领导干部丢掉了这个优良作风和传家宝，开始讲排场、比阔气，大手大脚，铺张浪费，有的县级市新建的党政机关大楼比美国白宫还大好几倍，给国家造成了巨大损失。党的十八大以后，党中央为改进工作作风、加强廉政建设制定的“八项规定”，被称为新时期的“三大纪律、八项注意”，是当前我国社会政治生活中的一大亮点，出台的一年多来，大力压缩会议、精简文件，全面清理超标公车和办公用房，严禁公款送礼、公款吃喝、公款用车、公款旅游，整治“会所中的歪风”和“培训中心的腐败”，成效明显。据统计，截至2014年9月30日，全国共查处违反中央八项规定精神问题62404起，处理党员干部82533人，其中给予党纪政纪处分的23259人，并先后公开点名道姓通报曝光一些典型案件，起到了强烈的震慑作用。

最后是反腐败。加强廉政建设必须坚持反腐败斗争。这是一个问题的两个方面。历史上任何一个国家都有腐败问题和反腐败斗争。政治清廉，就得民心，社会就稳定；反之，政治腐败，则丧失民心，社会就动荡。古今中外任何一个王朝和帝国的覆灭，无一和腐败无关。我们党一贯重视廉政建设，我国的政治清廉曾举世闻名。但是，近些年来形势逆转，一些党政干部贪得无厌，腐败愈演愈烈。腐败是大面积的，贪腐手段极其卑劣：如体制内的买官卖官，有的买官，有的卖官，有的既买又卖；体制外，官商勾结，权钱交易，为他人谋利益，收受巨额贿赂；在国企改制中，低价出售企业，导致国有资产大量流失，个人从中获利；利用职权，为子女亲属经商提供优越条件，实行“一家两制”；有的利用一职之权，小官巨贪，某地一科级干部大肆贪污、受贿、挪用公款，家中搜出1.2亿元，黄金37公斤，房产手续68套；更有甚者，有些单位拉帮结伙，出现集体贪腐的“窝案”以及某些省、市相当多的领导干部纷纷落马的“塌方式腐败”。腐败分子像韭菜一样，割了一茬又长一茬，其原因很复杂。一是从个人来说，有些干部私心太重，私欲过强，公私不分，以公权谋私利。私欲是万恶之源。古往今来，凡迷恋权势和金钱的，最终必然走上变异的道路。二是从政治运行机制来说，权力过分集中，监督制约机制在权力面前显得苍白无力，如同虚设。权力本身不是腐败，利用权力以权谋私则是腐败，绝对权力绝对腐败。三是就环境和条件来说，现时已不是计划经济和纯粹公有制，而是市场经济和多种经济成分并存，还保护私有财产，这些对那些掌握大权的意志薄弱者具有一种不可遏止的诱惑力。习近平同志多次指出，“腐败是社会毒瘤。如果任凭腐败愈演愈烈，最终必然亡党亡国”。党的十八大以后，以习近平为总书记的党中央，把党风廉政建设和反腐败斗争提到关系党和国家生死存亡的高度，以强烈的历史责任感、深沉的使命忧患感、顽强的意志品质，加大了反腐败斗争的力度，坚持无禁区、全覆盖、零容忍，“老虎”、“苍蝇”一起打，严肃查处腐败分子，不到两年就有63名省部级高官落马，甚至突破了“刑不上常委”的惯例。党中央在反腐败斗争中，坚持标本兼治，强化对权力运行的制约和监督，形成不敢腐的惩戒机制、不能腐的防范机制、不易腐的保障机制，铲除腐败现象滋生蔓延的土壤。这些都深得党心民心。但是，我们必须清醒地看到，当前一些领域消极腐败现象仍然易发多发，滋生腐败的土壤依然存在，反腐败斗争形势依然严峻，主要是在实现不敢腐、不能腐、不想腐上还没有取得压倒性的胜利。习近平同志强调，今后要继续坚持推进反腐败斗争，做到“四不”，即零容忍态度不变，猛药去疴的决心不减，刮骨疗毒的勇气不泄，严厉惩处的尺度不松。发现一起查处一起，发现多少查处多少。反腐败斗争是一场输不起的生死较量。

干部队伍建设

干部队伍建设是党的建设的一个重要方面。毛泽东指出，政治路线确定以后，干部就是决定的因素。坚持和发展中国特色社会主义，需要有一支宏大的干部队伍。干部队伍建设的内容很多，关键是如何选拔干部。“为政之要，莫先于人”。习近平同志强调：“党要管党，首先是管好干部；从严治党，关键是从严治吏”。从严治吏的首要问题是把好选人关、用人关。这个问题最为重要，因为选拔上来的干部是好还是不好，后果大不一样。关于选拔好干部的标准历来是明确的，就是德才兼备，以德为先，其中德是第一位的，才是第二位的。德就是品德，政治立场，政治方向。才就是才能、才干，工作能力，领导水平。德才兼备的干部才是好干部。要把好选拔干部这一关。要把那些德才兼备、作风优秀的干部提拔起来，切忌把那些既无德又无才、世故圆滑、见风使舵、投机钻营、跑官要官的人“带病提拔”到领导岗位。应该说，现时有些单位选拔上来的干部不少是称职的好干部，但有些单位风气不正，竟出现了如《〈人民论坛〉问卷调查》所指出的逆淘汰怪现象。即：清廉的不如腐败的；亲民的不如霸道的；干事的不如会说的；不站队的不如站对的队；眼睛向下的不如眼睛向上的；实干的不如作秀的。对这种不正常现象必须坚决制止。习近平同志指出，德才兼备好干部的标准既是具体的，又是历史的。在改革开放和社会主义现代化建设的新时期，德才兼备好干部的具体标准有五条，即：信念坚定，为民服务，勤政务实，敢于担当，清正廉洁。在这五条标准中，理想信念是第一标准。如果理想信念不坚定，不相信马克思主义和共产主义，政治上不合格，经不起风浪，这样的干部本事再大也不应选拔。

其次是如何管理、教育和提高干部。对于如何提高干部，最重要的途径有两个，一是向书本学习，学习有关专业知识，特别是学习马克思主义，树立正确的世界观、人生观、价值观，这是领导干部做好各项工作的看家本领；二是向实践学习，到实际工作部门锻炼，密切联系群众，提高处理实际问题的能力。习近平同志特别强调各级领导干部要树立和发扬“三严三实”的好作风。“三严”即严以修身，严以用权，严以律己。“三实”就是谋事要实，创业要实，做人要实。习近平同志最近在一次讲话中强调，必须从严要求领导干部，坚持做到“四有”，即心中有党，心中有民，心中有责，心中有戒；还要把好“三关”，即权力关，金钱关，美色关。领导干部要自觉加强自身修养和党性锻炼。中华民族历来强调个人的品德修养。中国儒家早就提出“修身齐家治国平天下”的古训。要“齐家、治国、平天下”，首要前提就是“修身”，即加强以德为中心的个人修养。德也可以分为公德和私德。用现代语言来说，公德就是政治立场，理想信念，对党、人民和社会主义的忠诚；私德就是公私分明，不以权谋私。古人说“政者正也”，是说为政者必须身正行直，做事公道，不以私害公。领导干部要有高度的自我批评精神，经常反思自己，尽可能做到曾子说的“吾日三省吾身”。

办好中国的事情，关键在党。在以习近平为总书记的党中央领导下，坚持治国必先治党、治党务必从严和党要管党、从严治党的方针，把党自身建设的四项内容落实搞好，就一定能够把中国特色社会主义推进到一个新的阶段，对中国和世界作出新的更大贡献。

继续写好坚持和发展中国特色社会主义这篇大文章

——学习习近平同志系列重要讲话精神

田心铭

【作者简介】田心铭，1947 年生，教育部高等学校社会科学发展研究中心原主任、研究员，原《高校理论战线》杂志总编辑。曾在北京大学学习、教学三十年，经历了从学生到教授的过程，被国家授予“有突出贡献中青年专家”称号。1995 年至 2007 年任教育部高等学校社会科学发展研究中心主任。主要从事马克思主义哲学、中国化马克思主义、马克思主义理论与思想政治教育等学科的教学、研究工作及社科杂志编辑工作。主要兼职有：国家社会科学规划哲学学科评审组副组长，中国历史唯物主义学会副会长，高校马克思主义研究会顾问，教育部普通高中思想政治课课程标准实验教材编写指导委员会主任。发表论文 200 多篇。主要代表性著作有：《认识的反思》、《反腐败论》、《当代大学生哲学思潮》等。

党的十八大以来，习近平同志发表了一系列内容极为丰富的重要讲话。学习这些讲话，必须抓住精神实质。笔者认为，其精神实质，可以用习近平同志阐述党的十八大精神的一句话来概括：说一千道一万，归结为一点，就是坚持和发展中国特色社会主义。[①] 他要求把坚持和发展中国特色社会主义作为学习贯彻十八大精神的“聚焦点、着力点、落脚点”。[②] 中国特色社会主义是党和人民90多年奋斗取得的根本成就，是实现中华民族伟大复兴的根本保证，必须倍加珍惜、始终坚持；坚持社会主义，又一定要有发展的观点，不能止步不前。因此，坚持和发展中国特色社会主义，成为十八大以来党的理论和实践的主题。我们学习贯彻习近平同志系列重要讲话（以下简称“讲话”）精神，应该把它作为“聚焦点、着力点、落脚点”。

坚持和发展，意味着既有变，又有不变。中国特色社会主义在变化中保持着某些不变的东西，而正是这种坚持不变，促成了党的理论和实践的发展。“讲话”是如何在变与不变的统一中续写坚持和发展中国特色社会主义这篇大文章的？本文就此谈几点认识。

一　坚持把马克思主义基本原理同中国具体实际相结合

1945年党的七大在确立毛泽东思想指导地位的同时，确立了把马克思主义基本原理同中国具体实际相结合的思想原则。始终坚持这条原则，是中国共产党最根本的历史经验。党正是遵循着这条原则开辟出一条中国特色社会主义道路的。1982年邓小平在党的十二大开幕词中第一次提出“建设有中国特色社会主义”时，就把它同这条原则联系在一起，他说：“把马克思主义的普遍真理同我国具体实际结合起来，走自己的道路，建设有中国特色的社会主义，这就是我们总结长期历史经验得出的基本结论。”[③] 党的十八大报告指出，90多年来，我们党把马克思主义基本原理同中国实际和时代特征结合起来，开创和发展中国特色社会主义，从根本上改变了中国人民和中华民族的前途命运。

党的十八大前，习近平同志在2011年纪念建党90周年之际，就对坚持“结合”原则做过深入论述。他指出：“每一次理论创新都是把马克思主义基本原理同中国具体实际相结合而不断追求真理、大胆探索的结果”。认识中国国情，要认识对中国革命、建设、改革有重大影响的一切有利的和不利的条件和因素，特别是中国社会的性质和发展阶段，社会主要矛盾、主要任务和它们的变化。掌握马克思主义，最重要的是掌握它的精神实质，运用它的基本原理分析解决实际问题。“能不能实现这个结合，结合得好不好，关键在于能不能真正

---

① 《毫不动摇坚持和发展中国特色社会主义　在实践中不断有所发现有所创造有所前进》，《人民日报》2013年1月6日。

② 《十八大以来重要文献选编》（上），中央文献出版社2014年版，第72页。

③ 《邓小平文选》第3卷，人民出版社1993年版，第3页。

掌握马克思主义，能不能深刻认识中国国情，并把两者正确地统一于革命、建设、改革的实践之中。”①

十八大以来的“讲话”，始终贯穿着把马克思主义基本原理同中国具体实际相结合的精神。

马克思主义是以科学社会主义为核心的思想体系。坚持“结合”原则，必须坚持科学社会主义基本原则与中国具体实际的统一。2013 年 1 月 5 日在新进中央委员会的中央委员、候补委员学习贯彻党的十八大精神研讨班上，习近平同志说：“中国特色社会主义，是科学社会主义理论逻辑和中国社会发展历史逻辑的辩证统一，是根植于中国大地、反映中国人民意愿、适应中国和时代发展进步要求的科学社会主义”。② 这一论断提纲挈领地阐明了我们党坚持和发展中国特色社会主义所遵循的思想原则。“科学社会主义理论逻辑”是运用于中国实际的马克思主义基本原理的集中体现；“中国社会发展历史逻辑”则集中体现了包括历史传统和现实实践在内的中国基本国情。中国特色社会主义是这二者的“辩证统一”。它是以科学社会主义理论为指导的社会主义，又是根植于中国大地、反映中国人民意愿的有中国特色的社会主义。它既符合中国国情，反映了中国的特殊性，又在特殊性中包含着普遍规律，因而成为实现中华民族伟大复兴的必由之路。习近平同志对坚持马克思主义普遍真理和坚持从中国实际出发都作了深入阐述。一方面，他旗帜鲜明地指出：“中国特色社会主义是社会主义而不是其他什么主义，科学社会主义基本原则不能丢，丢了就不是社会主义。”从历史上看，资本主义道路没有走通，改良主义、自由主义、社会达尔文主义、无政府主义、实用主义、民粹主义、工团主义等都没能解决中国的前途和命运问题，只有马克思列宁主义、毛泽东思想才引导中国人民走出漫漫长夜，建立了新中国。在现实中，说中国搞的是什么“资本社会主义”、“国家资本主义”、“新官僚主义”，都是完全错误的。我们所坚持的道路、理论体系和社会制度，“都是在新的历史条件下体现科学社会主义基本原则的内容”。另一方面，他又强调指出，必须从中国实际出发，不能照抄照搬别国经验、别国模式，“过去不能搞全盘苏化，现在也不能搞全盘西化或者其他什么化。”“我们就是把马克思主义中国化，就是搞中国特色社会主义。”可见，“中国特色社会主义，既坚持了科学社会主义基本原则，又根据时代条件赋予其鲜明的中国

① 习近平：《中国共产党 90 年来指导思想和基本理论的与时俱进及历史启示》，《学习与研究》2011 年第 7 期。

② 《十八大以来重要文献选编》（上），中央文献出版社 2014 年版，第 118 页。

特色。”①

马克思主义是以辩证唯物主义和历史唯物主义为哲学理论基础的思想体系。坚持“结合”原则，必须坚持用历史唯物主义认识中国国情。在2013年12月3日中央政治局集体学习时，习近平同志强调，要学习和掌握历史唯物主义基本规律和方法，更好认识规律，更加能动地推进各项工作。他运用社会存在决定社会意识的原理分析了我们党现阶段的理论和路线方针政策的出发点，运用社会基本矛盾分析法论述了全面深化改革的重要性和紧迫性，运用物质生产是社会生活的基础的观点分析了全面深化改革中的各种重大关系，运用人民群众是历史创造者的观点阐明了要紧紧依靠人民推进改革。他指出，马克思主义哲学深刻揭示了客观世界特别是人类社会发展一般规律，在当今世界依然是指导我们前进的强大思想武器。

坚持“结合”原则，必须学好马克思主义。习近平同志提出，党的各级领导特别是高级干部，要把系统掌握马克思主义基本原理作为看家本领。要老老实实、原原本本地学习，研读经典原著，学会运用马克思主义的立场、观点、方法观察和解决问题，坚定理想信念。

研读“讲话”不难感受到，无论是从总体上或是从某一方面阐述中国特色社会主义的理论和实践，无论所论述的是经济、政治、文化还是社会建设问题，是治党、治国还是治军，是内政还是外交，“讲话”总是既体现了马克思主义的立场、观点和方法，又反映了发展变化着的中国国情和当代时代特征。把马克思主义普遍真理与中国具体实际相结合是“讲话”中一以贯之的思想原则，正是这种保持不变的精神推动着中国特色社会主义的实践发展和理论创新。

二　在新形势下坚持和运用好毛泽东思想活的灵魂

中国共产党在坚持把马克思主义同中国具体实际相结合中实现了马克思主义中国化。毛泽东思想就是中国化马克思主义的第一大理论成果。1981年党的十一届六中全会的决定作出了关于毛泽东思想活的灵魂的论断，指出这就是贯穿于毛泽东思想各个组成部分的立场、观点和方法，它们有三个基本方面，即实事求是、群众路线、独立自主。2013年12月，习近平同志在纪念毛泽东诞辰120周年座谈会上强调：“新形势下，我们要坚持和运用好毛泽东思想活的灵魂，把我们党建设好，把中国特色社会主义伟大事业继续推向前进。”②

---

① 《十八大以来重要文献选编》（上），中央文献出版社2014年版，第109—111页。

② 《十八大以来重要文献选编》（上），中央文献出版社2014年版，第695页。

“讲话”始终贯穿着坚持和运用好毛泽东思想活的灵魂的精神。

实事求是是党的思想路线。坚持实事求是，是“讲话”的一个核心内容和鲜明特点。习近平同志提出：“我们要自觉坚定实事求是的信念、增强实事求是的本领，时时处处把实事求是牢记于心、付诸于行。”[①] 他指出，坚持实事求是，就要深入了解事物的本来面貌，透过现象看本质，从零乱的现象中发现事物内部的必然联系，在实践中按照客观规律办事；就要清醒认识和正确把握我国仍处于并将长期处于社会主义初级阶段这个基本国情，坚持一切从这个基本国情出发，努力避免超越现实、超越阶段而急于求成的倾向，坚决纠正落后于实际而因循守旧、故步自封的观念和做法；就要坚持为了人民利益坚持真理、修正错误，及时发现和纠正思想认识上的偏差、决策中的失误、工作中的缺点；就要不断推进实践基础上的理论创新，从理论上对前进道路上提出的新的课题作出新的科学回答，及时总结党领导人民创造的新鲜经验，不断开辟马克思主义中国化新境界。

只有解放思想，才能做到实事求是。习近平同志反复强调要解放思想。他指出，要发挥历史的主动性和创造性，清醒认识世情、国情、党情的变与不变，要有逢山开路、遇河搭桥的精神，锐意进取，大胆探索，不断有所发现、有所创新、有所前进。他在论述全面深化改革时强调，解放思想是前提，是解放和发展社会生产力、解放和增强社会活力的总开关。没有解放思想，就不可能不断推进理论创新和实践创新，始终走在时代前列。

坚持实事求是，必须有务实的作风。“讲话”反复强调，“空谈误国，实干兴邦”。要扎扎实实干事，踏踏实实做人，立足本职，埋头苦干。要察实情、出实招、办实事、求实效。谋事要实，创业要实，做人要实。要发扬钉钉子的精神，把工作落到实处。反对知行不一、不求实效，文山会海、花拳绣腿，贪图虚荣、弄虚作假。学习不能为应付场面，蜻蜓点水，浅尝辄止，不求甚解，无心运用。工作不能热衷于造声势、出风头，出出镜、露露脸，不下功夫去解决存在的矛盾和问题，甚至造假来粉饰太平。

群众路线是党的生命线和根本工作路线。习近平同志强调，群众路线本质上体现的是马克思主义关于人民群众是历史的创造者这一基本原理。只有坚持这一基本原理，才能把握历史前进的基本规律。要把群众路线贯彻到治国理政全部活动中。他指出，坚持群众路线，就要坚持人民是决定我们前途命运的根本力量，紧紧依靠人民群众创造历史伟业，使我们党的根基永远坚如磐石；就

---

① 《十八大以来重要文献选编》（上），中央文献出版社2014年版，第696页。

要坚持全心全意为人民服务的根本宗旨，以最广大人民根本利益为党的一切工作的最高标准，以人民是否真正得到了实惠、人民生活是否真正得到了改善、人民权益是否真正得到了保障检验我们一切工作的成效；就要保持党同人民群众的血肉联系，把群众观点、群众路线深深植根于全党同志思想中，落实到每个党员行动上，使党永远赢得人民群众的信任和拥护；就要真正让人民来评判我们的工作，由人民来评判我们党的执政水平和执政成效，以人民为党的工作的最高裁决者和最终评判者。

在全党开展以为民务实清廉为主要内容的群众路线教育实践活动，是十八大以来党坚持群众路线的一项重大举措。从 2013 年 6 月 18 日在群众路线教育实践活动工作会议上进行动员部署，到 2014 年 10 月 8 日在总结大会上对活动的成果和经验进行总结，习近平同志自始至终以踏石留印、抓铁有痕的精神抓好这一活动，使其成为在新形势下坚持党的群众路线的一次成功实践。他在教育实践活动中的历次讲话和他指导全国特别是河北省、兰考县教育实践活动的实践，留下了一份我们党坚持群众路线的生动记录和宝贵教材。

独立自主是我们党从中国实际出发，依靠党和人民力量进行革命、建设、改革的必然结论。习近平同志提出了一个新的重要论断：独立自主“是中国共产党、中华人民共和国立党立国的重要原则”[①]。他指出，独立自主的探索和实践精神，坚持走自己的路的信心和决心，是我们党全部理论和实践的立足点，是不断从胜利走向胜利的根本保证。坚持独立自主，就要坚持中国的事情必须由中国人民自己作主张、自己来处理；就要坚定不移走中国特色社会主义道路，既不走封闭僵化的老路，也不走改旗易帜的邪路，增强政治定力，增强道路自信、理论自信、制度自信；就要坚持独立自主的和平外交政策，坚定不移走和平发展道路，高举和平、发展、合作、共赢的旗帜，坚决维护国家主权、安全、发展利益。

“讲话”把独立自主原则贯彻到建设中国特色社会主义的各个方面。习近平同志特别强调，要坚定不移地走中国特色社会主义政治发展道路。中国特色社会主义政治制度是从中国的社会土壤中生长起来的。照抄照搬他国的政治制度行不通，甚至会把国家前途命运葬送掉。看到别的国家有而我们没有就简单认为有欠缺，要搬过来，或看到我们有而别的国家没有就简单认为是多余的，要去除掉，都是不正确的。选举和协商两种民主形式共同构成了中国社会主义民主政治的制度特点和优势。协商民主是中国社会主义民主政治中独特的、独

① 《十八大以来重要文献选编》(上)，中央文献出版社 2014 年版，第 699 页。

有的、独到的民主形式和独特优势，它源自中华民族长期形成的优秀政治文化和党领导人民进行革命、建设、改革的长期实践，是新中国成立后的伟大创造。在科学技术发展方面，他强调要坚定不移地走中国特色自主创新道路。自主创新是我们攀登世界科技高峰的必由之路。不能总是用别人的昨天来装扮自己的明天。不能总是指望依赖他人的科技成果来提高自己的科技水平，更不能做其他国家的技术附庸，永远跟在别人后面亦步亦趋。在部署“三农”工作时，他强调确保我国粮食安全，要坚持以我为主、立足国内。中国人的饭碗任何时候都要牢牢端在自己手上，我们的饭碗应该主要装中国粮，绝不能买饭吃、讨饭吃。靠别人解决吃饭问题是靠不住的。在论述国际关系时，他强调，“鞋子合不合脚，自己穿了才知道”。一个国家的发展道路合不适合，只有这个国家的人民才最有发言权。各国主权范围内的事情只能由本国政府和人民去管，世界上的事情只能由各国政府和人民共同协商来办。

三 谱写坚持和发展中国特色社会主义的新篇章

十八大以来，党中央坚持把马克思主义基本原理同中国具体实际相结合，坚持在新形势下运用好毛泽东思想活的灵魂，谱写了坚持和发展中国特色社会主义的新篇章。十八大后不久，习近平同志对新进中央委员会的委员、候补委员们说：“坚持和发展中国特色社会主义是一篇大文章”，“我们这一代共产党人的任务，就是继续把这篇大文章写下去。”[①] 他指出，我们还面临着很多没有弄清楚的问题和待解的难题，对许多重大问题的认识和处理都还处在不断深化的过程之中。对社会主义这个我们搞了几十年的东西，我们的认识和把握还是非常有限的，还需要在实践中不断深化和发展。

基于这种清醒的认识，我们党以开拓创新精神把中国特色社会主义事业继续推向前进。“讲话”集中全党智慧，用一系列新思想、新观点、新论断、新要求回答了如何坚持和发展中国特色社会主义、实现中华民族伟大复兴的问题。笔者经过初步研读，感到其中以下几点特别值得深入学习、领会。

（一）提出实现中华民族伟大复兴的中国梦

曾经长期走在世界文明发展前列的中华民族，从1840年鸦片战争以来逐步陷为半殖民地半封建社会。一百多年来从民族沉沦到民族振兴的历史，是一代代中华儿女为实现民族独立、人民解放、国家富强不懈追求、奋斗的历史。十八大后不久，习近平同志在生动反映这一历史的《复兴之路》展览现场，形象

---

① 《十八大以来重要文献选编》（上），中央文献出版社2014年版，第114页。

地用“中国梦”集中表达了亿万中华儿女从心底发出的呼喊。他说：“实现中华民族伟大复兴，就是中华民族近代以来最伟大的梦想。”[①]

中国梦有明确的目标，这就是到中国共产党成立一百年时全面建成小康社会，到新中国成立一百年时建成富强民主文明和谐的社会主义现代化国家，实现中华民族伟大复兴。达到这一目标，就是“实现国家富强、民族振兴、人民幸福”。习近平同志说，这是中国梦的“基本内涵”[②]，是“中国梦的本质”[③]。

实现中国梦有明确的路径，这就是走中国特色社会主义道路。习近平同志说：“实现中国梦必须走中国道路。这就是中国特色社会主义道路。”[④] 他强调：“全党同志必须牢记，道路决定命运，找到一条正确的道路多么不容易，我们必须坚定不移走下去。”[⑤]

中国梦的概念在党的十八大后不久形成不是偶然的。马克思说过：“只要仔细考察就可以发现，任务本身，只有在解决它的物质条件已经存在或者至少是在生成过程中的时候，才会产生。”[⑥] 习近平同志说：“现在，我们比历史上任何时期都更接近中华民族伟大复兴的目标，比历史上任何时期都更有信心、有能力实现这个目标。”[⑦] 经过鸦片战争以来170多年的持续奋斗，我们已经走出了一条中国道路，形成了中国精神，凝聚了中国力量，创造了中国奇迹，民族复兴的光明前景已经展现在我们眼前。在这接近于梦想成真的时刻，习近平同志发出实现中国梦的号召，集中表达了人民的意志、愿望和信心，成为鼓舞人民坚持和发展中国特色社会主义，实现中华民族伟大复兴的强大动力。

（二）提出“全面深化改革”的思想

改革开放是决定当代中国命运的关键一招。我国以1978年党的十一届三中全会为标志进入改革开放新时期已经30多年。对改革的部署和实施，以前都是分别在经济、政治、文化、社会等不同领域展开的。十八大后，从总体上全面深化改革的任务提上了日程。2013年11月党的十八届三中全会提出：“必须在新的历史起点上全面深化改革”。[⑧] 全会通过的《关于全面深化改革若干重大问题的决定》描绘了全面深化改革的新蓝图、新愿景、新目标。习近平同志亲自

① 《十八大以来重要文献选编》（上），中央文献出版社2014年版，第84页。
② 《顺应时代前进潮流　促进世界和平发展》，《人民日报》2013年3月24日。
③ 《习近平接受拉美三国媒体联合书面采访》，《人民日报》2013年6月1日。
④ 《十八大以来重要文献选编》（上），中央文献出版社2014年版，第234页。
⑤ 《十八大以来重要文献选编》（上），中央文献出版社2014年版，第83—84页。
⑥ 《马克思恩格斯文集》第2卷，人民出版社2009年版，第592页。
⑦ 《十八大以来重要文献选编》（上），中央文献出版社2014年版，第83页。
⑧ 《十八大以来重要文献选编》（上），中央文献出版社2014年版，第512页。

担任中央全面深化改革领导小组组长，多次发表讲话阐述了全面深化改革的重大问题。

习近平同志阐明了全面深化改革的总目标。《决定》用两句话概括了这个总目标："全面深化改革的总目标是完善和发展中国特色社会主义制度，推进国家治理体系和治理能力现代化。"① 习近平同志指出，制度问题更带有根本性、全局性、稳定性和长期性。摆在我们面前的一项重大历史任务，就是推动中国特色社会主义制度更加成熟更加定型。推进国家治理体系和治理能力现代化，"这是完善和发展中国特色社会主义制度的必然要求，是实现社会主义现代化的应有之义。"② 他对"推进国家治理体系和治理能力现代化"这一党的文献中首次出现的新提法作了明确界定和阐述。国家治理体系和治理能力是一个国家制度和制度执行能力的集中体现。国家治理体系是在党领导下管理国家的制度体系。国家治理能力是运用国家制度管理社会各方面事务的能力。怎样治理社会主义社会这样全新的社会，在以往的世界社会主义中没有解决得很好。我们在国家治理体系和治理能力方面还有许多不足，有许多亟待改进的地方。因此，要更好发挥中国特色社会主义制度的优越性，必须从各个领域推进国家治理体系和治理能力现代化。

他特别强调，全面深化改革的总目标，是两句话组成的一个整体。前一句规定了根本方向，我们的方向就是中国特色社会主义道路，而不是其他什么道路 。后一句规定了在根本方向指引下完善和发展中国特色社会主义制度的鲜明指向。两句话都讲，才是完整的。只讲第二句，不讲第一句，是不完整的、不全面的。全面推进国家治理体系和治理能力现代化必须解决好制度模式选择问题，绝不是西方化的资本主义。

习近平同志阐明了全面深化改革的全面性、系统性。他指出，十八届三中全会研究全面深化改革问题，不是推进一个领域改革，也不是推进几个领域改革，而是推进所有领域改革，这是从国家治理体系和治理能力的总体高度考虑的。十八届三中全会对全面深化改革的总体部署，涉及 15 个领域，330 多项重大改革举措。国家治理体系包括经济、政治、文化、社会、生态文明和党的建设等各领域的体制机制、法律法规安排，也就是一整套紧密相连、相互协调的国家制度。国家治理能力包括改革发展稳定、内政外交国防、治党治国治军等各个方面。为党和国家事业发展、为人民幸福安康、为社会和谐稳定、为国家

---

① 《十八大以来重要文献选编》（上），中央文献出版社 2014 年版，第 512 页。

② 《十八大以来重要文献选编》（上），中央文献出版社 2014 年版，第 547 页。

长治久安提供一整套更完备、更稳定、更管用的制度体系，这项工程极为浩大，必须是全面的系统的改革和改进，是各领域改革和改进的联动和集成，形成总体效应，取得总体效果。他强调，要坚持从大局出发考虑问题，加强顶层设计和整体谋划，加强各项改革的关联性、系统性、可行性研究，统筹考虑，全面论证，科学决策。

（三）全面推进依法治国

“全面推进依法治国”是党的十八大提出来的。1997 年党的十五大提出“依法治国，建设社会主义法制国家”，把依法治国确立为党领导人民治理国家的基本方略。十八大提出，要“加快建设社会主义法治国家”，“全面推进依法治国”，到 2020 年达到依法治国方略全面落实的目标。2014 年 10 月，十八届四中全会通过《关于全面推进依法治国若干重大问题的决定》，作出了总体部署。习近平同志亲自担任《决定》起草组组长。他在关于《决定》的说明中阐明了全面推进依法治国的一系列重大问题。

习近平同志阐述了为什么要全面推进依法治国。他指出，党的十八届四中全会的决定体现了全面建成小康社会、全面深化改革、全面推进依法治国这“三个全面”的逻辑联系。全面建成小康社会进入决定阶段，改革进入攻坚期和深水区，依法治国的地位更加突出，作用更加重大。法律是治国之重器，法治是国家治理体系和治理能力的重要依托。我们要全面建成小康社会、实现中华民族伟大复兴的中国梦，全面深化改革、完善和发展中国特色社会主义制度，就必须在全面推进依法治国上作出总体部署、采取切实措施、迈出坚定步伐。全面推进依法治国是解决党和国家事业发展面临的一系列重大问题，解放和增强社会活力、促进社会公平正义、维护社会和谐稳定、确保党和国家长治久安的根本要求。

习近平同志阐明了党的领导和依法治国的关系。党的十八届四中全会《决定》说：“把党的领导贯彻到依法治国全过程和各方面，是我国社会主义法治建设的一条基本经验。”习近平同志指出，党和法治的关系是法治建设的核心问题。党的领导和社会主义法治是一致的，社会主义法治必须坚持党的领导，党的领导必须依靠社会主义法治。党的领导是中国特色社会主义最本质的特征，是社会主义法治最根本的保证。坚持党的领导，是社会主义法治的根本要求，是党和国家的根本所在、命脉所在，是全国人民的利益所系、幸福所系，是全面推进依法治国的题中应有之义。我国宪法确立了中国共产党的领导地位。对这一点，要理直气壮讲，大张旗鼓讲，正本清源，以正视听。

习近平同志论述了全面推进依法治国的总目标。党的十八届四中全会《决定》把“建设中国特色社会主义法治体系，建设社会主义法治国家”确立为全面推进依法治国的总目标。习近平同志指出，提出这个总目标，既明确了全面推进依法治国的性质和方向，又突出了全面推进依法治国的工作重点和总抓手。他强调，这个总目标鲜明宣示了我们将坚定不移走中国特色社会主义法治道路。这条道路是社会主义法治建设成就和经验的集中体现，是建设社会主义法治国家的唯一正确道路。全面推进依法治国的总抓手是建设中国特色社会主义法治体系。依法治国各项工作都要围绕这个总抓手来谋划、来推进。

（四）提出“意识形态工作是党的一项极端重要的工作”

习近平同志在抓好经济建设、改革开放、依法治国的同时，高度重视思想文化和意识形态工作。他指出，只有物质文明建设和精神文明建设都搞好，国家物质力量和精神力量都增强，全国各族人民物质生活和精神生活都改善，中国特色社会主义事业才能顺利向前推进。2013 年 8 月，他在全国思想宣传工作会议上提出：经济工作是党的中心工作，意识形态工作是党的一项极端重要的工作。这一论断是对意识形态工作的明确定位，指明了它在以经济建设为中心的党的事业全局中处于“极端重要”的地位。按照这一定位，我们在抓意识形态工作时必须始终不忘党的中心工作是经济建设，绝不能偏离这个中心；在抓经济建设时绝不能放松意识形态工作，必须把它放在极端重要的地位。这一全面而坚定的认识凝结着我们党多年来处理经济建设与意识形态工作关系的极为丰富的经验，是续写中国特色社会主义这篇大文章中重要而精彩的一笔。

做好意识形态工作，必须处理好正面宣传和舆论斗争的关系。习近平同志要求，坚持团结稳定鼓劲、正面宣传为主的方针，坚持巩固壮大主流思想舆论，弘扬主旋律，传播正能量；同时他又强调指出，在事关大是大非和政治原则问题上，必须增强主动性、掌握主动权、打好主动仗。一个政权的瓦解往往是从思想领域开始的，政治动荡、政权更迭可能在一夜之间发生，但思想演化是个长期过程。思想防线攻破了，其他防线就很难守住。要敢抓敢管，敢于亮剑，敢于站在风口浪尖上进行斗争，不能搞“爱惜羽毛”那一套，牵涉到大是大非问题、政治原则问题，不能含糊其辞，不能退避三舍，不能当开明绅士。

“讲话”对思想文化和意识形态各方面的工作都作了深入论述。宣传思想工作就是要巩固马克思主义在意识形态领域的指导地位，巩固全党全国人民团结奋斗的共同思想基础，一定要围绕中心、服务全局，胸怀大局、把握大势、着眼大事，因势而谋、应势而动、顺势而为。要把培育和弘扬社会主义核心价值观作为凝魂聚气、强基固本的基础工程，通过教育引导、舆论宣传、文化熏陶、实践养成、制度保障等，使社会主义核心价值观内化为人们的精神追求，外化为人们的自觉行动。要加强全社会思想道德建设，激发人们形成善良的道德意愿、道德情感，培育正确的道德判断和道德责任，提高道德实践能力，引导人们向往和追求讲道德、尊道德、守道德的生活，形成向上的力量、向善的力量。要继承和发扬中华优秀传统文化和传统道德，使中华优秀传统文化成为涵养社会主义核心价值观的重要源泉。要对传统文化进行科学分析，对有益的东西、好的东西予以继承和发扬，对负面的、不好的东西加以抵御和克服，取其精华、去其糟粕，而不能采取全盘接受或者全盘抛弃的绝对主义态度。教育是为人民服务、为中国特色社会主义服务、为改革开放和社会主义现代化建设服务的，党和人民需要培养的是社会主义事业的建设者和接班人。文艺要坚持以人民为中心的创作导向，反映好人民心声，坚持为人民服务、为社会主义服务这个根本方向，把满足人民精神文化需求作为文艺和文艺工作的出发点和落脚点。

（五）坚持党要管党、从严治党方针，总结从严治党规律

领导中国特色社会主义事业的核心力量是中国共产党。坚持和发展中国特色社会主义，关键在党。习近平同志强调，必须认真贯彻党要管党、从严治党的方针。党要管党，才能管好党；从严治党，才能治好党。如果管党不力、治党不严，人民群众反映强烈的党内突出问题得不到解决，那我们党迟早会失去执政资格，不可避免被历史淘汰。这决不是危言耸听。

“讲话”对党的思想建设、组织建设、作风建设、反腐倡廉建设和制度建设等各方面都作了系统论述。党的群众路线教育活动聚焦到作风建设，对形式主义、官僚主义、享乐主义和奢靡之风“四风”做了一次大排查、大检修、大扫除。2013年在中纪委二次全会上，习近平同志论述了严明党的政治纪律，要求各级党组织和全体党员在政治方向、政治立场、政治言论、政治行为方面必须遵守规矩，最核心的，是坚持党的领导，坚持党的基本理论、基本路线、基本纲领、基本经验、基本要求，同党中央保持高度一致。2014年在中纪委三次全会上，他又着重论述了严明党的组织纪律，要求切实增强党性，切实遵守组织制度，切实加强组织管理，切实执行组织纪律。在全国组织工作会议上，他提出按照信念坚定、为民服务、勤政务实、敢于担当、清正廉洁这五条标准培养选拔党和人民需要的好干部。他一贯强调抓紧反腐倡廉建设，要求建立健全惩治和预防腐败体系，把权力关进制度的笼子里，形成不敢腐的惩戒机制、不能腐的防范机制、不易腐的保障机制，坚持“老虎”、“苍蝇”一起打，保持惩治腐败的高压态势。

习近平同志特别强调坚定理想信念。他提出，“革命理想高于天”。理想信

念是共产党人精神上的“钙”，理想信念坚定，骨头就硬；没有理想信念，或理想信念不坚定，精神上就会“缺钙”，就会得“软骨病”。理想信念动摇是最危险的动摇，理想信念滑坡是最危险的滑坡。他批评有的干部对共产主义心存怀疑，认为是虚无缥缈、难以企及的幻想，有的不信马列信鬼神，遇事“问计于神”。他要求党的干部必须坚定共产主义远大理想，真诚信仰马克思主义，矢志不渝为中国特色社会主义而奋斗，用坚定的理想信念练就“金刚不坏之身”。

习近平同志通过对群众路线教育实践活动的总结，把我们党对从严治党的认识上升到规律的层面，要求“深入把握从严治党规律”。他说：“从严治党有其自身规律，对我们这样一个老党大党来说，从严治党更有其自身规律。”① 他从落实从严治党责任、坚持思想建党和制度治党紧密结合、严肃党内政治生活、从严管理干部、持续深入改进作风、严明党的纪律、发挥人民监督作用、深入把握从严治党规律八个方面论述了在新形势下坚持从严治党的要求。这些论述体现了我们党对从严治党规律的认识。

“讲话”内容极为丰富。笔者以上只是就自己学习时有所感悟的其中几点谈了一些认识。笔者以为，仅以这几点为例也可以看到，“讲话”处处紧扣坚持和发展中国特色社会主义这个主题，紧紧围绕这个主题指导党和国家各方面的工作，续写了坚持和发展中国特色社会主义这篇大文章。

习近平同志说过，“不谋全局者，不足以谋一域”。“讲话”用道路、理论体系、制度“三位一体”来概括中国特色社会主义的科学内涵，用总依据、总布局、总任务“三个总”来概括建设中国特色社会主义的全局。90 多年的接力探索特别是改革开放 30 多年的经验告诉我们，建设中国特色社会主义，必须按照“五位一体”的总布局从经济建设、政治建设、文化建设、社会建设以及生态文明建设各方面全面展开，在实践、理论和制度的相互作用中发展。习近平同志说：“中国特色社会主义是实践、理论、制度紧密结合的，既把成功的实践上升为理论，又以正确的理论指导新的实践，还把实践中已见成效的方针政策及时上升为党和国家的制度。”② 回顾十八大以来的历程，综观党的理论和实践的新成果，我们不难感受到，这一把握实践、理论、制度三者关系全面推进事业发展的清晰思路贯彻在党和国家的各项工作之中，体现在习近平同志的系列重要讲话之中。

① 习近平：《在党的群众路线教育实践活动总结大会上的讲话》，《人民日报》2014 年 10 月 9 日。

② 《十八大以来重要文献选编》（上），中央文献出版社 2014 年版，第 74 页。

正确认识和处理新时期人民内部矛盾

房　宁

【作者简介】房宁，1957年6月出生，北京市人。现任中国社会科学院政治学研究所所长、研究员。2006年加入全国宣传文化系统“四个一批”人才培养工程。2007享受国务院颁发的政府特殊津贴。2008年担任马克思主义理论研究和建设工程政治学教材编写组首席专家。2013年起担任监察部特约监察员。

长期从事政治学研究工作，多次参加国家有关部门的重要调研和理论文章写作工作。2005年参加起草中国国务院新闻办公室《中国民主政治建设》白皮书。2010年9月，为中共十七届中央委员会政治局第23次集体学习讲解《正确处理新时期人民内部矛盾》，2013年4月，为中共十八届中央委员会政治局第5次集体学习讲解《我国历史上的反腐倡廉》。

近年来主要著述有：《民主政治十论——中国特色社会主义民主理论与实践的若干重大问题》（中国社会科学出版社2007年版）；《自由威权多元——东亚政治发展研究报告》（社会科学文献出版社2011年版）；《民主的中国经验》（中国社会科学出版社2013年版）。

1957年2月27日，毛泽东发表了《关于正确处理人民内部矛盾的问题》。他在区分敌我矛盾和人民内部矛盾两类不同性质矛盾的基础上，立足于大规模的阶级斗争基本结束和社会主义改造基本完成、大量的矛盾属于人民内部矛盾的历史背景，明确提出不同质的矛盾必须用不同质的方法来解决，要用民主的方法解决人民内部矛盾。以此为标志，创造性地提出了我们党关于人民内部矛盾的学说。

以邓小平为核心的第二代中央领导集体，拨乱反正，否定了“以阶级斗争为纲”的“左”的路线，把发展作为解决中国一切问题的关键，开辟出一条通过推动经济发展为解决人民内部矛盾奠定必要物质基础的道路，提出了新时期我们党坚持和发展人民内部矛盾学说的正确理论。

以江泽民为核心的第三代中央领导集体，面对复杂的国内外局势，坚持正确处理改革发展稳定的关系，妥善协调现代化建设中的一系列重大经济政治和社会关系，明确提出了新的社会阶层是中国特色社会主义事业建设者的科学论断，进一步丰富和发展了新时期的人民内部矛盾理论。

党的十六大以来，党中央将正确处理人民内部矛盾和其他社会矛盾，作为全面落实科学发展观和构建社会主义和谐社会的一个重大现实课题。明确指出，构建社会主义和谐社会是一个不断化解社会矛盾的持续过程。我们要始终保持清醒头脑，居安思危，深刻认识我国发展的阶段性特征，科学分析影响社会和谐的矛盾和问题产生的原因，更加积极主动地正视矛盾、化解矛盾，最大限度地增加和谐因素，最大限度地减少不和谐因素，不断促进社会和谐。从而，将我们党的人民内部矛盾理论提升到了一个新的阶段。这些理论成果和历史经验，为我们正确认识和处理新时期人民内部矛盾、更好地推进社会主义现代化建设，提供了强大的思想武器。

一　新时期我国社会结构的新变化

按照马克思主义的基本观点，社会矛盾产生于一定的社会关系和社会结构之中。我国新时期人民内部矛盾的新发展、新变化，从根本上讲，是我国改革开放以来社会内部阶级阶层以及利益群体关系变化的产物，是我国社会结构发生巨大变动的结果。改革开放30多年来，我国经济社会结构发生了广泛而深刻的变化。进入新世纪新阶段，我国发展呈现出一系列新的阶段性特征，人民内部矛盾也出现了许多新变化，呈现出不少新特点。准确地分析和把握新时期社会结构的新变化，是正确认识新时期人民内部矛盾的基础。

当年毛泽东主席提出正确处理人民内部矛盾时，中国社会结构十分简单，一般称为“两阶级、一阶层”，即工人阶级、农民阶级和知识分子。改革开放以来随着经济社会的巨大发展，人民的概念和人民内部阶级阶层结构都发生了巨大变化。

按照《关于正确处理人民内部矛盾》中的分析，在不同的历史时期，人民有着不同的内容。今天，从总体上讲，在发展中国特色社会主义的新时期，一切赞成、拥护和参加中国特色社会主义事业的劳动者、建设者，一切拥护社会主义的爱国者和拥护祖国统一的爱国者，都应在人民之列。但是，具体到人民的构成，新时期与计划经济年代的情形有所不同。新时期的人民构成情况，则发生了重大变化。不仅原有的阶级、阶层和利益群体发生了分化，而且一些新的社会阶层、利益群体也产生了。社会成员流动性加大，呈现出多元化、多层化的利益矛盾关系格局。

第一，工人阶级内部结构和组成发生深刻变化，作为领导阶级的工人阶级内部关系多样化。由于工人阶级的各个成员所处的所有制不同，分配方式不同，经济、政治、文化等社会待遇不同。不同地区、不同行业、不同企业、不同岗位的职工的流动不断加大，在收入上拉开了差距，形成了一定差别，工人阶级内部分成不同状况的阶层和群体。

第二，农民阶级发生了新的分化和组合，农村居民内部关系复杂化。农民原来是挣工分的实行集体劳动的农业劳动者，现在成为实行土地个人承包的农业劳动者。同时，出现了一个新的庞大的农民工群体，充实到工人阶级队伍中。一方面，他们成为工人阶级的新鲜血液，是我国社会主义现代化建设的重要力量。现在的建筑、采掘、纺织等行业，80%职工都是农民工。另一方面，他们又处于城市生活的下层，他们的生产生活状况是人民内部矛盾激发的突出原因。

第三，在非公有制经济，特别是私营经济中，形成拥有相当财富的高收入的企业主阶层和高管阶层，他们作为雇主和雇员的矛盾客观存在，经营管理人员与员工的矛盾客观存在。有的非公有制企业存在劳动条件、劳动保护差，拖欠克扣工资，随意加班，侮辱工友，雇佣童工等，业主同员工之间关系紧张。

第四，出现了民营科技企业的创业人员和技术人员、受聘于外资企业的管理技术人员、中介组织的从业人员、自由职业者等新的社会阶层。一般来说，这些社会阶层大多属于中等以上收入层。他们是社会主义建设者，同工人、农民、知识分子、干部、解放军指战员也有一定差别和矛盾。①

社会结构的变化是基础性变化，直接影响社会群体间利益关系的变化，导致阶级阶层关系的变化，进而导致人民内部矛盾的变化，不同利益主体之间发生矛盾和冲突的可能性随之增加。

二　新时期人民内部矛盾的新变化

新时期我国社会结构广泛深刻的变化，带来了人民内部矛盾的发展变化。

① 参见王伟光《正确处理人民内部矛盾构建社会主义和谐社会》，《中共中央党校学报》2006年第3期。

准确把握新时期人民内部矛盾的新变化和新特点是正确处理人民内部矛盾的基本前提。

在社会结构发生变化的条件下，社会矛盾、人民内部矛盾发生了哪些相应的变化？2006 年以来，我们对于这一问题展开了长期的追踪研究。根据我们近年来独立开展的一项调查，从文献检索和研究的情况看：贫富矛盾、劳资矛盾、官商矛盾、官民矛盾以及城乡矛盾、中央地方矛盾等最为目前国内学术界所关注，其中贫富矛盾、官民矛盾和劳资矛盾被认为是目前我国最为突出的三大人民内部矛盾。[①]

首先，贫富差距与矛盾问题。我国社会贫富差距主要体现在城乡之间收入差距持续增大和城镇居民收入差距拉大等两个基本方面。据国家统计局统计，1980 年，我国城乡居民收入比为 2. 5∶1，到 2009 年收入比扩大为 3. 33∶1，2010 年稍有缩小为 3. 23∶1。在城乡差距扩大的同时，城镇居民之间的收入差距也在扩大。另有资料显示，我国城镇居民中最富有的 10% 的家庭与最贫穷的 10% 的家庭人均可支配收入差距约为 8 倍，有六成城镇居民的人均可支配收入达不到平均水平。

严重的贫富差距是导致社会分裂，产生社会矛盾与冲突的基本的经济根源。但是，贫富差距还不直接等于贫富矛盾，贫富矛盾也不必然导致社会冲突、破坏社会稳定。贫富差距是财富在社会成员之间客观分布的经济现象，而贫富矛盾则属于政治现象，贫富矛盾是以贫富差距基础形成的社会群体间的对立。贫富差距转化为贫富矛盾，需要有一定的社会条件，主要是收入、财富差距导致的社会分层的固定化，以及在此基础上形成对立性的群体意识。贫富矛盾的表现是贫富两大社会群体的相互对立与冲突。

其次，劳资矛盾问题。劳资矛盾是市场经济条件下出现的新问题。改革开放以来，尤其是实行市场经济以来，我国劳资矛盾开始形成，劳动纠纷大幅度上升。根据劳动保障部提供的数据，1996 年全国各级劳动部门接受劳动争议申诉为 4 万多件，至 2003 年，达到 21 万多件，上升了 5 倍。2008 年以后，我国各地各级劳动争议急剧增加。2009 年，全国统计各级劳动人事争议仲裁机构共处理劳动人事争议案件 87. 47 万件。其中，各级劳动争议仲裁机构共处理 87 万件，是 2008 年的 93. 47% 。[②]

---

① 中国社会科学院政治学所“我国社会矛盾与稳定形势问题研究”课题组进行的“社会矛盾与稳定形势专家调查”，在所列举的 15 项社会矛盾中列为前三项的提及率为：贫富矛盾 89. 2% 、官民矛盾 70. 3% 、劳资矛盾 56. 8% 。

② 根据中国社会科学院政治学研究所“我国社会矛盾与稳定形势问题研究”课题组调研访谈记录材料。

最后，官民矛盾问题。毛主席的《正确处理人民内部矛盾问题》一文中，已经提出了党和政府与人民群众之间的矛盾问题，他指出："我们的人民政府是真正代表人民利益的政府，是为人民服务的政府，但是它同人民群众之间也有一定的矛盾。"①历史发展到了现阶段，这一在当年就已存在的矛盾已经大为上升，成为一种不容忽视和更值得重视的人民内部矛盾。党和政府与人民群众之间的矛盾，学术界一般称为"官民矛盾"，这类矛盾并不是固定存在特定党政机关与特定人民群体之间的，而是由各种社会矛盾转化集合而成的社会与国家的矛盾、人民群众与政府的对立。官民矛盾的发生不限于特定的社会群体，不限于特定的起因，各种社会矛盾都可能在一定条件下转化为官民矛盾，多种社会矛盾也可能集合为官民矛盾。目前我国大量的上访、行政诉讼案件和群体性事件，则是官民矛盾的具体表现。

三　新时期我国人民内部矛盾的新特点

由于社会结构和人民内部矛盾类型的新发展、新变化，新时期的人民内部矛盾也呈现出新的特点。

第一，人民内部矛盾突出表现为物质利益性冲突。各种社会矛盾，从根本上都发生于利益矛盾。利益有经济利益也有政治利益，有物质的也有精神的，但最根本的是物质和经济的利益。新时期的人民内部利益冲突，大都是由于涉及群众切身利益的问题而引发的，而且，又更多的是以货币的形式表现出来。其中，既有经济迅速发展中的利益关系不协调与不公平问题，也有改革所带来的基本民生苦难问题。在当前包括因企业改制、城市拆迁、农村征地等因素所引发的各种矛盾，实质上就是发展和改革中的不同社会群体之间的物质利益性冲突。

第二，人民内部矛盾具有向"官民矛盾"演化的趋势。各种社会矛盾转化集合为官民矛盾，是改革开放条件下我国一种带有规律性的政治现象。改革开放以来，经济迅速发展带来社会进步的同时，又导致了一系列不均衡、不协调现象的发生，从而引发了更多的矛盾和问题。因此，现阶段我国社会出现了一个十分特殊的现象：经济社会文化快速发展的同时，社会矛盾与不满也在快速增长而社会不满的主要对象又往往指向党和政府。

在现阶段，人民内部矛盾出现向"官民矛盾"演化的趋势。尽管在革命战争时期人民群众与中国共产党及其领导的人民军队之间也存在一定矛盾，但在

① 《毛泽东文集》第 7 卷，人民出版社 1999 年版，第 205 页。

新的历史条件下，当中国共产党成为一个领导中国现代化事业的长期执政党之后，党与人民群众的关系就产生了新的变化。在当代中国现代化进程中，作为领导和执政的政党，中国共产党总体上代表着中国人民的整体利益、长远利益和根本利益。而人民群众中的不同利益群体和普通群众，在社会主义市场经济条件下则更关注自身的个别利益、眼前利益和局部利益。这样党与人民群众之间，就会因地位不同和社会功能不同而产生矛盾。这样的矛盾是客观的，它将在社会主义条件下长期存在并成为十分突出的社会问题和矛盾。

第三，人民内部矛盾转化为对抗性矛盾的可能性加大。当前我国社会正处于体制改革、利益格局迅速变化的过程中，各个群体之间的利益关系尚未形成能够良性互动和有效协调的机制，人民内部的利益矛盾往往会以结成利益集团的形式表现出来。从而，极易演化成群体性事件。一些群众因对土地使用、城市拆迁、工资等各方面不满，而采取集体上访、游行示威、冲击政府等直接对抗的方式，表达诉求，争得利益屡见不鲜。国家信访局提供的资料表明，从20世纪90年代中期开始，我国由人民内部矛盾引发的群体性事件呈急剧上升趋势。2004年同1994年相比，群体性事件的起数、人数，分别增长了6倍多和4倍多。这从一个侧面说明了人民内部矛盾与群体性事件的高度相关性。

从性质上说，人民内部矛盾属于非对抗性的矛盾。然而，在当前改革进入攻坚阶段、多种矛盾彼此交织、国际国内因素相互融合并存在多方面制度“缺失”的条件下，人民内部矛盾也有可能激化或转化，甚至出现对抗。

在许多地区所发生的由个别冲突引发非直接利益相关方的第三方闹事，也是一个值得注意的现象。在这些事件中，往往参与者的合理诉求与他们的不合法方式交织在一起，经济利益的诉求和维护民主权利的要求交织在一起，多数人的合理诉求与少数人的无理取闹交织在一起，群众的自发行为与一些别有用心的人插手利用交织在一起。稍微处置不当，局部问题就有可能扩散到全局，从而把非对抗矛盾转化为对抗性矛盾。

四 关于正确认识和处理新时期人民内部矛盾的思考

当年毛主席在《关于正确处理人民内部矛盾的问题》中提出“民主的方法”、用“统筹兼顾、适当安排”的方法解决人民内部矛盾等一系列重要思想，至今对于我们思考新时期人民内部矛盾仍然具有启示和指导意义。

第一，人民内部矛盾是存在于社会主义社会长期的历史现象。新时期伴随改革开放不断深化和社会主义市场经济进程，新的人民内部矛盾大量涌现，有的转化为对抗性矛盾，导致了群体性事件的发生。应当说，这是我们国家在实现社会主义现代化进程中必定要出现的，在一定程度上是不可避免的。之所以得出这样的判断，是因为新时期人民内部矛盾，从根本上讲，是与人民日益增长的物质文化需要同落后的社会生产之间的矛盾这一社会主要矛盾联系在一起的，现在复杂多样的人民内部矛盾本质上是我国社会生产力尚不发达的表现。因此，人民内部矛盾是存在于社会主义社会的长期的历史现象。

认清这一点是十分重要的，这是正确认识和处理新时期人民内部矛盾的基本前提。由于我国正处于并将长期处于社会主义初级阶段的基本国情没有变，大量的人民内部矛盾在可以预见的将来是不会消除的，有时还会在一些局部有所发展和激化。我们所要做的和我们所能够做的是，最大限度地化解和缓和人民内部矛盾，把人民内部矛盾控制在一定范围内和程度上，不使其大规模地转化为对抗性矛盾，保持社会安定，保证现代化建设在基本稳定的社会环境中进行。因此，对待新时期人民内部矛盾的问题，既要高度重视，又不能急于求成。

解决新时期人民内部矛盾的根本之道还在于集中精力发展社会主义社会的生产力。邓小平同志在1992年时讲过："从根本上说，手头东西多了，我们在处理各种矛盾和问题时就立于主动地位。"① 邓小平当年讲的这个道理今天并未过时。我们国家的核心利益是抓住当前有利的战略机遇期，实现国家的现代化和民族复兴大业。在这个阶段上，发展是第一要务。相信在这个目标实现后，人民内部的多种矛盾和问题会得到根本性的缓解和改善。我们要毫不动摇地坚持党在新时期的基本理论、基本路线，把科学发展放在首位，通过发展来化解矛盾，促进和谐。

第二，把解决收入分配不公问题作为解决新时期人民内部矛盾的重要方面。新时期人民内部矛盾归根结底是在新的历史条件和社会环境中人民群众中各种利益群体间的利益矛盾。其中不同群体间收入差距不断拉大，甚至出现分配不公，是造成现阶段人民内部矛盾大量发生的主要原因之一。因此，抑制收入差距过快增长，解决分配不公问题就成为当前解决人民内部矛盾的一个重要的关键性问题。应当从政治上看待收入分配不公的问题。我们国家是社会主义国家，我们党是工人阶级的先锋队，广大工人、农民、知识分子是人民群众中的大多数，是我们党依靠的基本群众。收入差距拉大，利益相对受损的是普通的工农劳动群众，他们现在意见不少。一些西方舆论和一些跑到国外的"民运"分子，也在拿我国的收入差距问题以及部分群众生活困难做文章，攻击我们。这个问题如果长期得不到解决，确实要影响到人民群众，特别是工农基本群众对

---

① 《邓小平文选》第3卷，人民出版社1993年版，第377页。

党和国家的看法，会提出我们究竟代表谁的问题。现在“蛋糕”是做大了，但如果分不好“蛋糕”，我们党的执政能力还是会受到质疑。

党的十六大以来，党中央提出科学发展观等重要战略思想，出台了一系列旨在缓解社会收入差距过大的措施，取得了一些成效。但当前收入差距扩大的趋势依然没有根本扭转，人民群众对分配问题的意见依然很大。党的十八大高度重视解决收入分配问题，提出了“实现发展成果由人民共享，必须深化收入分配制度改革，努力实现居民收入增长和经济发展同步、劳动报酬增长和劳动生产率提高同步，提高居民收入在国民收入分配中的比重，提高劳动报酬在初次分配中的比重。初次分配和再分配都要兼顾效率和公平，再分配更加注重公平”[①] 等重要原则，是十分正确和必要的。

在解决收入分配问题上，初次分配是分配的基础，初次分配差距过大，仅靠再分配调节也难以奏效。如何在再分配环节更加注重公平，重要的是建立健全以税收和财政支出为重点的再分配机制。就税收制度而言，要逐步增加直接税并相应减少间接税在整个税收收入中的比重，从而逐步提升中国税收调节贫富差距的功能，并使其与取得收入的功能兼容。总之，我们应在保障发展的前提下，努力调节收入分配，努力使收入差距扩大的趋势尽快得到扭转。应当辩证地看待发展与公平的关系，发展是解决公平问题的基础，公平能够带来更好的发展。

第三，进一步转变政府职能，树立科学的政绩观，强化公共服务，提高社会管理水平。当前人民内部矛盾的一个重要表现是，人民群众与党和政府的矛盾比较突出，一些具体问题常常引发群众对政府的不满，群众之间的一些矛盾有向政府集中的趋势。许多群体性事件就反映了这样的问题。从政府的角度看，造成这种问题的一个重要原因是，有些地方的政府职能转变和社会管理水平的提高，跟不上社会主义市场经济快速发展的进程，尤其是公共服务不到位，群众迫切需要解决的困难得不到政府应有的关注。有些地方政府的职能还没有真正转变到“经济调节、市场监管、社会管理和公共服务”上面来。这种情况除去有客观原因外，也有主观原因。主观原因是，少数领导干部还没有把工作思路真正转到科学发展观上面来，工作还是围绕着 GDP 转，对社会问题、群众工作重视不够。而这背后可能的原因是少数领导干部没有真正树立起科学的政绩观。我们认为，落实科学发展观要有广大干部的科学政绩观作保障。党的十七大以来，中央在改革和完善党政机关和干部考核体系方面做了许多工作，按照

---

① 《中国共产党第十八次全国代表大会文件汇编》，人民出版社 2012 年版，第 33 页。

科学发展观的要求制定了不少新的考核标准，其中包括把环保工作纳入了考评范围，无疑是十分正确的。党的十八大以来，党中央、国务院提出进一步简政放权，这是继改革开放初期提出经济管理体制改革以来，又一次重大的改革举措，必将进一步简化政府职能，激发社会活力，提高政府公共服务和社会管理水平，使科学发展观得到更好的贯彻落实。

第四，加强和改进党的群众工作。“从群众中来，到群众中去”是我们党的优良传统，我们党是最擅长做群众工作的党。但在改革开放和实行社会主义市场经济的条件下，我国经济社会结构发生了广泛而深刻的变化，新社会群体、新社会组织以及新的社会骨干不断涌现，党的群众工作面临着新的形势。在新形势下，党的领导方式以及相应的组织结构、管理体制需要作出相应的调整和改革，其中最重要的是要加强新形势下的群众工作，深入基层、深入群众，巩固党的社会基础。

新时期党的群众工作总体上应当面向基层，重心下移。一是着力做好新社会组织以及新社会骨干的工作；二是努力培育一支宏大的社会工作者队伍。自从十六届六中全会提出建设一支宏大的社会工作人才队伍以来，一些地方和基层组织建立了社会事务和群众利益纠纷调处机构，主动了解群众需求，上传下达、沟通协调，提供法律法规政策的咨询服务，帮助群众调解纠纷，有效地起到了化解矛盾、促进和谐的积极作用。这些好的经验说明建设党领导下的社会工作人才队伍的必要性、重要性。

当前，在全党范围开展的党的群众路线教育实践活动，对于全党提高全心全意为人民服务的宗旨意识，对于进一步发扬理论联系实际、密切联系群众的优良学风和作风，对于改善党和各级政府与人民群众的关系，对于推进党风廉政建设、提高拒腐防变能力，对于加强党的执政能力，具有极其重大的意义。应当抓住时机，把改善党群关系、干群关系，作为群众路线教育实践活动达成的重要目标之一，在群众路线教育实践活动中，化解人民内部矛盾，提高各级党政组织和广大党员干部处理人民内部矛盾的自觉意识和能力。

第五，积极稳妥地进行政治体制改革和法制建设，提高处理人民内部矛盾的制度水平。发展社会主义民主与法制，是解决人民内部矛盾、促进社会和谐的重要制度保证。实施民主的过程，特别是实施基层民主自治的过程，既是人民群众参与社会事务、表达诉求、体现意志的过程，又是协调、磨合各种利益关系的过程，十分有利于化解人民内部矛盾，把矛盾解决在基层、解决在初始阶段。与民主建设紧密相连的是法制建设。应当更加充分地利用法律手段解决人民群众中的各种纠纷和矛盾，尤其要把处理群体性事件的工作纳入规范化、法制化的轨道。西方发达国家处理社会矛盾，化解社会冲突的一个重要做法就是“司法化”解决，尽量运用司法程序来“冷处理”社会纠纷、缓和矛盾。这方面的经验值得我们研究和借鉴。

当前，有关我国民主法制建设和政治体制改革的一些观点主张，是值得商榷的，这直接关系到能否正确地通过民主法制建设和政治体制改革促进人民内部矛盾的解决。现在有不少同志主张以扩大民主的竞争性的方法来推进政治体制改革和民主建设。综合考虑我国当前的经济社会条件、面临的主要任务以及国际环境，也考虑到西方国家以及一些发展中国家民主政治发展的历史经验教训，我们认为，现阶段我国民主政治建设不宜采取扩大竞争性的路子。我国正处于经济社会结构迅速变化、社会矛盾多发的转型时期。根据历史经验，在这一时期，竞争性的制度安排易于强化社会分歧、加剧矛盾，甚至引发动荡。在一些西方国家的历史上，议会民主、普选制度在社会矛盾频发的工业化阶段曾经多次中断，不少发展中国家采取西方式的民主政治导致了社会的动荡。当前，我国人民内部矛盾多发多样，增加政治制度中的竞争性并不利于缓和矛盾，反而容易造成社会矛盾的政治化，把群众中的一般矛盾引向政治领域，向政权集中，而这正是新时期现阶段处理人民内部矛盾时所要着重防范的问题。此外，由于我国已出现了一定程度的社会分化，一部分社会成员手中集中了大量金钱财富，并希望借此进一步影响、掌控社会权力。在村民自治的直接选举中，已经出现了贿选、大户控制甚至黑恶势力干预选举的问题。[①] 在这些问题没有得到有效解决的情况下，贸然逐级上推竞争性选举，势必导致在更大范围和更高层次上资本对权力的渗透。

毛主席当年曾指出，正确处理人民内部矛盾“是一门科学，值得好好研究”。社会矛盾是社会发展的动力。正确认识和处理新时期人民内部矛盾，将会大大推动中国特色社会主义事业的发展。我们坚信，在党中央的坚强领导下，经过全党的不懈探索实践，在全体人民的共同努力之下，一定能够处理好新时期的人民内部矛盾，夺取全面建设小康社会的最终胜利。

---

① 参见中国社会科学院政治学研究所“2011选举观察”课题组《近期我国基层选举中国值得关注的若干问题》，《中国党政干部论坛》2013年第4期。

“中国模式”成功的制度原因

张维为

【**作者简介**】张维为，复旦大学特聘教授、中国发展模式研究中心主任、上海社会科学院中国学研究所所长。曾在上海当过3年工人。复旦大学外文系毕业，日内瓦大学国际关系硕士、博士。

曾任牛津大学访问学者、日内瓦外交与国际关系学院教授、日内瓦大学亚洲研究中心高级研究员和国内多所大学的兼任教授。

20世纪80年代中期曾担任邓小平和其他中国领导人的英文翻译。走访过100多个国家。

著有《邓小平时代的意识形态与经济改革》（英文）、《改造中国：经济改革及其政治影响》（英文）、《重塑两岸关系的思考》，以及“思考中国三部曲”（《中国触动》、《中国震撼》、《中国超越》）。以中英文发表过大量关于中国经济与政治体制改革、中国发展模式、比较政治、外交政策以及两岸关系的文章。张教授的“思考中国三部曲”产生了相当大的社会影响，获得多种奖项，其中《中国震撼》一书曾获上海图书奖一等奖，并被译成多种文字出版。

对复杂的制度安排作简练的概括不失为话语建设的一个好方法。理解中国，特别是解释“中国模式”得以成功的制度原因，可以把重点放在解读中国的国家性质以及中国的一整套制度安排上。这种解读可以简称为“一国四方”，“一国”，即中国是一个“文明型国家”；“四方”指的是中国在四个方面的制度安排：在政党制度方面，是“国家型政党”（或“整体利益党”）；在民主制度方面，是“协商民主”，包括决策领域内的“新型民主集中制”；在组织制度方面，是“选贤任能”；在经济制度方面，是“混合经济”。这些制度安排保证了中国的迅速崛起，也是“中国模式”超越西方模式的重要制度保证。

一 “一国”——“文明型国家”

中国的崛起不是一个普通国家的崛起，而是一个“文明型国家”的崛起。中国是一个五千年连绵不断伟大文明与一个超大型现代国家的重叠。环顾今日之世界，数千年古老文明与现代国家形态几乎完全重合的国家只有一个，那就是中国。这种“文明型国家”具有超强的历史和文化底蕴，不会亦步亦趋，不会照搬西方或者其他模式，它只会沿着自己特有的轨迹和逻辑继续演变和发展；在崛起的道路上它也可能经历磕磕碰碰，但其崛起的势头已不可阻挡，崛起的方向已不可逆转；这种“文明型国家”有能力汲取其他文明的一切长处而不失去自我，并对世界文明作出原创性的贡献，因为它本身就是不断产生新坐标的内源性主体文明。

中国“文明型国家”主要有八个特征，可以被简称为“四超”和“四特”。“四超”就是超大型的人口规模、超广阔的疆域国土、超悠久的历史传统、超深厚的文化积淀。“四特”主要由“四超”衍生而来，即独特的语言、独特的政治、独特的社会、独特的经济。这其中的每一点都包含了传统“文明”和“（现代）国家”的融合。这些特征大致规范了中国道路及其制度安排的独特性和路径依赖，意味着治理这样的大国需要考虑诸多的复杂因素，需要一个比较强势、有为的政权机构，它要能够解决好天灾人祸问题，要能够应对人口和疆土规模带来的巨大挑战。中国历史上比较繁荣昌盛的朝代都与比较有为、比较包容的政权联系在一起。政权不有为，国家就走向衰败，乃至解体（如宋朝后期的状况）。政权不包容，国家就无法对各种复杂的利益进行协调，最终整个国家都可能陷入利益纷争而停滞不前甚至瘫痪内乱。中国的执政党和政府代表最广大人民的根本利益，使其能够规范和引领资本力量和社会力量。这种制度安排较好地保证了中国的迅速崛起，体现出中华文明的传统基因、红色基因和西方元素的有机融合，也构成了中国与西方制度安排的最大差别，是中国超越西方和西方模式的制度保证。

二 “四方”——四个方面的制度安排

一是国家型政党（或“整体利益党”）。在政党制度方面，中国是一个“国家型政党”（或“整体利益党”），发挥领导和协调的作用。中国迅速崛起已成了不争的事实，但不少人还是认为“中国模式”的最大弱点是中国的政治体制，特别是政党体制，因为“一党制”不符合西方界定的民主制度，也与世界上大多数国家的政治制度不同。许多西方学者认为这种制度将无法应对中国社会日益多样化和中产阶层壮大带来的挑战。其实，中国成功的关键原因就是包括中国政党制度在内的一系列制度安排，这个安排还可以继续改进，但它的生命力非常强盛，因为背后是数千年的中国文化传承，同时也汲取了红色文化和西方文化的许多营养。

中国共产党是一个代表整个国家和全体人民整体利益的政党。中国共产党虽然名字叫“党”，但和西方的“党”的内涵根本不同。西方的政党理论认为，一个社会由不同的利益集团组成，各个利益集团都应该有自己的代表，这就是多党制的起源，各个政党都代表了部分选民的利益，然后通过竞选和票决制，你得51%的选票，我得49%的选票，你就赢了，我就输了。问题是多数社会这样“分”了之后，就再也“合”不起来了。从这个角度看，中国共产党是“整体利益党”，而西方政党是公开的“部分利益党”。虽然许多西方政党也称自己代表了人民的整体利益，但西方各种民调结果都表明，多数民众认为自己国家的政党大都代表着特定的利益群体，而非大多数国民的整体利益。

“文明型国家”是“百国之和”，领导这样国家的执政团体不能只代表部分人的利益。如果中国的执政党也像西方政党那样只代表部分人的利益，这个党将被人民抛弃。中国共产党不仅要对国家的发展和百姓的福祉负责，而且要对自己文明的延续负责。从这个角度出发，我们就可以理解为什么毛泽东同志一直提醒国人要“追赶”和“超越”英美，否则就要被开除“球籍”。为什么邓小平同志提出中国的现代化要分三步走，最终要让中国在21世纪中叶成为社会主义现代化强国，并在全世界证明社会主义制度比资本主义制度优越。习近平总书记也明确指出：“我们党从成立那天起，就肩负着实现中华民族伟大复兴的历史使命。我们党领导人民进行革命建设改革，就是要让中国人民富裕起来，国家强盛起来，振兴伟大的中华民族。”他强调“中国是一个大国，不能出现颠覆性错误”，讲的就是这个道理。如果出现了“颠覆性”的错误，任何国家都没有能力帮助中国恢复平衡，一些整天想要颠覆中国的势力和国家还会幸灾乐祸，趁机落井下石。

从制度传承看，中国共产党是马克思列宁主义政党建党传统的继承和发展。今天的中国共产党是世界上组织规模最大、组织能力最强的政党。中国学习了西方政党的一些有益经验，建立了强大的现代政党体系，但同时又拥有独特的政治文化传统，两者的结合使我们可以超越西方政党模式。

二是协商民主。在民主制度方面，中国的最大特点是协商民主。这种协商民主的广度和深度是世界上其他政治制度所无法比拟的。在西方国家，民主几乎被锁定在政治领域内，锁定在国家定期举行最高领导人的选举。在中国，协商民主不仅是政治层面的制度安排，而且也是经济和社会层面的制度安排。中国超大型的人口规模、超广阔的疆域国土，意味着中国需要更具包容性和整合力的民主制度。在中国这么大的国家里，一个决定哪怕是10%的人反对，那也是1.3亿人反对，所以总体上中国不宜采用简单票决制中51%对49%、赢者通吃的方法，而是需要通过广泛协商，达成人民内部的最大共识。

中国协商民主包括“新型民主集中制”这种决策体制。中国迅速崛起的一个重要原因，是中国的决策比较能够考虑国家和人民的整体和长远利益。中国政治制度的战略规划和实施能力大概是世界上最强的。一个接一个五年计划的顺利制定和执行就是一个很好的例子。中国今天已经形成了“谋定而后动”的共识，形成了一种可以称之为“新型民主集中制”的决策制度，包括“从群众中来，到群众中去”“请进来，走出去”等一系列具体的程序和方法。

从传承来看，中国协商民主和决策制度继承了中国古代政治文化中强调的“兼听独断，多其门户”的理念，继承了“不谋全局者不足以谋一域”这种从长计议的传统。同时，也借鉴和发展了列宁提出的民主集中制。列宁提出的民主集中制曾经对苏联崛起发挥了至关重要的作用，但随着苏联模式走向僵化，苏联模式下的民主集中制越来越变成了只有集中，没有民主，甚至变成了“一言堂”。中国在改革开放的过程中，通过体制改革和创新，首先把民主集中制中的民主成分大大加强，这也确实是大势所趋，因为国家发展的任务越来越艰巨，涉及的领域越来越复杂，没有大量的专业知识，国家是无法作出正确决策的。

改革开放以来，我们在实行广泛协商民主的基础上进行集中，取得了比较好的效果，成功地制定了一个接一个的五年规划，五年规划也由计划经济时代的指令性计划，变成了社会主义市场经济体制下的指导性规划。中国今天无疑已经成了世界上最能制定长远规划的国家，也是最能落实长远规划的国家。“新型民主集中制”是制度化的决策机制。以五年规划的制定为例，它基本上需要一年半左右的时间进行成百上千次各个层面的磋商和咨询。正因为经过了这样一个过程，中国宏观决策的合法性和可行性总体上高于许多西方国家的决策。

三是选贤任能。在组织制度方面，中国实行的是“选贤任能”。邓小平同志把中国最高执政团队的选拔看作重中之重，他讲过，“中国问题的关键在于共产党要有一个好的政治局，特别是好的政治局常委会。只要这个环节不发生问题，中国就稳如泰山”。

从思想传承看，这种“事业成败，关键在人”的思想在中国政治文化传统中源远流长。“治国之道，务在举贤”“为政之要，惟在得人，用非其才，必难致治”表达的都是这个思想。如今，中国从上到下大致建立了一整套可以被称为“选拔+某种形式的选举”的制度。大体来说，干部晋升必须经过初步考查、征求意见、民调、评估、投票、公示等程序。中国选贤任能的制度挑战了“民主或专制”这种陈旧的二分法。从中国的视角看，一个政权的性质及其合法性，应该由其实质内容来判断，这种实质内容就是能否实行良政善治、能否拥有勤政能干的领导人、能否使多数民众感到满意。

温斯顿·丘吉尔有一句名言：“民主是最坏的制度，但其他已尝试的制度更坏。”在西方的文化背景中，情况可能确实如此。许多中国人将这句名言意译为“最不坏的制度”，也就是中国伟大战略家孙子所说的“下下策”，它至少可以保证坏领导人的出局。然而，在中国选贤任能的政治传统中，政府应该永远追求“上上策”或“最最好”的目标，力求选拔出最卓越的领导人。这当然很难做到，但这种努力不会停止。中国通过政治制度上的创新，已经产生了一种制度安排，这种制度安排在很大程度上实现了“上上策”（选出久经考验的领导人）与“下下策”（保证应该出局的领导人出局）的结合。

四是混合经济。在经济制度方面，中国实行的社会主义市场经济本质上是一种“混合经济”，它力求通过市场经济来优化资源配置，通过社会主义来保证宏观稳定和社会公平正义。它是“看不见的手”与“看得见的手”的混合；是计划与市场的混合；是国有经济和民营经济的混合；是“市场经济学”与“人本经济学”的混合。这种制度安排是对西方模式，特别是美国模式的超越。

中国“混合经济”延续和发展了中国传统意义上的“民本经济学”，即经济发展首先是为了百姓福祉，为了“经世济民”，其主要特点是经济与国计民生连为一体，经济与治国安邦连在一起。在中国漫长的历史上，一个政府如果不能发展经济和改善民生，不能处理好各类急难险重，就会失去百姓的支持。同时这种制度安排也引入了西方现代市场经济的理念，包括现代企业制度、现代贸易制度、现代银行制度、现代融资体系等，以确保中国成为世界上最有竞争力的国家之一，并最终成为世界最大的经济体。

总体上看，我们既要发挥市场配置资源的高效，又要确保社会主义宏观整合的长处，同时拒绝市场原教旨主义。我们的“混合经济”不是机械地模仿西方市场经济，而是学习它的长处，了解并尽可能地克服它的短处，并结合自身的条件不断探索体制创新。现在中国的社会主义市场经济，包括一整套宏观调控的思路、方法、措施、组合拳，显出了强大的生命力。

严明政治规矩培育良好政风

张星星

【作者简介】张星星，1955 年生于北京，先后就读于装甲兵学院、国防大学、中国人民大学，获博士学位。现任当代中国研究所副所长、《当代中国史研究》主编、中国社科院研究生院中华人民共和国国史系主任，兼任中华人民共和国国史学会秘书长，博士生导师，博士后合作导师，享受国务院政府特殊津贴。主要学术著作有《毛泽东思想概论》、《邓小平理论的形成和发展》、《中国巨变（1949—2009）》、《中华人民共和国史稿》等 40 余部；主要论文有《中华人民共和国史研究述论》、《新世纪以来中华人民共和国史研究的发展和成熟》、《忠实记写新中国的光辉历程》、《不断提高党的建设科学化水平》等 110 余篇。

党的十八大以来，以习近平同志为总书记的党中央多次强调，党员、干部特别是领导干部要严守政治纪律和政治规矩。政治纪律、组织纪律、财经纪律大都有比较具体的规定，有一些不可触碰的红线，而对于我们党在长期思想建设、组织建设、作风建设、制度建设实践中形成的“政治规矩”，却没有引起人们的充分重视，以为只要不出政治问题、腐败问题、违纪问题，其他问题似乎可以忽略不计。习近平同志在党的十八届四中全会上强调指出：“政治纪律和政治规矩这根弦不能松，腐败问题是腐败问题，政治问题是政治问题，不能只讲腐败问题、不讲政治问题。干部在政治上出问题，对党的危害不亚于腐败问题，有的甚至比腐败问题更严重。在政治问题上，任何人同样不能越过红线，越过了就要严肃追究其政治责任。有些事情在政治上是绝对不能做的，做了就要付出代价，谁都不能拿政治纪律和政治规矩当儿戏。”他在十八届中央纪委五次全会上又指出：“各级党组织要把严守纪律、严明规矩放到重要位置来抓，努力在全党营造守纪律、讲规矩的氛围。”习近平同志突出强调“政治规矩”和“严明规矩”问题，对在新形势下全面从严治党有着重要的现实意义。

一 严明政治规矩是党的建设的重要经验

中国共产党是按照马克思列宁主义建党学说、依据民主集中制组织原则建立起来的工人阶级政党，把民主集中制作为党的根本组织制度和领导制度。按照民主集中制的组织原则，中国共产党一贯重视党的组织建设和纪律建设，建立起严密的组织体系和严格的组织纪律，形成一整套优良传统和党内规矩，对维护全党的团结统一，提高党组织的战斗力，发挥了极其重要的作用。

党内政治生活和组织生活的优良传统，是在党的建设曲折探索中形成和发展起来的。在国共合作的第一次大革命时期，党内出现了陈独秀的家长制、“一言堂”，党内民主生活被破坏，正确意见受到压制，以陈独秀为代表的右倾错误在党内占据主导地位，导致第一次大革命惨痛失败的重要原因。针对陈独秀的家长制作风，1927 年 5 月党的第五次全国代表大会通过《组织问题议决案》，第一次明确规定了的集体领导原则，指出：“中央应强毅地实行集体的指导，从中央、省委以至支部。党内纪律非常重要，但宜重视政治纪律，不应将党的纪律在日常生活中机械的应用。”[①] 这些规定为正确贯彻民主集中制和集体领导原则指出了方向。

陈独秀的家长制作风被批判和纠正之后，无组织、无纪律的极端民主化倾向在党内滋长起来。1929 年 12 月，毛泽东主持召开红四军党的第九次代表大会，即古田会议，作出《古田会议决议》，严肃批评了红四军党内的极端民主化、非组织观点和个人主义等错误倾向，强调了遵守党的纪律的重要性和党内生活“政治化”、“科学化”问题，明确规定：“在组织上，厉行集中指导下的民主生活”；“党的纪律之一是少数服从多数。少数人在自己的意见被否决之后，必须拥护多数人所通过的决议。除必要时得在下一次会议再提出讨论外，不得在行动上有任何反对的表示”；“严格地执行纪律，废止对纪律的敷衍现

① 《中共中央文件选集》第 3 册，中央党校出版社 1989 年版，第 88 页。

象"[1]。这个决议不但在毛泽东等领导的红军中实行了，后来各地党组织和各部分红军都先后照此做了，为在分散的农村武装斗争环境中保持党的工人阶级先锋队性质奠定了重要基础。

延安整风前夜，在1941年7月中国共产党成立20周年之际，中共中央政治局作出《关于增强党性的决定》，针对土地革命战争时期以王明为代表的宗派主义、张国焘的分裂主义和由于分散的农村游击战争环境而形成山头主义，严肃批评了某些党员的"个人主义"、"英雄主义"、"无组织的状态"、"独立主义"、"反集中的分散主义"等违反党性的倾向，深刻分析了这些违反党性的倾向在政治上、组织上和思想上的表现，系统指出了纠正这些错误倾向的办法[2]。这一决定为在随后开展的延安整风基础上，克服党内的宗派主义、分散主义、山头主义倾向，把党建设成为思想上、政治上、组织上完全巩固的工人阶级政党发挥了重要作用。

新中国成立前夕，中共中央先后作出《关于建立报告制度》的指示和《关于健全党委制》的决定，要求全党努力克服"任何无纪律无政府状态"、"个人包办和个人解决重要问题的习气"，加强中央的统一领导和集体领导，为夺取全国政权和建立新中国做了重要准备[3]。新中国成立后，针对高岗、饶漱石反党事件，1954年2月召开的中共七届四中全会作出《关于增强党的团结的决议》，严肃批评了党内部分干部"夸大个人的作用，强调个人的威信，自以为天下第一，只能听人奉承赞扬，不能受人批评监督，对批评者实行压制和报复，甚至把自己所领导的地区和部门看作个人的资本和独立王国"等不良倾向，强调要"严格遵守民主集中制，严格遵守集体领导的原则"，"必须坚决反对分散主义和个人主义，反对把自己领导的地区和部门当作独立王国，反对把个人放在组织之上，反对不适当地过分地强调个人的作用，反对骄傲情绪和个人崇拜"[4]，明确了党在执政条件下必须遵守的政治规矩。

改革开放的历史新时期，在深刻总结党内政治生活正反两方面历史经验的基础上，1980年2月召开的十一届五中全会上讨论通过的《关于党内政治生活的若干准则》，集中分析了由于党在全国处于执政地位而产生的骄傲自满情绪、党和国家民主集中制不够健全、封建阶级和资产阶级思想的影响等原因，脱离实际、脱离群众、主观主义、官僚主义、独断专行、特权思想等不良倾向在党

① 《毛泽东文集》第1卷，人民出版社1993年版，第81、82、90页。

② 《中共中央文件选集》第13册，中央党校出版社1991年版，第144—147页。

③ 《毛泽东选集》第4卷，人民出版社1991年版，第1264、1340页。

④ 《建国以来重要文献选编》第5册，中央文献出版社1993年版，第128、129页。

内的发展，特别是着重指出了“文化大革命”期间，无政府主义和派性分裂活动盛行，肆意践踏党规党法，对党的组织、党员党性观念、党的优良传统和党内政治生活造成的严重损害，重申和规定了党内政治生活的12条准则，为新时期恢复和发扬党的优良传统，健全党内民主生活，巩固党的组织和纪律，维护党规党法，切实搞好党风，提供了重要的政治和组织保证。

中国共产党在党的长期建设和斗争实践中形成的政治规矩，经过实践检验，行之有效，成为在思想上、政治上、组织上、作风上展现工人阶级政党先进性的重要方面，对加强党的自身建设、树立党的良好形象，发挥了重要作用，并对全民族、全社会产生了重要影响，应当长期坚持并自觉遵循。近代以来，中国先后出现300多个政党，只有按照民主集中制原则高度组织起来、建立起严格纪律、形成一整套优良作风和政治规矩的中国共产党，才能赢得中国人民的拥护和信赖，成为团结和凝聚全国各族人民的坚强领导核心。

二　严守政治规矩是对党员领导干部的基本要求

政治规矩虽然不像政治纪律、组织纪律和其他工作纪律那样具有显性特征，同样也是党的指导思想、根本宗旨、组织原则、优良作风在党内政治生活和党员领导干部从政行为中的体现，事关党的性质和党的形象。党员领导干部作为担负领导职务和领导工作的党员骨干，在严守政治规矩方面应当成为全党、全社会的模范和表率，必须把严守政治规矩作为党员领导干部党性修养的重要内容和从政行为的基本要求，并贯彻到政治生活的各方面和全过程。

在处理与中央的关系上，要严守尊重和维护中央权威的规矩。有的同志不是从全党利益和大局出发，坚决贯彻中央的决策部署，而是把维护本地区、本部门或小团体的局部利益，当作“敢于负责”、“敢于说话”，甚至自行其是、阳奉阴违，尾大不掉、妄议中央。1954年2月党的七届四中全会作出的《关于增强党的团结的决议》指出：“党的团结的唯一中心是党的中央，因此，必须把任何地区任何部门的党的组织及其工作看作是在中央统一领导下的整个党及其工作的不可分割的一部分，反对任何派别思想、小团体习气、地方主义、山头主义和本位主义，反对任何妨碍中央统一领导、损害中央的团结和威信的言论和行动。”[①] 在另一方面，也不能把“同党中央保持高度一致”变成封建式的君臣关系和庸俗的依附关系，对上级领导阿谀逢迎、溜须拍马、歌功颂德、曲意献媚，这种风气严重恶化党内政治生活，造成恶劣的社会影响。习近平同志

---

① 《建国以来重要文献选编》第5册，中央文献出版社1993年版，第129页。

在十八届中央纪委三次全会上引用邓小平的话强调指出："下级也不应当对上级阿谀奉承，无原则地服从，'尽忠'。不应当把上下级之间的关系搞成毛泽东同志多次批评过的猫鼠关系，搞成旧社会那种君臣父子关系或帮派关系。"①

在处理与领导班子的关系上，要严守民主集中制和集体领导的规矩。有的同志只是把民主集中制和集体领导挂在嘴上，热衷于搞暗箱操作和形形色色的潜规则，任人唯亲、排斥异己，拉帮结派、结党营私，封官许愿、收买人心，把领导班子搞成一帮"小兄弟"，把个别酝酿变成个别授意，把会议决定变成一人决定，使党的组织原则变得徒有虚名。《关于党内政治生活的若干准则》明确规定："书记和委员不是上下级关系，书记是党的委员会中平等的一员。书记或第一书记要善于集中大家的意见，不允许搞'一言堂'、家长制。"② 习近平同志在十八届中央纪委三次全会上严肃指出："党内决不能搞封建依附那一套，决不能搞小山头、小圈子、小团伙那一套，决不能搞门客、门宦、门附那一套，搞这种东西总有一天会出事！有的案件一查处就是一串人，拔出萝卜带出泥，其中一个重要原因就是形成了事实上的人身依附关系。在党内，所有党员都应该平等相待，都应该平等享有一切应该享有的权利、履行一切应该履行的义务。"③

在处理与党组织的关系上，要严守个人服从组织、个人利益服从组织利益的规矩。曾经长期担任中央组织部部长、中央纪委第一书记的陈云同志指出："忠实，讲得具体一点，就是革命利益高于一切，有为党慷慨牺牲个人一切的决心。'富贵不能淫，贫贱不能移，威武不能屈'。把个人利益放在第一位，爱出风头，闹名誉地位，吹牛拍马，耍两面派，是同党的干部的称号不相容的。"④ 有的同志把个人权力、个人名利放在第一位，处心积虑地沽名钓誉、争名夺利，得名获利的事少一点都不行，无视党的组织原则，跟组织玩"小聪明"。有的同志以个人名利得失为干事依据，有名有利的事情就积极作为、扎堆作为，大搞形象工程、面子工程、政绩工程，反之就视而不见、相互推诿，一看现在规矩多、约束多就干脆为官不为，消极对抗。有的人把组织和人民赋予的权力当作谋取私利的工具，利欲熏心，权欲膨胀，把分工负责的工作当成"私人领地"，对下属的利益输送、政治献媚心安理得，不卡点要点拿点心里就不舒坦。习近平同志在十八届中央纪委五次全会上指出："必须服从组织决定，决不允许

---

① 《邓小平文选》第2卷，人民出版社1994年版，第331页。

② 《十一届三中全会以来重要文献选读》上，人民出版社1987版，第167页。

③ 《十八大以来重要文献选编》上，中央文献出版社2014年版，第770页。

④ 《陈云文选》第1卷，人民出版社1995年版，第212页。

搞非组织活动，不得跟组织讨价还价，不得违背组织决定，遇到问题要找组织、依靠组织，不得欺骗组织、对抗组织。”

在处理党内同志关系上，要严守坚持原则、公道正派，维护党的团结统一的规矩。陈云同志指出：“自我批评是共产党员学习的宝贵的武器，虚心地接受党的批评是一个党员进步的必要条件。好的共产党员，对党的每个批评都必须以诚恳的态度、愉快的态度去接受和了解，以改正自己的错误。”[①] 他多次强调，“要讲真理，不要讲面子”，“要论事不论脸”[②]。然而，有的人在同志关系上不讲原则，搞一团和气，该提醒的不提醒，该监督的不监督，该批评的不批评，该抵制的不抵制，也有的人以邻为壑、钩心斗角，甚至匿名诬告、制造谣言，搞阴谋诡计。习近平同志在十八届中央纪委三次全会上指出：“有的干部信奉拉帮结派的‘圈子文化’，整天琢磨拉关系、找门路，分析某某是谁的人，某某是谁提拔的，该同谁搞搞关系、套套近乎，看看能抱上谁的大腿。”[③] 他在党的群众路线教育实践活动总结大会上又强调：“党内政治生活和组织生活都要讲政治、讲原则、讲规矩，不能搞假大空，不能随意化、平淡化，更不能娱乐化、庸俗化。党内上下关系、人际关系、工作氛围都要突出团结和谐、纯洁健康、弘扬正气，不允许搞团团伙伙、帮帮派派，不允许搞利益集团、进行利益交换。”[④]

在处理与人民群众的关系上，要严守党的群众路线的规矩。有的同志凌驾于群众之上，把群众利益抛在脑后，尤其听不得群众意见。陈云同志讲道：“其实光说好话的人都是拍马屁的，拍马屁决不是件好事；不客气批评别人的人，才是好人，才够得上是革命同志。”他还曾说：“领导干部听话要特别注意听反面的话。相同的意见谁也敢讲，容易听得到；不同的意见，常常由于领导人不虚心，人家不敢讲，不容易听到。”在党内不怕有人说错话，就怕大家不说话。“如果鸦雀无声，一点意见也没有，事情就不妙。”[⑤] 习近平同志在十八届中央纪委三次全会上指出：“有的领导干部喜欢当家长式的人物，希望别人都唯命是从，认为对自己百依百顺的就是好干部，而对别人、对群众怎么样可以不闻不问，弄得党内生活很不正常。”[⑥] 王岐山同志在十八届中央纪委四次全会上指

---

① 《陈云文选》第1卷，人民出版社1995年版，第143页。

② 《陈云文选》第1卷，人民出版社1995年版，第291、346页。

③ 《十八大以来重要文献选编》上，中央文献出版社2014年版，第769—770页。

④ 《在党的群众路线教育实践活动总结大会上的讲话》，《人民日报》2014年10月9日。

⑤ 《陈云文选》第1卷，人民出版社1995年版，第121页；《陈云文选》第3卷，人民出版社1995年版，第188、240页。

⑥ 《十八大以来重要文献选编》上，中央文献出版社2014年版，第770页。

出："领导干部不仅要讲政治纪律，不违法不违纪，更要讲'政治规矩'，把'同党中央保持高度一致'变成实实在在的行动。这样才能保证领导干部全心全意为人民服务的宗旨得到全面的体现。只有领导心中想着群众，努力为群众办实事，办好事，不留私心杂念，才能更好的遵守好党的'政治规矩'。"[①]

三　严明政治规矩关键要从主要领导干部做起

严明政治规矩是维护政治纪律的重要前提，是规范党员领导干部从政行为的重要基础，是营造良好政治氛围的重要保证，关键在于主要领导干部率先垂范。习近平同志在十八届中央政治局第一次会议上即指出，我们党作为马克思主义执政党，不但要有强大的真理力量，而且要有强大的人格力量；真理的力量集中体现为我们党的正确理论，人格力量集中体现为我们党的优良作风；中央政治局的同志要带头把党的优良作风继承下去，敏于行、慎于言，降虚火、求实效，实一点，再实一点。他在十八届中央纪委三次全会上引用《论语·颜渊》中的话说："政者，正也。子帅以正，孰敢不正。""其身正，不令而行。其身不正，有令不从。"他还说，党要管党、从严治党怎么抓？就从中央政治局抓起，正所谓"子帅以正，孰敢不正？"上面没有做到，要求下面就没有说服力和号召力。党的十八大以来，以习近平同志为总书记的党中央为全党以上率下做出了表率。

在以身作则、率先垂范的基础上，以习近平同志为总书记的党中央着力加强对党员领导干部的教育、管理、监督，强调党员领导干部要懂规矩、守规矩，照规矩办事、按规矩用权。2013年7月，习近平同志在中央军委党的群众路线教育实践活动专题民主生活会上指出："军委同志要继续发挥带头作用，从具体实在的问题抓起改起，定了规矩就要照着办，要求别人做到的自己首先做到，要求别人不做的自己绝对不做，一步一个脚印把作风建设不断引向深入，真正落实好为民务实清廉的要求。"[②] 8月，他在辽宁考察时又指出："领导干部要把深入改进作风与加强党性修养结合起来，自觉讲诚信、懂规矩、守纪律，襟怀坦白、言行一致，心存敬畏、手握戒尺，对党忠诚老实，对群众忠诚老实，做到台上台下一种表现，任何时候、任何情况下都不越界、越轨。"[③] 2014年6月，习近平同志在主持中共中央政治局第十六次集体学习时指出："加强党的建

---

① 《人民日报》2014年10月26日。

② 《对照检查中央和军委有关作风建设规定落实情况　研究提出进一步加强作风建设措施》，《人民日报》2013年7月9日。

③ 《人民日报》2013年9月2日。

设，必须营造一个良好的从政环境，也就是要有一个好的政治生态。营造良好的从政环境，要从各级领导干部首先是高级干部做起。领导干部要坚守正道、弘扬正气，坚持以信念、人格、实干立身；要襟怀坦白、光明磊落，对上对下讲真话、实话；要坚持原则、恪守规矩，严格按党纪国法办事；要严肃纲纪、疾恶如仇，对一切不正之风敢于亮剑；要艰苦奋斗、清正廉洁，正确行使权力，在各种诱惑面前经得起考验。”[①] 严明政治规矩，培育良好政风，关键要从主要领导干部做起。

要加强党性教育，强化规矩意识。纪律是成文的规矩，一些未列入纪律的规矩是不成文的纪律；纪律是刚性的规矩，一些未明文列入纪律的规矩是自我约束的纪律。对于一个领导全国政权的执政党，一个有着 8600 多万党员的大党，要维护党的集中统一和健康肌体，既要靠党章和纪律，也要靠党的优良传统和严明规矩。许多党内规矩似乎并没有白纸黑字的规定，但都是党的性质、宗旨、作风和形象的重要体现。要从加强教育入手，引导干部坚定理想信念、增强党性修养、强化规矩意识，把懂规矩、守规矩作为对党员干部党性修养的重要考验，作为对党员干部对党忠诚度的重要检验，提高党员干部严守规矩的自觉性。

要扎紧制度篱笆，完善规矩约束。党的十八大以来，党中央从立规矩开始，首先制定了八项规定，随后陆续出台一系列制度措施，在规范权力运行、严格党内生活、加强从严治党、密切联系群众等方面制定和修订了一批工作制度和管理制度，使制度、纪律、规矩、监督的约束愈益严密，对克服不守规矩、随意逾规的现象，净化政治生态和从政环境，发挥了重要作用。要认真总结党内政治生活的宝贵经验，使那些行之有效的政治规矩逐步制度化、程序化、纪律化，纳入工作检查、民主测评、干部考核，使规矩约束更加严密、更加具有刚性，才能使自觉守规矩在党内蔚然成风。

要从严管理干部，健全规矩监督。对于党的优良传统、政治纪律、政治规矩，许多党员特别是党员领导干部并非不知道、不懂得。习近平同志曾讲到：这么多年中央经常讲、反复提“两个务必”，围绕改进作风发了不少文件、采取了不少措施，但为什么背离“两个务必”，搞形式主义、官僚主义、享乐主义和奢靡之风那一套还有不小的市场？为什么还有些人对不正之风乐此不疲？主观上说，主要原因是一些同志的世界观、人生观、价值观问题没有解决好。客观上说，主要原因是党要管党、从严治党方针在有些地方没有落到实处，在

---

① 《人民日报》2014 年 7 月 1 日。

一些方面管党、治党失之于宽、失之于松。应当在守规矩方面加强自上而下和自下而上的严格监督。

要及时开展批评，纠正逾规现象。严明政治规矩应当做到要赏罚严明，必须使一切违反政治规矩的现象和行为受到及时的批评、应有的惩处，才能维护规矩的严肃性。如果违反规矩、钻规矩空子的不受到惩处，反而得到某种利益，就会使违反规矩、热衷于潜规则的现象蔓延滋长。“纪纲一废，何事不生?”由于规矩的非刚性特征，一些违反规矩的行为没有引起党组织和党员领导干部的注意，发现了问题也没有上升到应有的高度来认识和处理，使得一些不守规矩、违反规矩的行为成为大家见怪不怪的不良风气。在严明规矩的问题上，党员领导干部要切实做到防微杜渐，及时提醒，及时批评，及时纠正。

没有规矩，不成方圆。必须清醒地看到，一些党员领导干部不守政治规矩，政风不正，在党内、党外造成了严重不良影响，损害党的形象，破坏党的威信。必须以高度的政治敏锐，认清不守政治规矩的严重危害，坚决克服违反政治规矩的不良风气，积极培育为民务实廉洁的良好政风，为营造良好政治生态，巩固党的阶级基础、群众基础和执政基础，推进“四个全面”战略布局提供可靠的政治保证。

与推进全面深化改革与依法治国相关的几个意识形态问题

樊建新

【作者简介】樊建新，男，汉族，祖籍山西省，1968 年 11 月出生于内蒙古自治区。1986 年 9 月—1993 年 7 月在中国人民大学哲学系伦理学专业读本科和研究生，硕士毕业。1993 年 7 月—2011 年 8 月，在教育部高等学校社会科学发展研究中心工作，2005 年 11 月晋升研究员，2005 年 12 月任中心副主任。2011 年 9 月调任中国社会科学院马克思主义研究院副院长。兼任中国社会科学院世界社会主义研究中心副主任，中华人民共和国国史学会常务理事。

从事思想理论领域热点问题及重大现实问题研究，在《求是》、《红旗文稿》、《经济日报》、《高校理论战线》、《思想理论教育导刊》《文艺理论批评》等刊物发表文章数十篇，参著《苏联演变进程中的意识形态研究》，主编《深化对劳动和劳动价值理论的认识》、《深化认识劳动价值论过程中的一些问题》、《劳动·价值·分配》等著作。

当前，国内意识形态领域总体态势积极向上，主旋律响亮，正能量强劲。同时，也出现了一些涉及重大是非原则且讨论比较集中的热点问题，这些热点反映出当前舆论斗争形势尖锐复杂且极具挑战的一面。对这些问题如果没有正确的认识，宣传上如果不加以引导，必然会对推进全面深化改革与依法治国造成一定干扰。

一　关于党的领导与依法治国

党的十八届四中全会提出了全面推进依法治国、建设中国特色社会主义法治体系、建设社会主义法治国家的总目标，正确阐释了党的领导和依法治国的关系。在如何处理党和法治的关系这个法治建设的核心问题上，全会明确提出，党的领导是中国特色社会主义法治的本质特征和根本要求，是全面推进依法治国的题中应有之义；党的领导和社会主义法治是一致的，社会主义法治必须坚持党的领导，党的领导必须依靠社会主义法治。习近平总书记在对全会决定的说明中进一步指出，全面推进依法治国最关键的是方向正确、政治保证坚强有力，具体讲就是要坚持党的领导，坚持中国特色社会主义制度，贯彻中国特色社会主义法治理论。其中，党的领导是中国特色社会主义最本质的特征，是社会主义法治最根本的保证。

然而，在这一“本质特征”和“核心问题”上，舆论界的认识并不一致，甚至存在激烈交锋。一些宣扬西方宪政思潮的人，打着法治的幌子，渲染西方法治理念和法治模式的“普世性”和“优越性”，将矛头指向党的领导和社会主义制度。其表现之一是，以西方资产阶级宪法思想和文本样式为圭臬，攻击我国宪法。有人说我国宪法“论证功能优于规范功能”，“党在宪法法律范围内活动的条款从未获得具体的法律支撑”，因此党的领导成了“凌驾于国家常规权力之上的领导权”；还提出所谓“党章宪法论”[①]，否定我国现行宪法的合法性。其表现之二是，将党的领导与依法治国对立起来，提出所谓“《党章》大还是《宪法》大”“党大还是法大”“党治还是法治”等伪命题。有人公开撰文说：“革命党建立的国家，依照革命党原则进行统治……这与依宪治国、依宪执政的法治机制是悖反的”。“在中国的国家治理体系中，要解决党权独大、其他权力弱化的问题，需要确立党权、国权、政权、法权四边均衡结构。只要存在独大的权力，党的十八届四中全会强调的依法治国就很难实施下去。”[②] 有人说，“党总揽全局，协调各方”，“通过国家政权机关实施党对国家和社会的领导”，“这与其说是法治，不如说是党治”。[③] 表现之三是，以树立宪法权威为由，把“司法独立”作为否定、架空党的领导的突破口。一些人把党的领导歪

---

① 田龙飞：《宪法的美好与纠结》，共识网（http://www.21ccom.net/articles/china/ggzl/20141204117091_all.html）。

② 任剑涛：《建设法治国家是中国政治转轨的需要》，《炎黄春秋》2014年第12期。

③ 梁治平：《2014版法治地图探径》，共识网（http://www.21ccom.net/articles/china/ggzl/20141210117338.html）。

曲为某一个人的领导，把“依法独立公正行使审判权和检察权”歪曲为西方式的“司法独立”，把“任何党政机关和领导干部不得违法干预司法活动”歪曲为党不能领导司法。有人说，司法独立的含义是，“整个司法系统对外界是独立的，它不受行政机关、政党等任何组织或者个人的影响”。[①] 这实际上是主张司法要脱离党的领导。

近年来，西方不断向我国植入挑战我国政治制度的“思想病毒”，培养和扶持“吃共产党的饭，砸共产党的锅”的各类异己分子，搞乱思想，搞乱人心，比如“爱国不等于爱党”“法大还是党大”“有宪法无宪政”“三权分立”“司法独立”“军队国家化”“普世价值”等。其本质就是“去中共化”，就是质疑、削弱和推翻党对中国特色社会主义法治的领导。

坚持党的领导、人民当家作主、依法治国有机统一是我国社会主义法治建设的一条基本经验。我国宪法以根本法的形式反映了党带领人民进行革命、建设、改革取得的成果，确立了在历史和人民选择中形成的中国共产党的领导地位。习近平总书记强调说：“对这一点，要理直气壮讲、大张旗鼓讲。要向干部群众讲清楚我国社会主义法治的本质特征，做到正本清源、以正视听。”[②]

二　关于阶级斗争理论

2014 年 9 月 23 日，《红旗文稿》刊发了《坚持人民民主专政，并不输理》（以下简称《坚持》）的文章，该文阐述了马克思主义的国家学说和无产阶级专政学说，分析了民主与专政的辩证关系，重申了党章和《宪法》关于“阶级斗争还将在一定范围内长期存在”的科学论断，并引用了邓小平“坚持人民民主专政并不输理”的语句。[③]

应该说，《坚持》一文是一篇阐述马克思主义基本理论的学术文章，既没有“以阶级斗争为纲”的意思，更没有“回到文革”的蕴含。但是，文章发表后，却受到一些人和媒体近乎疯狂的攻击和围剿。一些人故意歪曲，上纲上线，恶毒攻击作者“为文革复辟”“姚文元重生”“鼓动底层造反”“幽灵”“反动权威”“纳粹”“走资派”，并用耸人听闻的话语威胁作者会“死得很惨”“应该绞刑”“强烈要求中央追究他的政治责任”，等等。在天则经济研究所“双周

---

① 《大梅沙创新论坛系列访谈之四：王建勋谈法治》，共识网（http：//www.21ccom.net/articles/china/ggzl/20141103115665.html）。

② 习近平：《关于〈中共中央关于全面推进依法治国若干重大问题的决定〉的说明》，《人民日报》2014 年 10 月 29 日。

③ 王伟光：《坚持人民民主专政，并不输理》，《红旗文稿》2014 年第 18 期。

论坛”上，一位教授在“改革开放与阶级斗争”的主题讲座里，一口咬定作者要“复辟以阶级斗争为纲”。他说，“至少有两种阶级斗争：一个是权贵斗百姓，这是一种阶级斗争。再一个是百姓斗权贵，这是另一种阶级斗争。”他说，断定作者“主张的阶级斗争就是百姓对权贵的斗争，这是幼稚的”。他吹嘘说，他们已经通过写文章把“以阶级斗争为纲”再次搞臭了，以至于“四中全会的公报里面没有提阶级斗争，也没有提专政”，“这是捍卫基本路线的胜利”。① 天则经济研究所荣誉理事长说，作者的文章之所以还有市场，其根子在“马克思的劳动价值论”，“那个东西绝对的错误。这个理论不取消的话，这个社会恐怕稳定不下来”。② 他认为现在“不存在剥削，也没有剥削阶级，更没有阶级斗争”。③

针对一些人的无端指责和错误观点，不少学者撰文对《坚持》一文表示支持，对一些人在阶级问题上的混乱认识作了澄清。大家认为，在阶级问题上，要像邓小平指出的那样：“社会主义社会中的阶级斗争是一个客观的存在，不应该缩小，也不应该夸大。实践证明，无论缩小或者夸大两者都要犯严重的错误。”④ 因此，既要反对把阶级斗争扩大化的观点，又要反对认为阶级斗争已经熄灭的观点。

值得深思的是，为什么这样一篇文章会引起如此轩然大波，会遭到如此肆无忌惮的攻击？为什么一些人一看到“阶级”“阶级斗争”“专政”等字眼，就如此敏感？有网民一针见血地指出：“王伟光之所以被攻击，不是把阶级斗争问题讲得不清楚，相反，正是讲得太清楚了，矛头对得太准了，便把那群主张西化、分化、私有化、资本主义化的群体给惹怒了。”⑤ 我们知道，阶级观点、阶级斗争理论、阶级分析方法是马克思主义的一个核心理论，是否承认阶级斗争理论和无产阶级专政学说，是判断真假马克思主义的试金石。对一个时期以来出现的诸如历史虚无主义、新自由主义、普世价值论、西方宪政论、公民社会论、新闻自由等错误思潮，抛开学术争鸣和认识问题不说，不管它们如何变换花样，不管它们怎样学术包装，只要坚持阶级观点，拿起阶级分析的武器，它

① 王占阳：《改革开放与阶级斗争》，见“天则双周论坛”第512期（http：//www. unirule. org. cn/index. php？ c = article&id = 3501）。

② 茅于轼语，见“天则双周论坛”第512期《改革开放与阶级斗争》一文（http：//www. unirule. org. cn/index. php？ c = article&id = 3501）。

③ 茅于轼：《到底是什么创造了财富》，天则网（http：//www. unirule. org. cn/index. php？ c = article&id = 3500），2014年12月9日。

④ 《邓小平文选》第2卷，人民出版社1983年版，第182页。

⑤ 温碧书：《要将王伟光处以绞刑的人用心何在》，四月网（http：//opinion. m4. cn/2014-09/1246976. shtml）。

们的政治实质就会暴露无遗。这就是为什么《坚持》一文会引起他们如此强烈的反应并拼命围剿的一个重要原因。正如列宁说的那样："马克思主义提供了一条指导性的线索，使我们能在这种看来扑朔迷离、一团混乱的状态中发现规律性。这条线索就是阶级斗争的理论。"①

关于阶级斗争理论在整个科学社会主义的理论和实践中的地位，美国驻苏联最后一任大使马特洛克有着极其深刻的洞察。他在《苏联解体亲历记》一书中说："阶级斗争理论是列宁主义者的国家结构演进观及同西方发生冷战所依据的中心概念，没有它，冷战的理由就不复存在，一党专政的理论基础就随之消失。"② "如果苏联领导人真的愿意抛弃阶级斗争观念，那么他们是否继续称他们的指导思想为'马克思主义'，也就无关紧要了，这已是一个在别样的社会里实行的别样的'马克思主义'，这个别样的社会则是我们大家都能认可的社会。"③ 可见，抛弃了阶级斗争理论，就从根本上抛弃了科学社会主义、抛弃了马克思主义，从而必然导致向资本主义演变。

三　关于混合所有制与国有企业改革

党的十八届三中全会提出"积极发展混合所有制经济"后，舆论界围绕混合所有制和国有企业改革问题展开激烈争论。争论的焦点是要不要坚持和巩固公有制的主体地位和国有经济的主导作用，即是坚持马克思主义为指导，把混合所有制作为巩固和加强公有制主体地位、成为基本经济制度的实现形式，还是以新自由主义为指导，把混合所有制作为私有化国有企业的工具。

比如，有人错误解读党的十八届三中全会精神，否定公有制经济的主体地位，说三中全会提出"公有制经济和非公有制经济都是社会主义市场经济的重要组成部分"，就意味着今后在所有制问题上"不分老大老二了"。④ 一位"著名学者"说："有些人认为在国有企业主导经济的情况下，仍然可以建一个所谓的市场经济，他没有认识到市场经济的要求跟国有体制基础是有冲突和矛盾的。"⑤ "保持国有经济的主导地位，民企无法成长。"⑥ 一些人还以十八届三中全会《决定》中有"鼓励非公有制企业参与国有企业改革，鼓励发展非公有资

① 《列宁专题文集·论马克思主义》，人民出版社 2009 年版，第 15 页。

② ［美］小杰克·F. 马特洛克：《苏联解体亲历记》（上），吴乃华等译，世界知识出版社 1996 年版，第 162 页。

③ ［美］小杰克·F. 马特洛克：《苏联解体亲历记》（上），吴乃华等译，世界知识出版社 1996 年版，第 169 页。

④ 杨伟民：《句句是改革　字字有力度》，《人民日报》2013 年 11 月 15 日。

⑤ 见张维迎《国企并不真赚钱》，凤凰财经网（http://finance.ifeng.com/news/special/caizhidao189/）。

⑥ 见张维迎《保持国企主导地位　民企无法成长起来》，中国行业研究网（http://www.chinairn.com/news/20140117/100312856.html）。

本控股的混合所有制企业”的话，将十八届三中全会决定说成是私有化的宣言书。

更让人忧虑的是，政府一些决策部门的同志和地方干部也误读了中央精神。比如，某权威政策研究机构企业研究所的一位同志说，中国占国有企业总数90%以上的13多万家国有中小企业，“应该彻底民营化”“国有企业比重完全可以退到零”；其余8000多家大型和特大型国有企业可以搞混合所有制经济，其中除了“对带有资源租金和垄断资金的企业主要是整体上市，逐步来释放国有股，稀释国有股”外，“其他的企业都可以将国有股降到50%以下、20%以下甚至零”。[①] 某省统计局的一位领导说，他对党的十八届三中全会《决定》最不满意的地方是，仍然“强调国有经济的主体地位”。他说：“国有企业是个怪胎，官不像官、企不像企，而且跟私营企业争夺资源。”他认为，现在到了发展民营经济的“黄金期”“民营企业第一个机遇就是对国有企业改造”。[②]

针对上述一些人对“积极发展混合所有制经济”的不当解读，一些学者撰文疾呼，避免混合所有制改革成运动，绝不能让“疯狂卖国企”重演，要全面准确地理解党的十八届三中全会精神，防止在国企改革问题上犯颠覆性错误。他们说，要彻底批驳“要混合就得卖，不卖不能混合”的歪理，坚决杜绝借改革之机搞国企私有化、化公为私，谋取暴利。如果以改革之名，强制要求国企向外资、私资出卖产权，那就不是为了加强国企，而是为了搞掉国企，必然威胁到基本经济制度和政体的稳定。

其实，中央提出发展混合经济的目的非常明确。习近平总书记在十八届三中全会上对《决定》作的《说明》强调指出：“提出要积极发展混合所有制经济，强调国有资本、集体资本、非公有资本等交叉持股、相互融合的混合所有制经济，是基本经济制度的重要实现形式，有利于国有资本放大功能、保值增值、提高竞争力。这是新形势下坚持公有制主体地位，增强国有经济活力、控制力、影响力的一个有效途径和必然选择。”[③] 可见，发展混合经济是为了巩固公有制的主体地位、加强国有经济主导作用，绝不是为了削弱公有制，更不是为了私有化国有企业。

2014年“两会”期间，习近平总书记再次发表讲话予以强调。3月5日他

---

① 见张文魁《13万多家中小国有企业应该彻底的民营化》，凤凰财经网（http：//finance. ifeng. com/a/20140303/11792944_ 0. shtml）。

② 见《信息与辅导》，2014年8月1日。

③ 习近平：《关于〈中共中央关于全面深化改革若干重大问题的决定〉的说明》，《人民日报》2013年11月16日。

在参加上海团讨论时说：“深化国企改革是大文章，国有企业不仅不能削弱，而且还要加强……在深化改革中自我完善，在凤凰涅槃中浴火重生。”① 3月9日他在参加安徽代表团讨论时说：“发展混合所有制经济，基本政策已明确，关键是细则，成败也在细则。要吸取过去国企改革的经验教训，不能在一片改革声浪中把国有资产变成谋取暴利的机会。”② 这些讲话具有很强的针对性。

当前，混合所有制改革在各地正如火如荼地展开，地方国企改革已经进入加速期，不少省份陆续公布了国企改革指导意见。但是，有迹象表明，一些地方以急功近利的心态和锦标主义的政绩观来对待混合所有制和国企改革，把混合所有制改革简单地变成一场运动。比如据报道，某省刚刚通过的国企改革方案决定，2020年之前所有省属国企百分之百实行混合所有制，并且包括煤炭、钢铁等企业在内的全部竞争性国有企业，在混合所有制改革中国企不设持股比例。③ 这意味着该省所有竞争性国企都有可能被彻底私有化。

巩固和壮大公有制主体地位、强化国有经济主导作用，是解放和发展生产力的根本要求，是消除两极分化、实现共同富裕的重要条件，也是构建社会主义和谐社会和实现自主发展的重要保障，关系到社会主义的性质和党的执政地位，不能不察。因此，对发展混合所有制经济的错误解读和私有化言论，我们应该表明态度，不能视而不见。对这样的言论不表明态度，就是默认了他们对党的十八届三中全会的误读，也会误导实际工作。在实际工作中要准确理解中央精神，制定政策要有利于保证公有制主体地位和国有经济主导作用的实现，杜绝中央精神和实际工作的“两张皮”现象。

四 关于市场的决定性作用

党的十八届三中全会提出“发挥市场在资源配置中的决定性作用”后，舆论界就如何理解“市场的决定性作用”、如何认识市场和政府的关系等问题展开讨论，讨论中的一个核心问题，是坚持社会主义市场经济改革方向，既发挥市场对资源配置的决定性作用，又发挥社会主义制度的优势和政府的积极作用，还是以西方新自由主义为指导，进一步削弱政府的宏观调控职能。

一些人认为，市场从“基础性作用”到“决定性作用”提法的变化，是对

① 见《国企改革：在凤凰涅槃中浴火重生》，人民网（http://theory.people.com.cn/n/2014/0310/c40531-24583800.html）。

② 见习近平《不能在一片改革声浪中把国有资产变成谋取暴利的机会》，人民网（http://politics.people.com.cn/n/2014/0309/c1024-24580769.html）。

③ 见《河北国企改革：2020年省属国企均须为混合所有制》，中国财经网（http://finance.china.com.cn/news/dfjj/20141028/2755402.shtml）。

改革开放30多年来形成的“半市场经济、半统制经济”的校正，是向所谓现代市场经济的转型，意味着西方新自由主义“大市场小政府”理念的确立，意味着市场的胜利。他们按照新自由主义的“市场原教旨主义”和“市场经济万能论”来解读党的十八届三中全会精神，认为在经济领域中政府不再具有调节功能了，计划不再起作用了，一切都由市场来决定。更有甚者，一些人认为市场不仅决定经济资源的配置，还应该决定所有资源的配置，包括政治资源、思想资源，如国内一位学者就歪曲党的十八届三中全会精神，认为提出市场决定性作用后，“中国下一个十年需要发展‘思想市场’”。[①] 他们认为，公有制为主体、国有经济为主导抑制了市场在资源配置中的作用，要让市场起决定性作用，国企就要实行彻底的市场化，全部转变为“公众公司”，且国有股不能再控股。比如有学者就主张，“大型国企的改革最好还是变成公众公司，就是完全上市。国家有股份但是慢慢减少，减少到最后几乎没有。”[②]

从上述这些解读看，一是把市场的作用无限放大，二是把政府的经济调节作用与市场对资源配置的决定性作用完全对立，三是把发挥市场的决定性作用与发展公有制经济相冲突。这些解读是值得商榷的。有学者说，市场起决定性作用是有一定范围的，不能把市场起决定性作用的范围不恰当地任意扩大。要区分经济领域与政治思想领域和公益领域、物质生产领域与精神生产领域。让市场起决定作用的只能是经济领域，而且是经济微观领域的资源配置，而不是所有领域都要让市场起决定作用。同时，要清醒把握中央提出这一论断的现实针对性。习近平总书记在《关于〈中共中央关于全面深化改革若干重大问题的决定〉的说明》中，列举了在发展社会主义市场经济过程中存在的一些主要问题，比如市场秩序不规范，以不正当手段谋取经济利益的现象广泛存在；生产要素市场发展滞后，要素闲置和大量有效需求得不到满足并存；市场规则不统一，部门保护主义和地方保护主义大量存在；市场竞争不充分，阻碍优胜劣汰和机构调整，等等。这些问题不解决，完善的社会主义市场经济体制是难以形成的。离开所要解决的问题去解读中央的这一决策，是不得要义的。

在市场与政府的关系上，不能片面夸大某一方的作用，必须把市场的决定作用同政府的职能结合起来。在这个问题上，习近平总书记特别指出：“我们实行的是社会主义市场经济体制，我们仍然要坚持发挥我国社会主义制度的优越性、发挥党和政府的积极作用。市场在资源配置中起决定性作用，并不是起全

---

① 张维迎：《中国下一个十年需要发展“思想市场”》，《新京报》2013年11月15日。

② 姚洋：《大型国企应完全上市成为公众公司　担心民企成陪衬》，金融界网（http://finance.jrj.com.cn/people/2014/09/22150918055042.shtml）。

部作用。发展社会主义市场经济，既要发挥市场的作用，也要发挥政府的作用。”① 也就是说，我们在强调充分发挥市场在资源配置中的作用的同时，也要清醒地看到市场本身也有其不足之处，比如，市场调节具有短期性、滞后性、不确定性，在有些领域，也存在“市场失灵”的情况。正是由于市场调节具有自身难以克服的缺陷，因此，在社会主义市场经济条件下，还必须由政府对经济进行宏观调控。

在充分发挥市场的作用与大力发展公有制经济的关系问题上，有学者指出，发挥市场的决定性作用必须为巩固和发展基本经济制度服务。公有制为主体、多种所有制经济共同发展的基本经济制度，是由生产力的性质和发展要求决定的，而不是由经济运行机制决定的。市场经济作为发展生产的方法、调节经济的手段，应该服务于基本经济制度，不能把二者的关系颠倒过来，更不能从市场对资源配置起决定性作用的论断中得出私有化的结论来。

总之，我们要全面准确理解社会主义市场经济条件下市场的作用，特别要分清中国特色社会主义的“市场决定作用论”与西方新自由主义的“市场决定作用论”的本质区别，在学术研究、理论宣传和实践操作中防止犯颠覆性错误。

五　关于社会主义核心价值观

党的十八大报告提出：“倡导富强、民主、文明、和谐，倡导自由、平等、公正、法治，倡导爱国、敬业、诚信、友善，积极培育和践行社会主义核心价值观。”2013 年 12 月，中央印发《关于培育和践行社会主义核心价值观的意见》，正式将上述“三个倡导”24 个字确立为社会主义核心价值观的基本内容。目前，学习、宣传、积极培育和践行社会主义核心价值观，正在成为当前思想政治教育的重要内容，从中央到地方都在积极推动核心价值观的入脑入心工作。但是，在实践中，也面临一些不容忽视的问题。比如，如何划清“三个倡导”的社会主义核心价值观与西方“普世价值观”的区别与界限，如何阐明社会主义核心价值观与社会主义核心价值体系的关系，如何回应学界和社会对“三个倡导”的社会主义核心价值观的误读和质疑，如何用社会主义核心价值观有效引领社会思潮、凝聚社会共识，等等。其中最大的难点是如何对这 24 个字的社会主义属性作出解释，真正把广大人民团结凝聚在中国特色社会主义旗帜之下。

早在十八大之前，在如何凝练社会主义核心价值观的讨论中，就有一种流行的观点认为，价值观没有社会主义和资本主义之分，不应用“中国特色”拒

① 中共中央文献研究室编：《习近平关于全面深化改革论述摘编》，中央文献出版社 2014 年版，第 57 页。

绝“普世文明”。一些人公开宣扬“普世价值观”，称“普世价值”是对全人类有普遍意义的制度文明元素，反映了“历史前进的方向”，代表了“人类文明的主流”，“具有世界意义”。有人说，“社会主义和资本主义均以富裕、自由、民主、法治、人权、公平、正义、平等、博爱等等作为自己的基本价值取向，在这个意义上，这些基本价值并不是资本主义所特有的，而是人类共同追求的普世价值观”。[①] 有人还说，“改革开放就是实践普世价值”，反对“普世价值”“就是和对外开放、政治改革的方针政策唱反调”；认为改革开放出现的一些问题“最根本的原因是没有找对改革开放的指导思想，没有找准改革开放的前进方向，就是没有从指导思想上确立普世价值的观念”。[②] 十八大后，一些人认为这是“普世价值观”的胜利。有人说，十八大“最大的亮点就是将民主、自由、平等、公正等普世价值列入社会主义核心价值观，标志着中共在理念上开始向现代社会靠拢”。[③] 中央正式将“三个倡导”确立为社会主义核心价值观的基本内容之后，海外有媒体评论说，“民主自由在官方语境中成为合法词汇”，“官方将西方普世价值中的民主、自由、平等、公正、法治等重要理念都纳入‘社会主义核心价值观’，是对中共传统意识形态的一次大胆突破，展示了中共在意识形态和治国理念上试图‘与时俱进’的意愿”。[④] 直到现在，一些人仍然将社会主义核心价值观混同于西方“普世价值观”。

实际上，24 个字的社会主义核心价值观与资本主义核心价值观有着本质的不同。正如中央《关于培育和践行社会主义核心价值观的意见》中所说：“社会主义核心价值观是社会主义核心价值体系的内核，体现社会主义核心价值体系的根本性质和基本特征，反映社会主义核心价值体系的丰富内涵和实践要求，是社会主义核心价值体系的高度凝练和集中表达。”[⑤] 因此，以马克思主义指导思想、中国特色社会主义共同理想、以爱国主义为核心的民族精神和以改革创新为核心的时代精神、社会主义荣辱观为基本内容的社会主义核心价值体系，决定了这 24 个字的方向和性质是社会主义的，而不是别的什么主义的，它的指向是社会主义、爱国主义、集体主义价值观。而“普世价值观”的指向是资本

---

① 见王占阳《普世价值是立党之本、建国之基、改革之源》，共识网（http：//www. 21ccom. net/articles/zgyj/xzmj/article_ 2010081715919. html）。

② 杜光：《普世价值：一个时代性的重大课题》，《炎黄春秋》2009 年第 1 期。

③ 于泽远：《十八大的阴影与亮点》，联合早报网（http：//www. zaobao. com/special/report/politic/ccp18th/story20121115-102160）。

④ 《中共加强宣传“社会主义核心价值观”纳入普世价值》，大公网（http：//news. takungpao. com/mainland/focus/2014-02/2274685. html）。

⑤ 《关于培育和践行社会主义核心价值观的意见》，人民网（http：//cpc. people. com. cn/n/2013/1223/c64387-23924110. html）。

主义、个人主义价值观，其宣扬的所谓民主、自由、平等具有抽象性、虚幻性甚至殖民性、侵略性。

虽然如此，这24个字的表述仍然受到一些学者和民众善意的质疑。一是认为社会主义“核心”价值观的内容必须是社会主义所独有的，必须体现社会主义本质特征和发展方向，必须体现社会主义从理论到实践的历史经验，反映社会主义社会中居统治地位、起支配作用的核心理念和社会主义社会必须长期普遍遵循的基本价值准则。因此，提炼出来的“核心价值观”应该是社会主义全部价值观的逻辑起点和指导思想，并能够逻辑推演和解读其他全部社会主义的价值观内容。否则，就容易混淆两种不同价值观的根本区别，甚至容易为一些人用资产阶级的“普世价值观”解读社会主义的价值观造成不必要的思想混乱。二是认为这24个字当然可以成为社会主义价值观的内容，但是作为社会主义的“核心”价值观必须有“社会主义”的统领。有学者说，这24个字看起来面面俱到，但恰恰缺少“社会主义”的核心，起码从字面上看不出“社会主义”的特征来，把这24个字的定语换作“资本主义”也讲得通。[①] 三是认为应当在24个字的基础上精练一个从思想内容到文字表述都能既明确体现社会主义意识形态的本质，又为广大人民群众耳熟能详、广泛认同且没有歧义的观念的减缩本。比如，有学者建议，根据毛泽东思想活的灵魂的三个方面，可以将以人为本、实事求是、独立自主作为核心价值观。有人建议把“人民至上、劳动伟大、共同富裕”作为核心价值观的精髓。[②] 有的建议将核心价值观表述为“确保人民当家作主，坚持人民民主专政，发展壮大公有经济，始终坚持共同富裕，精心维护民族团结，努力捍卫世界和平”。[③] 还有的认为，社会主义核心价值观可以用一句话概括，就是“为人民服务”。[④]

可见，无论是在用社会主义核心价值观引领社会思潮、批驳错误解读上，还是在塑造民众认同、凝聚社会共识方面，我们还有很多工作要做。

六 关于“辽报事件”与高校意识形态安全

2014年11月14日，《辽宁日报》刊发署名为本报编辑部的致高校哲学社

---

① 白头翁：《漫谈核心价值观》，红歌会网（http：//www. szhgh. com/Article/opinion/zatan/201402/45638. html）。

② 见《侯惠勤做客阳江周末大讲堂 培育社会主义核心价值观十分必要》，阳江新闻网（http：//news. yjrb. com. cn/news/yw/630592. shtml）。

③ 张嘉国：《社会主义核心价值观之我见》，红歌会网（http：//www. szhgh. com/article/netizens/201310/34537. html）。

④ 《社会主义的核心价值观是一个“公”字，是“为人民服务”》，人民网（http：//bbs1. people. com. cn/post/2/1/2/137222786. html）。

会科学老师的一封公开信《老师，请不要这样讲中国》。信中披露了部分高校教师对社会主义中国缺乏理论认同、政治认同、情感认同，在课堂上随意抹黑现实、丑化历史、"呲必中国"的怪象。信中说，一些教师"在授课过程中，每当结合现实问题，常常会表达出一些消极负面的情绪，谈到好的，都是外国的，不好的，都是中国的，中国成了负面典型的案例库"。应该说，信中反映的课堂乱象是客观存在的，虽然并非多数教师如此，但是也绝非个别现象，具有一定的普遍性，因此该信引起舆论广泛而热烈的共鸣。

然而，该信却遭到一些人的轮番炮轰和围剿。有人指责《辽宁日报》是"把知识人应有的批判精神说成是抹黑中国"。[①] 有人将《辽宁日报》揭露课堂乱象的做法说成是"收集罪证，最终治这些教师的罪……是文化特务和间谍之行……把教师当敌人"，说这预示着一场"新的反右斗争"的到来，"这回，要抓多少右派呢?"[②] 有人质问，"抹黑祖国? 祖国多大了? ……《辽宁日报》编辑部稍微有点脑子就不会写这种东西，一个不黑的东西是别人可以抹黑的吗?"[③] 有人说，"教室是思想传播的城堡，教师是城堡的国王"。"教师传播思想，无论反对与支持，有理有据便无罪可言。"《辽宁日报》"通过暗访""搜罗证据"，"该证据获得程序不当，因此不得采信"。有人称《辽宁日报》是"预设结论""主题先行""专挑负面的例子"，并质疑《辽宁日报》在被调查者不知情的情况下"暗访"课堂的正当性。[④] 有人说辽报是在"向高校教师发出强烈的政治指控"。[⑤] 有人说辽报所言是"文革陈货"，是"一场新运动的先声";[⑥] 等等。

同时，也有很多学者和主流媒体对《辽宁日报》公开信给予了高度评价，对自由派"公知"的声讨进行驳斥。兰州大学新闻学院院长林治波说："辽宁日报做得对!""披露不是来得太凶猛，而是出现得太晚了"。"这些年来，在和平演变背景下，许多教师公知化，唯美国马首是瞻，把自己祖国说得一无是处、一团漆黑，严重误导学生。有人诡辩说，批评是爱国的表现，问题是他们的所

① 贺卫方:《辽报诸公真可笑! 马克思主义不是西方刻度? 居然把知识人应有的批判精神说成是抹黑中国，实在太抹黑中国媒体!》，新浪微博（http: //tw. weibo. com/weifanghe/3776953368720984）。

② 张鸣微博，新浪微博（http: //ent. sina. com. tw/weibo/user/1707683373/3777199985380454）。

③ 孙立平:《关于辽宁日报公开信等几则》，新浪博客（http: //blog. sina. com. cn/s/blog_ 641fa19f0102v6vw. html）。

④ 见《呲必中国》，新浪专栏（http: //news. sina. com. cn/zl/zatan/2014-11-18/09412659. shtml）。

⑤ http: //weibo. com/1195347197/Bwm18vjk4? type = comment。

⑥ 引自"新浪专栏观察家"文章《呲必中国》（http: //news. sina. com. cn/zl/zatan/2014-11-18/09412659. shtml）。

为不是善意批评，而是恶意抹黑。这是两码事。”[①] 11 月 16 日，人民网刊发《“呲必中国”算哪门子“学术自由”》，文章指出：“呲必中国”与“学术自由”完全不相干，罔顾客观事实、缺乏基本科学精神的内容讲授，根本不是什么“学术自由”“学术研究”，而是缺少职业操守的表现。12 月 3 日，《光明日报》刊发陈先达文章《批评、抹黑及其他》，文章指出，“批评”与“抹黑”，其根本区别在于“价值导向”的对立！12 月 14 日，求是杂志社《红旗文稿》第 23 期刊发李艳艳文章《维护微博意识形态安全必须纠正的几种倾向》，文章指出，“一些自诩为公共知识分子的微博大 V 对此文断章取义，以‘言论自由’为托辞炮轰《辽宁日报》，试图把高校讲台变成无需监督的‘自由高地’”。

诚然，课堂上可以有问题意识，可以提批评意见，但是不能恶意抹黑。正如中国人民大学陈先达教授告诫的那样，“教员，尤其是思想政治课教员，面对社会的各种问题，应该以马克思主义为指导直面现实的热点、难点问题，发表意见，提出批评和建议。不能以一己之偏见‘骂堂’，以获取一些缺少生活经验和辨别力的学生的掌声。如果这样，是在害人，而不是育人”。[②]

高校是党的意识形态的重要阵地。加强高校意识形态建设，对于巩固马克思主义的指导地位，巩固全党全国人民团结奋斗的共同思想基础，培养中国特色社会主义事业的建设者和接班人具有重大意义。高校课堂是大学生思想政治教育的主渠道，是帮助大学生树立正确的世界观、人生观、价值观，确立中国特色社会主义道路自信、制度自信、理论自信的重要途径。当前，国际国内意识形态斗争尖锐复杂，西方敌对势力一直把我国高校作为意识形态渗透的重点，极力传播西方价值理念和制度模式，大学生面临着大量西方文化思潮和价值观念的冲击。因此，需要加强党对高校的领导，牢牢掌握高校意识形态工作领导权、话语权、管理权，切实贯彻《关于进一步加强和改进新形势下高校宣传思想工作的意见》，大力提高高校教师队伍思想政治素质，以维护高校意识形态安全。

七 关于学术评价导向和部分学科教育西化

2014 年，一篇题为《从某重点高校论文评级看意识形态之争》的网文和中国人民大学邱海平教授发表在《环球时报》的题为《中国经济学教育严重西化》的文章，重新勾起了人们对长期以来国内高校等教学科研单位存在的学术评价导向西化、部分哲学社会科学学科教育西化等问题的议论。

---

① 詹万承：《辽宁日报遭围剿事件的前前后后：公知坐不住了》，红歌会网（http://www.szhgh.com/Article/news/politics/2014-11-19/68174.html）。

② 陈先达：《批评、抹黑及其他》，《光明日报》2014 年 12 月 3 日。

这方面问题的严重程度，可以从2014年国内某大学的一个学院的期刊排名略见一斑。据《从某重点高校论文评级看意识形态之争》的网文披露，这个学院规定，在64本英文刊物上发表一篇论文最低可以奖励15万元，在另外202本英文刊物上发表一篇论文最低可以奖励6万元，在另外44本英文刊物上发表一篇论文最低可以奖励2万元。这300余本刊物几乎囊括了经济管理类的所有英文刊物，成为该学院职称晋升的核心指标。而在《光明日报》《人民日报》《马克思主义研究》《政治学研究》《历史研究》等发表一篇文章只奖励300元。[①] 这种不顾常理，严重的“重国外轻国内”的学术导向的做法，在国内绝非个案。

中国人民大学邱海平教授在《中国经济学教育严重西化》一文中介绍，在“国际化”有关政策的导向下，许多大学所制定的职称晋升或科研奖励标准中，都将教师在SSCI（美国科学情报研究所建立的综合性社科文献数据库）期刊上发表的论文数量作为最重要的考核标准和评定依据，在许多高校认定的核心期刊或重点期刊中，SSCI期刊都排在第一位，并且有重奖措施。他说，这种政策导致教师尤其是青年教师无法进行自由的科学研究，而是把更多的甚至主要精力用于撰写符合SSCI标准的学术论文上。

另外，不少高校为了体现所谓“国际化”，在职称晋升中硬性要求申报者必须满足“在国外取得硕士或以上学位”或者“具有连续一年以上国外学习或工作经历”等条件。这类政策的实行将极大冲击马克思主义学科的教学和研究，使大家不能安心于马克思主义理论的教学与研究。因为国外马克思主义方面的研究很少，能够接收中国马克思主义类访问学者的地方更少，为了得到访问学者的机会，马克思主义学科的教师不得不改变自己的专业方向，向国外的相关学科靠拢，导致“不务正业”，弱化了马克思主义学科的实力。这也必然影响到马克思主义学科博士生的培养问题，部分博士生在选题时不得不考虑今后的职业和职称发展需要，更倾向于选择与西方学术话语相同或相近的题目作研究。这对马克思主义学科来说，是极为不利的，其直接后果是使马克思主义学科进一步被边缘化。

众所周知，学术评价标准和评价方向是科研教学人员的指挥棒，直接决定着他们的职称评定和职务晋升，因而很大程度上决定着他们的科研领域和科研方向。很长一段时间以来，不少高校和科研单位在选任干部和职称评审上一味注重有无海外留学背景，一味以在国外刊物上发表文章来评价学者的学术水平，

---

① 朱富强：《从某重点高校论文评级看意识形态之争》，红歌会网（http：//www. szhgh. com/Article/opinion/zatan/201405/52018. html）。

或者有意贬低和边缘化马克思主义理论研究，造成一种严重的错误导向，特别是意识形态强的学科，比如马克思主义、经济学、政治学、法学、新闻学、史学等，很多著述出现去意识形态化倾向，热衷于用西方思想理论的话语来分析中国问题。

早在2005年，著名经济学家刘国光就曾撰文批评过我国经济学教学和科研中存在的严重西化倾向，然而近10年过去了，情况不仅没有好转，甚至还有进一步加剧的趋势。美籍华裔著名学者黄宗智这样描述新自由主义在我国高校的泛滥状况："在'国际接轨'的大潮流下，新自由主义已经在制度上深入教科书、核心刊物等，而由此也在研究生的遴选、教员的聘任与评审中占据霸权地位。一个具体的例子是，我自己这几年所在的国内单位，虽然是在一位认同于'另类'学术的非常能干的院长的领导之下，并且附带有新左派的倾向，但事实上，在关键性的招生、招聘以及评审方面，实际上几乎完全由占据霸权地位的'主流'经济学所左右——依据它们的标准而选定必读书目，设计考卷问题，规定要在哪些刊物发表论文等，几乎完全臣服于新自由主义知识体系之下。因此，在实际操作中，学科的未来其实完全被新自由主义所掌控。"①

这些问题关系到高校教学和科研的政治方向和学术导向，关系到教学和科研"培养什么人"和"为什么人服务"，关系到具有中国特色、中国气派、中国风格的哲学社会科学学科体系和话语体系的构建，是意识形态工作的一个极其重要的方面，需要高度重视，认真解决。

八　关于如何对待中国传统文化

一年多来，习近平总书记在多个场合表达了对中华优秀传统文化的重视。2013年11月26日，习近平在孔子故乡曲阜参观孔府和孔子研究院，翻看了《孔子家语通解》《论语诠解》；2013年12月30日，习近平在主持中央政治局第12次集体学习时指出，提高国家文化软实力，要努力展示中华文化独特魅力，继承和弘扬我国人民在长期实践中培育和形成的传统美德；2014年2月17日，习近平在省部级主要领导干部学习贯彻十八届三中全会精神全面深化改革专题研讨班开班式上强调，要加强对中华优秀传统文化的挖掘和阐发，努力实现中华传统美德的创造性转化、创新性发展；2014年2月24日，习近平在主持中央政治局第13次集体学习时指出，博大精深的中华优秀传统文化是我们在世界文化激荡中站稳脚跟的根基，培育和弘扬社会主义核心价值观必须立足中华优秀传统文化；2014

① 黄宗智：《我们要做什么样的学术？——国内十年教学回顾》，《开放时代》2012年第1期。

年4月，习近平在欧洲学院演讲时，着重介绍了老子、孔子、墨子等思想家提出的很多理念；2014年5月4日，习近平在北京大学与87岁的国学泰斗汤一介交谈，了解《儒藏》编纂情况，在与师生座谈时说，我们提倡的社会主义核心价值观，就充分体现了对中华优秀传统文化的传承和升华；2014年9月9日，习近平在看望教师时说，我很不赞成把古代经典诗词和散文从课本中去掉，“去中国化”是很悲哀的；2014年9月24日，习近平在纪念孔子诞辰2565周年国际学术研讨会上指出，中国优秀传统思想文化最核心的内容已经成为中华民族最基本的文化基因，是中华民族有别于其他民族的独特标识，蕴藏着解决当代人类面临的难题的重要启示；2014年10月13日，习近平在主持中央政治局第18次集体学习时强调，中华优秀传统文化是我们最深厚的文化软实力，也是中国特色社会主义植根的文化沃土；2014年10月15日，习近平在文艺工作座谈会上指出，中华优秀传统文化是中华民族的精神命脉，是涵养社会主义核心价值观的重要源泉，也是我们在世界文化激荡中站稳脚跟的坚实根基。

习近平总书记上述一系列讲话，引起了外界的诸多猜想。一些海外媒体歪曲说，习近平表现出了“对儒家文化异乎寻常的浓厚兴趣”，“习近平‘尊孔崇儒’具有深远的政治和社会动员意义”；[①] 马克思主义不灵了，习近平只能向中国传统“求医问药”；“中国社会‘尊孔崇儒’的时代已经掀开序幕”；[②] 习近平是“红色新儒家”；[③] 等等。国内也有一些人把习近平看望汤一介说成是“习近平牵手新儒学”，把习近平关于传统文化的系列讲话解读为“去马归儒”，复归中华道统。2014年12月，一些活跃多年的“大陆新儒家”还召开了一个座谈会，以“习大大尊儒，儒门如何评估应对”为主题，煞有介事地进行评估，商讨对策。有的表示乐观，认为官方对意识形态的调整“使得儒家在领导的视野里面有了一个不同的面貌，这对儒家彰显了一种可能性”；有人说，要对“可能出现的儒家社会治理秩序究竟是什么样子”做到心中有数，提出“儒家不拒绝权力，而要引导和改造权力”“要制君行道，又要以道导君”。有的表示悲观，因为“习大大”“实际上是法家，是儒表法里的”，“尊儒或者不尊儒都是根据政治需要”，因此“当代儒者对政治应该始终保持一种距离”。有人说，习近平之所以向儒学靠近，“一个最重要的原因，他特别想对这个意识形态做一

---

① 《港媒评红色新儒家习近平：孔府“点赞”语被印上图书腰封》，大公网（http://news.takungpao.com/mainland/focus/2014-05/2487701.html）。

② 林永福：《尊孔崇儒　习近平开启新时代》，中时电子报（http://www.chinatimes.com/newspapers/20140926001098-260301）。

③ 见《国际社会对“习大大谈孔子弟”的几大猜想》，人民网（http://world.people.com.cn/n/2014/0926/c1002-25745272.html）。

个重构”。他说，中共的第一套话语系统是毛泽东建构的“阶级斗争”话语，第二套是邓小平建构的“现代化”话语，“我在课堂面对学员讲，习近平很可能要构建中共的第三套话语系统”。①

其实，上述这些解读完全是一些人的一厢情愿，与习近平总书记讲话精神南辕北辙，背道而驰。通观总书记关于传统文化的讲话，他始终强调要坚持马克思主义在意识形态领域的指导地位，始终强调要对传统文化进行科学分析，对有益的东西、好的东西予以继承和发扬，对负面的、不好的东西加以抵御和克服，取其精华去其糟粕，而不能采取全盘接受或者全盘抛弃的绝对主义态度。他说，要坚持古为今用、以古鉴今，坚持有鉴别的对待、有扬弃的继承，而不能搞厚古薄今、以古非今，努力实现传统文化的创造性转化、创新性发展。

当前，要全面准确地理解和宣传习近平总书记关于传统文化的系列讲话精神，警惕一些人故意曲解，打着弘扬中华传统文化的旗号，宣扬文化复古主义思潮，与马克思主义争夺阵地，意图实现其“儒化共产党”“儒化中国”“儒化社会”的政治主张。

九　关于历史虚无主义思潮新特点

历史虚无主义思潮是20世纪90年代中期以来国内出现的一种政治思潮。这种思潮否定以马克思主义为指导形成的全部历史认识体系，否定中国人民的进步史和中国共产党领导的革命、建设和改革史，其突出表现是：主张“告别革命”，否定中国近现代史上的革命；美化中国近代统治阶级，为近代中国统治阶级翻案；借中国共产党的错误而否定其全部历史；借毛泽东晚年的错误进而否定毛泽东的一生；借国际共产主义运动史上的错误和苏联模式的缺陷，全盘否定国际共产主义运动的历史和苏联社会主义的理论和实践；等等。

在这股思潮泛滥的这些年里，虽然思潮的宣扬者们多表现为对我们党已有明确定论的一个个历史人物、历史事件、历史结论进行颠覆性评价，但却很少聚焦于“历史虚无主义”这个概念，很少对“历史虚无主义”这个反映这股思潮实质和性质的总概括进行理论梳理和系统言说。然而，这股思潮在2014年出现了一种新的动向。

《炎黄春秋》杂志2014年第5期刊发了一组“历史虚无主义”笔谈，笔谈的三篇文章分别是：《历史虚无主义的来龙去脉》《要警惕什么样的历史虚无主义》

---

① 陈明、朱汉民、秋风等：《习大大尊儒，儒门如何评估应对》，共识网（http：//www. 21ccom. net/articles/thought/bianyan/20141223117948. html）。

《历史虚无主义的实与虚》。笔谈从理论上“重新解释”了历史虚无主义的内涵，“系统梳理”了历史虚无主义的来龙去脉和表现。其核心观点是：把马克思主义称为历史虚无主义，把马克思主义的历史认识体系称为教条主义历史虚无主义，把反对历史虚无主义者称之为最大的历史虚无主义者。笔谈的一位作者说：“马克思的历史图式与基督教历史图式十分相似。他虽然肯定了资本主义的成就，但他最终还是以一个设想中的未来社会阶段把资本主义的历史否定了。资本主义无论取得了怎样的成就也是异化的，它的政治制度、经济制度、社会组织与道德观念等等都将要被彻底抛弃。这显然脱离了启蒙的思想路线，陷入历史虚无主义。”“在这个理论体系中，它把一个不存在的、仅仅是想象中的共产主义作为评判事物的唯一标准，不仅否定了奴隶社会、封建社会、资本主义社会这个漫长的人类历史，也否定了现实世界中的文明榜样。”接着，他以苏共垮台、苏联解体为例分析了马克思主义这种“教条主义历史虚无主义”在实践中“带来了巨大的灾难”。他说，教条主义历史虚无主义“在一开始就与政治行动结合在一起，一开始就是一种政治意识形态，而不是简单的学术倾向或认识偏差。由于这个原因，它的社会影响和后果也是任何其他的历史虚无主义所不能比拟的”，“它严重地扭曲了社会历史观，使人们不能对历史和现实作出恰当的理解和判断，从而构成改革开放和社会进步的巨大思想阻力”。[①] 另一位作者还说，在我国，那些反对历史虚无主义的人具有某种“强力意志”，“但这种强力并非来自批判者本身，而是来自只允许一种声音存在的举国宣传体制的支撑”[②] 等。

上述笔谈的这种“重新解释”，“颠覆”了人们对历史虚无主义的明确界定，他们“超越”了对具体历史事实的选择性虚无，直接将马克思主义及其指导下的历史认识体系扣上“历史虚无主义”的帽子，意图从“理论制高点上”夺取批判历史虚无主义的旗帜和话语权，以彻底挣脱加在他们身上的这个“魔咒”。然而，事与愿违，这样做的结果使得这股思潮的政治实质更加显露。《马克思主义研究》2014年第9期发表的《谁是真正的历史虚无主义者》一文，将笔谈作者的假面具撕得粉碎。历史虚无主义思潮的宣扬者主动接过“历史虚无主义”的概念，将其反过来扣向他们的批评者的做法，是当前历史虚无主义思潮的一个新特点。它意味着我们与历史虚无主义思潮的理论斗争进入了一个新的领域。

（参与作者：龚云、秦益成、宋丽丹、李艳艳）

---

① 尹保云：《要警惕什么样的历史虚无主义》，《炎黄春秋》2014年第5期。

② 郭世佑：《历史虚无主义的实与虚》，《炎黄春秋》2014年第5期。

全面深化改革中的价值观和信仰问题

曹泳鑫

【作者简介】 曹泳鑫，1966 年生，中共党员，1983 年 7 月参加工作，2000 年 7 月复旦大学国际政治系博士研究生毕业，获法学博士学位，2002 年 3 月调入上海社会科学院哲学研究所，并兼任哲学所副书记，2005 年 12 月晋升研究员职称。现为上海社会科学院中国马克思主义研究所研究员，马克思主义中国化博士点博士生导师；《毛泽东邓小平理论研究》杂志主持工作常务副主编。

研究领域为马克思主义理论、政治哲学、国际关系理论与中国外交等。曾获得浙江大学光华奖、浙江大学优秀研究生奖、复旦大学光华奖、张仲礼学术奖、省部级论文和著作奖等多项。承担并完成国家社科基金项目、上海市哲学社会科学规划课题、上海市决策委课题、上海社会科学院课题等多项科研项目。个人主要专著:《和平与主义——中国和平崛起的思想资源和理论准备》、《先进文化与现代化——中国共产党的文化历程》、《马克思主义国际关系理论研究》、《中国共产党人文化使命研究》、《马克思主义中国化：基本认识和实践》等。在《政治学研究》、《马克思主义研究》、《现代国际关系》、《世界经济与政治》、《欧洲》、《世界民族》、《当代世界与社会主义》、《毛泽东邓小平理论研究》、《开放时代》、《现代哲学》、《经济日报》、《光明日报》、《解放日报》、《文汇报》等重要核心报刊发表论文上百篇。

改革是有方向、有立场、有原则的，要把握改革的正确方向[①]。这是党中央的明确要求。依法治国和依宪治国必须坚持社会主义宪法和法治，也是有方向、有立场、有原则的。就是说，今天我们大力推进的全面深化改革和依法治国都是有价值观内涵的，价值观决定改革和发展的方向。而价值观与信仰问题密切相关，信仰问题恰恰又是当今中国乃至当今世界普遍严重存在的问题，对于我们来说，解决信仰问题就是要坚定中国特色社会主义的理想信念。习近平同志指出："没有理想信念，理想信念不坚定，精神上就会'缺钙'，就会得'软骨病'。现实生活中，一些党员、干部出现这样那样的问题，说到底是信仰迷茫、精神迷失。"[②] 应该说，信仰问题已经成为我们国家必须高度重视的问题，不仅发生在党员干部身上，在社会上也普遍存在，其原因也涉及国内外诸多因素，需要深入探析。

一　改革发展进程中价值观领域面临的诸种不利因素

（一）世界历史进程的阶段性因素

在过去殖民主义时代，马克思主义科学社会主义，不仅揭露了世界殖民体系的民族压迫性质和帝国主义的剥削本性，而且揭示了殖民地国家民族革命、封建主义国家民主革命和资本主义国家无产阶级革命的正当性，从而引起了一场深刻的意识形态革命，在之后的百年时间，世界范围的民族民主解放运动、国际共产主义运动蓬勃发展，都受此思想变革的直接或间接影响，并客观上产生了影响世界历史进程的至少三大成效。一是促进被压迫民族的独立解放意识的觉醒，推动世界范围民族独立浪潮风起云涌，并最终使得国际殖民体系在20世纪70年代彻底土崩瓦解，现代主权国家得以全球林立。二是广大劳动群众阶级觉悟和革命意识的唤醒，无产阶级参与和领导各国民主革命运动，世界上诞生一批社会主义新主权国家，从而冲破了资本主义国际体系防线，社会主义与资本主义两种制度共处发展。三是马克思主义对资本主义一针见血的批判和无产阶级革命斗争实践，给予资产阶级教训并引起反思，迫使西方老牌资本主义国家实施一系列改革和政策改良，从而不同程度地缓和了资本主义国家内部的政治动荡局势，延缓了资本主义的衰亡进程。可以说，科学社会主义的诞生，对世界历史百年进程产生了重大的积极影响，社会主义理想信念已经化为无产阶级和广大劳动人民从事革命斗争和变革世界实践的精神动力。

---

① 《习近平总书记系列重要讲话读本》，学习出版社、人民出版社2014年版，第55页。

② 《习近平谈治国理政》，外文出版社2014年版，第15页。

然而，在20世纪后期，随着国际殖民体系的崩溃，国际民族解放和独立运动高潮告一段落，主权国家在争得政治独立之后立刻面临经济发展的新生存竞争，与此同时，世界历史在信息技术革命推动下掀起跨越国界的经济全球化浪潮，借助经济全球化之势，资本霸权取代武力霸权开始其主导世界的时代，“资本的必然趋势是在一切地方使生产方式服从自己，使它们受资本的统治。”[①] 西方新自由主义也借势不断扩展其影响，因为“在资本主义生产占统治地位的社会状态内，非资本主义的生产者也受资本主义观念的支配”[②]。在此浪潮和背景之下，一批社会主义国家政策失利和改革失败而发生社会制度的剧变，放弃了社会主义理想信念，倒向资本主义轨道，国际共产主义运动陷入低谷，这对马克思主义科学社会主义事业和人们的理论信念所产生的负面影响都是巨大的。所有这些构成社会主义理想信念式微的世界历史阶段性大环境因素。

（二）对马克思主义的不良解读模糊了人们的视线

马克思主义本身是集立场、观点、方法于一体的理论体系，它建立在对客观世界和人类社会发展规律的探求和认知基础之上，是人类文明成果的集大成，并通过理论联系实际的具体的历史的实践活动实现理想与现实的完美统一，从而赋予它科学性、开放性、辩证性和不断创新发展的理论特质。正是马克思主义的科学完美和博大精深，要求认识、掌握、运用马克思主义的人们必须具备很高的素质和条件，马克思主义创始人和经典作家本身都是伟大的思想家和革命家，这就要求能够准确解读马克思主义者更需同时具有渊博知识的理论造诣和注重实践的超强能力。正因为如此，马克思、恩格斯在世时就有人对马克思主义进行过错误解读，好在马克思、恩格斯及时予以批驳和反击，在面对当时的假马克思主义时，马克思甚至自嘲自己不是马克思主义者。马克思、恩格斯逝世后，对马克思主义的不良解读和错误认识更是猖獗，其中有来自资产阶级思想家的恶意攻击和故意歪曲，也有来自欧洲社会主义者内部的曲解和误导，加上客观上由于欧洲资本主义的制度改良、资产阶级政府的人心收买策略和个人贵族的意志消磨等影响，科学社会主义理论和共产主义理论信念的社会效果大打折扣。好在列宁主义及其指导下的俄国十月革命的胜利，重振了马克思主义和国际共产主义运动的雄风，也对欧洲修正主义和假马克思主义思潮进行了一次有力的批驳和反击，从而掀起了20世纪世界范围的马克思主义传播和国际共产主义运动高潮。

---

① 《马克思恩格斯全集》第46卷（下），人民出版社1980年版，第246页。

② 《马克思恩格斯文集》第7卷，人民出版社2009年版，第47页。

然而，随着现实条件的变化，对马克思主义的不良解读和错误思潮传播越来越多，影响也越来越大，特别是那些自称马克思主义者或学者的解读更具有误导性。这其中主要有，20世纪西方社会批判理论学派和后现代主义学派的影响；“新马克思主义”、“新唯物主义”、“后马克思主义”等西方马克思主义的片面解读。它们或者将马克思主义解读为单纯的批判理论，这样，马克思主义就容易被理解为与现实对立的理论而遭到抵制。它们或者仅仅作些纯粹文化改造的呼唤，妄想以文化来改造社会和发展马克思主义，而在资本主宰的社会中其实际效果总显得苍白无力。它们或者以某种生命政治权力理论来替代科学社会主义，所要彰显的是欲望、肉体、身体等所谓人性化主张，将马克思主义的社会性、社会化、社会关系等经济的政治的文化的内容都改写为生命、欲望等主观的人性概念，其结果更加助长了物质主义的猖獗和资本主义单向度人弊端的扩张。毫无疑问，这些错误思潮产生的危害十分严重，它们模糊了人们的视线，消解了科学社会主义的实践威力和共产主义理想信念的精神动力。

20世纪新诞生的现实社会主义国家，在社会主义建设实践上，并没有成功的经验可循，甚至缺少有益教训可鉴，因此难免走弯路，而且在理论和实践上都犯有严重错误。比如，对什么是马克思主义、如何运用和发展马克思主义，什么是社会主义、如何巩固和发展新生的社会主义等重大理论和实践问题，长期都存在认识上的误区。苏联在列宁之后试图长期垄断马克思主义解释权，造成体制僵硬和政策失利、改革失败，最后指导思想上又放弃了马克思主义，终于葬送了自己和东欧国家的社会主义事业，给马克思主义和社会主义的世界形象造成恶劣影响。中国也发生了“文化大革命”的极“左”路线和灾难，“文革”之后，对“文革”极“左”路线的批判反思，使人们重新回到解放思想、实事求是的思想路线轨道上，人们对马克思主义和社会主义也有了更为科学的理解。与此同时，也不可否认，在炙热的革命热情冷却之后，人们原来的信仰系统也遭到解构，甚至是一次几乎全社会范围内的意识形态解构。加上外部苏联、东欧一批原社会主义阵营国家纷纷发生剧变产生的不良影响，当今世界依然处于资本扩张时期，世界市场依然处在资本主义主宰的环境之中，正如前面马克思所指出“在资本主义生产占统治地位的社会内，非资本主义的生产者也受资本主义观念的支配”。经济全球化在推动和扩大开放步伐，并促使人们加快更新观念、解放思想的同时，也为西方自由主义、个人主义、宗教信仰等思想观念的输入和传播大大增加机会，其结果是社会主义意识形态受到了资产阶级意识形态的强势冲击，在去意识形态化的波浪中，所去除的也不仅仅是极“左”思想，往往也包括一部分社会主义意识形态。所有这些，其结果是共产主义理想信念在许多人心目中已大打折扣。

马克思曾经指出："如果从观念上来考察，那么一定的意识形式的解体足以使整个时代覆灭。"①

（三）价值观领域"核心"与"社会流行"之间差别扩大化的社会政治文化因素

必须清醒地认识到，在当今时代，社会主义核心价值体系和主流意识形态面对的最大挑战，就是"核心"与"社会流行"之间差别的扩大化。我们都能感受到当今中国和当今世界流行的所谓"大众文化"的口味，可以用"俗"、"肉感"、"快餐化"等字眼描绘。这种差别怎么造成的？这就要与我们所处时代的环境因素相联系了。我们所处的时代有各种称呼，比如后殖民时代，或后冷战时代，或经济全球化时代，但实质上依然是资本扩张的世界历史初级阶段。随着经济全球化带来的国际上资本追逐利润的竞争加剧，新的生活方式和文化理念不断被制造出来，由此产生对社会主义意识形态极为不利的社会政治文化环境。

第一，世界范围普遍存在的"去政治化"或"政治失忆症"的不利影响。西方马克思主义批评家伊格尔顿（Terry Occulting）指出②，政治失忆症就是忘记了理论的历史和政治维度，政治事件被转化为纯粹的知识事件，消费文化淹没了政治文化，对现实的关注解构了原本的理想。虽然主权国家在20世纪后期已经是全球林立，主权国家体系也真正达到了全球化，但绝大多数国家已经从对政治解放的理想信念转化为追捧资本主义的信条。而社会主义意识形态总是与政治密切联系的，去政治化或政治失忆必然严重挤压社会主义意识形态的存在空间，于是，在许多人看来，社会主义理想信念似乎不再合乎时宜了，过去的革命战争历史不是被遗忘，就是被按照消费文化的模式重新解读，这种历史虚无主义对意识形态的解构无疑具有致命性。

第二，现实正在发生的经济全球化似乎带给人们的生活方式认同与文化认同的不同要求，在资本所推动的生活方式同质化的同时，又过于重视和强调价值观认同的"多元"，淡化或回避社会共有的东西，包括共同文化、共同价值等。我们都能够感觉到全球化和一体化的话语影响，生活方式的同质化似乎在打破差异。另外，对多元价值的包容也已经形成共识，但这种多元又不断产生群体间的认同隔离，人们往往以宗教、种族等身份符号为各自群体

① 《马克思恩格斯文集》第8卷，人民出版社2009年版，第170页。

② 参见何卫华、谢海燕《理论之后："后理论时代"的认知测绘》，《国外理论动态》2012年第3期。

的标识依据。这种多元价值和认同隔离对主流意识形态的一元化必然构成麻烦，甚至出现主流意识形态或核心价值体系仅仅停留在官方倡导的层面，官方的主流与民间的或群体自我认同的主流往往并不一致，即便是学术知识也是如此，比如，在当今中国，主流经济学到底是指官方所说的马克思主义政治经济学呢，还是指经济学界普遍追捧的西方经济学呢？我们能够听到不同的人有不同的指向或认同。

第三，和平时期的社会结构调整或社会变革在策略上也存在很大问题和不利因素。一是强调微观改革，忽视宏观叙事；强调经验和感官的具体，忽视宏观的理论抽象。当局者仅仅关注当下，政策太“现实”，理想层面的东西自然就会少，意识形态就必然束之高阁，在这种状况下，马克思主义所倡导的全球性变革和人类政治理想就会遭到怀疑、否定甚至拒斥。二是当下的实践虽然不断创造着物质财富，却往往缺乏道德感召力。一项社会工程或事业，只要能够激起物质或精神欲望，就很容易产生最广大的群体动员力。具备强大的社会道德感召力的事业才能够培育良好的精神氛围和促进社会积极向上的文明进步，反之，仅仅刺激物质欲望的举措，如果不具备道德感召力，不仅会造成道德人伦丧失或败坏社会风气，而且会导致信仰和神圣感的失落，从而使作为具有精神追求的社会人沦为动物本能最大化的个体性张扬。三是因过于强调当下实践，往往将真理的绝对性等同于教条主义加以否定。对教条主义的批判是改革或变革的必要前提，但有时也导致否定绝对真理的后果。对绝对真理是否存在本来就有来自不同学派立场的不同意见和争议，即便在承认绝对真理或真理的绝对性之后，要在实践中将坚持真理与教条主义区分开来还是有难度的，需要相当高理论水平的支撑。一般来说，意识形态就是以普遍性或绝对真理的色彩呈现出来，并试图成为人们深信不疑的真理追求，一旦意识形态与教条主义印象挂起钩来，就会让人敬而远之，不敢随意触及，更不敢大张旗鼓地宣扬了。

总之，现实环境条件的改变，带来了人们的思想观念的变化，而变化了的人们的思想观念又反过来强化着现实状况的合理性存在，这同样适于说明意识形态变革及其所起的反作用，所以恩格斯指出：“一种历史因素一旦被其他的、归根到底是经济的原因造成了，它也就起作用，就能够对它的环境，甚至对产生它的原因发生反作用。”① 而要跳出这种现实状况及其观念的局限，还必须真正回到马克思主义。

---

①《马克思恩格斯文集》第10卷，人民出版社2009年版，第659页。

二　社会主义核心价值观和信仰建设的几个基础因素

马克思既指出“理论在一个国家实现的程度，总是决定于理论满足这个国家的需要的程度”，同时进一步指出“理论需要是否会直接成为实践需要呢？光是思想力求成为现实是不够的，现实本身应当力求趋向思想”①。也就是说，不能局限在思想观念本身查找问题，还需要现实其他因素的配合，对于社会主义核心价值观和信仰建设来说，改革开放的实践是价值观的源泉，我们首先要有意识地将社会主义价值观贯穿于全面深化改革的政策和行动之中，通过政策和行动的实践再潜移默化地培育整个社会的价值追求。除此之外，还有几个最基本的要素需要考虑。

（一）当下人的信仰归属和精神追求层次

作为精神动物，人活着都有个念想，不论这种念想是可以追求得到的理想，还是某种无法实现的梦想，最重要的是不能没有，不能让精神世界空虚。即便是乌托邦，也能给人以活的理由，给生命以追求卓越的动力，这就是乌托邦存在的意义。人的念想或梦想里也不能全是物质欲望，否则就不是文明的人了，追求缺少了神圣性，即便拥有丰裕的物质也会堕落，沦为没有灵魂的动物，所以人需要理想信念或信仰。精神世界的茫然一般不会持久，一般情况下，人类总会找到某种精神寄托，从事所能得到的精神生活。

现代人追求所谓的理性，这种概念源于欧洲近代工业革命和启蒙运动思想，它先是取代了欧洲过去中世纪的宗教神灵崇拜，然后向欧洲之外传播。无论怎样，人类的精神世界不是虚无的，在人类的认知和追求转入所谓理性世界之前，人类已经长期靠敬畏上帝神灵，在中国古代靠敬畏上天（自然）、崇拜祖先（神灵）等，也就是说依赖某种神圣性，来让自己的精神有所归属。在有了理性概念的世界，随着资本主义的扩张，私有资本不仅掌控了人类生存的物质世界，而且侵占了人的精神世界，甚至将早期用来启蒙的自由、平等、博爱等理想信念化为虚幻。于是人们看到了各种各样二律背反现象，一面是不断的技术革命和不断的生产过剩状况，一面是贫富分化和穷困潦倒现象；一面是日新月异的商品符号带给人们新的视觉冲击、创造着新的享受，一面是花样翻新的贪婪和堕落；一面是高喊科学和理性，一面是不少人依然在靠宗教迷信过活；一面是追求现代时尚、忘乎所以，一面是回恋过去，追寻那普济天下的梦幻时代；一面是追求成功和自我实现，一面是批判现实、渴求公正。可以说，在资本主

① 《马克思恩格斯全集》第3卷，人民出版社2002年版，第209页。

义所到之处，人类的精神世界变得五花八门，它让这个世界亢奋，也让这个世界陷入病痛。

马克思主义是欧洲乃至整个人类世界上空出现的幽灵，为这个世界燃起了一把火。它揭示了诸多社会弊病的根源，不仅让大家重新拥有了美好的理想，而且给出了一把通往理想之路的钥匙。它告诉人们“从来就没有救世主，也不靠神仙皇帝”，人民群众创造历史，劳动者是社会财富的创造者，不仅要极大地创造财富，而且要掌控用于财富创造的生产资料，才能真正实现自由、平等，才能换得身心健全的人和健康的社会，从而实现人的自由全面发展。它赋予无产阶级新的神圣使命，指明了奋斗的未来方向，也让人类看到了希望。马克思主义以无产阶级和劳动人民作为自己的群众基础，也作为无产阶级意识形态的理论基础发挥作用。

在积贫积弱的旧中国，国家沦落、文化衰败、精神失落，马克思主义能够在中国落地生根、开花结果，其根本在于它与中国实际相结合，为中国民主革命找到了成功的新道路，让中国人的精神世界重新燃起了希望之火，指引中国最广大的劳苦大众为翻身求解放而斗争，全中国人民为主权独立和民族强盛而斗争。马克思主义让中国人民认识到自己使命的神圣，正是为着这种神圣使命，无数革命志士才能不畏艰险，抛头颅，洒热血，奋不顾身，以大无畏的革命精神，创造了中国新民主主义革命成功的奇迹。可以说，看不到以马克思主义武装起来的人的精神世界，就理解不了中国共产党领导人民闹革命成功的秘诀，也就看不到马克思主义的力量所在，就不能正确理解毛泽东所说“决定战争胜负的不是武器，而是人”这句话的深刻内涵。

人有肉体和精神两个方面，也即是人力和人心。说“人心齐，泰山移”，“只要有信心，黄土变成金”，都是说人作为群体要有正确的志向，有共同的理想追求。无论战争年代还是建设时期，革命精神和革命斗志是不可小视的。“文化大革命”那样极“左”狂热，也从反面印证了人的精神力量之强大，当然，极“左”错误路线的后果是非常严重的，给了人们深刻教训，也给人们狂热的精神上泼了盆冷水，加上社会主义阵营解体和苏联、东欧剧变等事件的不良后果影响，假马克思主义干扰了人们的视线，对于许多人来说真假难辨，严重损害了社会主义意识形态的威信，有些人丧失了理想信念，变得胸无大志。对外开放后，西方资产阶级思想观念也借助于经济全球化浪潮扑面而来，一些旧的封建主义思想观念也死灰复燃。综合因素之下便有了当下中国人精神世界的复杂局面。于是，处在社会主义初级阶段的我国也出现了西方世界有的精神颓废现象：卖淫嫖娼、吸毒贩毒、坑蒙拐骗、贪污盗窃等。不少人投入宗教、迷信怀抱，在金钱占据主导或成了普遍的追崇、勾起人们强烈欲望的地方，过去的任何神圣都被看作乌托邦消解，任何理想信念变得苍白无力，社会主义意识形态被嘲弄为虚伪，社会主义制度包括党的领导的合法性也遭到质疑，就连一些党员干部也立场动摇、走向堕落。

为此，要像中医治病一样，对肉体和精神全面诊治，缺什么就补什么。人必须有点精神，当我们认真面对意识形态领域出现的问题和困难时，要深入到人们的精神世界去查看究竟，看人们还有没有精神追求，信仰归属哪里，哪怕是乌托邦式的梦想是否还存在。对这些方面的问题，首先要做的就是认真培育社会主义进步文化的社会氛围，大张旗鼓地、旗帜鲜明地弘扬精神主旋律，唤起人们的普遍良知和对真善美的追求，在理想信念上重塑神圣，使马克思主义回到自己的群众中，以充分发挥社会主义核心价值体系的引领力。

（二）意识形态表达的话语认同度和内涵的明确性

意识形态也好，核心价值体系也好，只有当人们普遍接受之后才能发挥作用，而普遍传播则是普遍接受的重要方式，一般情况下，易于传播、易于接受的概念才能普遍传播、普遍接受。要充分发挥社会主义意识形态或核心价值体系的影响，也必须考虑凝练出一些易于传播、易于接受的概念。易于传播的概念就是大家容易记住、容易理解的大众话语，不能用学术圈才能明白的晦涩词语。易于接受的概念就是符合实际、贴近生活、大家普遍认同的贴心话，也就是要接地气。除此之外，社会主义意识形态话语还要鼓舞人心、催人向善，充分体现积极向上的世界观、人生观、价值观，充分展现社会主义事业主人翁应有的精神风貌和理想追求。

历史上，中国古代统治者在确立以儒家思想为意识形态理论基础之后，逐步将儒家教义概括为仁、义、礼、智、信，并根据朝代需要赋予其特定内涵，继而以普世价值的名义在全社会进行教育普及。欧洲资产阶级革命高喊的自由、人权、平等、博爱口号，也是针对反封建斗争的实际需要所高度凝练而成的话语表达，也被资产阶级冠以普世精神，以迎合全社会的普遍渴求，达到最大范围凝聚人心的目的。

在中国近现代民主革命的不同时期，革命志士先后提出过民主与科学以反对愚昧和专制，提出过反抗剥削、反抗压迫、反对侵略，自由、平等、解放等反帝反封建口号，中国共产党提出过人民是真正的英雄、翻身做主人、为人民服务、抗日民主、反对独裁等反映民族的科学的大众的新民主主义文化的口号，进行了广泛的社会动员、建立起民主革命和民族解放的统一战线，为新民主主义革命胜利营造了非常好的社会思想文化氛围。

在领导新中国建设的初期，我们党和政府不断强调官民平等、公仆理念、鱼水关系、互助友爱，倡导劳动光荣、艰苦奋斗、助人为乐等，表达了人民的心声，马克思主义大众化重塑了几代中国人的精神世界，马克思主义的世界观、人生观、价值观深入人心，党的伟大形象深深扎根人心，党的事业成为全体人民的事业。为社会主义改造和新中国建设打造出崭新的精神境界。①

改革开放新时期，党中央提出贫穷不是社会主义、发展先进生产力、以人为本、和谐社会、公平正义等口号，得到社会各界的广泛认同，极大地调动了人们改革开放的积极性，大大增强了全球化时代中国的国际竞争力和综合国力。受社会主义初级阶段的国情和现实国际国内历史环境等诸多复杂因素制约，改革开放新时期人们的思想观念日趋多元化，相应的现实状况是，封建主义、资本主义与社会主义人生观、世界观、价值观之间激烈碰撞。这其中需要清醒地看到问题的复杂性并抓住要领。

首先，多元思想观念是现实存在，但并不是没有好和坏之分，应该旗帜鲜明地倡导先进文化，对于应该宣传倡导什么、反对抵制什么必须有明确导向。思想观念领域并非纯学术，不能放任自流搞自由竞争或平等相处，不能满足于表面的和谐或暂时的和平，先进带动落后或先进改造落后都需要主观努力和现实政策措施的配合才能推动。

其次，历史上不同社会制度都有其意识形态或主义，尽管也都有其合理性或善意的价值内涵，并且往往以美好的词语表达示人，但在美丽的或共同的词语表达背后各自又有不同的意义表达，比如，中国古代王朝倡导的仁、义、礼、智、信，字词选得很好，但每个字在当时都有其时代特定的政治内涵和具体要求，与当今人们从字面作的理解和宣传不是一回事。再比如，西方资产阶级革命时期提出的自由、人权、平等、博爱、民主等口号，也都是些表达人类普遍追求和向往的美好词语，并非资本主义意识形态的专属词汇，但不同社会制度赋予这些词语不同的政治内涵和实施标准，所针对的群体和实现程度各不相同，这就是意识形态的普遍性表达与真实意图之间的差别，必须进一步透过现象看本质。这也从另一方面告诉我们，既要重视意识形态普遍性表达所需要的话语体系的建构，又要明确界定和揭示社会主义与资本主义在自由、人权、平等、民主、法治、公正、博爱、宪政等相同词语表达背后意义上的同和异，以揭露资产阶级意识形态的虚假性，展现社会主义意识形态的真实性，包括我们提倡的以人为本、和谐社会、科学发展等也都有社会主义的世界观、人生观、价值

---

① 当然，极“左”路线时期也强调过大公无私、斗私批修、狠斗私字一闪念等。

观包含在里面，需要明确阐释。此外，对于社会上流行的一些口号、标语也应该按照社会主义价值观的要求进行必要的规范，不能随意性太强。比如，民间看到的“致富光荣、贫穷可耻”的墙报标语，表面上看好像符合改革开放的目标追求，但内涵的价值观导向含糊，我们主张致富，但不能违背手段与目的必须兼善的价值原则，不是什么样的致富都提倡、什么样的贫穷都可耻。

（三）倡导者的言行一致决定意识形态话语的真实感

中国有句话叫“察其言，观其行”，上行下效，榜样的力量是无穷的。意识形态话语再漂亮也不一定管用，还要看是否真实，一方面看是否符合实际，一方面看倡导者是否言行一致地遵循。意识形态往往表达其时代的先进理念，社会主义意识形态和社会主义核心价值体系都是社会主义先进文化的本质体现，中国共产党作为中华民族和中国工人阶级先锋队，其领导和执政党地位在性质上具有合法性，也就是说，中国共产党人能够代表中国先进文化的前进方向，理所当然地都应该具有崇高理想和道德情操，成为社会主义意识形态的坚守者、捍卫者、履行者。党的十八大之后，习近平总书记在新进中央委员和候补委员学习党的十八大精神研讨班上讲话指出，没有远大理想和空谈远大理想都不是一名合格党员。

社会主义理想信念和道德风尚能够深入人心，靠的是战争年代无数共产党员为了理想信念抛头颅、洒热血换来的，靠的是和平时期党员干部甘做人民公仆、吃苦在前、享受在后、全心全意为人民服务得来的，也就是说这是长期以来上行下效的结果。反过来说，党员干部一旦丧失立场、忘记宗旨，甚至由公仆变为主子，作威作福、低级趣味、腐败堕落，一旦这种消极、腐败情况普遍发生，就会严重败坏党的形象，败坏社会风气，扰乱人心，不但会使思想政治工作变得空洞无物，使社会主义核心价值体系失去说服力，而且会为整个社会所不齿，使社会主义蒙难，使社会主义意识形态蒙羞。

因此，好话要真正发挥作用，首先要有党员干部的率先垂范，只要各级党员干部自身意志坚强，做好表率，只要党的领导和执政不出问题，社会主义的信仰阵地就牢不可破。反之，如果党的领导和执政出了问题，党组织和党员不作为，所宣传倡导的意识形态内容与党员干部的实际行为不相一致，与现实的政策不一致，理想信念得不到践行，或者许多党员主动放弃应该坚守的理想信念，意志不坚，那么，社会主义的核心价值观就会成为国内外敌对势力瓦解的对象，各种思潮各种主义就有了登台表演的条件。思想观念领域的变化往往潜移默化，一旦造成不利局面，再挽回就非常困难。意识形态领域的争斗虽然无时无刻都在进行，但思想问题并非容易觉察，有时静水流深。另外，主流舆论必须有正确导向，并勇于和善于旗帜鲜明同各种敌对思潮争夺舆论阵地，决不能自己放弃主流舆论阵地，要培育敢于大张旗鼓宣传社会主义核心价值体系的社会舆论，褒奖信守社会主义核心价值体系的好人好事，勇于批判敌对思潮、歪风邪气、腐败堕落等不良状况，坚持社会主义先进文化的自信、自觉、自强。

加快生态文明制度建设的基本理论与实践探索

刘思华

【作者简介】刘思华，男，1940年3月生，湖北云梦人，中共党员。现任中南财经政法大学生态文明与可持续经济研究中心名誉主任，广西大学马克思主义生态经济发展研究院院长、资深研究员，中国社会科学院马克思主义研究院特聘研究员，世界政治经济学学会顾问，世界经济发展学会和中国人的发展经济学会学术委员会主任，中国生态经济学会副理事长兼生态经济教育委员会会长等，享受国务院特殊津贴。他是最早创立生态经济协调发展学说和生态文明与绿色经济理论的马克思主义经济学家、理论家；是中国生态经济学的创立者之一，是中国可持续发展经济学的主要创立者，是生态马克思主义经济学奠基人与创立者。从20世纪60年代至今，发表论文340余篇；出版独著、合著、主编著作50部，其代表作有《理论生态经济学若干问题研究》(1989)、《可持续发展经济学》(1997)、《绿色经济论——经济发展理论变革与中国经济再造》(2001)、《生态马克思主义经济学原理》(2006)、《生态文明与绿色低碳经济发展总论》(2011)等。获国家级、省（自治区）级、中国社会科学院优秀成果奖和湖北省武汉市科技进步奖共14项，其中《生态马克思主义经济学原理》一书在法国巴黎荣获2009年首届世界政治经济学杰出成果奖，本书已出土耳其文2卷本（2013）和中文修订版（2014）。

为了贯彻党的十八大精神，落实十八届三中全会决定关于“建设生态文明，必须建立系统完整的生态文明制度体系”的要求，本文以加快生态文明制度建设，推进绿色经济发展，为实现中华民族伟大复兴的中国梦为主旨，拟就目前我国生态文明制度建设理论研究中出现的错误思潮和建设生态文明进程中提出的新问题，谈三个重大理论与现实问题同大家共同探讨。

一　深刻认识生态文明的社会主义属性，增强社会主义生态文明真理性的坚定信念

在马克思恩格斯创立马克思主义的历史进程中，唯物史观的产生，是人类思想史和社会主义思想史上一次“壮丽的日出”。在当代，中国特色社会主义发展的历史过程中，中国共产党第十八次全国代表大会（以下简称“十八大”）在中国共产党第十七次全国代表大会的基础上，确立了社会主义生态文明科学理论，进一步明确了生态文明的社会主义性质，是一种独立的社会主义文明形态，这是对社会主义本质的重大发现，是科学社会主义新发展的一个伟大创新。因此，我们可以说，社会主义生态文明科学理论在社会主义中国的产生与形成，是人类文明思想史和社会主义文明思想史上的一次“壮丽的日出”，是中国共产党人对社会主义文明历史发展的伟大推进。这突出表现在中国共产党的十八大报告和党章修正案从党的基本理论与基本路线的高度，明确提出和规定了建设中国特色社会主义的两个“五位一体”：建设中国特色社会主义“五位一体”总体目标，使中国特色社会主义道路的基本内涵更加丰富；建设中国特色社会主义“五位一体”总体布局，使中国特色社会主义的基本纲领更加完善。因此，社会主义生态文明体现了当代中国在建设生态文明与生态文明建设上的社会主义意识形态指向，是中国特色社会主义道路自信、理论自信和制度自信的一个根本标志和重大表现，凝聚了全国人民的共识、意愿和梦想。

从人类文明发展史来看，自1972年首次国际人类环境会议到现在为止，世界上还没有任何一个国家的执政党把建设生态文明作为治国理政的发展理念和历史使命写进自己的党代会报告和党章，使生态文明具有普遍合法性的国家发展道路、理论、制度的政治表达；唯独只有中国共产党及其领导下的社会主义中国是这样做的，生态文明成为坚持和发展中国特色社会主义的国家重大战略，正在“努力走向社会主义生态文明新时代”。这是中华文明乃至全人类文明发展历史上的伟大创造。这个伟大创造确认了当下中国社会主义生态文明历史合理性，建设社会主义生态文明是以扬弃、超越资本主义文明为前提的。著名马克思主义学者郇庆治、张云飞等曾经说过：“‘生态文明’不应该，也不可能有

‘姓资姓社’的区分，而只能是‘社会主义的’”，“生态文明必须是社会主义和共产主义的生态文明”。党的十八大以后，著名马克思主义理论家王伟光《在超越资本逻辑的进程中走向生态文明新时代》一文中从人类文明形态演进的历史进程高度上指出：“社会主义生态文明对资本主义的超越，是建立在马克思主义完整、科学地把握人类社会整体历史进程的基础上的，是内在地、逻辑地统一于社会主义的本质之中的。社会主义生态文明对资本主义的超越，源自于社会主义能最大限度地遵循人和自然、社会之间的和谐发展规律。”因此，生态文明是社会主义文明发展的必然产物，就是说，人类文明从工业文明走向生态文明的发展逻辑，同社会主义文明的发展逻辑在历史进程中具有高度同一性，使之在现实层面上生态文明只能是“姓社不姓资”。这就否定了“资本主义生态文明”的现实合法性，因而当今发达国家不存在着资本主义的生态文明。有人说什么“德国、美国、日本三国的生态文明实践是后工业化国家的生态文明”，这是无稽之谈。今天，我们站在新的历史起点上重申生态文明的社会主义性质是十分必要的。生态马克思主义经济学哲学，从现时代生态经济社会生活中探寻生态文明本源，发现生态文明是社会主义的一个根本属性、内在本质、国有价值与基本特征，换言之，生态文明本质与社会主义本质是完全一致的。这就决定了生态文明必然是社会主义生态文明。因此，生态文明、建设生态文明、生态文明建设就必定是社会主义的，也只能是社会主义的，而不是别的什么主义的。这是对社会主义生态文明科学性的深刻理解，对它的真理性的坚定信念。据此而言，在当今世界现实中不存在什么社会主义生态文明和资本主义生态文明之分；更不存在社会主义生态文明建设及制度建设和资本主义生态文明建设及制度建设之分；任何对生态文明、建设生态文明、生态文明建设的资本主义解说，都是主观虚构的伪命题，是违背科学社会主义根本原理的新的资本主义制度永恒化思潮。

由上，笔者完全可以进一步论述几点：首先，社会主义文明与生态文明，是对资本主义文明与工业文明（包括后工业文明）的超越。当今世界文明演变的历史进程表明，生态文明并没有在西方发达资本主义国家率先兴起，使当代资本主义文明国家失去率先建设生态文明的历史机遇。对此，2013 年出版的《中国生态文明辞典》序言作了正确回答，本文就不赘述了。正是在人类文明演进的客观历史进程意义上说，生态文明源于中国，源于社会主义。中国崛起、中华文明崛起，本质上是生态文明的崛起。党的十八大开启了建设社会主义生态文明的新航程，是中华文明发展一个建设中国特色社会主义生态文明的新时代正在到来。当下中国建设生态文明与生态文明建设已经成为坚持和发展中国特色社会主义（习近平语）的伟大实践。对此，著名马克思主义生态哲学家余谋昌认为，“中国道路是建设生态文明的道路”，“建设生态文明，是建设中国特色社会主义的道路，建设‘美丽中国’的道路。”

其次，实现中华民族伟大复兴的中国梦，必须坚定不移地走中国特色社会主义生态文明之路。习近平在《携手共建生态良好的地球美好家园》的讲话中指出：“走向生态文明新时代，建设美丽中国，是实现中华民族伟大复兴的中国梦的重要内容。”王伟光也指出：“建设社会主义生态文明和美丽中国，是实现中国梦的应有之义。”历史将会证明：“只有建立超越资本主义制度的社会主义生态文明，人类社会的永续发展、中国梦的实现才有实现的可能。”历史也会证明，只有建设超越资本主义文明与工业文明的社会主义生态文明，才能拯救地球、拯救人类。

最后，生态文明的社会主义本质属性与发展中国特色社会主义的实践指向，为我们建设生态文明与生态文明建设奠定了马克思主义的理论基础、社会主义的政治基础和实践基础；指明了全面深化工业文明环境保护体制改革①，加快生态文明制度建设的社会主义方向、道路与原则，这已成为我们全面深化改革、实现中国梦的一个根本价值支撑和一种强大精神力量。

二　高度警惕生态文明“资本主义化”思潮泛滥，努力增强社会主义生态文明的道路、理论、制度自信

笔者在2012年年会开幕词中说过，目前生态文明研究成果中，“伪生态文明论”、“半生态文明论”的成果不少，其主要表现为“西化”、“异化”、“泛化”、“功利化”、“庸俗化”。前“三化”的本质是“资本主义化”。6年前有部最早比较系统地对西方生态文明和中国生态文明比较研究的书，极力宣扬西方资本主义国家生态文明理论与实践从物质层面到制度层面再到理论形态的较长发展过程。西方资本主义国家成为“生态文明实践的先驱者”，中华文明“将成为生态文明的率先响应者”。这就明白无误告诉人们，无论是生态文明理论还是生态文明实践，都是首先在发达资本主义国家产生与形成，西方资本主义文明是生态文明创立者、开拓者、先行者，生态文明本源是资本主义的，它“姓资”。这种极大歪曲、伤害生态文明根本属性与本质特征的“资本主义生态文明论”，使一些崇拜西方文明和西方理论的人如获至宝，发表文章、出版新作和

---

① 当下中国社会从总体上看，是以工业文明为主导的工业文明社会，过去几十年来建立的环境保护体制在本质上是与发展工业文明，实现工业化相适应的工业文明制度，迫切需要按照社会主义生态文明的本质要求与实践指向进行全面改革。

申报社科基金照搬照抄，全盘吸收，津津乐道于用西方话语解读中国生态文明，直到党的十八大以后，生态文明、建设生态文明、生态文明建设“资本主义化”解释日渐时尚，并越来越盛行。这股错误思潮有一系列所谓观点：“资本主义生态文明”、“生态文明在西方国家的发展和逐渐成熟”、“西方发达（资本主义）国家建设生态文明已经走到世界前列”、“资本主义生态文明建设（发展）道路”、“西方发达国家生态文明建设暂时领先”、“发达国家生态文明的资本主义本质”、“生态文明视域下的资本主义路径”等。更有甚者，2014 年出版的一本书在叙述“资本主义国际体制下的生态污染转移”时说：“发达国家的早污染、早治理、早转移以及对生态文明的追求，使得发达资本主义国家……较早地步入生态文明国家的行列。”这段奇文把西方资本主义工业化所走的“先污染后治理、边污染边治理（包括污染转移）的工业文明（包括后工业文明）发展道路”，说成为发达资本主义国家生态文明发展道路。对此，有人在 4 年前就发文把它明确概括为“西方国家‘先污染后治理’的生态文明建设的老路”。又如 2014 年元月某报发表的一文竟然把美国 1970 年成立联邦国家环保局，在全国 50 州设立 10 个大区域环境办公室，说成是西方国家生态文明制度建设，并极力兜售“美国是生态文明立法（制度）最为完善的国家”，把美国资本主义文明即工业文明与后工业文明捧上了天，真是荒谬至极。该文竟杜撰了“国际生态文明制度”的伪命题，对 1972 年《人类环境宣言》作出“新解说”，即《宣言》规定了“生态文明权”，完全是信口雌黄。

毛泽东同志曾经教导我们，“对于各种各样的错误思想，不加批评，看着错误思想到处泛滥，任凭它们去占领市场，当然不行”①，生态文明“资本主义化”错误思潮在理论上根本说不通，造成思想理论混乱；在实践上不符合发达国家实施“绿色资本主义”和“生态帝国主义”，使全球生态危机日益加重，并将资本主义世界卷入大肆掠夺大自然的体系之中的客观实际，尤其是它会误导我国建设生态文明与生态文明建设，其危害性不可小觑。在此，笔者要强调指出的是，“西方资本主义生态文明论”是某些人对中国生态文明与生态文明建设理论渊源的刻意寻找，并非是资本主义文明发展史的真实再现。正因如此，虽然我国一些崇洋媚外的学者的理论杜撰，特意给发达资本主义文明即工业文明与后工业文明加上一道生态文明的耀人光环，但发达国家并不领情。迄今为止，全世界发达资本主义国家还没有任何国家执政者使用生态文明这个词，也没有任何国家确立建设生态文明的基本国策，更没有实施生态文明建设的国家

① 《毛泽东著作选读》下册，人民出版社 1986 年版，第 787 页。

战略，甚至有些西方国家的执政党在议会中拒绝讨论生态文明建设相关议题。这些正说明了生态文明是有社会政治经济制度属性的，不变革资本主义制度，没有社会主义文明空间，就不可能真正建设生态文明。在此，笔者再次强调，生态文明天生的反资本主义文明秉性，从本质上决定了它的社会主义属性，成为社会主义制度的专利。这是一个科学社会主义真理。正如一些西方学者所认为的那样；中国政府将生态文明纳入到发展指导原则中，使世界目光聚到中国，生态文明的希望在中国，在社会主义。因此，在坚持和发展中国特色社会主义的伟大实践中，我们要努力增强建设社会主义生态文明的道路自信、理论自信、制度自信，要用社会主义生态文明理论和视野来论述与评判当今世界文明进步和中华文明演进，自觉消除生态文明理论失觉与失信和建设生态文明理论矮化与异化，提升生态文明建设的国际话语权和影响力，这是中国特色社会主义赋予我们的历史责任。

三　确立跨越工业文明“卡夫丁峡谷”理论，推进经济社会落后民族地（山）区文明形态跨越发展

党的十八大提出“加强生态文明制度建设”，党的十八届三中全会《决定》进一步提出：“建设生态文明，必须建立系统完整的生态文明制度系统。”由此使生态文明制度建设成为我国学界的研究热点，更重要的是从中央到各级地方政府都把“加快生态文明制度建设”，作为生态文明建设的战略重点着力实施。按照生态马克思主义经济学哲学观点，社会主义生态文明制度建设，应该包含两层含义：一是“自然生态系统的文明”制度建设，即是狭义生态文明制度建设，主要是为实现人与自然和谐发展提供制度保障与体制环境；二是“生态经济社会有机整体文明”制度建设，即是广义生态文明制度建设，为实现生态经济社会有机整体全面和谐协调发展提供制度保障与体制环境。目前，包括全国首个生态文明先行示范区内在的生态文明制度建设，也主要是狭义生态文明制度建设，都未自觉地进行广义生态文明制度建设。虽然说，在现实生活中，两者在许多方面是相互交织的、甚至是融合发展的。但从我们的战略思想来说，是要在加快狭义生态文明制度建设的基础上，逐步加强广义生态文明制度建设，推进现存的社会主义初级阶段的文明形态与经济社会形态的生态变革，绿色创新与全面转型，才能真正走向社会主义生态文明新时代。

在20世纪90年代初期，笔者就认为，在社会主义初级阶段的一个相当长时期内，我国是一个“三元文明结构”的发展中社会主义大国，“人类历史上依次出现的人类文明的农业文明、工业文明和生态文明并存着。”20年后，有

的学者进一步指出："对中国这样的发展中国家来说，农业文明尚有遗留、工业文明尚未成熟发展、生态文明初露端倪[①]。"这是从人类文明演进的历史形态维度对我国现阶段"三元文明结构"现象的一个总体描述。在当下中国现实中，由于过去30多年来，我国区域经济发展不平衡，尤其农村文明和城市文明发展差距不断扩大，生活在广袤农村的少数民族，其中有80%以上少数民族生活在山区，这些民族地区仍然生活在以农业文明为主导的现代性农业社会。因此，经济社会落后少数民族地区与山区的农村文明发展处于从农业文明向工业文明转型的特殊阶段，这是一个客观现实。对此，自党的十七大以来，笔者先后在恩施、南宁、丽水、百色等地的生态考察和讲学活动中，针对中国特色社会主义文明发展出现的新问题、新情况，提出和论证经济社会落后民族地区和山区不经过工业文明的黑色发展与长期痛苦，直接走上生态文明绿色发展道路的设想，即在一定条件下有可能跨越工业文明"卡夫丁峡谷"设想。这是对当下中国生态经济社会发展实践中提出的重大问题，作出马克思主义的理论回应。

现在，就跨越工业文明"卡夫丁峡谷"理论的基本要点，简略介绍几点：

1. 马克思恩格斯人类文明形态演进与经济社会形态演进一致性原理告诉我们；资本主义文明与工业文明是人类社会文明进步与经济社会发展的必经阶段；社会主义文明与生态文明是资本主义文明与工业文明高度发展的必然产物。而中国特色社会主义在建设工业文明的进程中就正视建设生态文明，这如实反映了21世纪中国特色社会主义文明发展的特殊规律。党的十八大开创了中国特色社会主义文明发展走向社会主义生态文明的历史进程，为这一特殊规律发挥作用开辟了广阔道路。这突出表现在推进中国特色社会主义文明形态的生态变革、绿色创新与转型发展，不论是发达地区还是欠发达地区都应当相互协调甚至同步进入这一历史进程。这就使得经济社会落后民族地区与山区可以不经过工业文明发展阶段，直接走上生态文明具有历史合理性、现实必要性和可能性。尤其是全国主体功能区规划中，许多经济社会落后民族地区与山区被划为限制或禁止工业化开发区。例如我国发达地区的《福建省主体功能区规划》中将全省国土规划为优化、重点、限制和制止4类开发区域，其中占全省五分之二的县（市）和197处区域被列入限制和禁止工业化开发区域。又如欠发达地区的广西百色民族地（山）区有13个县，就有10个县被列入限制和禁止工业化开发区域。这就决定了这些地区不能走常规工业文明发展道路，只能走生态文明的跨

① 笔者认为，客观地说，从当下中国总体上看，正处于生态文明历史形态的前夜；换言之，当下中国生态文明历史形态正在萌芽。

越发展道路。这是必然的战略选择，也是一个十分现实的可能性道路。

2. 文明形态跨越发展是在“一定条件下”才有可能发生的历史现象，故设定了严格的内外部条件。当今人类文明演进正处在一个十字路口上，资本主义工业革命创造的工业文明及后工业文明已经走到历史的顶端，进入没落衰亡期、更替期。而当下中国从总体上看，是工业文明为主导的工业社会，其大城市文明如“北上广”还呈现出发达国家所谓“后工业文明”的某些特征。与此同时，工业文明发展异化现象日益显现，使工业文明的黑色工业化、城市化已经走到尽头，已成为跨越发展的前提条件。经济社会落后民族地区与山区走跨越发展道路，本身应具有的基本条件是：（1）自然生态系统良性循环，整个生态环境质量优良；（2）社会生态系统恶化程度明显好于发达地区；（3）在人类生态系统中，人的可持续生存水平和人体生态健康水平基本上是同向运动即同步提高，而不是逆向运动而呈现人均预期寿命和健康预期寿命二律背反现象。

3. 遵循恩格斯关于历史是“沿着折线跳跃前进”的思想，用生产方式作为划分社会文明形态演进的坐标尺，我们完全可以说，在21世纪人类社会文明发展的新时代，并非每个国家、地区和民族都必须依次经历物质生产力发展的所有阶段。尤其是中国这样的发展中社会主义大国更是如此。因此，今日中国一些经济社会落后民族地区与山区具备跨越发展的基本条件，是可以在现代性农业文明基础上跳过工业文明发展阶段，直接创建社会主义生态文明的经济社会形态。据此而言，在当今中国特色社会主义语境下，确实存在着通过工业文明高度发展而后达到社会主义生态文明社会和跨越工业文明发展阶段直接进入社会主义生态文明社会的两条路径并行不悖的可能性道路。

4. 文明形态跨越设想有两层含义：一是不经过工业文明黑色发展与全部苦难，在现代性农业文明发展的基础上，直接创建社会主义生态文明的经济社会形态；二是缩短工业文明的黑色发展与长期苦难的历史进程，在目前工业化初期的工业文明发展基础上，直接走上社会主义生态文明发展道路。

5. 文明形态跨越演进的可能性成为现实性，关键在于充分发挥“三大优势”：这就是充分发挥跨越发展的民族地区与山区的生态优势；充分发挥中国社会主义经济制度的优越性，全面实现民族地区与山区共享我国工业文明发展的全部有益成果尤其是物质成果，从发达工业文明地区获取经济社会资源；充分发挥中国社会主义政治制度的优越性，尤其是发挥我们国家和政府在推进文明形态跨越演进的主导作用和全方位的支持作用。

6. 跨越工业文明“卡夫丁峡谷”设想是建立在马克思跨越资本主义“卡夫丁峡谷”理论的基础上的。马克思的跨越理论是社会历史发展一般规律的理论的特殊表现形式，是人类社会历史发展的普遍性和特殊性的有机统一。在笔者的论著中多次论述过人类文明形态是技术社会形态和制度社会形态的内在统一，而马克思的跨越理论是对制度社会形态而言的，笔者用它来考察中国社会主义文明发展规律，很自然会延伸到技术社会形态，使之与制度社会形态有机统一，必然会提出跨越工业文明“卡夫丁峡谷”设想，成为人类文明形态演进一般规律的理论的特殊表现形式。这是人类文明形态演进的普遍性与特殊性的内在统一，是唯物史观与历史辩证法的高度统一。

否定革命就是否定中国近代史

——答求是网记者问

刘润为

【作者简介】 刘润为，河北丰润人。中国红色文化研究会会长，求是杂志社原副总编辑、二级编审。享受国务院特殊津贴专家，国家社科基金学科评审组成员，受聘军事科学院高级研究员。从事科学社会主义和文艺学研究。《九论社会主义·资本主义发展历史进程》主笔。主要著作有《文心与文变》、《文艺批判》、《潮流之外》等。

反帝反封建是中国近代史的主线

问：刘老师，您的《革命与破坏的考辨》（载《求是》2014年第17期）一文，论证了近代中国革命的必然性，也表达了您肯定革命的学术立场。但是，近年来一些学者试图提出一种新的认识，认为“近代史不仅仅是三大革命（太平天国、义和团、辛亥革命）的历史，还应当包括洋务运动、戊戌变法等改良运动的历史”，即“两条线索”的中国近代史。进入新世纪以后，他们还特别提出，不能再把革命当作圣物。您对这种“告别革命”的观点持何看法？

答：说到中国近代历史，其“历”上下109年；其“史”汗牛充栋、不可胜数。你的本事再大，也不可能一气吞下这么多东西。研究中国近代史，只能一条线索一条线索、一个专题一个专题地研究。这好比穿糖葫芦，这样一穿成了一串，那样一穿又成了一串。穿的串串越多，我们就越接近历史的全貌。所以说，研究中国近代史不是一条线索，也不是两条线索，而是N条线索。

不过，这里要注意两个问题：一是各条线索对历史进程的作用或影响是不一样的。这里有主次之分、本质方面与非本质方面之分，甚至还有一级本质与二级本质之分。显而易见的是，反帝反封建，也就是你们刚才提到的太平天国、义和团、辛亥革命这一条线索，才是中国近代史的本质方面，是对中华民族伟大复兴产生根本性影响的方面。没有反帝反封建，中国就不可能获得民族独立和人民解放；而没有民族独立和人民解放，中华民族伟大复兴也就成了空中楼阁。多年来，史学界有人企图通过抬高蒋廷黻或"自铸伟词"来反对胡绳的《从鸦片战争到五四运动》（矛头所向还包括毛泽东的《中国革命和中国共产党》及范文澜的《中国近代史》）。胡绳的这本书有没有毛病？当然有，当然可以讨论、可以批评。比如说我，就不同意将义和团运动看成是一场革命，因为它没有比较完整、稳定的奋斗纲领和相对严密的统一性组织，准确地说，它是一场以农民和小手工业者为主体的自发的爱国主义运动。但是，如果连胡绳提出的"一条红线"（反帝反封建）和两个过程（帝国主义、封建主义将中国变成半殖民地半封建社会的过程；中国人民反帝反封建，争取民族独立、人民解放的过程）都一起反对掉，也就消解了中国近代史的本质方面，从而斩断了近代中国与当代中国的联系。

二是各条线索并非孤立的存在，而是相互交叉、相互渗透、相互转化的。比如说，你搞中国近代服饰史或礼仪史，就必然要碰到这样的问题：官员的补服为什么改成了中山装？跪拜、作揖为什么换成了鞠躬、握手？大人、老爷的称谓为什么被先生、同志所取代？研究这些问题，是绕不过辛亥革命的。再举一例，就是蒋廷黻的近代化线索。从这条线索研究中国近代史是很有意义的一件事。但是，这位蒋先生却认为，近代中国的根本问题只有一个，就是能否赶上西洋，实现近代化。而要赶上西洋，就不能反抗西洋。从这种妥协史观出发，他大胆假设，如果让林则徐再战，则必然失败，"败则中国会速和"，"维新或可提早二十年"；从这种妥协史观出发，"九·一八"事变以后，他力主"为了对日和平不惜任何代价"，吹捧蒋介石的不抵抗政策，说"蒋先生为民族计忍受国人的非议和敌人的无礼，绝不轻言战，亦绝不放松民族近代化之推进。我们能从九一八到七七得着宝贝光阴的建设，这是蒋先生深谋远见的结果"。一直到1965年，他在临终遗嘱中，仍然将当年未能实现中日媾和引为终生的憾事，而此时此际已是中国人民抗日战争胜利后的第20个年头。"信念"固然执着得可爱，但是他的那一套东西符合近代中国的实际么？按照他的主张，旧中国能够实现近代化么？一条好端端的线索，就这样被蒋先生搞砸了，可惜呀！倘若不对反帝怀有偏见，循着这样一条线索沿波讨源，就一定会得出这样的结论：要实现中国近代化，就必须学习西方；而要学习西方，就必须反抗西方的侵略；不把西方的侵略势力赶出中国，就无法学习西方，当然也就不能实现近代化。你们看，中国近代史的本质方面，就是这样无处不在地影响着、主导着其他线索，躲也躲不开、逃也逃不掉。换一种说法就是：离开反帝反封建，其他的一切线索都无所附丽，因而也就从根本上消解了中国近代史。这就好比一个人，你把他的脊梁抽掉，将会变成什么样子呢？

至于你们说到的另一条线索，即洋务运动、戊戌变法的历史，当然也要研究，而且是具有重要价值的研究。在这条线索上，还可以再续上几个线段，如清末新政、民国宪政、第三条道路等。但是，这些研究只要是沿着求实的方向前进，就会清晰地发现：在半殖民地半封建的旧中国，用平和的手段、改良的办法来达到救亡图强的目的是不可能的。这就从另一个角度揭示了反帝反封建的历史必然性。当然，如果你的动机就是要“告别革命”，消解反帝反封建的主线，那也只好悉听尊便，但以尴尬收官却不可以怨天尤人。

评价历史事件和历史人物的几个问题

问：现在国内正在掀起一股“重评历史人物”、“重评历史事件”的浪潮。像慈禧太后、李鸿章、袁世凯这样一些历史人物开始得到推崇，而太平天国、义和团、辛亥革命这些历史事件却越来越受到负面评价。您能帮我们厘清一下这种现象吗？

答：厘清不敢说，可以谈一点看法。史学界的这种思潮其实还是否定革命的产物或者说是另一种表现形式。

对于慈禧太后的评价，我认为关键在于她是否反对维新变法。为她辩护的人说，这位老佛爷是不反对变法的，怪也只能怪维新派策略失当，太冒失了，你看她后来不是还主动搞了清末新政吗？这种说法是经不住推敲的。不错，慈禧太后公开表态时并不反对变法，但那是迫于《马关条约》签订以后的压力。日本拿走台湾全岛和澎湖列岛，又外加2.315亿两的白银；两年后德国又霸占了胶州湾，搞得举国哗然、民怨沸腾。面对这种危局，即使再专制、再顽固的统治者也不能不有所顾忌。慈禧太后的所谓不反对变法，不过是平息民怨、摆脱危机的权变而已。其实，在怎样对付维新派的问题上，这位老佛爷早已成竹在胸。宣布变法后的第4天，即1898年6月14日，她就罢免了帝党首领、光绪帝的老师，维新派在朝中最主要的支持者翁同龢。变法第5天，她又逼迫光绪帝连下三道圣谕，使她得以把持朝廷的人事任免和京津地区军政的大权，为控制局势作了最关键的准备。变法推行之际，守旧派则纷纷上书，敦请慈禧太后垂帘听政，杀康、梁以谢天下。正是在守旧派磨刀霍霍的危急关头，才发生了谭嗣同密访袁世凯要求护驾的事。哪里是什么维新派的“冒失”才惹怒了老佛爷呢？当然，维新派出台变法举措是急了一些、集中了一些，但是不急、不集中又能怎样呢？变法尽管是体制内的改良，但毕竟要触动贵族及其他八旗人的利益。毋庸说更厉害的条款，单是取消旗人由国家供养这一条，在慈禧太后及其他贵族那里就通不过。镇压维新派以后，慈禧太后虽颁布了要继续改革的懿旨，但也是做样子的。该旨劈头写道：“国家制治保邦，纲常名教，亘古为昭。”时人孙宝瑄的《忘山庐日记》记载：有人问他，“政府已主张变法，所不变者惟心术耳……此何意耶？”他回答说：“心术者，即君权之代表也。彼惧怕变法而民权之说起，故以心术二字压倒之。”值得注意的是，孙宝瑄并非维新派，而且其父其兄其岳父均任清廷要职，他的话应当是客观的。

至于清末新政，更像是拿立宪派当猴耍的一场闹剧。1906 年 9 月 1 日，清廷发布上谕，宣称“仿行宪政，大权统于朝廷，庶政公诸舆论，以立国家万年有道之基。”于是成立了内阁，但 12 个内阁成员中有 9 个是皇族大员。这叫什么？换汤不换药。立宪派不甘失败，组团赴京请愿、伏阙上书，但是一点用也没有。请愿代表“押解回籍”，继续抗争者发戍新疆。立宪派痛心疾首，发表《宣告全国书》，哀叹“新内阁如此，议员等一再呼号请命而不得，救亡之策穷矣！”

纵观慈禧太后掌政，不能说她一点国家民族意识也没有，但是在掂量国家民族与统治集团利益的时候，她绝对把统治集团放在第一位；在掂量统治集团中一般成员与皇族利益的时候，她绝对把皇族放在第一位；在掂量皇族成员与她自己利益的时候，她绝对将个人放在第一位。而这些利益，还多是眼前而非长远的东西。正是因为这样极端的自私、狭隘和僵化，使得她对中国进步的消极作用千万倍的大于积极作用。说她在中国近代史上乏善可陈，似乎并不为过。有人说，如果慈禧太后不死，又不发生什么革命，中国早就实现了近代化。这样的议论只能当作笑话听。

说到李鸿章，我们首先要肯定他对洋务运动的贡献。尽管洋务运动的初衷是维持清王朝风雨飘摇的统治，尽管洋务运动以失败告终，但它毕竟引进了西方的一些科技成果，培养了一批像詹天佑那样的留学生，兴建了若干工业企业。我的家乡唐山的开滦煤矿，就是从那时开采的。毛泽东说：讲重工业，不能忘了张之洞。余类推，我们也不能忘了李鸿章。但是，对于李鸿章评价的主要分歧，不在这个地方，而在他对外妥协的问题上。推崇李鸿章的人说，李鸿章的妥协是忍辱负重，应当给以体谅。有一部电视剧，把李鸿章在《马关条约》上签字的情节渲染得极为悲壮，俨然有担荷天下罪恶的释迦胸怀，这就未免太过虚张。

当然，我们并不一般地反对妥协。十月革命胜利以后，列宁曾与德国及其同盟签订过《布列斯特条约》。尽管搞了妥协，列宁非但没有受到诟病，反而威望飙升。原因何在呢？让我们以《布列斯特条约》和《马关条约》的签订做一番比较。先看签约前的局势。就苏维埃政权来说，沙俄因参加第一次世界大战而使俄国大伤元气，苏维埃政权接过来的是一个百孔千疮的烂摊子，亟须恢复、发展经济；革命虽然胜利，但是革命武装并未形成规模；新生政权岌岌可危，随时可能被国内反革命势力和14国反动武装颠覆。可见在当时的情况下，苏维埃政权不作出妥协必定是死路一条。就中国来说，大东沟一战，日本海军虽略占上风，但中国海军并未丧失再战能力，可是李鸿章一战胆寒，从此避敌保船，拱手让出了制海权，终至北洋水师覆灭。甲午战败后，中国国力羸弱不堪，日本也几乎到了灯油将尽的地步。但是，中国地大人多，尚有相当可以调动的资源；日本小国寡民，回旋余地不大。倘若咬紧牙关，举全国之力再战，胜算的天平大抵是向中国倾斜的。这也就是说，在当时的形势下，李鸿章是可以不妥协或者作出小退让的。再看妥协的目的。列宁是为了以空间换时间，巩固苏维埃政权；李鸿章则是为了苟且偷安，凑合一天是一天。从妥协的结果看，列宁达到了巩固苏维埃政权、最终战胜敌人的目的；李鸿章则引来了更大的瓜分狂潮，6年之后，中国又与11国签订丧权辱国的《辛丑条约》。同是妥协，列宁与李鸿章就是这样泾渭分明，怎能等量齐观呢？张謇在弹劾李鸿章时指出："李鸿章自任北洋大臣以来，凡遇外洋侵侮中国之事，无一不坚持和议。以四朝之元老，筹三省之海防，统胜兵精卒五十营，设机厂、学堂六、七处，历时二十年之久，用财数千万之多，一旦有事，只能漫为大言，胁制朝野。曾无一端立于可战之地，以善可和之局。李鸿章不但败战，而且败和。"应当说，张謇的评价是实事求是的。

李鸿章对外妥协，其实还有个人目的。1896年，也就是签订《马关条约》次年，李鸿章又与沙俄签订《中俄密约》，使俄国不费一枪一弹就把中国的东北纳入了自己的势力范围。其间，沙俄承诺给李鸿章三百万卢布（约合白银210万两）的酬金。沙皇冬宫档案资料表明，李鸿章至少拿到了其中的170多万卢布，因而被俄国人称为"最厚颜无耻地出卖民族利益的老手"。而此时的中国老百姓，却正在抽血抽髓，为《马关条约》那两亿多两白银买单，真个是

“宰相合肥天下瘦”！截至李鸿章去世，李家来源不明的财产达白银四千万两之多。至于他算不算卖国贼，可以暂时搁置争议，相信后人比我们聪明，能够作出恰如其分的评价。现在我们完全有把握的，是把他作为丧权辱国的一个代表性人物。20 世纪 80 年代，邓小平说：如果不能如期收回香港，我就是李鸿章！

说到推崇袁世凯的那些议论，多属强词夺理、漏洞百出、牵强附会之类，不值得我们在这里讨论。不过也有一个比较有迷惑性的论点，就是袁世凯重视建设，理由是在他当政期间民族经济发展较快。不错，在 20 世纪早期，中国的民族工业确实得到了前所未有的发展，但那是因为袁世凯领导得好吗？当然，我们不能说袁世凯没有搞过一点建设，但是把当时民族经济发展的功劳记在他的头上，则是不公平的。当时民族经济发展主要取决于两大因素。从外部环境来说，此时恰在第一次世界大战期间。帝国主义列强忙着打仗，从而放松了对中国的经济压迫，这就给中国民族经济发展腾出了一定的空间；从内部动力来说，则多是由于张謇、穆藕初、简照南、简玉阶、荣德生等一大批杰出实业家的艰苦奋斗。不错，袁世凯是经常将建设挂在嘴边的，在攻击革命党时也不忘给他们扣上一顶“有革命习惯无建设思想”的帽子，好像只有他才是一个建设型的领导者。其实，他所处心积虑的是如何翦灭革命党人、自己当皇帝。建设与他的这一“工作重心”相比，则不知道要轻多少倍。也许有为自己塑造建设形象的考虑，他曾任命著名实业家张謇为内阁的农商总长。在两年的任期内，为发展民族实业，张謇殚精竭虑、呕心沥血，起草了 20 余种法令、条例，制订了一套完整的实业发展计划，但是在袁世凯的领导下，这一切都成了一纸空文。建设无望，张謇只好自炒鱿鱼。他在辞呈里不无心酸地说：“是謇就职时之设计已穷，日在官署画诺纸尾……国民实业前途，茫无方向。”如果袁世凯真是一个建设型的领导者，张謇会一筹莫展、无所作为么？

在今天，骂太平天国、义和团和辛亥革命的都不少，但比较而言，太平天国和义和团挨骂更多，所以笔者想谈一下太平天国和义和团的评价问题。

4 年前，笔者去过洪秀全的故乡——广州市花都区的官禄。那里陈列着一首当时的民谣：“官禄，官禄，食粥送薯莨。苍蝇咬粒饭，追到新街渡。”老百姓穷到这个份上，能不造反么？太平天国有没有问题？问题多得很。前期纲领超越现实，后期涣散、内讧、腐败，如此等等。但是他们坚决反对清王朝的反动统治，坚决反对帝国主义的侵略，这就是太平天国的本质方面。

为了说明问题，需要介绍一个史实。你们知道，拜上帝会是经过太平军改造的基督教组织，或者叫太平军特色的基督教组织。信仰的同一性，让西方列强以为太平军可以成为他们一伙的人。因此，当初他们是支持太平军打倒清王朝的。英国官方媒体《北华捷报》在 1854 年 1 月 7 日的社论中热情地说："我们把他（按：指洪秀全）看作是以快速步伐推进中国真正开放的动力，他能促进与西方世界的联系，我们相信在他的更开明的统治下，我们的商人将能迅速摆脱目前的困难，赢得自由、互惠、清白无瑕的贸易的一切好处。"但是经过一段时间，他们发觉这个如意算盘打得不对。太平军不仅反对清政府，也反对他们侵略中国。1860 年，他们与清政府签订《北京条约》，从而在中国获得很多特权，可是在太平军的根据地内，这些特权都不算数。太平军不但不与他们进行鸦片这个"清白无瑕的贸易"，而且还焚烧鸦片。于是他们便转而支持清政府镇压太平军。以前夸奖太平军的《北华捷报》，又开始大骂太平军是"打家劫舍"的"盗匪"，并且扬言："为了尽快结束这长期不止的动乱，无论采取什么手段几乎都无人计较，因为叛乱正在使贸易受到损害。"美国专员列卫廉则向华盛顿报告："一度认为有巨大影响的叛乱，现在却被视作应予结束的有害的灾变。对帝国政府应予支持。"从此，他们不但为清政府提供洋枪、洋炮和洋钱，而且还直接组织雇佣兵去杀太平军。我们不难推想，如果太平军仅仅是为了个人富贵，他们完全可以与列强沆瀣一气；而与列强沆瀣一气，即使自身有再多的毛病，也能够取代清王朝的统治。但是他们心里有国家、有民族，这就是值得我们肯定、尊敬之处。太平天国作为中国近代史上空前的农民革命，沉重地打击了帝国主义和封建主义的统治，有力推进了中国人民争取民族独立、人民解放的进程。这一历史的功勋，不是几个文人的口水就能湮灭的。

谈到义和团（包括红灯照等），我的话可能更多一些。我上小学六年级的时候，历史课本上印的那面义和团团旗，就是唐山市遵化县（当时叫州）的。旗虽残破，但字迹清晰可辨。我们那个村，当时参加义和团的人也不少，我爷爷就是义和团员。童年时期，我经常听祖辈、父辈（父辈多属转述）讲义和团的故事。其中正面的、负面的都有。我的一位未出五服的大伯（年龄和我爷爷差不多），叫刘锡珍，就是当地义和团的首领，自称练就了刀枪不入的本事。他的二叔不信，说这是骗人的，大伯说是真的。他二叔说，那咱们就试一试。这位大伯被逼到这个份上，只好硬着头皮允诺。于是他二叔拿起一杆鸟枪，装了几粒铁砂，拉开不至于致命的距离，朝他的后背开火，结果有两粒铁砂嵌入大伯的后背。这是一个负面的故事。当然，更多的是正面的故事，他们视死如归，手持原始武器抗击侵略者的故事。当时参加义和团的，不只是贫苦农民和小手工业者，也有一些富家子弟甚至下层官吏。我的爷爷和前面说到的那位大伯，都是大地主家的少爷。他们参加义和团不是为了混一碗饭吃或趁机捞点什么，只是因为不能忍受洋人在中国的土地上横行霸道。

“还我江山还我权，刀山火海爷敢钻。”这就是义和团的精神，这就是义和团的气概！1900 年 6 月，英国海军大将西摩率领八国联军 2000 多人，由天津进犯北京。义和团员手持大刀、长矛，在落垡、廊坊等地与侵略军展开激战。面对敌人的枪林弹雨，义和团的勇士们面无惧色，奋勇地向他们发起冲锋。一位勇士甚至逼近联军副统帅麦卡加拉，用长矛向他猛刺过去，结果壮烈地倒在麦卡加拉的手枪之下。此次交锋，敌军死伤近 300 人，不得不狼狈逃回天津。

正是他们的英勇斗争，沉重打击了帝国主义的侵略势力，显示了中华民族有同自己的敌人血战到底的气概，有在自力更生的基础上光复旧物的决心，有自立于世界民族之林的能力。时人林鹤年先生在为《红灯照》所写的序中说：“天生忠义，成此国殇。二十二行省得此番小儿女一振疲癃，不特寒众国之心，且壮中原之气。”八国联军统帅瓦德西在给德皇威廉二世的报告中说，“皇上诚然有瓜分中国的思想”，可是“彼等在实际上尚含无限蓬勃的生气”，“可于此次‘拳民运动’中见之”，“故瓜分一策，实为下策”。英国老牌的殖民者、中国通赫德，更是透过义和团运动看到了中国的未来。他说：“义和团运动是为使中国强盛的爱国主义运动，是一个将要发生变革的世纪的序曲，是远东未来历史的主调：公元 2000 年的中国将大大不同于 1900 年的中国。无论如何，外国人决不可能期望永远保持他们的治外法权地位以及中国被迫让与的种种通商条件。终有一天，外国人在中国国土上为所欲为地发号施令必须停止。”特别值得一提的是，美国著名作家马克·吐温也旗帜鲜明地站在义和团一边。他在演讲中说：“洋人们在中国只是惹是生非，中国为什么不应摆脱他们？我无论何时都站在义和团一边。我祝愿它成功。我也是一个义和团员。”

你们听了这四个人的评价，就会知道，那些把义和团骂得一无是处的人，其认识水平和求实态度连古人、洋人都不如，甚至连殖民者、侵略者都不如。当然，我们必须如实地承认，义和团确有迷信、愚昧、简单排外等以小生产为特征的历史局限性，但是如果因此而对他们作出否定的评价，甚至进行无端的指责和辱骂，则无论如何不能说是公正的，也是至今仍在享受民族独立成果的中国人民在感情上难以接受的。

保卫革命就是保卫未来

问：在文章最后部分，您提到“1789—1871—1917 的道路”这样一个命题。我们都知道，这些年份都是世界近现代史上的重要节点，可否请您解释一下这条道路及其意义？为什么有些人会认为“沿着这条道路，中国人民获得的‘只能是大灾难和大倒退’”？

答：你们说得很对。这些年份都分别指代世界近现代史上的重大事件，影响人类历史进程的重大事件。1789，指法国大革命；1871，指法国巴黎公社；1917，指俄国十月革命。这是一条人类进步的路线。法国大革命尽管流血很多，但是它“反映了当时整个世界的要求”（马克思语）。巴黎公社尽管以失败告终，但它毕竟是人类建立人民民主、共同富裕的美好社会的第一次尝试，因而“公社的原则是永存的”（同上）。十月革命尽管也付出代价，但是第一次将巴黎公社的基本原则落到了实处，从而开辟了人类历史的新纪元。我们都知道黑格尔，他用绝对精神的七拐八拐论证了普鲁士的封建专制是人类最完美的社会制度（就像福山以前坚持的历史终结论一样），因而被称为保守主义哲学家。但是，他又是怎样看待法国大革命的呢？他说那是“一次壮丽的日出”，而且这一立场始终不渝。老年黑格尔针对诬蔑法国大革命是破坏的论调，明确指出：“这个（启蒙哲学的）否定方面以破坏的方式对待了本身已经破坏了的东西……他们攻击的是什么国家？是大臣和他们的宠姬仆妇的最盲目的统治。”1820年，为纪念法国大革命，他特邀好友到家中相聚。席间，他深情地说：“今天是7月14日。为攻破巴士底狱干掉这一杯！”俄罗斯著名学者和作家季诺维耶夫，早在青年时代就和几个同学策划暗杀斯大林，后来一直反对十月革命、反对苏维埃制度，因此而被迫流落海外。但是在目睹苏东剧变给祖国和人民带来的灾难性后果以后，他从苏维埃制度的激烈批判者变成了苏维埃制度的坚定捍卫者。1994年，他在米兰的一次学术会议上坦言：“我写了30本反对共产主义的书，但是假如我知道这一切会有这样的结果，我就永远不会去写这些书。”1997年，他在《文学报》上撰文，明确表示：“我接受整个十月革命和它的产物——共产主义社会。这也是我的革命，这也是我的社会。”一个近代的保守主义者，一个当代的“反革命”，都能或早或晚对革命作出公正的评价，何以今天中国的某些人却偏要把革命说成是“大灾难和大倒退”呢？这绝不是学风、认识、视野的问题，而是出于一种政治上的动机。

毛泽东在《中国人民英雄纪念碑碑文》中写道：“由此上溯到一千八百四十年，从那时起，为了反对内外敌人，争取民族独立和人民自由幸福，在历次斗争中牺牲的人民英雄们永垂不朽！”他又在《贺新郎·读史》中写道：“盗跖庄蹻流誉后，更陈王奋起挥黄钺。歌未竟，东方白。”所有这些都告诉我们：不管古今中外，凡是革命，都有着牵一发而动全身的内在联系，肯定了这个就必然要肯定那个，否定了这个就必然要要否定那个。这个道理不仅共产党人明白，那些搞所谓宪政改革的人同样明白。否定太平天国、辛亥革命也好，否定法国大革命、巴黎公社、十月革命也好，其目的都在于否定中国的新民主主义革命。

否定了新民主主义革命，中国共产党的领导地位、中国的人民民主政权和社会主义道路就失去了历史依据。这样一来，所谓宪政派就能振振有词地要求共产党下台，实行多党制；让全国人民代表大会和全国政治协商会议解散，实行西方的两院议会制；让中国特色社会主义靠边，代之以依附式的资本主义。这就是他们否定革命的用意所在。如果他们的图谋得逞，那才真正是中国的“大灾难和大倒退”，又何谈实现中华民族伟大复兴的中国梦？正所谓“灭人之国，必先去其史”啊！所以，我们说，保卫革命就是保卫新中国，就是保卫中国人民的福祉，就是保卫中华民族的光明未来。

历史虚无主义泛滥的根源

问：自新中国成立直到改革开放初期，“革命”一词都站在中国主流话语体系的制高点，代表着正面的力量；但进入新时期以来，“革命”却越来越多地同“激进”、“极左”等概念相联系，以至出现彻底否定革命的倾向，有人说今天已经把革命驱逐到了话语体系的边缘地带。这是什么原因？

答：新中国成立以后，“革命”的确是一个好词、一个热词。那个时候，几乎没有人肯于承认自己是不革命的，更罕见有人像今天这样公开否定革命、谮毁革命、咒骂革命。我给你们讲一个故事，那是我上高小的时候，亲见一位不识字的农民问我的老师：“岳老师，你有文化，你给我说一说革命到底是啥？”我的老师是一位人情练达的人。他大概知道，向一位不识字的农民讲理论是不应该的。于是，他略作思忖之后说：“革命就是好哇！”那位农民听后，高兴得几乎要跳起来，竖起大拇指连声说：“岳老师这个！岳老师这个！谁也没有把革命给我说得这样透亮。革命打跑了小日本，革命分房子、分地，还让我娶上媳妇。革命可不就是好哇！”我讲这个故事是想说明两个问题：一是那时距离革命的时间还近，广大人民群众尚能清晰地记得革命给自己带来的实际利益；二是当时认同革命的广度和深度，连普通的讲不出任何理论的农民都打心眼儿里拥护革命，可见革命之深入人心。

革命受到公开的责难，起自20世纪70年代末，以后则有愈演愈烈的态势，甚至发展到某些主流媒体为这样的言论提供传播平台的地步。但是，说否定革命是今天的主流话语，则未免夸大其词。其实，否定革命思潮的主要市场在精英圈子。这个圈子包括一些人文学科的教师、学者，一些党政干部，一些散落内企、外企的“白领”，还有一些不知道从哪里讨生活的自由知识分子。这些人加起来，即使作最大胆的估计，也超不出中国总人口的1%。他们有1300万人么？我看没有。而另外那99%的人则是不认同他们的说教的。比如大骂中国革命和毛泽东的言论，如果给工人、农民去讲，他们肯定不买账，十有八九还要被轰下台去。这样的事件已经发生过不止一次。他们就那么一点人，即使再能折腾，搞出再大的动静，也只是泰山上的一铲土。区区一铲土，怎能和泰山相比呢?

不过，我们绝不能因此而对这种思潮放松警惕。古人说：“蝼蚁之穴，溃堤万里。”在常态环境下，在江流平缓时，一个小小的蚂蚁窝成不了多大的气候，但是在洪水来临又疏导不当时，那个蚂蚁窝就有可能制造大灾难。因此，我们对这样一群蚂蚁又不可等闲视之。

否定革命思潮在精英层的泛滥，有其复杂的原因，不是一个访谈就可以说清楚的。在这里，我只能撮其大要。

其一是“文化大革命”时极“左”倾向的影响。有些人以“革命”之名行极“左”之实，结果让革命这个好东西受到了玷污，就像李鬼让李逵蒙垢一样。在这方面，我的体会也是很深的。1970 年，我姐姐从北大无线电系毕业。原定她是留校的，而且已经宣布了名单，但是等政审外调的老师回来之后，却宣布让她到北大 653 分校（地点在汉中市）附近的一个农村去劳动锻炼。其原因是政审不合格：姥爷是混进革命队伍的富农分子，舅舅是潜藏党内的日本特务。这在当时确实给姐姐造成了极大的精神伤害。姐姐并非鄙视劳动，而是调整分配去向的理由让她难以接受。当然，姥爷和舅舅的问题在 1972 年和 1973 年先后平反，这是后话。

其二是苏东剧变的消极影响。国内某些糊涂的人受到这种影响也开始怀疑革命，而某些另有图谋的人则大受鼓舞，以为机会来了，可以大干一场了。那时，就有西部的一个作家写了一部长篇小说，揶揄法国大革命、巴黎公社和十月革命，控诉中国共产党领导的人民革命剥夺了他家的“贵族”地位和生活。

其三是国际敌对势力对我加紧实施其西化、分化战略。这种战略又可以分为三个招数。第一招是外部的意识形态攻势，向我抛售什么历史虚无主义、普世价值、新自由主义、宪政民主那一套东西。你们可以估算一下，光出自海外的攻击中国革命的出版物就有多少种？在这些出版物中，又有多少内容经得起事实检验呢？第二招是派人打进来。这些受命打进来的人，大多披着客座教授、访问学者、公司高管之类的光鲜外衣。然后，西方又出钱把他们包装成意见领袖、网络“大 V”之类。这样一来，这些人就既是成功人士又是名人，因而也就很容易俘获某些企盼成功又天真烂漫的青年的心。第三招是花钱买奴才。可悲的是，我们国内就有那么一些没出息、不长进的人，不顾国格人格，为了那么一点蝇头微利、蜗角虚名而甘当西方霸权的“牛马走”。这些人分布于经济、政治、法律、历史、教育、新闻、文艺等各个领域，为数不多，但由于有西方敌对势力和国内某种社会力量的支持，能量却不可小觑。

其四是党内的原因。有的领导干部过分爱惜自己的羽毛，乡愿作风严重，老想着两边讨好、四处结缘、八面玲珑，以塑造自己的开明形象。更有甚者，则走上了纵容、支持错误思潮的道路。20 世纪 80 年代两个总书记先后栽跟头，就是深刻的教训。上头有人纵容、支持，那历史虚无主义能不闹得欢吗？党的十八大以后，以习近平同志为总书记的党中央坚决抵制历史虚无主义及其他形形色色的错误思潮，明确强调新民主主义革命的胜利成果决不能丢失，社会主义革命和建设的成就决不能否定，改革开放和社会主义现代化建设的方向决不能动摇。中央的这一明确态度，大煞了错误思潮的气焰。今年春节前夕，我参加一个会。会议主持者请那位“吐痰”经济学家发言。我原以为他又要夸夸其谈一番，殊不料他只说了一句话：“快过年了，我们说话小心点儿。”很明显，他已感到了压力。

至于把革命同激进、极左等概念相联系，这是往革命的头上泼脏水——历史虚无主义惯用的伎俩。其实，这两个概念与革命之间连半毛钱的关系也没有。相反，正是因为中国共产党坚持不懈地反对极“左”倾向和激进主义，才领导人民革命从胜利走向更大的胜利。

把坏事变成好事

问：您的文章直指历史虚无主义思潮。历史虚无主义不仅给党和国家造成极大危害，甚至试图动摇中华文明的根基。您能否提几点希望和建议，使我们的舆论阵地建设更加有力？

答：多年来，糟蹋本民族的历史，早已不仅仅是指向老一辈无产阶级革命家、中国共产党和新民主主义革命，就是古代的优秀人物也难逃口诛笔伐。如屈原是一个花下死的风流鬼，岳飞是千古罪人，如此等等，不一而足。总之，只要中华民族有了一位值得我们骄傲的人物，他们便要把他涂黑、矮化或者妖魔化。更有甚者，竟然说中华民族是犹太人的移民，根本没有自己的起源。综观世界，哪个民族能有这样糟蹋自己历史的现象？又有哪个国家能够容忍这样糟蹋自己的历史？如果这种现象持续泛滥，人家会笑话我们，瞧不起我们。我们不能忘记郁达夫的警世之言：“没有伟大人物出现的民族，是世界上最可怜的生物之群；有了伟大人物出现而不知崇敬爱戴的国家，则是没有希望的奴隶之邦！”

不过，坏事也可以变成好事。在 20 世纪五六十年代，小学、中学的历史教科书对重大历史事件、重要历史人物的结论基本正确，但由于课时有限，不可能写得详细，且某些结论有绝对化的不足。在这种教育环境、社会环境中成长起来的绝大多数人，包括非历史专业的知识分子在内，所得的历史知识差不多都来自教育和与这种教育保持一致的各种读物。随着岁月流逝，对于所学历史只记得结论和大致梗概，便是不可避免的事。然而，人们不曾预料，若干年过去，“标新立异”的来了。他说原来的那些结论不对，甚至完全相反。你没有充分占有这些方面的资料，是听他们的呢还是相信过去的结论呢，于是迷惘、彷徨、动摇甚至跟着跑便在所难免。社会心理越是发生这样的波动，他们就越加放肆，以至汹汹嗷嗷，大有蹈干四海、踏平五岳之势。既然他们挑战，我们就得应战。不管多么耗时费力，我们也要扎进故纸堆里，耐心地去寻找历史的真相，给当下和未来一个负责任的交代；不管因袭的思维惯性多大，我们也要解放思想、补阙拾遗，完善原来不完善的结论，把历史唯物主义的原则贯彻到底。这方面的工作做好了，历史唯物主义的各个结论就等于浴火重生，变得更加牢不可破。用它来教育青年、掌握群众，也就更加富有说服力。你们说，这是不是坏事变成了好事？

当然，对历史虚无主义的消解进行反消解，光靠史学研究还不够，必须调动多方面的相关资源，形成全社会齐抓共管的态势。这里，只想谈一些我感触较深的方面。

第一，必须坚持舆论导向和利益导向相结合。在兜售历史虚无主义的人群中，除别有图谋者外，还有一些跟着起哄的青年。他们为什么要跟着历史虚无主义跑呢？就是因为那里边有实惠，往往可以轻轻松松地落得个名利双收。在某卫视的一个娱乐节目上，就有一个中学历史教师宣称：“我要做一个袁腾飞老师那样的了不起的人物。”这种现象在社会心理学上叫作比照效应。当务之急是必须从根本上扭转这种消极效应，让正派学者吃香，让造谣生事者风光不再。

第二，将上述一项延伸下来，就必须强调“学术无禁区，爱国有底线”。史学研究是一个汪洋大海，它不容忍任何形式的垄断和霸权。必须坚持“双百方针”，必须鼓励大胆创新，必须营造自由宽松的学术环境。但是，学术自由不等于无政府主义的自专，不能背离学术规范，不能背离尊重历史的科学精神，不能背离爱国主义的基本立场。目前，世界上有很多国家都在对待历史的问题上出台了法律、法令或法规。2009年，俄罗斯联邦总统签署第549号总统令，成立反击篡改历史、损害俄罗斯利益委员会，负责协调有关方面，共同应对虚无民族历史、损害国家利益的行为。2014年，俄罗斯正式出台法律，把否认纳粹“二战”罪行和歪曲苏联“二战”角色认定为违法行为，违法者将面临5年以下监禁或50万卢布（约合1.4万美元）以下罚款的惩治。当然，各国的国情有所不同，我们不一定要让篡改历史的人去坐班房，但是相应的法规和纪律是绝对必要的。起码我们应当做到：在党内，不允许存在特殊资格的党员（不管他资历多老），不允许他们恶搞我们党的历史、损害党的形象；在教育、文化领域，不给篡改中国历史特别是革命历史，损害国家利益的所谓教师、学者提供讲台和其他传播平台。这样坚持下去，就能在三五年内有效地净化学术环境，激发积极健康的创新活力，而绝不会阻碍文化的繁荣。在当今的法国，由于各方面保障得力，极少发生抹黑本国历史的现象，但是那里的历史研究和历史题材的文艺创作不是都很活跃么？要知道，恶搞绝不是繁荣，而是变态或病态。

第三，必须遵循经济基础与上层建筑统一的规律。工夫有时候是在“诗外”的。意识形态领域的工作要靠经济基础来支撑和保障。分配不公，基尼系数过大，人民群众就会对我们有意见，从而给历史虚无主义留下口实和空子。必须毫不动摇地坚持以公有制为主体、多种所有制经济共同发展的基本经济制度，不折不扣地贯彻公平正义的原则，诚心诚意地走共同富裕的道路。有了这个基础，我们说话就底气定、有人听，就能掌握思想斗争的主动权，而历史虚无主义的日子就会变得一天比一天难过。

第四，必须有长期斗争的准备。鲁迅说得好：“战斗正未有穷期，老谱将不断袭用”。例如，早在20世纪初，改良派就攻击革命是破坏，只能导致“血流成河”、“亡国灭种”。今日那些诋毁革命的论调有什么新的东西么？没有，不过拾前人牙慧而已。可以肯定，100年以后也还会有历史虚无主义。但是，中国历史的光辉不可遮蔽，中华民族伟大复兴的潮流不可阻挡。站在未来的制高点回望1840年以来的中国历史，必定是从苦难走向新生，从新生走向辉煌的壮美画卷。

（作者：中国红色文化研究会会长、求是杂志社原副总编辑）

不同文明交流互鉴，共同推动人类社会进步

姜述贤

【**作者简介**】姜述贤（1940— ），1964年大学毕业后，先后在中国科学院哲学社会科学部东南亚研究所、中联部亚洲一局从事南亚特别是印度问题研究，为中国南亚学会常务理事（后为顾问）。1997年任中联部研究室副主任，关注国际形势和世界社会主义问题。为社会科学院世界社会主义研究中心常务理事、中国国际共运史学会常务理事（现为顾问）。2000—2003年担任中国国际交流协会秘书长。现为中国当代世界研究中心研究员、社会科学院马克思主义研究院特聘研究员。参与合译《印度独立后政治经济发展史》。合作编写《南亚的政治、国际关系及安全》、《国际新知识要览》、《外国政党概要》、《执政党的经验教训》，并担任后三本书的副主编。在国内多种刊物发表文章数十篇。

习近平主席在不同场合全面阐述了我国的文明价值观，倡导推动不同文明相互尊重、和谐共处，让文明交流互鉴成为增进各国人民友谊的桥梁、推动人类社会进步的动力、维护世界和平的纽带。同时指出，另外有一种文明观以傲慢与偏见居高临下地独尊某一种文明、贬损某一种文明，制造“文明冲突”，是十分有害的。

一 美国推销西方文明价值观政治攻势的破坏性

美国采用双重标准推销西方自由民主的文明价值观。美国推销的西方文明价值观，一是唯我独尊，只有西方文明最“优秀”，蔑视、丑化，甚至武力消灭其他文明。二是制造“文明冲突”，对其他文明要进行“民主改造”，干涉他国内政，颠覆主权国家政府。美国对外采用双重标准推销西方自由民主文明，打破主权国家社会发展的客观进程，旨在制造分裂以掌控这些国家的发展方向，保持美国在世界各地的“主导权”，维护国际金融垄断资本主义攫取超额利润的“自由”。

美国以西方文明划线把世界各国分为“进步国家”和“邪恶国家”、“独裁国家”。福山的《历史的终结》、亨廷顿的《文明的冲突》都认为西方文明是最优秀的，必然要普及世界。美国从外部压诱兼施促使苏东剧变，“颜色革命”挤压了俄罗斯，阿富汗、伊拉克两场战争“改造”了大中东，“阿拉伯之春”颠覆了一个又一个政权。美国推动“阿拉伯之春”干涉一些阿拉伯国家内政培植亲美政权的目的没有完全达到，“阿拉伯之春”变为“阿拉伯之冬”，使这些国家内部分裂，美国可以“再平衡”面目出现“分而治之”，操纵形势朝有利于美国的方向发展。新兴力量群体崛起，改变着世界格局，同时我们也要关注世界政治版图因美国的政治攻势正在发生的变化，尤其要关注美国通过推销西方文明价值观的政治攻势在亚洲与我进行争夺“伙伴”的博弈。美国声称“重返亚洲”，气势汹汹地炫耀武力，同时又在我周边一些国家推销西方文明价值观，应当说已经有所收获。我们对美国的军事霸权要保持警惕，对美国推销西方文明价值观的政治攻势的欺骗性和影响力以及所产生的破坏后果要充分关注和应对。

习近平主席指出，“各种人类文明都各有千秋，也各有不足”，“每一种文明都延续着一个国家和民族的精神血脉，既需要薪火相传、代代守护，更需要与时俱进、勇于创新”，“在文明问题上，生搬硬套、削足适履不仅是不可能的，而且是十分有害的”。

美国的自由民主文明是美国人民长期斗争逐步发展的，至今美国人民的斗争还在继续，因为美国的自由民主本质上是金钱的“自由民主”。在美国这个“金元帝国”内，华尔街银行家和普通民众占有财富的“自由”、操控政府政策的“民主”权力是大不相同的。美国人民可以开展“占领华尔街”运动，但华尔街金融资本的根基岿然不动。美国对内固步自封、抱残守缺，对外则大动干戈，声称用民主“变革”世界，以双重标准推销“民主价值观”，所到之处激化矛盾、挑起冲突，借口“人权大于主权”颠覆他国政权，给这些国家和地区送去的是动乱和灾难，在乱中坐收渔人之利。一些发展中国家摆脱了殖民主义统治，获得了独立自由，在发展民族经济、维护民族自主权利方面有所成就。但是执政者没有适应民众变革、进步的要求，没有构筑起民主的政治、经济、社会结构。掌政的利益集团垄断权力、贪污腐败，越来越脱离民众。普通民众特别是年青一代对统治者失望，期望从西方自由民主中寻找出路。在西方外来干预下政权更迭，激化了这些国家原有矛盾，各种思潮、各种派别、各种利益集团在“民主”潮流中各展身手，国家陷入无序争斗，政局动荡、内乱不止，经济下滑、民不聊生。美国推销西方民主文明的破坏性后果使广大民众的期望落空。

二　中国主张的文明价值观

习近平主席阐述了我国主张的文明价值观，一是主张文明是多彩的。二是主张文明是平等的。三是主张文明是包容的。

我国主张的文明价值观尊重世界文明多样性、发展模式多样性。习近平主席指出，一个国家发展道路合不合适，只有这个国家的人民才最有发言权。“履不必同，期于适足；治不必同，期于利民”。我们不能要求有着不同文化传统、历史遭遇、现实国情的国家都采用同一种发展模式。否则，这个世界就太单调了。正像我们不能要求所有花朵都变成紫罗兰这一种花一样。

我国主张的文明价值观认为文明是平等的，人类文明因平等才有交流的前提。世界上的各种文明都是在人民群众的创造和斗争中不断向前发展的，以自己的方式为人类文明进步作出了积极贡献。各种人类文明都各有千秋，也各有不足。没有高低、优劣之分。要了解各种文明的真谛，必须秉持平等、谦虚的态度，傲慢和偏见是文明交流互鉴的最大障碍。促进人类文明进步要立足于各国的国情，将西方文明模式强加于各国，干涉别国内政，只会带来灾难后果。

我国主张的文明价值观认为，人类文明因包容才有交流互鉴的动力。一切文明成果都值得尊重，一切文明成果都值得珍惜，只有交流互鉴，一种文明才能充满生命力。只有秉持包容精神，就不存在什么“文明冲突”，就可以实现文明和谐。不同文明存在差异，应该通过对话和交流，在竞争比较中取长补短，在求同存异中共同发展，努力消除相互的疑虑和隔阂，使人类更加和睦。在追求本国利益时兼顾他国合理关切，在谋求本国发展中，促进各国共同发展，协力构建各种文明兼容并蓄的和谐世界。

在新的历史时期，我国开辟了一条人类文明进步的崭新道路，这就是在国内致力于构建和谐社会，对外推动建设和谐世界。在新的历史时期，促进文明进步已作为我国社会主义初级阶段的重要任务。党的十二大和十三大都把两个文明建设全面发展作为新时期的重要任务。党的十三大把建设富强、民主、文明的社会主义现代化国家，作为我们党建设有中国特色的社会主义基本路线的奋斗目标。1997 年党的十五大提出到21 世纪中叶建国一百年时，基本实现现代化，建成富强民主文明的社会主义国家。2002 年党的十六大提出全面建设小康社会，加快推进社会主义现代化，使社会主义中国发展和富强起来，为人类进步事业作出更大贡献，把不断促进社会主义物质文明、政治文明和精神文明的协调发展，作为重要任务。2004 年十六届四中全会提出了构建社会主义和谐社会的重大战略思想。2007 年党的十七大肯定，中国的发展，不仅使中国人民稳定地走上了富裕安康的广阔道路，而且为世界经济发展和人类文明进步作出了重大贡献。会议指出，要深入贯彻科学发展观，积极构建社会主义和谐社会，建设富强民主文明和谐的社会主义现代化国家。按照科学发展观，坚持以人为本、全面协调可持续发展，推进经济建设、政治建设、文化建设、社会建设。会议提出到2020 年全面建设小康社会目标实现之时，我国将成为人民享有更加充分民主权利、具有更高文明素质和精神追求的国家，成为对外更加开放、更有亲和力、为人类文明作出更大贡献的国家。党的十八大宣告“我们一定能在建党一百年时实现全面建成小康社会的目标，新中国成立一百年时建成富强民主文明和谐的社会主义现代化国家”。从“建设”到“建成”一字之差，提出了振奋人心的新奋斗目标，表明对我国未来快速发展充满了自信心。会议把生态文明建设列入五位一体的文明建设的总体布局，更全面地规划了我国的文明发展道路。

我国的文明发展道路对外倡导推动建设和谐世界，共同促进实现人类文明繁荣进步的世界。2005 年9 月，胡锦涛同志在联合国成立60 周年首脑会议上全面阐述了推动建设持久和平、共同繁荣的和谐世界理念的深刻内涵。胡锦涛同志在阐述“和谐世界”理念时提出，真正建设一个持久和平、共同繁荣的和谐世界需要，第一坚持多边主义，实现共同安全，讲的是和平。第二坚持互利合作，实现共同繁荣，讲的是发展。第三坚持包容精神，共建和谐世界，讲的是文明。他指出，“应该以平等开放的精神，维护文明的多样性，促进国际关系民主化，协力构建各种文明兼容并蓄的和谐世界”。

当今世界多元力量并存，不仅表现在国家之间，而且反映于国家内部，国家之间的分歧和争端通过对话谈判和平解决，各国国内多元力量之间的矛盾，也应该从国家根本利益的大局出发互相包容、协商解决。“和谐世界”理念倡导，处理彼此关系弘扬平等互信、包容互鉴、合作共赢的精神，共同维护公平正义，符合各国人民共同愿望。

三　中国充满信心继续同世界人民共同促进人类文明进步

当今世界形势复杂多变，有的西方学者编撰“无极世界”论，回避霸权主义、强权政治是国际局势很不安宁的原因，而把原因归于多种力量无序争斗。我国周边环境因美国的挑动，一些国家激化与我领土领海争端而动荡不安，因而出现我国战略机遇期即将终止的看法。党的十八大用辩证的战略思维全面分析世情指出，和平与发展仍然是时代主题。世界多极化、经济全球化深入发展，国际力量对比朝着有利于维护世界和平的方向发展，保持国际形势总体稳定具备更多有利条件。我们面临的发展机遇和风险挑战前所未有，关键在于全面把握机遇，沉着应对挑战，赢得主动，赢得优势，赢得未来。促进人类文明进步应当充满信心。

促进文明进步由信心变为现实，要看能否成功应对众多困难和挑战，首先是要把我国的文明建设搞好。我国统筹国内国外两个大局，作出了符合实际的战略部署。党的十八大把以人为本、全面协调可持续发展的科学发展观作为指导思想，坚持人民的主体地位，深入推进经济改革和政治体制改革，坚持以经济建设为中心，以科学发展为主题，全面推进经济建设、政治建设、文化建设、社会建设，生态文明建设五位一体的总体布局，确定在2020 年全面建成小康社会，实现国内生产总值和城乡居民人均收入比 2010 年翻一番的目标。不断开拓生产发展、生活富裕、生态良好的文明发展道路。加强社会主义核心价值观体系建设，深入开展爱国主义、集体主义、社会主义教育，倡导富强、民主、文明、和谐，倡导自由、平等、公正、法治，倡导爱国、敬业、诚信、友善，全面提高公民道德素质，特别是提高领导干部的文明素质，做到干部清正、政府清廉、政治清明，始终坚持为人民服务的根本宗旨，始终依靠人民推动历史前进。第二尊重世界文明多样性，相互借鉴，取长补短，推动人类文明进步。我国实行改革开放，正是邓小平等领导人吸取其他国家文明发展的经验作出的决策。我国取得快速发展的成就，但不能自满，更不能自负。中国的发展坚持开放的发展，要学习不同文明创造的一切优秀成果，同时同各国交流治国理政经验，为共同促进人类文明进步作出贡献。第三倡导公平正义，合作、共赢。人类文明进步实现人的全面发展，要在和平的环境中实现共同发展，发展的成果惠及全体人民。在追求本国利益时兼顾他国合理关切，在谋求本国发展中促进各国共同发展，增进人类共同利益。为此，要反对各种形式的霸权主义和强权政治。我国对外坚定奉行独立自主的和平外交政策，坚决维护国家主权、安全、发展利益，根据事情本身的是非曲直决定自己的立场和政策，主张和平解决国际争端和热点问题，倡导人类命运共同体意识，坚持把中国人民利益同各国人民共同利益结合起来，以更加积极的姿态参与国际事务，发挥负责任大国作用，共同建设持久和平、共同繁荣的“和谐世界”，实现人类文明共同进步。

后　　记

当前，在国际形势方面，全球经济受新自由主义制约，复苏动力不足，新帝国主义和周边地缘政治的负面影响加重，不确定变数增多，在列宁所揭示的大时代没有根本改变的总趋势下，世界人民要和平与发展的博弈仍在艰难地进行之中。在国内形势方面，中国经济逐渐进入“经济新常态”，全面改革开放又面临如何抵制西方经济政治文化模式的不良影响，从而进一步巩固和完善中国特色社会主义理论体系和制度体系问题。

党的十八大以来，全面建成小康社会迈出了坚实步伐，全面深化改革实现了良好开局，全面依法治国开启了新的征程，全面从严治党在反腐和群众路线教育活动中取得了新进展。2015 年是全面深化改革的关键之年，是全面推进依法治国的开局之年，是全面完成“十二五”规划的收官之年，也是稳增长调结构惠民生的紧要之年。为了全面贯彻党的十八大和十八届三中、四中全会精神，贯彻落实习近平总书记系列重要讲话精神，按照“四个全面”战略布局，即全面建成小康社会、全面深化改革、全面推进依法治国、全面从严治党，推进国家治理体系和治理能力现代化建设，推进“两个一百年”奋斗目标和中华民族伟大复兴目标的实现，中国社会科学院马克思主义研究学部组织一批著名的马克思主义理论研究领域学者专家，从经济、政治、法治、意识形态、党的建设等多领域多视角，为全面深化改革和依法治国建言献策，并汇编成此文集。

《42 位著名学者纵论全面深化改革与依法治国》，是中国社会科学院马克思主义研究学部与中国社会科学出版社组织编写和出版的《马克思主义研究学部纵论丛书》第 7 部。

本书由本人设计、组织和定稿。中国社会科学院马克思主义研究院贺新元副研究员承担本书的约稿、编辑到出版过程的具体工作。中国社会科学出版社马克思主义编辑中心主任田文等同志做了大量编辑工作。在此，对他们的辛苦付出表示衷心的感谢。感谢各位专家学者提供力作，文章只代表作者的个人看法，欢迎批评指正和讨论。

中国社会科学院马克思主义研究学部主任　程恩富

2015 年 3 月于北京